北京高等学校优质本科教材

商业计划书
原理、演示与案例
（第2版）

邓立治 编著

Business Plan
Principle, Presentation and Cases

机械工业出版社
CHINA MACHINE PRESS

图书在版编目（CIP）数据

商业计划书：原理、演示与案例 / 邓立治编著 . —2 版 . —北京：机械工业出版社，2018.8
（2024.1 重印）

ISBN 978-7-111-60456-3

I. 商… II. 邓… III. 商业计划 - 文书 - 写作 - 高等学校 - 教材 IV. H152.3

中国版本图书馆 CIP 数据核字（2018）第 159865 号

  本书主要阐述了四大部分内容：①给出商业计划书制作和演示时所需要掌握的重要原理和基础知识，提升读者制作和演示商业计划书的效率；②提供四份分别涉及制造业、服务业、"互联网＋"智能硬件和公益创业且获得国家级奖项的商业计划书案例，针对主要商业计划书案例进行逐章分析和讲解；③在讲述商业计划书基本理论和演示部分，给出了数百个需要关注和解决的问题，让读者既能了解制作和演示时需要回答与解决的核心问题，又能检查所制作的商业计划书的完整性；④提供了"创青春"全国大学生创业大赛和中国"互联网＋"大学生创新创业大赛参赛指南，供大学生和创业者参考。此外，本书第 2 版针对较难理解的十几个核心知识点和案例，提供了相关慕课教学视频，读者通过扫描书中的二维码即可观看。

  本书主要适用于普通高等学校创新创业教育通识课程，既可以用于本科教学，也可以用于 MBA、MPA 和研究生教学。同时，本书还可以为创业者与对创新创业感兴趣的企业管理人员提供借鉴和参考，也可用作培训教材。

出版发行：机械工业出版社（北京市西城区百万庄大街 22 号 邮政编码：100037）
责任编辑：朱 妍   责任校对：殷 虹
印 刷：河北宝昌佳彩印刷有限公司   版 次：2024 年 1 月第 2 版第 17 次印刷
开 本：185mm×260mm 1/16   印 张：19.25
书 号：ISBN 978-7-111-60456-3   定 价：39.00 元

客服电话：（010）88361066 68326294

版权所有·侵权必究
封底无防伪标均为盗版

前　言

　　源于对创业教育的热爱，我们长期致力于打造一本既科学系统又通俗易懂的商业计划书制作与演示精品教材，与更多的大学生和创业者们一起分享我们近20年来在商业计划书制作与演示方面的研究和思考。本书旨在激发大学生的进取精神和创新意识，培养有创造性的创新创业人才，还特别选取并分析了大学生创新创业案例和公益创业案例，彰显大学生的创业精神和家国情怀。以习近平新时代中国特色社会主义思想为指导，融入党的二十大精神，"全面提高人才自主培养质量，着力造就拔尖创新人才，聚天下英才而用之"。

　　本书第1版自2015年4月由机械工业出版社出版以来，在市场上得到了非常积极的反馈，先后被全国40多所高校选用，300多位老师作为教学参考，至今已经连续数次印刷。本次修订的动力和依据主要来源于以下几个方面：

　　首先，社会需求激发了我们的工作热情。作者自2002年以大学生参赛队员身份参加了第三届"挑战杯"中国大学生创业计划竞赛并获得全国银奖以来，已经连续指导大学生参与"创青春"全国大学生创业大赛和中国"互联网+"大学生创新创业大赛16年，在这些年的竞赛征程中，作者发现创业竞赛已经成为大学生将理论学习和创业实践相结合的重要载体。竞赛模拟和创业实践能让大学生在创新创业中增长智慧才干，在艰苦奋斗中锤炼意志品质。商业计划书作为创业项目宣传和获得融资的书面载体，为了提升制作效率，需要提供大量的本土化教材和案例来让创业者学习。因此，如何满足创业者需求，紧跟创业教育未来发展潮流，已经成为我们的责任和前进的动力。

　　其次，持续的学习和思考促进我们打造精品教材。近年来，我们为北京科技大学、清华大学、北京航空航天大学等30多所高校的教师和大学生进行了30多场商业计划书制作与演示培训，也与包括小米、太库、研华科技等在内的企业和投资机构进行了商业计划书制作方面的合作。此外，我们以大学生创新创业能力培养为主题的课题也获得了北京市社会科学基金等项目的支持。系统研究和深入实践一直促进我们学习与思考，新的认知和收获让我们不断完善现有的知识体系，力争打造一本商业计划书制作与演示领域的精品教材。

　　最后，同行的鼓励和建议支持我们继续前行。近年来，我们一直参加由机械工业出版社华章分社发起的"全国创业教育研讨会"，针对"商业计划书制作与演示"课程和教材建设与数百名教师进行了分享和探讨。在此，非常感谢创业教育领域的专家学者们通过各种形式给予我们的启发和支持，你们提出的宝贵意见和建议在本次修订中均有体现。

综合广大教师和读者的反馈意见,以及最新研究成果,我们进行了本书第2版的修订工作。本次修订内容主要体现在以下几个方面:

1. 内容体系更加科学系统

从0到1的创业者需要在识别创业机会的基础上,制作符合资本市场需求的商业计划书并进行高质量的演示,从而获得风险投资者的青睐。本书主要阐述了创业者完成商业计划书所需要的创业机会识别知识、商业计划书制作基本原理和商业计划演示设计方案,为创业者高效完成一份商业计划书,并成功进行演示提供了理论支撑和实践经验。

第2版对商业计划书制作的一些核心知识点和理论进行了修订和更新。新增的内容包括商业模式构成与分类、风险投资运作模式、产品三层次理论、差异化和定位理论、市场营销4C理论、直复和数字营销等,并在多年实践经验和系统研究的基础上提炼出商业计划书制作十大法则、创业机会识别七大经典问题、市场分析与目标市场定位逻辑思路、商业计划演示"三大问题与12个逻辑点"原则等。上述理论和方法能够帮助创业者快速提升决策效率,高效且科学系统地完成商业计划书。

2. 新增高水平的商业计划书案例

除了第1版提供的两份"创青春"全国大学生创业大赛国家级奖项作品外,第2版新增了两份在中国"互联网+"大学生创新创业大赛上荣获国家级奖项的商业计划书。这四个项目分别涉及制造业、服务业、"互联网+"智能硬件和公益创业,案例更加全面且具有代表性。

3. 新增配套慕课教学视频

在与超星尔雅公司合作的基础上,本书对十几个较难理解的知识点和案例提供了慕课教学视频,读者通过扫描书中的二维码即可观看。这些知识点和案例视频包括创业机会识别七大经典问题、商业模式构成与分类、风险投资运作模式、产品三层次理论、竞争优劣势SWOT分析法、营销计划4P和4C理论、模块化问题沟通方法和股权分配案例等。

4. 新增商业计划书演示与实践内容

在第2版中,新增了第三部分内容,即商业计划演示与实践。目前,创业者和大学生参赛者不仅缺乏商业计划书制作的知识和技能,而且在商业计划演示方面也缺乏一定的实践经验。我们从演示的内涵和功能出发,给出了商业计划演示逻辑图和演示PPT内容设计方案,首次将演示过程划分为入场、演示、沟通和退场四大核心环节,并就这些环节需要关注的细节和问题做了逐一探讨,期待创业者能从中获取更多的演示知识和实践经验,从容不迫地与风险投资者沟通。

此外,本书还给出了"创青春"全国大学生创业大赛和中国"互联网+"大学生创新创业大赛参赛指南,供创业者和大学生参考。

本书的写作得到了北京科技大学教务处、校督导组、校团委、东凌经济管理学院和校创新创业中心各级领导与同事的关心和支持,在此表示衷心的感谢。本书的编写和出版得到了北京科技大学"十三五"教材建设经费和国家留学基金（CSC）的资助，还得到了北京科技大学2016年教育教学改革与研究重点项目（JG2016Z01）和北京市社会科学基金项目（15JYB011）的支持。本书的完成是集体智慧的结晶，其中，邓张升、李晓静、马建峰、秦艺芳、何润宇、王海凤、郝玫、王震勤、宋金柱、曲刚、鲍晓娜、王靖、郭颖、刘建锋、许彬、周欢、徐辉娥、霍岩、童敏、陈嘉勇、李默存、朱文迪、孙希波、朱旭初、牛亚锋等老师和同学参与了部分内容的撰写和审校。此外，本书的出版得到了机械工业出版社编辑团队的鼎力支持，在此也一并表示感谢。

最后，感谢家人一直以来默默地关心和支持我，你们的快乐健康是我前进的动力。

目 录

前言

第一部分 导论

第一章 商业计划书概述 ………… 2
- 第一节 商业计划书的定义和作用 …… 3
- 第二节 商业计划书的基本内容 …… 3
- 第三节 商业计划书制作前需要了解的知识 …………………… 5
- 第四节 商业计划书的制作流程 …… 14
- 第五节 商业计划书的摘要撰写 …… 15
- 第六节 商业计划书的检查和制作技巧 …………………… 17
- 第七节 商业计划书制作的十大法则 …………………… 18
- 复习思考题 …………………… 22

第二部分 商业计划书制作的基本理论

第二章 公司介绍 …………… 24
- 第一节 公司介绍的主要内容 …… 24
- 第二节 公司介绍的基本理论知识 … 25
- 第三节 公司介绍需要注意和解决的问题 …………………… 30
- 复习思考题 …………………… 30

第三章 产品与服务 …………… 31
- 第一节 产品与服务的主要内容 …… 31
- 第二节 产品与服务的基本理论知识 …………………… 32
- 第三节 产品与服务需要注意和解决的问题 …………………… 42
- 复习思考题 …………………… 43

第四章 行业与市场 …………… 44
- 第一节 行业与市场的主要内容 …… 44
- 第二节 行业与市场的基本理论知识 …………………… 45
- 第三节 行业与市场需要注意和解决的问题 …………………… 62
- 复习思考题 …………………… 63

第五章 营销计划 …………… 64
- 第一节 营销计划的主要内容 …… 64
- 第二节 营销计划的基本理论知识 … 65
- 第三节 营销计划需要注意和解决的问题 …………………… 86
- 复习思考题 …………………… 87

第六章 生产运营 …………… 88
- 第一节 生产运营的主要内容 …… 88
- 第二节 生产运营的基本理论知识 … 89
- 第三节 生产运营需要注意和解决的问题 …………………… 98
- 复习思考题 …………………… 99

第七章 公司管理 …………… 100
- 第一节 公司管理的主要内容 …… 100

第二节　公司管理的基本理论知识 …………………… 100
第三节　公司管理需要注意和解决的问题 …………………… 110
复习思考题 …………………………… 110

第八章　财务计划 …………………… 111
第一节　财务计划的主要内容 …… 111
第二节　财务计划的基本理论知识 …………………… 112
第三节　财务计划需要注意和解决的问题 …………………… 121
复习思考题 …………………………… 121

第九章　风险控制与资本退出 …… 122
第一节　风险控制与资本退出的主要内容 …………………… 122
第二节　风险控制与资本退出的基本理论知识 ……………… 123
第三节　风险控制与资本退出需要注意和解决的问题 ……… 130
复习思考题 …………………………… 130

第十章　附录 ……………………… 131
第一节　附录的主要内容 ………… 131
第二节　附录撰写的原则 ………… 134
复习思考题 …………………………… 134

第三部分　商业计划演示与实践

第十一章　商业计划演示的总体概述 …………………… 136
第一节　演示内涵与功能 ………… 136
第二节　演示过程设计 …………… 137
第三节　演示的注意事项 ………… 138
复习思考题 …………………………… 138

第十二章　商业计划演示的逻辑与演示 PPT ………………… 139
第一节　演示的商业逻辑 ………… 139
第二节　演示 PPT 设计与制作 …… 145
复习思考题 …………………………… 151

第十三章　商业计划演示过程的四大核心环节与常见问题 …… 152
第一节　演示核心环节之一：入场 …………………… 153
第二节　演示核心环节之二：演示 …………………… 154
第三节　演示核心环节之三：沟通 …………………… 157
第四节　演示核心环节之四：退场 …………………… 160
第五节　常见演示问题及解决思路 …………………… 160
复习思考题 …………………………… 163

第四部分　综合案例与分析

案例 A　旭初水下仪器项目商业计划书与案例分析 ………… 166

案例 B　妙味轩 DIY 厨房项目商业计划书与案例分析 ……… 203

案例 C　Aeroband 空气拨片项目商业计划书与案例分析 …… 248

案例 D　禾欣青少年公益服务项目商业计划书 ……………… 276

附录 A　"创青春"全国大学生创业大赛参赛指南 …………… 277

附录 B　中国"互联网+"大学生创新创业大赛参赛指南 …… 294

参考文献 …………………………… 300

第一部分

导 论

第一章
商业计划书概述

▶ **核心问题**

- 商业计划书有哪些作用?
- 商业计划书由哪些部分构成?
- 创业项目如何选择和识别?
- 什么是商业模式?
- 风险投资的特点和投资进程是怎样的?
- 商业计划书摘要撰写需要关注什么问题?
- 商业计划书制作前需要了解哪些方法和原则?
- 如何检查一份商业计划书?

▶ **学习目标**

- 了解商业计划书的本质和作用;
- 掌握商业计划书的基本内容;
- 熟悉商业计划书的制作流程;
- 精通创业项目识别的七大领域问题;
- 熟悉商业模式的构成与分类;
- 了解风险投资的分类与运作模式;
- 掌握商业计划书摘要的撰写和注意事项;
- 掌握商业计划书的检查和制作技巧;
- 精通商业计划书制作的十大法则。

"仅仅有创意是不够的,创意不能持久,必须把创意落实为行动。"一份缜密、可行的商业计划书可以将一个不错的创意转化成为一个成功企业。商业计划书是获取风险投资的敲门砖,也是一份全方位的公司计划,是对公司或拟建立公司进行宣传、分析和融资的文件。具体来说,商业计划书是为新项目、新技术、新创意寻找资金的工具和文件,其目的是使投资者了解公司的运行状况、市场地位和市场前景,吸引投资者把风险资金投入到公司中去。商业计划书也是一种申请风险投资的报告,与可行性研究报告有相同之处,但它们之间也存在着显著差别。可行性研究报告局限在新建项目中,而商业计划书则不一定,它既可以是创业公司的新建项目计划书,也可以是现有公司的融资项目书;可行性研究报告只是商业计划书的某一环节,论证项目的可行性,而商业计划书则是描绘资本运营的整个过程,它关注资本从投入到回收的各个环节。

第一节　商业计划书的定义和作用

无论是把新技术转变成新产品,把新创意发展成新公司,还是对现有公司进行重组和变革,这些活动都离不开商业计划书。商业计划书是指创业公司、企业或项目单位为了达到招商融资和其他发展目标,根据一定的格式和内容要求而编辑整理的一个向听众(如风险投资者或评审者)全面展示公司和项目目前状况、未来发展潜力的书面材料。商业计划书有相对固定的格式,它几乎包括反映投资者感兴趣的所有内容,从企业成长经历、产品服务、市场营销、管理团队、股权结构、组织人事、财务、运营到融资方案等。

在创业之初,一份完善的商业计划书不仅可以帮助创业者分析创业过程中的主要影响因素,还可以成为创业者在创业过程中的行动指南和风险监控手段。具体来说,商业计划书可以起到以下几方面重要作用。

1. 商业计划书是风险投资的敲门砖

风险投资者通常都是在审阅完商业计划书后,觉得有必要进一步了解创业项目时才会与创业者会面。因为,只有在前期深入了解了创业项目的产品与服务、公司管理、营销计划、生产运营、财务计划和退出计划之后,风险投资者才能知道这个商业计划书是否符合他们的兴趣,从而决定是否有必要进一步协商与合作,避免浪费他们宝贵的时间。

2. 商业计划书为创业项目理清思路提供载体

在生存的压力下,创业公司往往没有时间和精力理清思路和探寻公司未来发展计划,这是非常不幸和可怕的。一个需要生存下来的小公司比大公司更需要商业计划书,因为商业计划书可以从各个角度来检查公司的业务和发展计划,使其可以"在纸上犯错误",而不是在现实世界中犯错误。

3. 商业计划书为创业项目后续实施和调整提供蓝本

随着公司不断发展,商业计划书是创业者评估和调整公司实际状况的一个工具与蓝本。例如商业计划书中的财务计划可以作为后续计划的基础,用于监控预算执行和在未来实施调整。

第二节　商业计划书的基本内容

商业计划书是创业者商业理念的书面表达,它将判明市场机会并给出创业公司的发展规划。它的阐述必须建立在一系列科学的假设基础之上,并需要证明导致公司成功的假设是敏感和可信的。因此,撰写一份商业计划书是一项非常复杂的任务,必须按照科学的逻辑顺序对许多可变因素进行系统的思考和分析,并得到相应结论。在思路确定下来后,应当制定一个详细且合理的提纲,最好是按照商业计划或业务体系进行规划。商业计划书的基本内容通常包括以下几个方面。

1. 摘要

摘要是商业计划书最简练的概括,长度通常以 2~3 页为宜。它的撰写要求精练有力,以结果为主，并能回答风险投资者心中的关键问题。作为商业计划书中最重要的一部分，摘要的撰写一般放在商业计划书主体完成后。

2. 公司介绍

在公司介绍中需要给出公司的基本轮廓和基本情况，它包括公司的历史、当前状况、战略发展和未来计划。如果是拟创业的公司，创业者可以模拟成立一个公司来具体介绍。

3. 产品与服务

产品（包含服务）是商业计划书中最重要的部分，也是向风险投资者明晰产品的核心环节。它主要介绍公司产品的概念、性能及特性、主要产品介绍、产品市场竞争力、产品研究和开发过程、发展新产品计划和成本分析、产品市场前景预测、产品研发团队、产品的品牌和专利等内容。

4. 行业与市场

这部分内容应该阐述公司外部行业和市场中的关键影响因素。行业分析主要介绍创业公司所归属产业领域的基本情况，以及公司在整个产业中的地位。市场分析主要介绍公司产品的市场情况，包括目标市场、市场竞争中的位置、竞争对手的情况、未来市场的发展趋势等。这一部分的撰写越详细越好，要以那些可信度高和已经证实的数据作为分析基础。

5. 营销计划

拥有了优质的产品和良好的市场机遇，还需要一个切实可行的营销计划来配合。营销计划应该以市场调研和产品与服务的价值为基础，制定产品、定价、促销、渠道等问题的发展战略和实施计划。

6. 生产运营

产品的生产运营是企业需要关注的重点问题。在生产运营中需要解决以下几个问题，包括厂址的选址与布局、生产工艺流程、产品的包装与储运等。此外，产品的质量检验也非常重要。如果是服务类产品，可以结合产品的特点介绍这一部分。

7. 公司管理

一个稳定团结的核心团队可以帮助创业者渡过各种难关，是公司最宝贵的资源。很多潜在风险投资者把优秀的管理团队视为一份商业计划书获得成功的最关键因素，所以，有些商业计划会直接把创业团队的介绍放在本部分。风险投资者通常会向那些最有可能成功运作企业的人进行投资，风险投资者将会仔细考察所投资公司的管理队伍。在这部分需要介绍公司的组织机构图、各部门的功能与职责范围、各部门的负责人及主要成员、外部支持专家、公司的报酬体系、公司的股东名单（包括股份份额、认股权、比例和特权）、公司的董事会成员、股权分配等。

8. 财务计划

财务计划部分包括融资需求和财务预测报告。融资需求要说明实现公司发展过程中所需要的资金额度、时间表和用途。财务预测是公司发展的价值化表现，它必须与公司的历史业绩和发展趋势相一致，也应该与商业计划书中其他部分的讨论结果相一致。此外，财务预测还应该考虑风险投资者需要的投资回报率、投资回收方式和股权计划。

9. 风险控制

在商业计划书中创业者都会对项目做出一番美好的未来规划，但是风险投资者都会害怕面对一个存在着太多不确定因素的创业项目。因此，风险控制分析部分就是说明各种潜在风险，并向风险投资者阐述针对各类风险的规避措施。

10. 资本退出

在商业计划书中需要设计一种最优的资本退出方式，并且需要详细说明该退出方式的合理性。此外，如果公司在计划期内未完成风险资本退出计划，最好要给出次优方案，这样才能让每一个投资人都清晰地知道获利的时间和可选方案。

11. 附录

附录是商业计划书正文内容的有力补充和说明。在附录中可能出现的附件包括：财务报表、主要合同资料、信誉证明、图片资料、分支机构列表、市场调研结果、主要创业者履历、技术信息、宣传资料、相关数据的测算和解释、相关获奖和专利证明、授权使用书等。

商业计划书的基本内容可以根据产品与服务的特点不同而改变，撰写者既可以按照上述逻辑阐述商业计划的实施过程，也可以根据产品与服务的特点拟定撰写逻辑，对基本内容进行合并、裁剪和扩充。

第三节　商业计划书制作前需要了解的知识

1. 创业机会识别

如何判断一个创业机会是否有市场价值对创业者来说是一件非常困难的事情，而这也是风险投资者非常想搞明白的问题。由于各种创业机会的内外部环境和影响因素各有不同，许多研究者给出了不同的思路和方法去识别一个创业机会。例如，许多风险投资者认为，一个好的创业机会需要具备以下几个或全部特点。

❏ 技术含量高、壁垒高（有专利，研发时间长、难度大，由重点实验室开发等）。
❏ 创意独特，能满足消费者某种特殊需求。
❏ 产业化程度较好（如化工产品需要通过中试，或者已有试用等）。
❏ 切实解决目前市场上存在的一些问题，市场容量大。
❏ 所在行业有国家相关政策支持，是未来国家发展关注的重点。

在商业计划书制作前，创业者首先要做的事情就是对创业机会进行识别。如果能通过一些方法快速否认该创业机会，就可以避免花费大量的时间去制作一份毫无价值的商业计划书。特别是当创业者一次面对多个机会选择时，识别的思路和方法就显得非常重要。

近年来，我们一直在研究如何通过探讨一系列逻辑问题来对创业机会进行初步甄别的方法。在多年实践和总结的基础上，我们提出了创业机会识别七大领域经典问题方法。该

方法简单易行,可以在创业初期帮助创业者逐步理清思路,进行机会识别。具体问题如下:

(1) 产品问题。该项目提供什么样的产品与服务,产品的功能和特点是什么?研发过程和技术先进性如何?解决了客户的哪些"痛点"问题,具有哪些客户价值?

(2) 市场问题。你的产品有哪些市场细分,目标市场如何确定?目标人群是谁,有哪些特质和需求?这个市场容量有多大,市场容量能让企业有进一步发展空间吗?该项目是否能可持续地赚钱?

(3) 竞争对手问题。你目前有没有直接竞争对手,是否存在潜在竞争对手?国内外主要竞争对手都有谁?

(4) 竞争优势问题。你的竞争对手有多强大,比较竞争优势是什么?技术优势或模仿性怎么样?如何从性能、价格、市场等多方面进行比较,识别出本产品的比较竞争优势?

商业计划书制作前的准备可参见慕课视频

创业项目的识别(一)

(5) 战略发展问题。你的产品能获得持续竞争优势吗?如何获取,发展规划是什么?

创业项目的识别(二)

(6) 管理团队问题。你的创业核心团队都由哪些人构成,在知识和经验上与项目的匹配程度如何,是否有外部专家团队支持?

(7) 融资与退出问题。你需要多少风险投资,出让多少股份?融资后的使用计划是什么,预计能给风险投资者带来多少回报,风险投资如何退出?

创业项目识别的案例分析

2. 创业项目的出处

创业项目的出处也有一定规律可循,一般来说可以从以下几个方面获取。

- 创业团队目前已经注册(或即将注册)的实体公司的主营产品与服务。
- 创业团队成员参与的发明创造、专利技术或创意想法。
- 经专家或企业授权的发明创造或专利技术。
- 一项可能研究发现的概念产品与服务,并准备在未来一段时间内实现该项目的研发或实施。
- 产学研融合项目。如各大学科技园技术转移中心推荐项目、成果汇编项目、孵化器项目等。
- "互联网+"新技术项目。如很多与 VR(虚拟现实)、AI(人工智能)、物联网、大数据、云计算相关的项目。
- 电子商务平台项目。利用电子商务平台创新创业,创业门槛比较低。

3. 相关资料的获取和注释

在商业计划书制作过程中,获取大量真实、精准和可查的数据对于预测、评估具有非常重要的作用。如果商业计划书中的基础数据存在问题,那么商业计划书就不存在可信度,整个商业计划将失去探讨的价值。

在商业计划书制作过程中,数据来源主要包括以下几个方面:年鉴、文献资料、政府工作报告、行业期刊、杂志、咨询公司报告、互联网上信息、实地调研访谈等。其中问卷调查和深度访谈非常重要,它们不仅能补充缺失的知识和数据,更能使创业团队了解自己项目所处的行业特征，在与风险投资者沟通时非常有帮助。此外，在文中出现关键数据时，最好能标注数据的出处，增加风险投资者对商业计划的信心。

4. 商业计划书需要有清晰的结构

风险投资者希望能在商业计划书中快速地找到他们关注的问题，这就要求商业计划书必须有一个清晰的结构。说服风险投资者不仅需要依靠系统分析和数据精准，还要依靠论点和基本论据的组织结构。对任何能使风险投资者感兴趣的话题，都应该进行充分而准确的探讨。一般情况下，商业计划书的篇幅大约在30～40页，如果有特殊需求，内容可以更多一些。

风险投资者阅读商业计划书时，创业者并不在场，因此不能及时地回答问题并提供解释。因此，在提交给风险投资者之前，商业计划书最好先让一些局外人"试读"。例如，可以让你的朋友、同学或同事，最好是那些对你的创意不了解的人，先阅读你的商业计划书，并让他们提出问题，看看是不是大部分风险投资者关心的核心问题都在文中解决了。

5. 商业计划书需要以客观的论据说服风险投资者

有些创业者在撰写他们的创意时会运用浮夸或激情四射的语言，让风险投资者产生怀疑或者拒绝接受。在演示商业计划时可以用一种充满激情的方式去阐述，但是在撰写商业计划书时应该使用比较客观的语气，使风险投资者有机会去思考和权衡你的论据是否合理。如果一份商业计划书写得像一份煽情的广告，那么它就很有可能会激怒而不是吸引风险投资者。

另一方面，如果商业计划中存在弱点或不足，创业者一定要指出弥补的方法或措施。这并不是要求你隐瞒重大的弱点或不足，而是说在制订商业计划时，就应当设计弥补这些不足的方案，并在商业计划书中清楚地表达出来。

6. 好的商业计划书应当让风险投资者读懂

大多数创业者相信，他们可以用丰富的技术细节、精心制作的图表、详细的数据分析给投资人留下深刻的印象。但是，他们也许走偏了，在商业计划介绍的初期很少会有技术专家详细地评估这些数据。大多数情况下，简单明了的说明、草图和照片就足够了。如果商业计划书中必须包括产品的技术细节和生产流程，可以把它们放到附录中。技术方面最好的撰写模式就是用最简单的话说清楚最复杂的技术原理，多列举和介绍技术依托的项目和团队、所获专利和奖励、成果鉴定报告，这些都会增加风险投资者的信心。

7. 商业计划书的写作风格应该前后一致

在大多数情况下，一份商业计划书会由多个人合作完成。因此最后，必须对这项工作进行整合，以避免整个商业计划书的撰写风格不一致、分析深度不同、格式标准各异，像一床打满补丁的破被子。就这个问题来说，最好由专人负责最后定稿的编辑和修改工作。

8. 满足客户需求是创业成功的关键

在市场中，一个产品与服务取得成功的关键是满足客户需求，而且最好是"痛点"需求。客户希望用他们的钞票换取能满足他们需求或解决他们"痛点"问题的产品与服务。

因此，一个成功的产品与服务的第一个原则就是要搞清楚它能满足客户的哪类需求，并且以什么方式去满足。创业初期，许多创业者在谈商业计划时，满脑子都是产品的技术水平及生产的工艺细节。而风险投资者考虑的不仅是这些，他们多数是从市场的角度来考核这一创意。对公司成败而言，客户价值是第一位，其他所有的事情都是第二位。它们的区别在什么地方呢？如果创业者说："我们的新产品可以达到每分钟运作100次"或者"我们的新机器节约了25%的零部件"，他们所注重的是产品本身。相反，从客户的角度考虑，就应当说"我们的新产品将为客户节省1/5的时间，从而降低25%的成本"，或者是"我们的新方案能够将生产效率提高20%"。产品与服务只是为客户提供价值的一个手段而已。如果提供的产品是中间产品，那你可能还需要进一步关心你客户的客户的需求，因为你如果能为你客户的客户创造更多新价值，那么你的客户也将会优先选择你们的产品。

9. 创业项目的可行性和盈利性

如果要真正创建一个新公司，就必须在商业计划书中对创意的可行性进行评估。除了评估可能导致该项目不可行的具体因素之外（如法规方面的考虑，产品的标准等），也要评估完成该项目所需要的时间和资源。例如，在海底建酒店在技术上是可行的，但是其成本效益比不一定是合理的。

与可行性密切相关的是盈利性。一个创业公司必须能够创造长期利润。因此，成功的创意应当明确指出赚钱的多少和途径。对于不断壮大的创业公司来说，一个很重要的规则就是在启动阶段所创造的毛利（收入减去产品的直接成本）应在40%~50%之间。

10. 知识产权的保护

只有少数的创意是真正有独创性的，而大多数有突破性的成果往往来源于努力工作，因此不会轻易地被复制。在与风险投资者沟通创意可行性时，一定要注意对该创意进行保护。保护的方式包括申请专利、签订保密协议和快速实施。第一，建议你尽早对新的产品、流程和外观申请专利，创业成功很可能就依赖于一个专利。但是，还需要提醒你注意的是：当一项专利需要通过公布创意内容来进行保护的时候，该专利也就失去了意义。你一定要时刻提醒自己，你的专利是否可以被别人轻易复制和改进，从而导致他人的胜出？有些产品和创意就由于这个原因不申请专利，如可口可乐的配方至今仍是一个秘密，由于从来没有申请过专利，所以可口可乐的配方很难被模仿。第二，法律要求律师和托管人对客户的业务保守机密。风险投资者也同样重视保守秘密，因为一旦有了偷取创意的名声，就很难再迅速地获得任何新的创意。在某些情况下，签订一份保密协议仍然是必要的。第三，要想保护你的知识产权不被侵犯，最好的保护办法是尽快实施你的商业计划。从开始构思创意到公司营业这段时间里，你需要完成很多工作。这些工作被称为"进入障碍"，它们可以有效阻止可能的技术抄袭，因为最后的胜利大多数属于最先实施商业计划的人。

11. 商业模式的构成与分类

在商业计划书演示沟通环节，经常会有风险投资者要求创业者解释其项目的商业模式。许多人理解的商业模式就是公司通过什么途径或方式来赚钱。简单来说，就是饮料公司通过卖饮料赚钱、快递公司通过送快递赚钱、网络视频公司通过点击率赚钱、通信公司通过收话费赚钱。以上是对商业模式的一种最简单的理解,但对于创业者和风险投资者来说还远远不够。

商业模式是"价值"和"收入"的对称结构。企业一方面要创造顾客价值,另一方面要获取收入,而把这两个要素关联和配置起来的方式就是商业模式。哈佛商学院教授克莱顿·克里斯坦森认为,商业模式就是创造和传递客户价值以及公司价值的系统。它包括以下五个环节:客户价值主张、价值载体、价值创造与价值传递、盈利模式、可持续盈利能力。通俗地讲就是:第一,客户价值主张。你能给客户带来什么价值,即你为什么样的客户创造了价值和解决了什么"痛点"问题,这是商业模式的起点和基础;第二,价值载体。你为客户提供价值的载体是什么(产品与服务);第三,价值创造与价值传递。你有什么资源和能力实现价值创造和价值传递,这涉及生产、营销等问题;第四,盈利模式。它包括收入来源和成本;第五,可持续盈利能力。你的公司如何进行可持续盈利,不仅是买卖一次产品,还需要具备持续开发产品、持续盈利的能力。总的来说,任何一个商业模式都是一个由客户价值、企业资源和能力、盈利方式构成的三维立体模式,商业模式的本质是可持续盈利的交易结构。

例如,在影院商业模式中,影院的服务对象是有娱乐休闲诉求的客户,影院需要为这些客户创造精神享受的价值;这个价值的载体是娱乐休闲服务,包括影片、零食和增值产品等;影院需要整合影视公司的影片、设备制造商的放映设备、零食提供商的产品、配套产商提供的相关玩偶和影片增值产品等资源,为客户提供一个舒适的观影环境和一系列配套产品,从而实现客户价值;在影院的盈利模式中,收入主要包括票房收入提成、广告收入、零食收入、增值产品收入等,而成本包括影片费用、设备投入、营销费用、场地费用等,它们的差值形成最终的利润。可持续盈利能力主要指如何留住客户,形成多次交易。如提供 VIP 客户卡,对客户每一次消费提供优惠而留住客户。

一般来说商业模式可以分为三种类型:客户价值型、顾客资源型和平台型。

(1)客户价值型。它也是指直接为客户提供价值获取回报。绝大多数企业的商业模式属于这种类型。它是指企业通过自身的资源为特定的目标市场(也可以称之为细分市场客户)提供特定的价值,并因此获取回报。价值的载体是产品与服务。在客户价值型的商业模式中,谁的企业规模大,谁的企业效率高,谁就可能成为寡头。水泥、钢材、有色金属产品等差异产品属于这种商业模式。而更多领域的商业模式则表现为差异化价值模式。这意味着,不同企业的产品与服务有不同的价值;由于价值的差异,可以获得不同的回报。大部分消费品以及差异化的工业品属于这一类,包括餐饮、酒店等服务企业都采用了这种模式。

(2)顾客资源型。这种商业模式比前面所说的稍显复杂。在互联网领域,这一模式较为普遍。顾客资源型是指企业先通过某种价值以及某种途径来累积顾客资源。当顾客资源积累到一定规模的时候,再为这些顾客提供延展的价值,并获得回报。如腾讯公司的微信服务工具就属于这一类。

企业在一开始获取顾客资源的时候,是可以不计回报甚至是免费的。当顾客资源积累起来之后,再去考虑流量变现或者收入实现。比如信用卡业务,银行通过卡费减免或者优惠,积累更多的顾客资源,再拓展购物、旅游、教育等服务项目,以从中获取多元化收入。

顾客资源型实际上是两段价值链。前一段价值链是免费或者是低收费的，顾客资源积累起来之后的价值链才是收费的。传统行业中的企业往往积累了一些顾客资源（通常是会员），也可以基于此为顾客提供多重价值。这样的话，这些企业在价值链商业模式基础上，可拓展顾客资源型以及平台型商业模式。如小米公式拓展其产品就属于这一类。

（3）平台型。平台型的商业模式，可以用六个字来概括："我搭台，你唱戏。"搭台的人获取搭台的收益，唱戏的人获取唱戏的收益。搭台很简单。如中国移动、中国电信提供了通信服务，这是在搭台，而有人在上面搭载了微信，还有很多的其他应用和服务，包括音乐视频、订餐订房、地图导航等，他们都是唱戏的。中国移动、中国电信不甘于成为纯粹的管道平台，也试图做一些应用服务，那就相当于让自己的车跑在自己的路上。

有关商业模式的定义可参考慕课视频：

商业模式的定义（一）

现实生活中，商业设施也是一个大的平台型。比如大悦城购物中心、好市多（Costco）、奥特莱斯（Outlets）、红星美凯龙家居广场等。它们搭建了商业平台，但自己并不直接售卖产品，而是由别人来卖。

商业模式的定义（二）

现在我们谈到平台型，通常会联系到互联网平台，其中，最常见的是电子商务平台。如天猫商城和京东商城是电子商务平台，苹果手机的App Store 也是一个电子商务平台。它们往往能够吸引不同数量级的有共同需要或者爱好的人群，以及为社群提供服务的多种商业主体，构建了多层次、立体、生态化的大舞台。

商业模式的分类

12. 风险投资分类和投资进程

商业计划书最主要的消费者是风险投资者，所以创业者非常有必要了解风险投资是如何参与创业公司成长过程的。

风险投资（Venture Capital）简称 VC，在中国这是一个约定俗成的具有特定内涵的概念，其实把它翻译成创业投资更为妥当。广义的风险投资泛指一切具有高风险、高潜在收益的投资；狭义的风险投资是指以高新技术为基础，生产与经营技术密集型产品的投资。根据美国全美风险投资协会的定义，风险投资是由职业金融家投入到新兴的、迅速发展的、具有巨大竞争潜力的企业中的一种权益资本。通俗来说 VC 是一些愿意以高风险换取高回报的风险投资者的发明创造，这种投资方式与以往抵押贷款方式有本质上的不同。风险投资不需要抵押，也不需要偿还。如果投资成功，风险投资者将获得几倍、几十倍甚至成百上千倍的回报；如果失败，投进去的钱就算打水漂了。对创业者来说，使用风险投资创业的最大好处是即使失败，也不会背上债务，这样就使年轻人创业成为可能。

风险投资具有以下几个重要的特点。第一，风险投资是一种权益投资。不同于银行贷款，它通过投资来获取股份，不需要抵押物，可以说投资过后投资款将与创业公司同生共死。第二，风险投资是一种专家投资。这里的专家可以理解为两个方面，一方面，风险投资者是专家，会认真审核商业计划书，与创业者沟通，并最终决定是否投资；另一方面，许多风险投资者不仅仅投入资本，他们还会以自己的知识经验参与到创业公司经营和决策中。第三，风险投资通过股权退出获得高额回报。风险投资不同于银行贷款和实业投资，它只投资创业公司高速发展的初期阶段，并在 3～5 年后寻找适当的机会退出公司，并获取高额回报。第四，风险投资所投资的行业都具有很高的成长性。为了快速获取高额回报，风险投资一般都会把目标定位于一些年轻的，具有发展潜力的和快速成长的公司和行业，一般是高技术公司和行业，或者是提供一种全新服务的，具有创意的，并且具有潜在高回报价值的公司。第五，风险投资是一种高风险与高回报并存的投资。由于风险投资是通过资金入股参与公司经营，所以风险非常大，企业如果破产，风险投资者可能颗粒无收。从另外一个角度来说，由于投资成功率不高，所以投资成功必须获取高额回报，以弥补对其他企业投资失败的损失。

在创业公司成长过程中，不可能一次就获得3～5年发展所需要的全部风险投资金额。一般风险投资者会根据企业的发展进程和规避风险，分阶段分批次地投入资金。因此，根据企业发展进程和对资金的需求不同，孕育而生了不同的风险投资者。

目前，风险投资者大概可以分为个人天使投资者、天使团体、风险投资基金、战略投资者。从投资进程来说可以分为天使轮、A轮、B轮、C轮、IPO（Initial Public Offering，首次公开募股）轮等（见图1-1）。在天使轮融资时，创业团队可能只有一个概念，或者产品还正在开发，或者已经开发出来但还没有太多用户，天使轮的作用是启动项目。A轮通常是指创业公司第一次从机构投资人那里融资，主要作用是帮助创业公司扩大用户范围，找到或测试商业模式。B轮融资的作用是创业公司在运营中初步建立起商业模式，并开始形成实际的收入。C轮融资则是在B轮融资的基础上，加速企业的发展，充分验证商业模式，形成规模化的收入，乃至一定的盈利，并为IPO和并购等投资退出方式创造条件。

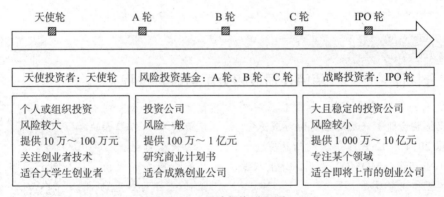

图1-1 风险投资进程图

（1）天使投资者（天使团体）。天使投资者是指非正规公司的个人投资，一般可以提供10万～100万元人民币的初期创业启动资金。他们关注创业团队和商业故事，愿意承担高风险，这些投资者是创业者初期融资的最好选择。而天使团体是指由个人投资者组成，形成较为松散的组织来运作的风险投资团体，他们一般可以为单个创业项目提供50万～500万元人民币资金的投资额度，关注创业者和技术，一般会有投资的侧重领域，承担的投资风险非常高。

（2）风险投资基金（风险投资公司）。有实力的投资者可以筹集资金成立一家风险投资公司，风险投资公司一般会关注高速成长、有巨大潜力，并需要投入大笔资金的创业公司。这些投资公司一般会投资风险一般、较为成熟的公司，并且会详细研究商业计划书、预算和核心团队，期望3～5年有好的退出方式。这些风险投资公司一般喜欢投资创业公司的A轮、B轮、C轮，投资规模可达100万～1亿元人民币。这类投资机构不适合初次创业的小型创业者，适合较为成熟的创业公司。

（3）战略投资者。战略投资者一般是大而稳定的投资公司，拥有较多的资金。它们寻找那些能随着时间的推移不断增强现有业务模式，显著改变已有产业竞争格局的创业公司。它们一般专注于某个领域，投资金额1 000万～10亿元人民币。这类投资机构适合对即将上市的创业公司进行融资。

在创业公司发展过程中，风险资本基本会全程参与其中，在不同的阶段起到不同的作用，其最终目标是为了收回资本。参与过程如表1-1所示。

关于风险投资可参考慕课视频：

风险投资的历史

风险投资的运作模式和特点

风险投资的对象、分类与投资进程

表1-1 风险资本参与创业公司各阶段发展

阶段	早期		增长阶段		过渡走向正轨
	育种	创建公司	增长阶段	过渡阶段	退出
时间	创建公司之前的孕育阶段	创建公司时或之后不久	第一次或第二次快速增长，距IPO还很远	IPO前6～12个月	一般情况，在创建公司5～8年后
风险投资参与	沟通创业项目，提供第一次风险投资	协助企业运营走上正轨	为发展提供多次融资	帮助公司满足股票交易所提出的上市财务要求	回收风险投资，用于更多新兴公司的投资

|案|例|分|析| 陌陌公司股权分配与融资进程

在创业公司发展过程中，风险投资者和公司股权结构会随着一次次融资而动态变化。本部分以2014年12月在美国纳斯达克上市的陌陌（Nasdaq：MOMO）为例阐述股权结构变化过程和注意事项。

陌陌公司主要推出了一款基于地理位置的开放式移动视频社交应用软件体系，是目前中国最大的泛社交泛娱乐平台。在MOMO，人们可以通过视频、文字、语音、图片来展示自己，基于地理位置发现附近的人，加入附近的群组，建立真实、有效、健康的社交关系。

2011年陌陌公司刚成立时，其股权结构为创始人唐岩占65%，联合创始人雷小亮占8%，联合创始人李志威占7%，天使投资者李勇占20%。大多数投资者或成功创业的创业者，都主张在创业初期最好有一名掌握决策权的核心创始人，并且其持有较多的股份，以保证对公司的控制权。陌陌公司的创始人团队，是典型的一个核心创始

陌陌公司股权分配与融资进程可参考慕课视频：

陌陌股权变化案例分析

人加两名联合创始人的结构，抛开天使投资者的股权不说，创始人团队中的持股比例大致是"唐岩：雷小亮：李志威=8：1：1"。核心创始人持大股，有利于提高决策效率，也能够使创业团队中真正有人愿意全身心对公司负责、为公司投入。天使投资者如果持股比例过高，很可能导致真正干活的创始人团队缺乏足够的股权激励，所以，在后续几轮融资中，风险投资者如果发现天使投资者

持股过高，会担心创始人团队没有动力持续为公司做贡献，从而影响风险投资者的投资意愿。陌陌公司的天使投资者在天使轮的投资中获得的股权是20%，这是常见的、相对合理的天使投资者持股比例。通常天使投资者获得的股权为10%～30%，超过30%已经比较少见。

2012年4月陌陌公司进行了A轮融资，融资后其股权结构为创始人唐岩占43.38%，联合创始人雷小亮占5.34%，联合创始人李志威占4.67%，创始人合计占53.39%。天使投资者李勇占13.35%，A轮投资者占33.26%。A轮融资中，陌陌公司让出了33.26%的股权获取了A轮投资者500万美元的投资。虽然唐岩的股权占比从65%降到了43.38%。但是，唐岩的股权估值达到了650万美元，而陌陌公司的整体估值则达到了1 500万美元。

2012年7月陌陌公司进行了B轮融资，融资后其股权结构为创始人唐岩占34.71%，联合创始人雷小亮占4.27%，联合创始人李志威占3.74%，天使投资者李勇占10.68%，A轮投资者占26.6%，B轮投资者占20%。B轮融资中，陌陌公司让出了20%的股权获取了B轮投资者1 800万美元的投资。唐岩的股权占比也继续被稀释了20%，从43.38%降到34.71%。但是，唐岩的股权估值也从650余万美元猛增到3 124万美元，陌陌公司的整体估值则达到9 000万美元。

2013年8月陌陌公司进行了C轮融资，融资后其股权结构为创始人唐岩占30.69%，联合创始人雷小亮占3.78%，联合创始人李志威占3.31%，天使投资者李勇占9.44%，A轮、B轮投资者占41.21%，C轮投资者占11.57%。C轮融资中，陌陌公司让出了11.57%的股权获取了C轮投资者4 500万美元的投资。公司估值则从上一轮的9 000万美元上升到3.8亿美元。

2013年8月陌陌公司进行了D轮融资（也可以称为IPO轮融资），融资后其股权结构为创始人唐岩占29.18%，联合创始人雷小亮占2.89%，联合创始人李志威占2.42%，天使投资者李勇占5.07%，A轮、B轮、C轮投资者占47.28%，D轮投资者占13.16%。D轮融资中，陌陌公司让出了13.16%的股权获取了D轮投资者2.12亿美元的投资。公司估值则从上一轮的3.8亿美元上升到16亿美元。

2014年12月陌陌公司在美国纳斯达克上市，估值超过25亿美元。陌陌公司股权结构变化的过程体现出风险越大、股权越多、收益越高的原则。

此外，由于股权涉及对企业的控制权，在本案例B轮融资后创始团队的股权数额已经不能让他们控制该企业，这个问题该如何避免呢？

上市之前核心创业团队通过"投票权委托＋董事会多数投票权"控制公司。上市之前，唐岩对陌陌公司的控制权主要是通过股东层面的投票权委托及董事会层面的董事会席位和表决权来实现的。2012年6月，唐岩、李勇、雷小亮和李志威签订了一份投票权代理协议，李勇、雷小亮和李志威不可撤销地将其全部股份的投票权都委托给唐岩行使，委托期限至公司上市时为止。这使得唐岩尽管在B轮融资后投票权已经低于50%，失去了绝对控股权，但其投票权一直在股东会中保持最多，掌握了陌陌公司的相对控股权。2014年5月，陌陌公司完成D轮融资时，也就是上市前最后一轮融资时，全部股东签订了一份股东协议。协议约定，陌陌公司的董事会由9名董事组成，其中：阿里巴巴指定2名董事，经纬创投指定2名董事，红杉资本指定1名董事，云峰资本指定1名董事，唐岩指定3名董事。唐岩指定的第一任董事是唐岩本人、李勇及唐岩的夫人张思川。此外，通过其他相关协议获得了风投资本支持，唐岩共在董事会获得5票投票权。通过这种安排，唐岩在陌陌公司董事会也保持了其控制权。

上市之后陌陌公司开始实行A、B股双

级股权结构来控制公司。陌陌公司将其全部股权分为 A 类股和 B 类股，A 类股每股拥有 1 票投票权，B 类股每股拥有 10 票投票权。在陌陌公司发行的全部股份中，唐岩持有的 96 886 370 股全部为 B 类股，即拥有 968 863 700 票投票权；其他创始人、天使轮投资者以及 A 轮、B 轮、C 轮、D 轮投资者持有的股票及上市时发行的股票，共计 276 069 740 股，都是 A 类股，即总共有 276 069 740 票投票权。因此，唐岩占 77.82% 的投票权，其他股东一共才占 22.18% 的投票权。

资料来源：本案例部分内容由作者参考《天下网商》杂志文章内容整理。

第四节 商业计划书的制作流程

商业计划书制作是一个复杂的系统工程，如何安排撰写计划往往会使创业者十分困惑。不同的创业者都有自己的撰写思路和技术路线，一般都会遵循一定的写作程序来进行。下面介绍一种被普遍接受的商业计划书制作流程。

1. 商业计划构思细化阶段

刚刚获取一个新的创意和想法后，创业者需要与志同道合者或相关领域专家对创意进行初步的研判和构思。首先，需要通过相关问题的讨论判断该创意是不是一个好的创业机会。创业机会识别所需要关注的七大领域经典问题可以在第一章第三节中获取。其核心问题包括：该项目提供什么产品与服务，目标人群是谁，市场容量多大，竞争对手是谁，竞争优势有哪些等。如果对这些问题的分析都能得到一个激动人心的答案，那么这个创意和项目就可以进入到创业构思过程中。在创业构思过程中，首先，最需要探讨的问题是创业项目的商业模式和发展规划，也就是该公司从 0 到 1，从小到大的一系列发展过程。其次，需要讨论的是如何把公司发展构想阶段化，以及在每一个阶段需要关注哪些核心问题。具体来说，就是提出创业公司的发展战略，并落实到纸面。最后，根据产品与服务的特点设计出商业计划书制作的路径，一般都会经历产品分析、行业与市场分析、市场调研和访谈、商业计划书制作和完善等过程。

2. 资料获取和市场调研阶段

对产品与服务需要进入的行业和市场进行初步研究，查询相关年鉴、报表和文献了解所要进入行业的市场结构、政策支持、技术水平等相关问题，这些资料和数据分析可以使创业者由表及里地了解该产品与服务在行业和市场中所处的位置，有利于创业者更好地理解该产品的发展思路。

同多个产品与服务的现有和潜在客户建立联系。其中，至少有一个是你计划将选作自己销售渠道的客户。准备一份客户调查纲要，获取足够多的信息，这些信息包括：现有和潜在客户的数量、他们愿意付的价钱、产品与服务对于客户的经济价值等。此外，还应当收集定性的信息，如购买周期，对购买决策者来说可能导致他们拒绝本产品与服务的可能障碍，你的产品与服务为什么能够在你的目标用户和客户的应用环境之中起作用。通过这些调查能让团队充分了解市场和客户。

竞争对手是另外一个需要重点调研的对象，需要在此环节确定竞争对手并分析本行业的竞争态势。例如，竞争对手产品的特点和性能怎样，他们都采取什么方式参与竞争。可以就你准备好的问题，采取调研和访谈方法进行深入研究，最后准备一份竞争者调查报告。

3. 商业计划书制作

第一，在进行了公司发展战略规划和行业与市场分析后，市场模块是在商业计划书制作过程中首先要完成的部分。它应当建立在客户和竞争者调研的基础之上。在考虑市场方面的问题时，可以将问题量化为一份 3～5 页的文档。此外，可以附上一些市场预测数据、客户证明、调查数据、从各种出版物上剪下来的材料、产品描述或市场营销材料等。

第二，公司运营模块也需要花费大量的时间。针对新公司的运作，准备一份 3～5 页的文档。说明哪些是公司顺利运营的关键要素，如何在建立这家公司时体现这些要素，如何开发产品，如何建立一支销售队伍，如何建立分销伙伴关系，如何选择合适的地址，如何保护知识产权，新公司如何在长时间里进行大量生产。简而言之，详细描述这家公司从现在到三年或五年后的运作方式。仔细进行财务估算，把握这家公司如何从收入、销售量、客户以及其他推动因素上取得长足发展。

第三，团队建设是商业计划书中的核心内容，可以通过 2～3 页的文档说明公司所需的各种知识和能力，并说明公司发展过程中的主要人员分工情况。通常投资者并不是在向"创意"投资，而是在向"创业者"投资。所以，可以用单独一页纸阐述公司创业团队中每个成员所拥有的资产、股份和职位。针对外来风险投资，可以用一段话说明本公司将出让多少股份来换取多少额度的风险投资。

第四，财务是公司运行的价值化表现。一份公司的完整财务计划，通常包括对公司的价值评估、收益率、三大报表等，你必须保证考虑到所有可能性。

第五，撰写摘要和设计封面，完善和统一全部商业计划书内容，最后完成整份商业计划书。

4. 答辩陈词和反馈

在与投资者沟通之前，需要准备 10 分钟的答辩稿和 PPT，以便推销自己的创业机会。陈述应当强调创业公司获取成功的关键因素，但这并不是简单地把商业计划书摘要用口头方式表达出来，而是需要通过建立一套容易理解的逻辑把商业计划书的核心内容传递给投资者。你既可以用看得见的一些东西来让投资者深入思考，也可以用简洁的市场分析和可靠的数据给投资者留下深刻的印象。总之，准备越充分，就越能向投资者说明商业计划中的各种关键问题。

第五节　商业计划书的摘要撰写

风险投资者认为："一个好的摘要能让大家了解这个创业公司的吸引力所在。风险投资者希望在摘要里能看到关于公司长期使命的明确论述，以及对人员、技术和市场的总体情况的描述。"摘要涵盖了商业计划的要点，要求一目了然，以便风险投资者能在最短的时间内评审商业计划并做出判断。

商业计划书摘要一般包括以下内容：公司介绍、产品与服务、行业与市场、营销计划、生产运营、公司管理、财务计划、风险控制与退出方式等，撰写者可以根据需求增减内容。

在介绍创业公司时，首先，要说明创办新公司的思路，新思想的形成过程以及公司的目标和发展战略。其次，要求交代公司现状、过去的背景和企业的经营范围，如果是新设立的公司，需要给出模拟的概况。最后，还要介绍一下创业者的背景、经历、经验和特长等。创业者的素质对公司的成长往往起关键性的作用。

在摘要中，还必须回答下列核心问题：①公司所处的行业与市场，公司经营的性质和范围；②公司的主要产品和技术的内容；③公司的目标市场在哪里，谁是企业的目标顾客，他们有哪些需求；④公司的现有合伙人、投资人是谁；⑤公司的竞争对手是谁，竞争对手对公司的发展有何影响，公司竞争优势是什么；⑥给出公司的发展规划；⑦公司的资金需求、财务信息和退出计划等。

摘要需要尽量简明、生动，多给结论式阐述，不需要中间的分析过程。特别要详细说明公司的竞争优势以及获取成功的市场因素。如果创业者了解他所做的事业，摘要仅需2～3页纸就足够了。如果创业者不了解自己正在做什么，摘要可能需要撰写20页以上。

在撰写商业计划书摘要时，需要注意以下事项：

（1）摘要部分一定要放在最后完成。动笔撰写摘要之前，需要先完成整个商业计划书的主体内容。然后反复阅读几遍主体内容，提炼出整个商业计划书的精华之后，再开始动笔撰写摘要部分。做到胸有成竹，一气呵成。写完之后，再请没听说过你们创业理念或者没有相关科技背景的人检查过目，提出意见。重点了解他们的反馈，看他们是否能马上被你的摘要所打动。如果不能，就需要重新考虑如何撰写，直到能马上打动你身边的人为止。

（2）摘要部分撰写一定要有针对性。在撰写摘要时，常常问自己："谁将会看到我们的商业计划？"不同的投资者有不同的兴趣和不同的背景，他们看商业计划书的侧重点不同。战略投资者通常对创业公司之前的成功业绩感兴趣，而天使投资人则对新技术感兴趣。所以在撰写摘要之前先要对投资者做一番调查研究，突出投资者最感兴趣的方面。

（3）撰写一定要文笔生动，开门见山，可以立即抓住重点。切忌行文含蓄晦涩，让人难以琢磨。记住，投资者没有时间去琢磨摘要的内容。

（4）在摘要写作全部完成之后（正文内容也适用这一条），一定要检查语句是否通顺和错别字问题，最好的方法是大声读出你的摘要，看看有没有语句逻辑问题和错别字，切忌出现这些低级错误。自己检查完之后，再去请别人检查，直到确切无误为止。记住，如果在摘要或正文中出现语法和文字错误，投资者会认为创业者作风不严谨，他们下一步将会对商业计划书内容和创业团队产生怀疑。

> ▶▶▶ **案例直通**
>
> 本书在第四部分给出了四个获得国家级奖励的商业计划书案例全文，即旭初水下仪器项目商业计划书（简称"旭初公司"）、妙味轩DIY厨房项目商业计划书（简称"妙味轩公司"）、Aeroband空气拨片项目商业计划书（简称"Aeroband公司"）和禾欣青少年公益服务项目商业计划书（可通过扫描书中二维码阅读）。本书所有的"案例直通"都是

指直通与正文理论部分相匹配的前三个商业计划书的相关内容。这三个项目的产品分别是实体类产品、创意服务类产品和智能硬件产品，分别代表了多种商业计划书制作思路和模式。旭初公司和妙味轩公司的摘要撰写精练，基本回答了风险投资者关心的核心问题，但是在细节上还存在需要改进之处。Aeroband公司为了突出产品和技术，省略了公司介绍，这是该摘要存在疑问的地方。

第六节　商业计划书的检查和制作技巧

当商业计划书的初稿完成时，其实际工作量仅完成了50%，后续还需要花大量的时间进行修改。一本商业计划书不能说是写出来的，而应该说是修改出来的。在检查和修改商业计划书时会涉及商业计划书是否完整，原理是否运用合理，核心问题是否回答准确，文章修辞是否正确等问题。撰写者在检查商业计划书时需要注意以下问题：

（1）商业计划书中是否能显示出管理者具有同管理公司的经验相匹配的能力。商业计划书中人的因素非常重要，在许多重要岗位需要相关领域的专业人才，如市场营销、财务报表分析等。如果企业缺乏这一类人才，可以留出相应的岗位去聘请相关领域的专业人士参与其中，以弥补知识和经验的不足。

（2）商业计划书中是否明确提出了风险投资的退出机制。风险投资者是没有兴趣长时间把资金放在一家公司进行运行的，许多风险投资者在看完摘要后的第一件事情就是看看资本如何退出，并且这种退出预期是否合理和有保障。

（3）商业计划书是否给出了完整的市场分析。产品只有满足消费者需求才能给公司带来利润，这就需要创业者进行市场调研，熟悉市场，设计合理的市场营销方案。一份完备的市场分析报告会让风险投资者坚信你在商业计划书中阐明的产品与服务需求是确实和可行的。

（4）商业计划书是否能打消风险投资者对产品与服务的种种疑虑。一件产品与服务的独特性、新颖性、完备性是风险投资者进行投资的前提，如果不能阐述清楚产品与服务的功能特点，技术的优越性，会使风险投资者举棋不定。因此，有时你需要准备一件产品模型或几张图片进行详细剖析。

（5）商业计划书章节是否合理，有逻辑性。商业计划书的内容应该很容易被风险投资者领悟，因此，需要具备索引和目录，以便风险投资者可以较容易地查阅各个章节。此外，还应保证目录中的信息传递具有逻辑性。

（6）商业计划书的摘要是否引人入胜。商业计划书首先要保证摘要放在全文的最前面。摘要相当于公司商业计划书的门面，风险投资者首先会认真地阅读它。为了保证风险投资者有兴趣继续阅读下去，摘要需要引人入胜。如果有必要，摘要至少要修改10遍以上。

（7）商业计划书是否使公司战略规划和具体运营计划保持一致。商业计划书通常都会提出公司的3～5年发展战略规划，而后续的营销计划、生产运营、人力资源、财务计划都应该与之相匹配。劣质的商业计划书经常会出现前后相矛盾的地方，例如市场需要在第三年向全国扩张，而在具体的人员配置和成本中却不体现出销售人员和营销费用的增加。

（8）商业计划书是否存在语法和文字错误。文如其人，如果有较多文法方面的低级错误，那么很难让风险投资者相信创业者能够成功地运行该商业计划。

此外，在检查商业计划书时还需要注意一些细节问题，比如说商业计划书要精简。关于产品与服务、行业与市场分析的内容可以详细阐述，而生产运营和财务数据可以简短精练；要第一时间让投资者知道公司的业务类型；要声明公司的目标；要阐述为达到目标所制定的策略与战术；要详细阐述公司如何使用资金；要有具体资料，有根据和有针对性的数据必不可少；要给商业计划书做一个吸引人且得体的封面；要准备好各类财务数据。

在商业计划书制作时，还存在着众多忌讳。第一，忌用过于技术化和专业化的用语来表达产品和生产运营过程，尽可能使用通俗易懂的语言。第二，忌用含糊不清或无根据的陈述或数据。例如，不要仅粗略表达"销售在未来两年会翻两番"，或是在没有详细陈述的情况下就说"要增加生产线"等。第三，忌隐瞒事实真相。例如，在分析竞争对手时，为了体现自身产品竞争优势而隐瞒对手的实际技术水平。第四，忌数据没有出处。数据是支撑商业计划书的基石，任何没有可信度的数据都将摧毁整座大厦。

第七节　商业计划书制作的十大法则

商业计划书制作过程中存在着一些规律和方法，以下这十条法则虽然在前文中也有所提及，但是，通过系统总结可以帮助读者更好地理解和掌握。创业者如果在制作商业计划书时贯穿以下法则，将有助高效、完美地撰写一份高质量的商业计划书。

1. 伟大的商业故事才能获得投资

伟大的英国经济学家凯恩斯说过："商业决定的做出只能是动物精神的结果，而人具有动物精神，是可以被激发和感动的。"蕴含巨大商业价值的创业机会一定会对应一个伟大的商业故事，但是很多创业者不会把好的创意转化为一个伟大的商业故事，这也就很难去激发和感动投资者。特别是天使轮投资者，他们听到一个好的商业故事可能很快就给出支票。

创业者都会平铺直叙地阐述一个创业机会，但是许多叙述让人听后感到平淡无奇。如何让这个创业机会显得伟大，且足以打动投资者呢？其实很多专家都研究过这个问题。最好的建议就是需要创业者会构建一个有趣且伟大的商业故事，最好的方法就是在阐述商机时引入以下这个思路：即正派对抗反派（或者是正义战胜邪恶），最终获得完美结局。这个思路来源于美国大片的拍摄，每一部经典的美国影片中都存在着以上主题，如超人、星球大战、变形金刚、蜘蛛侠等，现在连中国的儿童动画片《熊出没》都有这样的主旋律。在这个方法中，反派和邪恶可以是饥饿、低效率、疾病、浪费、无知等，而正派可以指代食物、健康、娱乐、高效等，当正派战胜反派之时，就可以把我们带入完美结局。在创业机会阐释时，创业公司的"正派"试图去征服那个"反派"，在这里"反派"可以指代低效率、疾病、浪费、污染，甚至是糟糕的消费体验，而"正派"应该是解决方案（解决方案可以是突破性的技术、规模、服务创新、营销创新等），完美结局应该是"正派"在市场上获得胜利并带来巨大的社会价值和商业价值。

在一些获得巨大成功的创业案例中经常使用这个思路编撰商业故事，如在"谷歌公司"

案例中，他们把缺乏信息获取渠道（可以理解为缺乏这些知识信息让人显得无知）作为"反派"，也就是说大家都知道某个问题的信息和答案存在于世界某个角落，但是如果我们找不到它，就显得非常"无知"。而"正派"是谷歌公司的搜索算法和技术，它收集并向无数的用户提供规模庞大的信息。最终的完美结局是每天数亿人在"谷歌"上进行着上十亿次的搜索，获取各种信息。这个"完美结局"具有重要的社会价值，并且这个商业故事也创造了商业史上最盈利的公司之一。

可参考慕课视频：
伟大的商业故事才能获得投资

2. 二八原则

1897 年，意大利经济学家帕累托开始关注 19 世纪英国人的财富和收益模式。在调查取样中，他发现大部分的财富流向了少数人手里。同时，他还从早期的资料中发现，在其他国家都发现有这种微妙关系一再出现，而且在数学上呈现出一种稳定的关系。于是，帕累托从大量的具体事实中发现：社会上 20% 的人占有 80% 的社会财富，即财富在人口中的分配是不平衡的。这就是最初的"二八原则"，在实际案例中常常使用该原则进行分析，如 20% 的喝啤酒的人喝掉了 80% 的啤酒，那么这部分人应该是啤酒制造商关注的对象。制造商应尽可能争取这 20% 的人来买，最好能进一步增加他们的啤酒消费。啤酒制造商出于实际理由，可能会忽视其余 80% 的喝啤酒的人，因为他们的消费量只占 20%。

在商业计划书制作时也可以充分运用该原理，如创业者不要一开始就着手撰写商业计划书，而应该用 80% 的时间来讨论七大核心问题、进行市场调研和资料收集、研究战略发展规划等，当商业计划书的主要问题都研讨和沟通清楚后，再用剩余 20% 的时间撰写商业计划书。许多创业者并没有意识到这个问题的重要性，他们往往一开始就匆匆着手撰写商业计划书，等完成计划书后发现，拟定的发展思路是错误的，或者目标客户选择是错误的，他们又要重新开始撰写或修改商业计划书，浪费了大量的宝贵时间。特别是有一些创业者会拿着商业计划书和专家研讨沟通，许多时候这些专家都不好意思提出问题，因为前期创业者并没有拿出大量的时间进行研究论证，可能商业计划书中存在明显问题，如果专家提出建议就可能会推翻整本商业计划书的逻辑思路。因此，在商业计划书制作前需要牢记"二八原则"，并且要清楚只有解决商业计划书中大部分重点和难点问题后才能开始撰写过程。

3. 从"他"的角度来写商业计划书

许多创业者在撰写商业计划书时，都是按照自己的逻辑思路和语言来阐述，特别是一些技术人员和研发者喜欢用过多的专业术语来表达自己的观点。如在产品介绍方面，投资者需要了解的是产品的功能特点，可以解决什么消费者"痛点"问题，而不是运用大量的专业名词阐述研发生产过程中的机理和工艺；在市场方面，投资者需要创业者告诉他们所设计市场方案的特色和系统性，而不是简单地列举几个场景和方法；在融资方面，投资者需要了解如何估值，需要多少融资，在什么节点要怎么花这些钱，投入资金后会带来多少收益，而不是简单地说需要多少钱，给多少股份等。在这里创业者忽视了两个重大问题，第一，他们所表达的逻辑和思路能够让投资者容易理解吗？第二，投资者不是万事通，他们能理解那些用专业术语包装过的概念和方案吗？其实，这背后最大的问题就是商业计划书的撰写者是不是从投资者的角度来撰写商业计划书的。

因此，一定要站在"他"的角度来撰写商业计划书，投资者需要什么就清晰地告诉"他"什么，而不是按照自己的想法来写，毕竟"他"才是商业计划书的消费者。所以要搞清楚"他"的需求和偏好，时刻提醒自己在撰写商业计划书的逻辑、内容和语言时一定要考虑让投资者能快速理解和接受。

4. 商业计划书不是一个人能完成的

在与创业者沟通商业计划书时，我们经常会遇到非常简单、粗劣的商业计划书，但是创意不错。在与团队成员沟通后我们发现，这份商业计划书是一个人或两个人完成的。这时候我们只能告诉他，你们耽误了一个好的创意。一份商业计划书的制作是个系统工程，需要有专业知识、商业知识、版面设计知识，可能要花费300～500小时才能成文，还需要同样的时间不断地进行修改完善。一个人在短期内不可能完成这项工程，一定需要一个团队，并且一个人也不会具备如此丰富的知识，他不可能既熟知商业知识，又精通专业知识。

因此，一个人很难独立完成商业计划书的制作，一是知识不够，二是精力不足，所以商业计划书制作需要有团队有计划地进行。

5. "数据""原理"和"证据"是商业计划书制作的基石

创业者经常会在商业计划书中展示非常多的数据，但是每个重要的数据都没有权威的出处，如市场容量、竞争对手市场份额、产品性能比较等，这些都是投资者甄别创业项目的关键要素，如果没有充足权威的数据，那么整本商业计划书就是空中楼阁。

此外，有些商业计划书在分析过程中武断地说没有竞争对手，有的只考虑技术发展背景，没有考虑政策、经济环境。这说明撰写者不了解和没有掌握一些商业计划书制作的基本"原理"，如环境分析"PEST分析方法"、行业竞争分析的"波特五力模型"、目标客户确定的"STP方法"等，这些原理和工具的合理使用，会使商业计划书具备科学系统性，更加具有可信度。

在商业计划书中，不能只靠自卖自夸，还需要大量的外部证明，如专利证书、外部评价、项目认证报告、获奖证书等，这些证据都会让投资者肃然起敬，增加对商业计划书的认可度。

因此，商业计划书是对一个创业项目未来3～5年的发展预测，表面看起来不确定性非常强，但是如果站在坚实的"数据""原理"和"证据"的基础上，项目的科学系统性就非常强，可信度将会大大提升。

6. 复杂深奥的问题要简单通俗化

曾经有一个材料学的博士给我们讲解他的产品，他阐述了十分钟这种材料的研发制备原理和功能，而我们则要求他1分钟讲清楚产品，他告诉我们这是不可能的。这是为什么？因为他没有将复杂深奥的问题简单通俗化，其实他只需要简单地告诉我们这是一种合金材料，能够解决客户什么"痛点"问题，并不需要阐述那么多原理。这是一个创业者经常会犯的错误，他们喜欢用各种专业术语阐述复杂深奥的问题，很难让投资者快速获取信息，最终造成各种沟通不畅。在撰写商业计划书时也有同样的问题，计划书中经常会出现整页的让投资者看不懂的专业内容，从专业人员的角度来说这是正常的，但是投资者更加希望能快速获取简单易懂的信息。

因此，在商业计划书完成之后，可以请非专业人士通读一遍，看看有哪些难理解的内容需要进一步修改。

7. 商业计划书打印出来就过时了吗

创业者经常认为商业计划书写完就结束了，或者在向投资者提交商业计划书后，出现新的想法也不敢阐述，担心所提的想法与商业计划书不一致而遭受质疑。其实，每一次沟通与思考都能使商业计划书更加合理、科学和系统，商业计划书的内容需要与时俱进。已经完成的商业计划书是后期修改的蓝本，它是动态的，需要不断完善和改进。所以创业者不要认为当商业计划书完成打印后就可以一劳永逸，商业计划制订和实施的过程其实也是探索、学习和调整的过程。

8. 文档优化能保持阅读者的注意力

从信息传递的角度来看，图片优于表格，而表格优于文字。我们经常看到一些商业计划书和武打小说一样满篇都是文字，但是却没有那么丰富的情节引人入胜。很难确定对着一堆密密麻麻的文字，投资者能否保持十分钟以上的注意力。所以，商业计划书的内容最好多用图形和表格来表示。许多商业计划书制作者告诉我们，他们确实没有那么多图片和表格可以放在商业计划书中。其实，在商业计划书中有许多固定使用图表的地方。例如，在对竞争者分析时，就可以用表格来比较创业公司与竞争者的差异。在产品介绍、市场容量、市场细分、企业组织模式、销售预测、营销渠道、资本结构等方面也都可以用图表来表达。所以，我们在商业计划书制作过程中建议能使用图表的就不要用文字（可以把文字转化为图表的就不要用文字），最好在商业计划书的每一大面（也就是一个 A3 版面）都有一个图或表。

以上还不算是文档优化中最重要的内容，格式和文法错误连篇的商业计划书可能会被投资者直接否定。例如，每页行距不一样，字体和大小不一致，图表没有标题，每个段首不空两格，段落中阿拉伯数字标号和中文标号混用等。在文档处理时有一些小技巧需要制作者掌握，如制作者经常会从网络上直接拷贝相关资料填写到商业计划书中，但那是固定格式，要在 WORD 文档中进一步处理，可以选择橡皮擦符号键清除网络格式后再进行统一处理，要不很难统一段落行距和背景。

9. 市场调研是商业计划分析和深入的基础

在很多路演中，当创业团队谈到消费者和竞争对手时，很难精准地阐述清楚他们的特征和差异。在与这些创业团队沟通后我们发现，缺乏和不精准的市场调研是创业者面对的一个重大问题。特别是在一些创业初期企业提供的商业计划书中，对于市场调研描述得简之又简，或者就没有市场调研这部分内容。

市场调研是商业计划书制作过程中的重要组成部分，所获取的资料、数据和信息是商业计划分析和深入的基础。在市场调研中主要调研对象包括行业背景、消费者、竞争对手等，创业者需要根据调研目标不同，精准且详细地设计调研方案，发现各种问题和商机。目前，最常见的两种市场调研方式是问卷调查和深度访谈。问卷调查主要运用在确定某些问题的倾向性调查上，而深度访谈可以直接面对消费者和相关专业人员了解各种知识、信息和数据。在公司创业初期，对消费者和行业资深从业人员进行深度访谈有利于提升市场调研效率。据专家研究表明，向 5~8 名消费者和 2~3 名资深从业人员进行深度访谈，可以获取商业计划书制作所需的 75% 的市场调研信息。

10. 找到一个好的模板和样本

近年来一直有创业者和我们研讨如何高效且有品质地完成一份商业计划书，特别是一些参加创业大赛的初期创业者和大学生，他们缺乏商业计划书制作的相关知识和经验，甚至根本就不知道什么是商业计划书。那么这些人员该如何了解一份商业计划书的撰写思路，或者说从哪里开始他们的商业计划书制作之旅呢？

一份好的商业计划书既要逻辑严谨，又要思路科学，因此学习撰写商业计划书的第一步就是要找到好的"模板"和"样本"。这里的"样本"是指商业计划书中的"榜样"，它可以是一份获得过国家级竞赛奖励的商业计划书（本书第四部分提供了四份获得过国家奖项的商业计划书），也可以是一些知名公司的融资商业计划书。"模板"是指一些填空式或说明式的商业计划书模板，创业者可以从网络上获取这种模板。有了以上"模板"和"样本"，创业者可以快速了解商业计划书的全貌和基本内容，为实施好下一步计划奠定基础。

▶ **复习思考题**

1. 商业计划书与一般的可行性研究报告有什么区别？
2. 商业计划书都包括哪些基本内容，这些内容一般按照什么逻辑阐述？
3. 商业计划书的制作流程包括哪几步？在这些制作环节中我们应该解决哪些问题？
4. 商业模式由哪些环节构成，京东与淘宝的商业模式有哪些差异？
5. 在创业公司的不同发展阶段都可能会有哪些投资者进入？
6. 为了向投资者推荐苹果公司的手机产品，请设计一个商业故事。

第二部分

商业计划书制作的基本理论

第二章

公司介绍

▶ **核心问题**

- 公司介绍包括哪些内容?
- 公司的法定种类有哪些?
- 如何确定公司的宗旨和目标?
- 公司的组织形式有哪几种?
- 如何进行公司注册?
- 如何介绍公司的历史和未来发展规划?
- 如何介绍创业者和外部顾问团队?

▶ **学习目标**

- 了解公司介绍的基本内容;
- 掌握公司的组织形式和申请流程;
- 了解有限责任公司与股份有限公司的区别;
- 会制定和撰写公司未来发展规划;
- 掌握公司管理团队的介绍方式和基本内容。

第一节 公司介绍的主要内容

公司的基本情况介绍是为了让风险投资者对融资的创业公司有一个初步了解。如果你是一个拥有产品与服务的创业者,或者是需要进一步融资扩大公司规模的企业家,你就需要在商业计划书一开始向风险投资者介绍公司的基本情况,让风险投资者快速对创业团队和公司现状有一个清晰的认知。在这一部分你应该努力地向风险投资者尽可能地介绍你公司的情况,给他们尽可能多的关于你公司以及所属行业的信息。本部分需要阐述的基本内容包括公司概述,公司名称、地址、联系方式,公司的自然业务情况和发展历史,公司未来的发展规划,公司拥有的竞争优势和独特性,公司的类别和从属关系,公司的专利和商标,公司已有的投资者或合伙人等。如果是新创企业,还需要说明创办新企业的思路、新思想的形成过程以及企业的目标和发展战略。此外,还需要介绍主要创业者的背景、经历、经验和特长等,因为创业者的素质对企业的成功起关键性的作用。在这里,创业者应尽量突出自己的特长并表现出自己强烈的进取心,以给风险投资者留下一个好印象。

第二节　公司介绍的基本理论知识

一、公司的基本知识

按照企业的组织形式和法律责任不同需要对设立企业进行分类和股权说明。企业的法定分类是国家通过立法，对本国的企业所进行的分类。国家通过立法对各类企业进行法律上的界定，使企业的类别规范化、标准化，并具有法律约束力。国家通过立法对企业的种类进行界定，使企业的设立人（包括企业的投资者）根据企业的法定种类，确定自己对企业种类的选择，一般情况下设立人应在法律规定的范围内确定对企业种类的选择。传统的典型企业可以分为独资企业、合伙企业和公司制企业这三种法律形态。此外，在我国还可以按照经济类型对企业进行单独分类。根据宪法和有关法律规定，我国目前有国有经济、集体所有制经济、私营经济、联营经济、股份制经济、涉外经济（包括外商投资、中外合资及港、澳、台投资）等经济类型，相应企业立法的模式也是按经济类型来安排，从而形成了按经济类型来确定企业法定种类的特殊情况。它们是：

- 国有企业；
- 集体所有制企业；
- 私营企业；
- 股份制企业；
- 联营企业；
- 外商投资企业；
- 港、澳、台投资企业；
- 股份合作企业。

与摘要相比，公司的基本情况介绍需要更加详细。这里需要介绍的内容包括公司的法律名称、商标或品牌名称、公司类型等。如果是初创企业，那么还需要虚拟一个弹性比较大、经营范围较广的名称。这样可以避免限制企业业务的拓展和经营方向的改变。

在介绍公司所从事的主要业务时，要求尽可能快速地让风险投资者了解公司的主营产品与服务。比如说"本公司设计、制造和销售用于远洋和近海捕捞的探鱼仪产品"。接着就可以对产品与服务进行简单介绍和解释。

在经营地点介绍时，需要列出公司总部所在地点，公司的主要经营和生产场所。此外，在商业计划书中一定要介绍公司业务范围所覆盖的地区情况，如果随着时间业务方位和覆盖地区有所变化，那就需要说明初期是什么，中后期有哪些变化。

二、公司的宗旨和目标

公司宗旨是指以最精炼、清晰的语言来表述企业的使命与指导方针，即经营理念。这是一条主线，可以将公司的信念与最高追求联系在一起，用以指明方向，激励员工同心协力地获取经营成功。公司宗旨的基本内容可以包括下面几个方面：获利能力，即说明获利程度及贡献；外部追求，即说明对公众注意事项的关心，以及对股东、员工、供应商注意事项的关心；此外，还包括质量、效率、企业氛围、行为规范等。例如，英特尔公司的宗旨是"在工艺技术和营业方面争创一流"，苹果公司的经营宗旨是"追求高科技的好产品，在为人们的生活带来方便的同时具有科技、环保、人性、智能、创新的特征"，IBM公司的宗旨是"为顾客服务"。这些公司的宗旨言简意赅，并且它们的成功与它们所提出具有挑战性的宗旨密不可分。

公司目标是指公司使命和指导方针的具体化和数量化，它反映企业在一定时期内经营活动的方向和要求达到的数量水平。公司要实现目标一般需要较长时间，一般多为3～5年。好的目标实现与外部环境密切相关，它对公司发展具有激励作用。在制定目标时可以这样表达：本公司的目标是保持高的发展速度和中等的盈利水平；在第三年之前，销售额达到2 000万元以上；总的毛利率达到40%以上，并保持该水平。

> ▶▶▶ 案例直通
>
> 旭初公司的公司使命见案例A3.2，由于该公司生产实体产品，所以理念和宗旨多以提高产品技术水平、追求卓越等为主题；妙味轩公司的宗旨见案例B1.1，由于该公司提供的是创意服务类产品，所以宗旨多以提升消费者体验方式、引领消费时尚为主题。

三、公司的组织形式和申请流程

现代企业制度的组织形式有有限责任公司和股份有限公司两种。

1. 有限责任公司

有限责任公司是指根据《中华人民共和国公司登记管理条例》规定登记注册，由五十个以下股东共同出资，每个股东以其所认缴的出资额对公司承担有限责任，公司以其全部资产对其债务承担责任的经济组织。

有限责任公司包括国有独资公司以及其他有限责任公司。国有独资公司是指国家授权的投资机构或者国家授权的部门单独投资设立的有限责任公司。其他有限责任公司是指国有独资公司以外的其他有限责任公司。有限责任公司有以下特点。

（1）有限责任公司的股东，仅以其出资额为限对公司负责。有限公司是以股东出资为基础建立起来的法人组织，股东只对公司负以其出资额为限的责任，对公司的债权人不负直接责任。

（2）有限责任公司的股东人数，一般都有最高人数的限制。在我国，有限责任公司的股东人数不超过五十人。

（3）有限责任公司不能公开募集股份，不能发行股票。

（4）有限责任公司股东出资的转让也有严格限制。股东出资的转让应由公司批准，并在公司登记。有限公司的股东人数有限，因此，有限责任公司的经营情况，不涉及社会上其他公众利益，其经营状况也没有必要公开。

（5）有限责任公司的设立程序要比股份有限公司简便，程序上也较为简化，有限公司的成立可以由一个或几个人发起,股东的出资金额在公司成立时必须缴足。有限公司的组织也比较简单,可以由一个或几个董事管理,是否设监察人由公司自行决定,股东会的召集方法及决议方法也简便易行。

2. 股份有限公司

股份有限公司是指根据《中华人民共和国公司登记管理条例》规定登记注册,其全部注册资本由等额股份构成并通过发行股票筹集资本,股东以其认购的股份对公司承担有限责任,公司以其全部资产对其债务承担责任的经济组织。其主要特点如下。

(1)股份有限公司是最典型的法人组织。这不仅是因为现代意义上的完整的公司概念和法人概念始于股份有限公司,更重要的是因为股份有限公司的完备组织机构、完全独立的财产及其责任最充分地表现了法人组织所具有的法律特征。

(2)股份公司是最典型的合资公司。股份有限公司的信用基础在于其资本,而不在于股东个人,公司资本不仅是公司赖以经营的基本条件,而且是公司债权人的基本担保,由此决定了股东只能以现金或实物出资,而不能以信用或劳务出资,同时由于股份有限公司股东个人的人身地位不甚重要,因此股份可以自由转让,任何合法持有股票的人都是公司的股东。

(3)股份有限公司的股东必须达到法定的人数。股东的人数与公司的规模有关,由于股份有限公司的重要作用在于面向社会,广泛集资,兴办较大的企业,因此在人数上应有一定的低限。

(4)股份有限公司的资本划分为均等的股份。资本平均分为股份,每股金额相等,是股份有限公司区别于有限公司的重要特征之一。资本的股份化不仅适应股份有限公司公开发行股份、募集社会资金的需要,而且也便于公司的计算和股东权利的确定和行使。

(5)股份有限公司的股东承担有限责任。股份有限公司全体股东对公司的债务,以其所认购的股份金额为限对公司负责,此外对公司及公司债权人不负任何责任,公司不得以章程或决议,随意扩大股东的责任范围。

在两种公司章程中,有限责任公司与股份有限公司存在着许多不同点。

(1)两种公司在成立条件和募集资金方面有所不同。有限责任公司的成立条件比较宽松一点,股份有限公司的成立条件比较严格;有限责任公司只能由发起人集资,不能向社会公开募集资金,股份有限公司可以向社会公开募集资金;有限责任公司的股东人数有最高和最低的要求,股份有限公司的股东人数只有最低要求,没有最高要求。

(2)两种公司的股份转让难易程度不同。在有限责任公司中,股东转让自己的出资有严格的要求,受到的限制较多,比较困难;在股份有限公司中,股东转让自己的股份比较自由,不像有限责任公司那样困难。

(3)两种公司的股权证明形式不同。在有限责任公司中,股东的股权证明是出资证明书,出资证明书不能转让、流通;在股份有限公司中,股东的股权证明是股票,即股东所持有的股份是以股票的形式来体现,股票是公司签发的证明股东所持股份的凭证,股票可以转让、流通。

(4)两种公司的股东会、董事会权限大小和两权分离程度不同。在有限责任公司中,由于股东人数有上限，人数相对来说比较少，召开股东会等也比较方便，因此股东会的权限较大，董事经常是由股东自己兼任的，在所有权和经营权的分离上，程度较低；在股份有限公司中，由于股东人数没有上限，人数较多且分散，召开股东会比较困难，股东会的议事程序也比较复杂，所以股东会的权限有所限制，董事会的权限较大，在所有权和经营权的分离上，程度也比较高。

（5）两种公司的财务状况的公开程度不同。在有限责任公司中，由于公司的人数有限，财务会计报表可以不经过注册会计师的审计，也可以不公告，只要按照规定期限送交各股东就行了；在股份有限公司中，由于股东人数众多很难分类，所以会计报表必须要经过注册会计师的审计并出具报告，还要存档以便股东查阅，其中以募集设立方式成立的股份有限公司，还必须要公告其财务会计报告。

根据需求不同，创业者和企业融资者可以分别选择以上两种组织形式的公司模式。一般来说，由于有限责任公司在许多方面比较简单便捷，所以大多数创业者初期都会选择这种公司组织形式。

公司在申请过程中需要准备较多资料，并涉及多个部门，下面是注册一家公司的基本流程，可以供创业者参考。

第一步，准备3个以上的公司名称到工商局核准。

第二步，整理资料到工商局办理营业执照，并刻章。所需的章分为公章、财务章、法人章、合同章。同时到银行开立验资户并存入投资款。

第三步，整理资料到质量技术监督局办理公司组织机构代码证。

第四步，整理资料到国税局办证处办理国税证。

第五步，整理资料到地税局办证处办理地税证。

第六步，到开立验资户的银行或其他银行开设公司基本账户。

第七步，公司会计整理资料到国、地税务分局办理公司备案及报税事宜。

完成以上步骤，公司就可以开业了。最近几年国家对于创业者的优惠政策越来越多，许多城市设立了一站式公司注册，创业者在成立公司过程中需要多关注这些相关政策，降低开办公司的成本。

四、公司发展历史与未来发展规划

对于初创企业来说，需要向风险投资者详细地介绍公司的成型过程，这里就包括创意是如何产生的，产品与服务的现状、技术水平和可持续创新能力，已经投入了哪些人、财、物，关键人员在其中起到的作用等。如果是融资的现有企业，就需要介绍什么时候第一次提供了产品与服务，目标人群和客户有哪些，公司业务已经经历了几个阶段等。

在未来发展规划中，创业者可以按照时间顺序对未来的业务发展提供可行的计划，指出发展的关键节点在哪里，使风险投资者了解其投资未来将用在哪些方面。风险投资者一般需要了解创业公司未来五年的发展计划，一般可以这样阐释："本公司在未来五年生产和销售某一种主要产品，在第三年将继续开发出另一种产品投向市场。"此外，创业者还需要讲明在计划中哪些因素是保障项目实施的关键要素。

▶▶▶ 案例直通

由于旭初公司和妙味轩公司都是拟建中的企业,所以在商业计划书中侧重介绍未来发展规划。旭初公司的发展规划见案例 A3.3,他们把公司战略和目标分为三个阶段阐述,即初期(第 1~3 年)、中期(第 4~6 年)、长期(第 5~8 年),每个阶段都阐述了基本规划和阶段目标。妙味轩公司的发展规划见案例 B2.3,他们把发展战略分为三个阶段,即创业期(第 1 年)、发展期(第 2~3 年)、扩张期(第 4 年及以后),每个阶段都阐述了战略目标、规模目标、营销目标、战略说明和宣传口号。

五、公司的管理团队

创业都是团队行为,在公司介绍时需要向风险投资者介绍创业时的领导者和其他对公司业务起决定作用的人员。一般介绍 3~5 位关键人物就可以,介绍顺序可以从职位高的开始,一般需要介绍的管理人员职位包括总裁或总经理、常务副总经理、人事部经理、营销部经理、财务部经理、生产部经理等。在此部分主要是对个人经历、学识和任职能力进行初步介绍,其他涉及企业管理方面的详细职责、股权、薪酬等将在第七章公司管理中详细介绍。

在初步介绍这些人员时,主要需要从以下几个方面逐步介绍。

(1)教育背景。介绍相关学历和培训经历,最好与所担任职务相关。通过对每个关键人物的介绍,投资者可以知道公司的知识构成是否在某些方面还有缺失。

(2)工作背景和业绩。需要介绍每位关键人物的工作经历,担任过什么职位,完成过什么项目,取得过什么业绩,是否二次创业。关键人员的成功的经历和背景可以增强风险投资者的投资信心。

(3)领导能力和个人品质。需要介绍每个主管是否具有控制本部门的领导力,性格如何,在企业管理方面的优势。此外,风险投资者除了投资好的创意和想法外,他们也对创业者投资。因为创业者是公司的载体,好的商业计划和企业是人创造出来的,如果这个创业团队没有好的人品,那么企业发展就会存在巨大风险。创业者的个人品质主要包括创新意识、敬业精神、诚信程度、合作交往能力、决策能力等,其中创业者的信用和真诚是最值得风险投资者关注的。

(4)团队整体特点。在介绍主要人员的最后,需要强调创业团队整体在知识结构、能力构成、年龄结构等方面的互补性,要让风险投资者明白,这是一个团结并具有创业实力的优秀团队。

创业公司不可能独立拥有企业发展需要的全部人才和设备,因此,是否有相关的社会资源也是风险投资者非常关心的内容。这些资源包括是否聘用相关专家担任顾问,同一些与产品技术相关的研究机构和高等院校是否有联系等。在创业公司搭建顾问班子时可以考虑如下几方面人员:律师、财务顾问、管理顾问、市场营销顾问、产业专家等。此外,与各大公司和科研机构形成战略伙伴关系,也将促进商业计划书的顺利执行。

第三节　公司介绍需要注意和解决的问题

这一部分内容是对公司基本情况的初步介绍，需要创业者对许多问题进行细致说明，让风险投资者能在短时间内对公司有一个初步了解，在这一部分需要关注以下关键问题。

（1）公司的类型、注册地址、商标、宗旨和目标都是什么？

（2）公司的基本业务和发展历史是怎么样的？

（3）公司的未来发展规划是如何构思的？

（4）公司的关键成员包括哪些人？他们有什么突出的地方（如教育背景、专业经验、以往的成功经历、在商界的出表现等）？

（5）团队成员有哪些经验或能力？团队缺乏什么样的经验和能力？你打算如何弥补这些差距？由哪些外部团队和个人来弥补？

（6）公司具有哪些知识产权，如何保护？如何才能体现出公司未来的可持续创新能力？

▶ **复习思考题**

1. 收集20家知名公司的宗旨和目标，告诉大家它们有什么异同。
2. 如何注册一家公司？注册流程包括哪些步骤？
3. 公司的发展规划应该介绍哪些内容？
4. 如何介绍公司管理团队？公司如有知识和管理人才缺乏应如何解决？

第三章

产品与服务

▶ **核心问题**

- 产品与服务的本质和整体概念是什么？
- 如何科学和系统地介绍产品与服务？
- 如何设计产品规划与开发方案？
- 怎样的新产品创意是有潜力和可开发的？
- 创业者如何理解和运用产品生命周期理论？
- 可以从哪些方面入手有效增加产品竞争力？

▶ **学习目标**

- 了解产品与服务的基本内容；
- 掌握产品与服务介绍的思路和方法；
- 掌握产品三层次理论及运用方法；
- 理解新产品的内涵和了解创意来源；
- 掌握产品生命周期的阶段和特点；
- 理解和会使用增强产品竞争力的方法。

第一节 产品与服务的主要内容

在对商业计划书进行评估时，风险投资者首先会了解该公司能提供怎样的产品与服务，这些产品与服务在多大程度上解决了消费者现实生活中的"痛点"问题，或者该公司的产品与服务能否帮助消费者节约开支，增加收入。如果该产品与服务是中间产品，那么风险投资者也将关注该公司的产品与服务能为其客户的客户带来多大的经济利益和效用。因此，产品与服务的介绍是风险投资者在阅读商业计划书时需要理清的第一个问题。一般来说，产品与服务介绍应包括：产品与服务的概念、性能及特性、主要产品与服务介绍、产品与服务的市场竞争力、产品与服务的研究和开发过程、发展新产品与服务的计划和成本分析、产品与服务的市场前景预测、产品与服务的品牌和专利等内容。在产品与服务介绍部分，创业者需要对产品与服务做出详细的说明，使非专业的风险投资者也能明白和理解。一般来说，产品与服务的介绍最好要附上产品与服务的原型、照片或其他介绍。

第二节 产品与服务的基本理论知识

一、产品与服务阐述

阐述清楚产品与服务是商业计划书最需要解决的核心问题之一,在介绍产品与服务过程中,不需要罗列产品与服务说明书的内容,而是需要整理和归纳,用通俗的语言把产品与服务的机理、功能、特点、竞争优势、研发计划等核心内容叙述清晰。

产品(Product)可以定义为生产者向市场提供的,引起注意、获取、使用或消费,以满足用户欲望或需要的任何东西。产品不仅包括有形产品,如食物、电脑和手机。广义上,产品还包括服务、事情、人员、地点、组织、观念或者上述内容的组合。一般可以用产品这个名词来涵盖以上任何一项和全部内容。此外,服务(Services)在社会经济中占有越来越重要的地位,它属于产品,可以指由活动、利益或满足组成的用于出售的一种产品形式,它本质上是无形的,对服务的出售也不会带来服务所有权的转移。例如服务可以包括银行业务、酒店服务、航空运输、电子通信、家具维修等。

20世纪90年代以来,菲利普·科特勒等著名学者使用产品三层次理论来表述产品整体概念,并且每一个层次都会增加顾客价值。最基础且处于内核的一层是核心顾客价值(Core Customer Value),有时也称为核心产品,它是指向顾客提供产品的基本效用或利益,也是指解决购买者真正购买什么的问题的标准(实体产品往往是解决问题方案的载体)。每一种产品实质上都是为解决问题而提供的服务,因此,营销人员向顾客销售任何产品,都必须具有反映顾客核心需求的基本效用或利益。例如,消费者对iPad的需求不仅仅是购买了一台平板电脑,他们也是在购买娱乐、自我表达、效率以及与亲友的关系,它是一个面向世界的个人移动窗口。在内核之外是产品的第二层,必须围绕产品的核心利益构造一个实体产品(Actual Product),并且需要构建产品的五个特征,即设计、质量水平、特征、商标和包装。即使是纯粹的服务,也具有相类似的特点。例如,iPad就是一个实体产品,它的名称、构件、风格、特质、包装以及其他属性都被精心地组合在一起,用以传递核心客户价值。在实体产品之外的第三层是指为客户提供的一些附加服务和利益,以围绕核心利益和实体产品构造扩展产品(Augmented Product)。例如,iPad不仅仅是一种数字设备产品,它给用户提供的是一个完整的解决移动联系问题的方案。因此,当用户购买了该产品,苹果还会向用户提供一份对部件和工艺的保修单、一份教授顾客如何使用的说明书、一份便捷的快递维修服务、一个当顾客有任何问题时可以随时联系的电话号码,以及让顾客有机会接触到种类繁多的应用软件和配件的网站等。消费者往往把产品看作满足需要的各种利益的复杂组合。因此,在阐述产品时,首先要识别消费者希望从产品中寻求哪些核心顾客价值,然后叙述实体产品的功能和特点,最后给出附加服务和利益。

依据上述产品整体概念的三层次定义,在商业计划书中撰写产品与服务部分内容时,可以遵循一个由内向外延伸的表达逻辑。该逻辑主要由以下五个步骤构成。

第一步,产品的核心顾客价值。这部分需要解释和说明产品能为顾客提供哪些基本效用或利益,可以理解为能为购买者或消费者解决什么核心"痛点"问题和满足哪些需求。例如在本书所提供案例A的A4.1章节中,指出探鱼仪"不但可以更广更深地探测鱼群,而且能发现水下障碍物以防止网具被破坏",这里就直接提出了该项目产品的核心顾客价值,即所提供的产品能够满足捕鱼者探测鱼群和保护网具的两个重要需求。

第二步,产品的机理、技术特点、功能、种类和附加服务。该部分内容主要介绍产品的原理、技术特点、功能、实体产品的图片和形状。此外,还可以包括产品的生产、包装、型号、种类和附加服务等。例如在本书所提供案例 A 的 A4.1～A4.3 中就详细介绍了探鱼仪的技术、功能、特点、类型等。

第三步,产品的研发团队与技术水平比较。该部分内容主要介绍依托实验室、项目组、研发者的基本情况,包括依托项目列表、技术水平、生命周期、认证报告、鉴定报告、专利、研发费用等。此外,还可以包括与竞争对手产品的性能、成本和竞争力比较等。

第四步,产品的影响力。该部分内容主要给出产品的获奖状况、新闻报道、订单、已有客户评价和体验等外部评价证据。

第五步,产品的未来研发战略。该部分内容主要阐述产品与技术的横向与纵向延伸、未来的创新发展计划和未来 3～5 年拟研发的新产品等。

在对产品与服务介绍时需要关注以下几方面问题。

(1)公司的产品与服务必须具有创新性或新颖性,需要在某些具体细节上做出明确解释和阐述。向风险投资者介绍产品与服务的优点、价值,并把它与竞争对手进行比较,讨论它的发展计划,并列出该产品与服务市场化所需要的条件。

(2)只有当一个新的产品与服务优于市场上已有的产品与服务时,它才可能受到顾客的青睐。只有当一个新的产品与服务拥有的功能和特点被清楚地解释时,客户才能认清它的价值。此外,某些产品与服务就算暂时在市场上没有直接竞争对手,也需要关注潜在竞争对手,因为只要能获取丰厚的利润,就会有相关公司进入该市场参与竞争。

(3)如果市场上存在替代性产品与服务,那么你应该向客户解释你提供了哪些额外的价值增值,把你摆在顾客的位置去评价购买你的产品与服务存在的优点和缺陷,对竞争者的产品与服务也需要做出同样的分析。

(4)如果公司提供几种产品,那就应该把大量的篇幅和讨论集中在最重要的或最具有代表性的一个产品与服务上,对其他系列产品与服务则做出总体上的简单介绍就好,介绍清楚一个核心产品,其他相关产品的问题一般都会迎刃而解。

在对风险投资者介绍产品与服务时,需要避免过多的技术细节解释,并且使你的阐述尽可能简单清晰,可以多用举例和类比的方法。如果创业者能够提供一个样品并展示,那就更容易影响风险投资者心中的投资天平,更好的办法是找一个已经使用过你公司产品与服务的顾客来给你作证。

此外,创业者应该解释公司的技术创新能力和产品与服务的竞争优势。创业者应该强调所拥有的技术壁垒或提供有效的专利证明以示可以防止别人的盗用和模仿。如果仍存在一些发展中未解决的问题,创业者就需要在商业计划书中讨论和提出应对它的办法。如果该产品是某种需要取得特殊许可证的产品与服务,那么,能否合法批准是另一种风险,比如某种新药的卫生部门许可证。这时,创业者就需要说明自己现在是否已经取得了这些许可证,或者说明正处于申请许可证的哪个阶段。

> **▶▶▶ 案例直通**
>
> 旭初公司的产品介绍见案例 A4,他们分别从产品简介、研发历史、技术特点、功能用途、产品优势和长期研发战略等多个角度和层面详细介绍了探鱼仪产品,基本能使风险投资者全方位地了解该产品。妙味轩公司的产品介绍见案例 B3 章,由于他们的产品属于创意服务类,所以他们侧重对该产品的体验与管理介绍,但是可以从专家评析中看到,对于这种不易理解,具有创新性的产品与服务,最好给出具体的产品设计方案和案例,以便于风险投资者阅读和理解。Aeroband 公司的产品介绍见案例 C3 章,该公司产品属于智能硬件产品,在产品环节详细介绍了智能硬件产品和配套的 App,但是缺少研发团队、影响力和未来规划等内容。

二、产品与服务规划与开发

商业计划书中除了需要介绍现有产品与服务,还需要阐述产品与服务的未来规划与开发状况,这里包括过去已经投入开发和未来打算开发的产品与服务项目。这一部分对于风险投资者尤为重要,他们需要投资的是能将成果转化为市场产品并获取利润的创业者,此外,他们还要求这些创业者能洞悉市场变化,不断给出推陈出新的产品满足客户需求,这也是他们获取可持续竞争优势的保证。

产品规划内容包括产品与服务的结构规划和系列化,各种产品与服务定位,产品与服务线的长度和宽度,产品与服务的生命周期规划等。合理的规划可以对产品与服务更新速度进行控制,尽量实现公司成本投入与利润产出的最优化,不断提升公司的核心竞争力。产品与服务规划过程一般分为三阶段,即市场细分及选择阶段,新产品与服务定位阶段,新产品与服务规划和开发阶段。

在本部分阐述中,风险投资者最关心的是公司技术研发团队是否能把握产品与服务和技术的发展脉络,是否能开发出满足消费者需求的新产品与服务,并开拓新市场。因此,在该部分需要介绍公司的技术研发力量和未来的技术发展趋势。此外,还需要详细阐述公司研发新产品与服务的成本核算、研发进度、时间规划等。

> **▶▶▶ 案例直通**
>
> 旭初公司的产品规划与开发见案例 A4.4 和图 A3-1,它们分别阐述了产品延伸的方向和产品开发的阶段性。产品与服务规划和开发的阐述让风险投资者对公司的产品发展战略和可持续创新能力都有进一步认识。

三、新产品的创意和开发

一个创意需要具备至少四个要素才能认为它是一个有潜力和可开发的创意,即明确的客户价值、足够大的市场规模、足够的创新程度、具有可行性和盈利性。产品推陈出新的创意来源于多种渠道,既有来自客户的,也有来自技术创新的。依赖于企业积极努力的创意来源包括以下几个方面。

（1）客户分析。确定重点顾客群，观察客户选购和使用产品与服务的实际情况，询问不满意顾客的诉求，倾听不具有代表性顾客的意见，让顾客像合作开发者一样参与到新产品的创意获取和开发中来。

（2）竞争对手分析。需要持续关注竞争对手正在推销和开发什么新产品，许多公司的产品新创意都是来源于对竞争对手产品的模仿和创新。

（3）沟通对象多元化。多听取科学家和新手的意见，而不是工程师和专家意见。工程师和专家在创新中总有旧产品的影子，思维方式总有一定的局限性，而科学家和新手能给出超出想象的创意。

（4）知识交叉。经常查阅不同学科文献，引发各种知识交叉和碰撞，能不断启发思路，发现新的创意和想法。

在获取了新的创意后，新产品开发一般都是按阶段进行。在各个阶段，都需要对是否继续下一阶段开发做出评价。大多数产品开发都按照下面模式进行。

（1）产生创意阶段。需要在不同领域获取产品修改或扩充的创意，或者是获取颠覆现有产品的想法。

（2）概念开发和测试阶段。首先，需要思考创意如何融入产品中，对将开发出的新产品给出理论上的解释和展望。随后，大多数新产品开发都将测试客户对产品概念的反应。这样做的目的是通过客户从多个备选方案中找出最优的那个。此外，还可以对新产品的商业前景做一个初步测试和了解这一概念产品的用户群。

（3）产品开发和测试阶段。在这一阶段，需要企业生产出新产品样品，并让消费者使用它。从产品测试中我们可以发现产品的缺点，继续评价产品的商业前景，发现产品对各个细分市场的吸引力。此外，还有可能在测试中获取设计营销计划需要的各个关键因素。

（4）市场测试阶段。在现实中的最后一阶段就是市场测试。该阶段目的是预测推出某种新产品后能得到的销售额和利润。此外，还能在这一阶段不断训练运营团队的营销和生产技能。

（5）做出新产品是否能推向市场的决策。新产品是很多公司的生命和血脉，即使你做过了大量的测试，还是需要从政策、行业、客户等多方面深入思考，最终做出新产品是否能推向市场的决策。

四、产品生命周期理论

1. 产品生命周期理论的产生

新产品从进入市场到最终退出市场，其顾客、需求、营销、竞争和资源调配都会遵循产品生命周期的驱动，因此确切了解产品生命周期理论和知道企业的产品与服务处于生命周期的哪一阶段，能够为创业公司在资源调配和制定下一阶段计划提供保障。

产品生命周期理论是由美国哈佛大学教授雷蒙德·弗农1966年在其《产品周期中的国际投资与国际贸易》一文中首次提出的。他认为产品生命周期是指产品和人的生命一样，要经历导入、成长、成熟、衰退这样的周期。产品生命周期可以分为三个阶段，即新产品阶段、成熟产品阶段和标准化产品阶段。产品生命周期理论是作为国际贸易理论分支之一的直接投资理论而存在的，它反映了国际跨国企业是如何从最发达国家逐步转移到一般发达国家，再到发展中国家的直接投资过程。在新产品阶段，最发达的创新国利用其拥有的垄断技术优势，开发新产品，由于产品尚未完全成型，技术上尚未完善，因此竞争者少，市场竞争不激烈，替代产品少，产品附加值高，国内市场就能满足其获取高额利润的要求，产品极少出口到其他国家，绝大部分产品都在国内销售。而在成熟产品阶段，由于发达国家的创新技术垄断和市场寡头地位被打破，竞争者增加，市场竞争激烈，替代产品增多，产品的附加值逐渐下降，企业会越来越重视产品成本的下降，因此较低的成本和价格开始成为竞争的策略。此时产品在创新国和一般发达国家市场开始饱和，为降低成本，提高经济效益，抑制国内外竞争者，创新国企业纷纷到发展中国家投资建厂，逐步放弃国内生产。在标准化产品阶段，产品的生产技术、生产规模及产品本身已经完全成熟，这时对生产者技能的要求不高，原来新产品企业的垄断技术优势已经基本消失，成本、价格因素已经成为决定性的因素，这时发展中国家已经具备明显的成本因素优势，最发达的创新国和一般发达国家为进一步降低生产成本，开始大量地在发展中国家投资建厂，再将产品远销至别国和第三国市场。

2. 产品生命周期的阶段分析

许多产品的成长模式都遵循产品生命周期的S形曲线，从导入期、成长期、成熟期，到最后被替代品取代或退出市场的衰退期，某些产品会在这一阶段通过创新和蜕变又进入新的产品生命周期。产品生命周期的阶段性分析对制订商业计划书中的产品规划起到非常重要的作用（见表3-1和图3-1）。

表3-1 产品生命周期各阶段的特点、目标和营销策略

阶段	导入期	成长期	成熟期	衰退期
客户	少，初步进入市场，认可度低	快速增加	基本稳定	下降
成本	非常高的研发成本和较高的启动成本	逐步下降，效率提升，逐步达到规模经济	达到规模经济，成本下降直到保持一定水平	稳定
竞争对手	较少	有新进入者，受到行业领导者的高度关注	竞争对手较多，竞争由产品差异化转为成本领先	部分企业退出该产品市场
营销目标	产品的成功导入，市场的初步认可	通过关注新客户和差异化产品大量获取市场份额	保持客户，增加使用频率，拓展新市场	减少成本，推出新产品，保持品牌知名度
产品	单一，种类少，质量较一般	产品种类、特点出现多样化，质量可靠性增强	标准化产品，可能在功能和细节上进一步改进	减少产品种类，逐步被新产品取代
价格	高，或同质产品低价格	逐步下降，对于大客户或大经销商能有较大折扣	降价、打折，市场竞争呈现为价格竞争	基本稳定，变化不大
促销	促销产品，建立品牌知名度，与媒体建立良好关系	促销活动多样化，逐步稳定各类大众广告活动，塑造品牌	依托品牌占据市场，巩固客户对产品的忠诚度和使用率	逐步降低促销费用和力度
渠道	建立有力的销售渠道，如直销、独家代理等	搭建大众市场渠道，渠道呈现针对性、多样性	多样化的大众市场渠道，渠道力度增强	逐步淘汰边缘经销商，渠道逐步单一和专门化
盈利能力	亏损	有利润	边际利润降低，但利润率稳定	利润降低，出现亏损

（1）导入期。产品生命周期的导入期是指产品销量呈快速增长之前的准备阶段，也是创业公司风险最大和需要最多管理磨合的阶段。尽管前期制作商业计划书中有产品的市场调研，但是在真正的市场执行过程中可能会碰到各种不可预期的困难，甚至遭遇失败，但创业公司仍然有机会不断地去挑战营销模式，甚至是根据市场需求去研发和更新产品。如果拥有充足的资源，创业者可以选取具有渗透力的定价方法，从而在竞争者或模仿者进入市场之前夺取更多的市场份额。这一阶段根据产品不同，既可以采取集中战略，即主营目标客户多的市场，这里有两种模式，即成本领先集中战略（在某个区域通过降低成本和价格获取竞争优势）和差异化集中战略（在某个区域通过产品功能服务等方面的差异来获取竞争优势），而对于其他客户较少的市场可以先通过代理商模式来解决。在这一阶段，需要花费大量的人、财、物去构建营销渠道、执行各种促销方案，因此，这一阶段创业公司都会处于亏损状态，并且这一时期一般将持续1～2年。该阶段的风险主要是来自企业生产能不能快速形成规模和销售模式能不能快速适应市场。

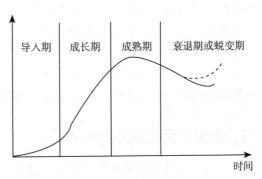

图 3-1　产品生命周期图

注：虚线表示蜕变期。

（2）成长期。产品生命周期的成长期最大的特点是产品销售量快速增长，公司快速壮大。这一时期又可以分为加速成长阶段和减速成长阶段，即在加速成长阶段，销售的增量逐年或季度递增；在减速增长阶段，虽然公司的销售量继续增加，但是销售的增量逐年或季度递减。这两个阶段是 S 形产品生命周期曲线的弯曲折点处。

对创业公司来说，这一阶段公司的发展多是由产量驱动。创业公司由于需要扩张必须加大对自身的产能和运营资本的投入，这就伴随着巨大的资金需求，许多的创业公司就是在不断扩张中遭遇失败，公司并不是无利可图，而是由于流动性过差，不能应对大量到期的债务而成为破产者。对于一个创业者来说，有两种策略可以缓解这种危机，第一种策略是继续进行二次和多次融资，扩大产量，形成规模，占领市场。第二种策略是把公司出售给较大的、有兴趣进入该行业的公司。创业公司寻求收购的理由不仅仅是由于缺乏资源，如果能带来足够高的估值和溢价，这也可以成为商业计划书中可选择的退出方式之一，即在公司进入成长期的快速增长阶段就可以将出售公司作为退出策略。

在成长期的初始阶段，公司间竞争的焦点往往是如何赢得新客户或市场，对于产品较易被模仿的公司来说，如何获取差异化战胜对手是这个阶段主要思考的问题。在成长期的后期阶段，公司将更多关注顾客的保持和新研发产品市场的开拓。在这一阶段，公司生产和管理已近成熟，企业开始盈利，未来将伴随着更大的扩张、融资和风险。

（3）成熟期。在产品生命周期的成熟期，公司的关注点将转向对市场份额的争夺和产品成本的减少。在这一阶段，由于产品老化，已有产品仅能通过不断降低成本获取竞争优势，利润逐渐降低。为了依然追求成长目标，公司可能会通过提升现有商品的重复售卖率、增加现有产能的使用频率或对现存产品新用途的发现来增加销售量。此时风险投资者的兴趣点将从对创业公司的绩效转为如何快速地通过兼并、上市等方式兑现当初的高额投资。

（4）衰退期。当产品生命周期的衰退期来临时，公司间联合发展时代已经过去。最低效率的公司将退出市场，为了继续生存下去保持盈利，管理人员将更加关注如何削减成本，更有效地配置资产，从而使资本投入水平逐渐降低。此时，可以通过组建一个获利性较高的小型公司来渡过难关，等待研发出更新的产品进入市场，开始下一周期的循环。实际上，更多的创业公司是在主流产品进入成长期或成熟期时就开始不断推出新的产品，依次循环，不断地延续公司的盈利点以获取公司新的机遇。

五、增强产品竞争力的方法

每当创业者在构思和撰写产品与服务这部分时，他们最想表述的问题是公司产品与服务的核心竞争力到底来源于哪里，或者是如何通过产品与服务的优势体现出企业的核心竞争力，如何防止其他公司模仿自己公司的产品创意。产品竞争力可以来源于产品的差异化和经营的差异化。产品的差异化是指赋予产品可感知的差异，以区别于其他竞争对手的产品。这种差异可以是产品质量、功能上的差异，也可以是外观、包装等方面的差异。经营的差异化是指企业在经营上的差异赋予产品可感知的差异。这种差异可以是来自售后服务、品牌塑造、促销等方面的差异，也可以是来自质量稳定、能快速供货上的差异。公司既可以塑造出有产品差异化的产品，也可以塑造出有经营差异化的产品。但是，如果公司的产品差异化和经营差异化都不显著，那么该公司就要去思考如何获取产品竞争力，否则很难得到风险投资者的青睐。因此，一个公司要想提升产品竞争力，可以从产品差异化和经营差异化两个方面着手。

1. 垄断可以增强产品竞争力

企业的垄断主要包括市场垄断、技术垄断和原材料垄断。垄断的经济价值非常大。拥有某方面垄断能力的企业可以给自己的产品制定一个远高于成本的价格，获取垄断利润，也可以按照自己的需求开发新产品引导消费者，较少地去关注消费者的需求。这也是各国政府都要对垄断进行限制的原因。在某些行业内，虽然没有完全垄断，但是个别企业在某一方面实力相对于其他企业实力太雄厚，竞争对手几乎没有什么发言权，这基本也属于垄断。

在评阅商业计划书时，风险投资者最希望能看到公司能在短期内形成产品或经营差异化，在某一方面形成自己特有的优势，这样创业公司就具备较强的产品竞争力，能够较容易地获取垄断利润。

市场垄断是很难形成的，特别是对于刚刚着手创业的公司。但是对于一些蕴含新技术和新创意的产品，是有可能快速占领市场，形成一定的市场势力的。这样的公司将会有非常大的市场谈判权利，可以在价格管理、渠道管理等方面按照自己的要求去制定一些政策，获取高额的经济利润。例如，某创业团队根据实验室新技术研发出新一代"无创伤唾液血糖仪"产品，而目前血糖仪市场主流产品都是有创伤或微创伤产品，这样我们可以得到初步结论，产品的差异化可以使该公司快速地占领市场，获取超额利润。

技术垄断是获取垄断利润的最好工具。目前，在生产制造性企业的商业计划书中，大部分产品都是依托某项专利或机密技术获取产品竞争优势。如新材料的发明、某项发动机技术的革新等。如果拥有这些技术将是商业计划书中的一个亮点。原材料垄断是指通过控制上游的原材料，以达到控制下游的产品市场。例如，控制了高级烟叶，就能控制高级香烟的制造；控制了葡萄的优良产地，就能控制优质葡萄酒的制造；控制了高新材料的生产，就能控制新一代芯片的制造。因此，控制原材料的企业，可以运用自己的这种能力来生产和销售原材料获取超额利润，也可以运用这种控制能力去控制下游产品市场。

2. 技术标准和产品标准

中国目前已经成为世界制造业中心，这个趋势在信息产业尤为明显，中国已经是世界上最大的信息产业制造基地，但是却不是一个信息产业的技术强国。在中国加入WTO后，关于知识产权方面的立法已经比较完备，但是在知识产权和技术标准方面却很少拥有自己的专利产品和自己制定的行业技术标准。因此国外厂商经常利用知识产权和行业技术标准来制约中国企业。

创业公司要想与国内外竞争对手在竞争过程中获得优势，不仅需要提高自己的研发实力，还需要拥有自己的专利产品和技术，确立自己的知识产权版图。当前中国企业制定技术标准有很多有利的优势条件。中国有广阔的市场潜力，拥有新技术的创业公司在这个市场上完全可以快速建立自己的技术和产品标准。

行业标准本应该由政府或相关行业协会制定，但是随着市场竞争越来越激烈，拥有一定市场和技术势力的公司为了在"标准"上胜出，开始进行制定标准的竞争。技术标准和产品标准是一种市场资源，公司可以通过参与和制定标准，与行业内上下左右的社会关系进行有效沟通，与政府、行业协会、专家学者建立起长期的沟通机制。此外，标准可以减少消费者面临的技术风险，加速该技术和产品的普及。标准可以使公司的竞争从功能转向价格，因为每个品牌都具有共同的功能，但是随着时间推移，公司会在保有标准的前提下扩张独家产品功能使自己获取竞争优势。如在校车制造领域，宇通客车公司不断吸取其他公司制造校车的经验，并积极参与到工信部组织的《校车安全技术条件》技术标准制定中，结果该文件中大量采纳了宇通标准，这样无形中增强了宇通客车公司拓展校车市场的产品竞争力。

在有标准的市场，创业公司要想快速成长为大公司，就不仅要参与市场的竞争，还要参与标准的市场竞争。

3. 战略联盟促进产品优势

形成战略联盟可以通过联盟的力量与竞争对手竞争，通过团队与个体竞争特别容易获得竞争优势，因为战略联盟能够形成一种系统的力量，特别是互补产品和产业链上的联盟能够使创业公司的产品具备其他单一产品无法抗拒的能力。某些产品技术的开发成本非常高，单个公司无力承担这么巨大的开发风险，但如果可以联合行业内大型公司和高校科研院所等形成联盟共同进行开发，那就可以形成巨大的技术创新能力。

战略联盟并不应该仅局限于技术，在产业链中的联盟也可以给创业公司带来巨大商机和竞争力。比如渠道联盟，某医科大学实验室新开发了一种抗癌药品，A创业团队成立公司获取了该产品的招商和经营权利，该公司通过与全国最大的抗癌药品经销商形成战略联盟，使后进入者很难获得此类药品在经销渠道上的便利，此举既促进了该公司快速占领市场,又成功地为后进入者进入设置了渠道障碍。

4. 依托技术进步推出蕴含高新技术的产品

技术进步给整个社会带来了重大变革,更为创业公司提供了快速发展的动力和机遇。一个创业公司如果能在技术变革时期,把握住最新的技术和创意,并不断快速推出蕴含高新技术的新产品,就能使自己快速脱颖而出。在每个行业里都有这样依托技术进步而快速发展的创业公司。

阿里巴巴公司就是依托于信息技术进步而快速推出了网上交易平台。在互联网或电子商务出现以前,生产者由于技术水平的限制根本拿不到消费者的消费偏好数据。而现在,当销售可以在互联网平台上完成之后,生产者就可以从庞大的数据库中拿出数据,根据消费者的喜好进行生产,这是一场伟大的革命,并且这个产业链会提供和创造大量的就业机会,比如配送、货运甚至为网上货物拍照片当模特这种新型职业。

5. 快速丰富产品线

当存在多个细分市场时,如果一个公司只进入部分细分市场,而在其他细分市场任由竞争对手发展的话,那该公司一方面会错失市场机会,另一方面,当竞争对手获得成功并足够强大后,就会转攻该公司已有的市场。对于创业公司来说,快速丰富产品线是提高生存能力和增强品牌知名度的保证。

由于细分市场之间的隔离不是刚性的,各个细分市场之间会有一些影响,一个公司产品系列内部的各个产品之间会出现一定的竞争,一个产品的畅销会剥夺其他产品的部分客户,但是公司会在整体上获得竞争优势。因此,创业公司不能仅靠创业之初的某个核心产品去应付消费者日益多样化的要求,而应不断推出新的产品线来不断提升产品竞争力。

行业内的弱势企业和新进入者由于资源有限,不能四处出击,因此一般只能在个别细分市场形成攻势和优势,创业公司要想获得更多的客户和细分市场,就必须不断地推出新产品,丰富产品系列,尽量减少市场空白,逐步成为行业内的领导型企业。

要想在竞争激烈的行业成为领导型企业,就必须丰富产品线。例如宝洁公司在参与洗衣粉市场的竞争中,为了满足不同消费者的需求,先后推出了9个洗衣粉品牌,包括汰渍、奥克多、奇尔、格尼、波德、象牙雪、卓夫特、达诗和时代。

6. 快速推出新产品

在创业初期,创业者由于拥有某项成熟的产品与服务,所以更加关心如何获取更多市场份额,往往容易忽视了产品的不断推陈出新。在竞争越来越激烈的市场中,速度成为一种特别重要的竞争力。一个公司是否能快速研发新产品推向市场,是其是否能获得产品差异化优势的重要决定因素。有些创业公司过分关注市场,结果在公司成立3~5年都不能推出新产品,这将从两方面损害企业的竞争力,一方面该公司的产品将很难满足客户对该产品的新需求,另一方面,如果没有研发的持续投入,该公司的研发能力将持续下降。

创业公司必须关注新产品推出的速度。即使从技术角度来讲,产品本身还有一些缺陷,但只要不会给消费者带来危险和损失,公司就应该尽快推出和迭代该产品,让那些多样化和高要求的消费者能够尽快拥有该产品,这也是公司向消费者转移的附加价值。至于产品在技术上的问题，可以通过研发在后继产品中给予修补。软件创业公司微软在各个版本的操作系统一直存在问题的情况下，还是不断及时地推出新产品，并且快速地推出改进型产品，使得微软产品占领了大部分市场，并给消费者不断带来新感受。

7. 塑造强势品牌

品牌的塑造越来越成为企业获取消费者的最有力工具。特别是当创业公司的产品是一项服务或创意时，因为这些产品特别容易被其他进入者模仿，所以品牌是最能形成差异化优势的地方。凡是在同质化市场中，注重品牌塑造的企业都能获取更多的竞争优势。

不论是消费品还是中间产品，在消费者心中建立起品牌都非常重要。中间产品是指那些供应给下游制造商，并且这将最终蕴含在最终产品中销售给消费者的产品。例如，计算机芯片、船用钢板、布匹、耐温材料等。

中间产品由于不会直接被消费者了解，很多公司就认为中间产品的品牌塑造没有意义，这种看法是错误的。中间产品要想提高在下游制造商那里的谈判力度，就必须设法提高自身产品在最终消费者那里的品牌地位，可以通过消费的需求拉动来削弱下游厂商的谈判能力。英特尔的公司就是一个塑造品牌的高手，当消费者购买了一台电脑后，他并不会特意关注该电脑使用了什么芯片。英特尔的高明之处在于通过塑造英特尔的专业形象，迫使电脑整机厂商购买英特尔芯片，否则得不到消费者的认可。目前大部分电脑外观上都贴有"Intel Inside"的标志，这成为一个性能和质量的形象标志。中国大部分计算机厂商都不敢冒巨大风险推出非"Intel inside"标志的电脑。英特尔的CPU作为一个中间产品能获得如此高的市场地位，能够在下游厂商那里拥有如此高的谈判权利，这与该企业不断塑造强势品牌有巨大的关系。

因此，创业公司如果拥有一个核心专利或创意产品，在创业的初期，可以把品牌塑造作为一个获取竞争优势的有利途径。工艺和产品容易模仿，专利终究会过期，唯有在消费者心中鲜活的品牌永不过时。

8. 通过创新不断塑造差异化优势

持续的产品创新可以为企业带来产品差异化竞争优势。创业公司产品在经营初期往往都会因为核心专利或创意具备一定的竞争优势，但是随着模仿和新的创意出现，这种竞争优势会逐步丧失。因此，只有不断创新产品才能使公司获取更多市场份额和进入更多的细分市场。小的产品创新是针对产品的附属属性的创新，如外观、包装、特殊服务等；大的产品创新是对产品的核心属性的创新。这两种创新模式都能在一定期限内形成竞争优势。

9. 通过性价比高获取竞争优势

如果要进入一个具有一流强势企业的行业，该如何竞争呢？如果在技术、品牌影响力、产品创新水平等方面都不具备优势的情况下，还有一种可能会使创业公司在该行业占据一定市场份额，那就是推出性价比更好的产品。消费者在购买产品时一直在衡量产品带来的满足程度和产品价格之间的合理性，因此，市场并不总是被高质高价产品占领着，性价比高的产品总是会获得消费者的青睐。

通用汽车是国际一流汽车制造企业，但相对于已经进入中国市场15年的德国大众来说，它在中国市场上还是一个新进入者和后来者。通用汽车如何在中国市场上获取相应份额是一个非常困难的问题。在诸多策略中，通用汽车就采取了获取性价比的重要策略。在经济型汽车市场，通用汽车推出赛欧汽车，把价位定在10万元，而在配置中，它却包含中档轿车所拥有的1.6升排量、自动挡、ABS、安全气囊等。赛欧上市后，得到消费者的一致认可，该配置成为中国家庭经济型轿车的标准。通用汽车进入中国市场较晚，但是由于成功的产品市场定位和性价比，公司在短期内获取了大量的市场份额，在进入中国第一年就奇迹般地收回了全部投资。

10. 有效的客户关系管理

创业公司的新产品可能面对的是一个崭新而没有竞争对手的市场，在创业初期会比较容易获取超额利润，但是随着模仿和替代产品的产生，市场竞争逐步激烈，创业公司要想继续获取超额利润将会是非常困难的事情。而有效的客户关系管理可以维护企业在市场上的优势地位。开发一个新客户的成本是一个老客户成本的5倍。几乎在所有行业，开发新客户的成本都是高于维护老客户的成本。因此，建立客户资料库，与已有客户保持长期关系，通过给予客户更多价值来留住老客户，这对于创业公司来说是非常划算的，这也为后进者设置了一个有力的障碍。与客户建立联系的具体策略可以包括打折、让利、增值服务、会员制等。

> ▶▶▶ **案例直通**
>
> 产品竞争力和竞争优势的获取渠道来自多个方面。对于实体产品可以通过技术创新、制定标准、获取专利等方法来获取竞争优势；而对于创意服务类产品，可以通过塑造品牌、丰富产品线、客户关系管理等方法来获取竞争优势。妙味轩公司非常注重产品竞争优势获取问题，他们单独拿出B7章来探讨品牌战略，通过研究品牌设计和品牌提升，给出了许多提升产品竞争力的方法和思路。Aeroband公司也在案例C3.3部分单独拿出一节从多个角度阐述公司产品竞争力，如果分析能够细致一些，效果会更加好。

第三节　产品与服务需要注意和解决的问题

在产品与服务部分，创业者需要对产品与服务做出准确的描述，要使风险投资者阅读完后对本公司产品与服务不再存有疑虑。此外，叙述要清晰准确，通俗易懂，至少使非该领域的风险投资者也能理解。在这一部分需要关注以下关键问题。

（1）公司产品的整体构成是什么？公司要面对什么样的最终客户？客户希望企业的产品与服务能解决什么"痛点"问题？客户能从企业的产品与服务中获得什么样的客户价值？

（2）公司的产品与竞争对手的产品相比有哪些优缺点，客户为什么会选择本企业的产品？

（3）公司为自己的产品采取了哪些保护措施，企业拥有哪些专利、许可证或者与已申请专利的厂家达成了哪些协议？

（4）为什么公司的产品定价可以使公司产生足够的利润，为什么客户会大批量购买该产品？

（5）公司产品目前可以在哪些方面获取竞争优势？未来发展中还可以制订什么计划获取竞争优势？

（6）你的产品与服务正处于哪个发展阶段？公司采用何种方式去改进产品的质量、性能，公司对发展新产品有哪些计划？

▶ 复习思考题

1. 试着自选一个产品，你将如何设计一个方案，并从几个方面来向评审者展示该产品？
2. 举例说明新产品开发创意来源于哪几个方面？
3. 创业者如何运用产品生命周期理论？
4. 试举例说明，可以从哪些角度阐述公司产品与服务的竞争优势？

第四章

行业与市场

▶ 核心问题

- 如何区分行业和市场？
- 如何介绍一个行业的背景和发展现状？
- 行业变革和成长的驱动要素有哪些？
- 如何识别一个市场的结构和类型？
- 如何系统分析行业和企业的外部宏观环境？
- 波特五力竞争模型如何对产业内部竞争状况进行分析？
- 如何与竞争对手进行比较分析？
- 如何估算市场总需求和进行目标市场定位？
- 行业与市场分析应该遵循什么逻辑？
- 如何确定公司品牌或产品的整体定位？

▶ 学习目标

- 了解行业与市场的基本内容；
- 掌握行业的主要经济特性；
- 了解行业变革的主要驱动因素；
- 分析市场结构特点与基本类型；
- 掌握和会使用宏观环境分析 PEST 方法；
- 掌握和会使用波特五力竞争模型；
- 掌握和会使用竞争优劣势 SWOT 分析法；
- 了解竞争强弱对比分析表；
- 理解和会分析市场细分与目标市场；
- 掌握定位选择步骤与方法。

第一节 行业与市场的主要内容

行业与市场分析的是创业公司生存的外部环境研究，如果创业者不重视对这部分的编写，那么商业计划就将会成为最不切合实际的计划。本部分是商业计划执行的现状和环境分析，只有熟悉和把握行业与市场变化，企业才能立于不败之地。本章中主要阐述行业历史与前景、行业与市场的外部环境分析、行业与市场的内部竞争状况、企业的竞争优劣势分析、市场需求量及增长趋势、市场细分及定位、未来3～5年市场销售预测等。

"市场"一词通常都是用来描述整个商业环境中的各种要素。本部分所提到的行业与市场这两个词是用来阐述在一个广阔的商业环境中虽有相互分开，但却有重叠的部分。行业是指生产并向特定市场销售同类产品与服务的一个公司群，如饮食行业、服装行业、机械行业、移动互联网行业等,而市场主要是指买卖双方进行产品与服务交易的场所,可以理解为一群具有相同需求的潜在顾客,他们愿意以某种有价值的东西来换取卖主提供的产品与服务,而这些产品与服务是满足需求的方式。行业既可以界定公司的同类企业,也可以界定竞争对手,而市场只是用来确定公司的机会和客户。行业分析主要介绍公司所归属产业领域的基本情况,以及公司在整个产业中的地位,而市场分析主要介绍公司产品与服务的市场情况,包括目标市场、市场竞争中的位置、竞争对手的情况、未来市场的发展趋势等。因此,这一部分内容应该界定创业公司所处的环境、行业、市场、现在和潜在的购买者和竞争者等。此外,商业计划书中还应该阐述市场中的关键影响因素,购买决策的制定过程,市场是怎样进行细分,如何确定目标客户,公司计划拥有的市场份额,预想采用何种防御战略来抵挡竞争等问题。

在商业计划书中,对这部分内容的撰写越具体越好,特别是要以那些可信度高、已经被证实的数据为分析基础,例如从年鉴、统计报告、各大公司的行业分析报告中获取的数据。市场调研应当包括对公司所在行业、竞争对手和消费者的详细分析,它可以推动市场细分与定位、销售量预测和产品定价策略的展开。其中消费者调查应该包括潜在顾客数量、平均购买率及购买决策者的行为分析等信息。本部分内容分析是下一章营销计划制订和实施的基础。

第二节 行业与市场的基本理论知识

一、行业的主要经济特性

在研究一个行业的经济特性时,主要包括的研究对象有:市场范围及规模大小、规模经济特征、行业进入和退出壁垒、对各种生产资源的要求程度、平均投资回收期、市场的成熟程度、市场普遍增长速度、公司的数量及其规模大小、消费者的数量、分销渠道的种类及特征、技术创新的方向及速度、总体盈利水平等。因为行业之间在特征和结构方面有很大差别,所以行业分析首先要从整体上把握行业中的最主要经济特性。行业的主要经济特性如下。

(1)市场规模。市场规模(有时也称为市场容量)的不同,对公司和风险投资者的吸引力是不同的。较小的市场一般吸引不了大的或新的竞争者,而较大市场常能引起各类公司的兴趣。按照风险投资者的经验,一般市场规模达到100亿元以上的市场才是一个好市场。

(2)竞争角逐的范围。对于竞争市场,需要考虑竞争角逐的范围是本地性的、区域性的还是全国性的。

(3)市场增长速度。市场增长速度的不同,影响着公司的进入和退出。快速增长的市场会鼓励其他公司进入,而增长缓慢的市场会导致竞争加剧,弱小者出局。

(4)行业和产品在成长周期中目前所处的阶段。要研究分析行业和产品是处于生命周期中的哪个阶段,每一阶段公司的投入和利润都有所不同,处于不同成长阶段的行业对公司的吸引力是不同的。例如处于成长期的行业好于处于衰退期的行业。

(5)竞争厂家的数量及规模。行业中的竞争厂家数量和规模不同会导致竞争强度不同。

如果行业被众多的小公司细分，则竞争性强，利润低，公司需要突出自身产品的差异化；如果行业被几家大公司垄断，则竞争性较弱，垄断性强，这些大公司会出现超额利润。

（6）购买者的数量及相对规模。购买者的数量及相对规模反映了产品对消费者的吸引力。如果购买者的数量和相对规模都很可观，则说明产品具有很大的市场，该行业对公司具有较强的吸引力。

（7）供应链整合度。在整个供应链中，需要研究行业向前整合和向后整合的程度。因为在完全整合、部分整合和非整合公司之间往往会产生竞争差异及成本差异。

（8）分销渠道。分销渠道包括经销商、代理中间商和辅助机构。而分销需要解决的问题就是经过哪些销售环节，此外还包括销售端物流和运输。

（9）产品与服务的差异化强度。竞争对手的产品与服务是强差异化、弱差异化，或是无差别化，这种差异化程度反映了行业市场竞争的激烈程度。

（10）行业中公司能否实现规模经济。行业中的公司能否实现采购、制造、运输、营销或广告等方面的规模经济，关系到行业内公司的竞争实力强弱。

（11）进入和退出市场的难度。壁垒高可以保护现有公司的地位和利润，而壁垒低则使得该行业易于被新进入者入侵。

（12）创新速度的影响。创新速度快的公司可以获取高额利润，而创新能力不强的公司最终会被淘汰。

此外，行业的经济特性还包括技术水平、生产能力、学习能力、利润水平等。当进行某个行业分析时，可以有选择地对以上经济特性进行介绍，让风险投资者快速了解行业的背景和发展现状。

> ▶▶▶ **案例直通**
>
> 　　旭初公司的行业分析可见案例A2.1、A2.2和A5.1，结合水下探测仪器的特点，他们选取了市场需求、竞争环境、技术水平、生产规模和国家政策等特性进行分析。妙味轩公司缺乏明确的行业分析，仅是在案例B4.1、B4.2中对市场背景、市场容量进行了初步阐述，着重分析了市场规模。Aeroband公司的行业与市场分析可见C4章，分别对政策环境、市场环境、市场前景、市场容量、市场需求和消费影响因素进行了分析，但也存在诸多问题，具体问题可见该部分专家评析。

二、行业变革的驱动因素

行业环境之所以发生变化，是因为一些重要的力量在推动行业的参与者（诸如竞争厂商、客户或购买者、供应商等）改变他们的行动，这些重要的力量构成了行业变革的驱动因素。行业中的变革驱动因素如下。

（1）行业需求长期增长率的变化。行业需求增长率的上升或下降会影响行业供应和购买需求之间的平衡，从而增加或减少竞争厂商的数量，改变销售的难易程度。长期需求的增加会吸引更多新的竞争者进入市场，鼓励既有厂商增加生产能力；市场萎缩则会导致行业的某些公司退出该行业，剩下的厂商会逐渐收缩业务量。

（2）产品创新。产品创新会扩大行业的客户群，重新实现行业的增长，扩大竞争厂商之间产品的差异性，从而动摇已有的竞争结构。新产品的成功导入会加强创新公司的市场地位，而对于那些固守老产品的公司来说，其收益则会受损，并逐渐被淘汰出市场。

（3）技术创新。技术进步可以改变一个行业的市场结构，使得供应商可以生产低成本和差异化的新产品，并且打开了整个行业的前沿领域。

（4）营销创新。如果竞争厂商能够成功地引入新的产品销售方式，那么，它们可以激起消费者的购买欲望，扩大整个行业需求，提高产品差异度，降低单位成本。

（5）大厂商的进入或退出。一家或多家公司进入某个市场，大多都会动摇市场的竞争环境。同样，其他行业中的一家大公司通过并购或建立自己的新公司进入本行业时，这家公司通常会以某种创新性的方式运用其技巧和资源，从而产生新的竞争局势，这包括带来一些新的重要厂商，建立一些新的竞争规则。同样，大公司的退出也会改变市场竞争结构，减少市场参与者的数量，导致剩余厂商纷纷争抢现有厂商的客户。

（6）技术秘密的转移扩散。当技术秘密被转移或扩散出去之后，行业中的竞争态势也会发生巨大的变化，原来专有该项技术的厂家的竞争优势将会遭到侵蚀，其他竞争者将会增加自己在行业中的竞争实力。

（7）成本和效率的变化。核心竞争厂商之间成本和效率的差异扩大或缩小都会改变竞争的格局。

（8）政府政策、法规的变化。政府政策和相关法规的变化会给行业的经营环境带来重大的变化。

（9）社会关注焦点的转移、生活态度和生活方式的变化。新的社会问题和人们价值观念及生活方式的变化可以刺激行业变革。如社会对空气和水污染的关注已经迫使各行业增加费用，将污染控制开支记入成本。生活态度和生活方式的变化有利于促进竞争厂商的反应速度。

三、行业的关键成功因素

行业的关键成功因素是指那些能够影响行业参与者能否在市场上成功的因素，如产品属性、公司资源、竞争能力等与公司盈利能力直接相关的因素。关键成功因素主要解决三个问题：第一，消费者在各个竞争品牌之间进行选择的关键因素是什么；第二，竞争厂商要确定竞争成功需要获取怎样的资源和竞争能力；第三，竞争厂商要获得可持续的竞争优势，需要采取怎样的措施。行业的关键成功因素包括以下几点。

（1）与技术相关的因素。包括技术创新能力、产品创新能力、在既定技术上的专有技能、运用网络发布信息、承接订单、送货和提供服务等能力。

（2）与制造相关的因素。包括生产效率、固定资产的利用率、生产工厂定位、足够的熟练劳动力、产品设计和产品工程、能够定制化地生产一系列规格的产品。

（3）与市场营销相关的因素。包括快速准确的技术支持、礼貌的客户服务、准确地满足客户订单、产品线和可供选择的产品范围很宽、一定的推销技巧、有吸引力的包装、精准的广告等。

（4）与分销相关的因素。包括强大的批发分销商、通过互联网建立起来电子化的分销能力、能够在零售商的货架上获得充足的空间、拥有公司自己的分销渠道和网点等。

（5）与技能相关的因素。包括劳动力的技术水平、质量控制、设计才能、在某一项具体的技术上的专有技能、能够开发出创造性的产品、能够使最近构想出来的产品快速地经过研发阶段到达市场、组织能力、卓越的信息系统、能够快速地对变化的市场环境做出反应、能够熟练地用互联网和电子商务做生意等。

此外，还包括在购买者中间拥有较高的公司形象和声誉、总成本很低、便利化的工厂选址、公司职员在与所有客户打交道时态度和善可亲、专利保护等。

四、市场结构及类型

市场是指从事某一种商品买卖的交易场所，它既包括有形产品市场，如农产品市场、土地市场等，也包括无形产品与服务市场，如股票市场、期货市场等。而市场结构是指一个行业内买方和卖方的数量及规模分布、产品差异程度、新企业进入该行业的难易程度等，也可以说是某一市场中各种要素之间的内在联系及其特征，包括市场供给者之间，需求者之间，供给和需求者之间，以及市场上现有的供给者、需求者与正在进入该市场的供给者、需求者之间的关系。

决定市场结构的因素主要取决于市场竞争的强度。具体影响因素主要有：第一，卖者和买者的集中程度或数目。数目越多，集中程度越低，竞争程度就越高。第二，不同卖者之间各自提供的产品的差别程度。各厂商提供的产品越是相似，可以预料，竞争就会越激烈。第三，单个厂商对市场价格控制的程度。单个厂商越是无法控制价格，表明市场竞争就越激烈。第四，厂商进入或退出一个行业的难易程度。如果存在进入市场的障碍，则意味着原有厂商拥有了一些新加入者不具备的有利条件。

根据以上四个决定因素，市场结构的类型可以分为完全竞争市场、垄断竞争市场、寡头垄断市场和完全垄断市场。各类市场结构类型及其特征和相应厂商如表 4-1 所示。

表 4-1　市场结构类型及其特征

市场类型	企业数量	产品差异	价格控制	进出障碍	行业类型
完全竞争	很多	完全无差异	没有	很容易	大米、小麦
垄断竞争	较多	有差异	有一些	容易	香烟、糖果
寡头垄断	若干	有或无差异	较大程度	较困难	钢铁、汽车
完全垄断	一个	产品唯一，无接近的替代品	很大程度	很困难	公用事业，如电、水

在上述四个市场中，由于外部环境和企业条件不同，一般来说竞争性依次递减的，垄断性和利润率依次递增。当创业公司初次进入某一行业中时，需要初步界定该行业的市场结构，这样既可以有效分析竞争对手和进入障碍，又可以促使公司探究将要采取的应对策略。

▶▶▶ **案例直通**

旭初公司和妙味轩公司都未明确提出他们所面对的市场结构，这是对市场分析不具体和不深入的表现。旭初公司仅是在案例 A5.3.1 竞争对手分析中提到了存在日本、美国和挪威等竞争对手厂商，并未涉及具体厂商名称，从案例阐述可以初步估计其所面对的应该是寡头垄断市场；妙味轩公司并未在案例中明确提出竞争对手，而是给出了北方鑫柜、避风塘和好伦哥三个潜在竞争对手。Aeroband 公司认为空气拨片产品属于智能体感音乐设备市场，但是并没有说明市场中的竞争对手和市场结构。

五、宏观环境分析的 PEST 方法

PEST 方法是对行业宏观环境分析的常用方法。宏观环境是指影响所有行业和企业的各种宏观因素。对宏观环境因素作分析，不同行业根据自身特点和需求，分析的具体内容也会有所差异，但一般都应该对政治（Politics）、经济（Economy）、社会（Society）和技术（Technology）这四大类影响行业和企业的主要外部环境因素进行分析，旨在揭示外部环境对企业绩效所产生的影响。因此，该方法被简称为 PEST 分析方法。

创业公司必须对所处的经营环境及其变化趋势有着清晰的认识，要避免对那些不确定因素的忽略。在应用过程中一般要把许多具有不同知识背景和专业技能的相关领域专家聚集在一起，针对行业和企业环境，组成"头脑风暴小组"来共同商讨和执行 PEST 分析方法。

下面将列出一些典型的环境因素，但鉴于每个行业和公司面对的环境都不一样，因此，可以把所列因素作为一个讨论的出发点。

1. 政治因素

可以考虑的本地、国家和全球的政治因素。

（1）直接税和间接税，如对消费者支出和市场需求产生影响的所得税和增值税。
（2）公司税对企业盈利性的影响。
（3）中央及各级政府的公共支出对市场需求水平的直接影响。
（4）中央及各级政府的产业政策在微观层面上对企业的影响，如地方拨款补贴、税收优惠等会影响企业的生产和经营选择。
（5）货币政策对市场需求和企业还贷能力的影响。
（6）国际贸易环境的改变对出口市场的影响，如中国加入各类贸易组织，促进产品的进出口。
（7）法律对于企业的扩张的影响，如法律如何规定并购、垄断等。
（8）规制是否严格对企业所处的环境和行业的影响。
（9）人员的教育和培训对企业招聘的影响。
（10）市场法制规范和透明化对企业的影响。

2. 经济因素

可以考虑的本地、国家和全球的经济因素。

（1）经济周期。在经济周期的不同阶段，经济可能会呈现快速发展的趋势，也有可能

停滞不前。有些行业，如休闲、餐饮、服装等消费数量与经济周期变化紧密相连，非常容易受到经济周期的影响和冲击。

（2）就业率。就业率与当地的经济状况密切相关，一个地区的就业率高意味着当地消费需求能力强，同时也说明劳动力的价格将会更加昂贵。

（3）通货膨胀率。通货膨胀对企业有多方面影响。从产品角度说，如果是需求增加导致的通货膨胀可以使企业增加收益。从原材料角度说，如果是原材料成本增加导致的通货膨胀则会导致企业收益下降。

（4）利率和汇率。虽然企业能采取一些方法规避利率和汇率风险，但是利率和汇率的变动会直接影响企业盈利能力。

（5）房价和股价。房价和股价的变动都会影响消费者的消费信心和消费能力，并最终影响到企业的销售额。

（6）经济发展阶段。在不同经济发展水平的国家，如何进行研发、生产、营销都会不同，并且为企业提供的基础设施也不同，这都将影响到企业的盈利。

3. 社会因素

某个国家的人口迁移和社会价值变化需要经历很长时间，所以，人口和社会价值往往是产品与服务需求探讨的起点。可以考虑的社会因素包括如下内容。

（1）人口变化。人口变化的速度对于开发产品与服务的规模具有直接影响。由于发展中国家的人口增长速度明显高于发达国家，所以，创业型公司在未来应该更加关注发展中国家。

（2）年龄结构。人口年龄结构的差异会对产品消费数量和种类产生直接影响，此外，还会对就业人数产生影响。

（3）人口从农村迁移到城市的速度。随着全球产业升级和结构转变，大量的农村人口向城市迁移，这导致劳动力和潜在消费者人数直接增加。

（4）社会和文化的变化。对于工作和休闲态度的转变，会对某些产品的需求量和劳动力人数产生影响。此外，妇女在社会中的角色转变也会对劳动力和产品需求和供给产生影响。

4. 技术因素

技术变革会对经济产生巨大的影响。可以考虑的技术因素包括如下内容。

（1）技术创新能力和研发支出水平。这将直接影响技术水平的变化程度和新产品的推出效率。

（2）新市场。对某些以特定技术为基础的产品与服务来说，新技术的导入就意味着新市场的诞生。

（3）生产和工艺创新。新的生产和工艺将带来效率提升，成本降低，这对消费量和市场竞争水平都有直接影响。

（4）新技术的使用效率。新技术能否快速融入产品进入市场，将会对市场结构、收益和需求产生直接影响。

▶▶▶ 案例直通

旭初公司和妙味轩公司都未在行业分析中使用 PEST 分析法，而是仅选取了其中的几个宏观环境影响因素进行分析。而 Aeroband 公司仅对政策环境进行了粗略分析。建议在行业分析中最好使用现有的一些分析工具，使行业分析更加科学系统。

六、波特五力竞争模型

对产业结构的认识与理解是形成企业竞争战略的基础。迈克尔·波特教授的研究为结构化因素分析提供了分析框架，这些因素制约着产业内的竞争，并给出了一些基本的竞争战略。波特认为产业内部的竞争根植于其基础的经济结构，并且超过了现有竞争者的行为范围。一个产业内部的竞争状况取决于五种基本竞争作用力，即供应商议价能力、购买者议价能力、潜在进入者、替代品威胁和现有企业间竞争，将这五种竞争因素融合到一个模型中，来分析特定产业的竞争情况，简称为波特五力竞争模型，如图 4-1 所示。这些作用力汇集起来决定着该产业的竞争强度和产业利润率。而一个企业的竞争战略目标在于使公司在产业内部处于最佳定位，通过抗击和影响这五种竞争作用力来保卫自己。由于五种竞争作用力的合力对于所有竞争者都是显而易见的，因此，战略制定的关键就是要深入到表面现象之后分析竞争压力的来源。总之，该模型可以有效地分析公司的竞争环境，对制定企业竞争战略具有重要的影响。

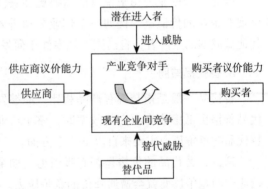

图 4-1 波特五力竞争模型

1. 现有企业间竞争

现有企业之间的竞争是五种力量中最强大的。为了赢得市场地位和市场份额，它们通常不计代价获取竞争优势。在有些行业中，竞争的核心是价格；在有些行业中，价格竞争很弱，竞争的核心在于产品与服务的特色、新产品革新、质量和耐用度、保修、售后服务、品牌形象等。同一产业中企业之间的竞争的激烈程度取决于许多因素。

（1）一家企业主导的产业比众多竞争者都想成为主导企业的分割性的产业更加稳定。

（2）产业集中度对竞争者的行为有重要的影响，如寡头垄断形式下的产业可能会避免价格竞争。反之，多会采取价格竞争模式。

（3）当产业发展停滞不前时，竞争者保持竞争力的唯一方式是不断占据高的市场份额，也就是说竞争会变得更加剧烈，直到有竞争者退出或被兼并。

（4）在诸如粮食、电脑配件为产品的无差异化市场中，竞争多集中于价格战，这种竞争对所有的企业都有损害，很难获取超额利润，而在具有一定差异化的产品市场中，企业间的价格竞争程度较低。

2. 潜在进入者

所谓潜在进入者，可能是一个新办的企业和新进入者，也可能是一个采用多元化经营战略的原从事其他行业的企业，潜在进入者会带来新的生产能力，并要求取得一定的市场份额。潜在进入者对本行业的威胁取决于本行业的进入壁垒以及进入新行业后原有企业反应的强烈程度。

新进入者会使行业的产能增加，当产能大于需求水平时，行业的平均利润将减少。对于特定的市场来说，新进入者所面临的竞争威胁主要来自进入市场障碍和现有厂商对其做出的反应。一旦新进入者很难打开这个市场或市场的经济因素使得潜在进入者处于劣势，进入市场的壁垒就产生了。进入市场的壁垒有以下几种：规模经济、产品差异化、资本需求、转换成本、不能获得的关键技术和专业技能、品牌偏好和客户忠诚度、资源要求、分销渠道、政府政策、关税及国际贸易等。

进入市场的壁垒的高低取决于潜在进入厂商所拥有的资源的多少和能力的强弱。除了进入障碍，新进入者还面临着现有厂商做出什么样的反应的问题。它们是只做出些消极抵抗，还是会通过诸如降价、加大广告力度、改善产品以及其他措施来捍卫其市场地位。如果行业中原有大厂商发出明显的信号，要捍卫其市场，或者原有厂商通过分销商和客户群创造某种优势来维护其业务，那么潜在的进入者就须慎重行事。

因此，对创业公司来说可能需要更加关注进入障碍比较低的业务活动，而不是复制整个现有企业的价值链。例如一个创业公司进入产品市场，它应该将产品的生产制造分包给其他低成本的生产者，自己则更加专注于研发、营销以及配送。

3. 替代品威胁

替代品一般是指与现有产品相比，能够发挥同种功效和满足同样需求的产品。如果替代品价格更低廉或有更高的效率时，整个产业可能会因为替代品的出现而遭到毁灭。来自替代品的竞争压力主要来自以下三个方面。

第一，替代品的价格是否有吸引力。如果替代品的价格比行业内产品的价格低，那么行业中的竞争厂商就会遭遇降价的竞争压力。

第二，替代品在质量、性能等方面的满意度。替代品的出现会刺激客户去比较两种产品的质量、性能和价格，这种压力需要行业中的厂商加强攻势，努力说服消费者相信它们的产品具有更优质的品质和性能。

第三，消费者转换难度和成本。转换成本包括可能的额外价格、可能的设备成本、测试替代品质量和可靠性的时间和成本等。如果转换成本很高，那么替代品在生产和销售上就必须提供某种重要的成本或性能利益，来引导原来行业的消费者脱离老产品。

因此，如果替代品的价格越低，质量和性能越高，转换成本越低，替代品对该产业所带来的竞争压力就越大。

4. 供应商议价能力

供应商和需求者之间的供需平衡是相对的。如果某个行业中有许多小的供应商和少量的大需求者，那么供应商讨价还价的能力是很小的，相反，当产业中只有少数的大供应商时，它们的讨价还价能力会增强。

如果供应商所提供的是一种标准产品，那么企业可以通过市场和多个供应商联系，与供应商相关的竞争压力就会很小，可以很容易地从许多有一定生产能力的供应商那里获得所需的一切供应。在这种情况下，只有当供应出现紧缺而购买者又急于保证供应时，供应商才会拥有某种市场谈判的权力。如果有很好的替代品，而购买者的替代品转换既无难度且代价又不高，那么供应商的谈判地位也会处于劣势。

如果供应商所提供的产品占其下游行业产品成本的比例很大，那么供应商将对该行业的产品生产过程起到至关重要的作用，或对该行业产品的质量产生明显的影响，由此供应商就会拥有很大的市场谈判权力。同样地，当购买者转向替代品的难度越大时，供应商的谈判优势就越明显。一旦供应商拥有足够的谈判权，在定价、所供应的产品的质量和性能上有很大优势时，这些供应商就会成为一股强大的竞争力量。

5. 购买者议价能力

在大多数情况下，购买者会通过货比三家来寻找质价比最好的产品，这时他可以向卖方施加更多的压力，从而成为一股强大的竞争力量。有许多因素增强了买方的议价能力。

第一，转换成本。通常当某些产品转换成本低廉时，产品差异化的程度会直接影响价格，特别是在消费品交易中。

第二，大批量采购使购买者拥有相当的优势。比如，当本地中小农户在向一些大型超市供应农产品时，就会遇到来自购买者的极大压力。

第三，在网络市场中，购买者能在短时间内见到众多的供应商，这导致购买者的议价能力增强。

> **▶▶▶ 案例直通**
>
> 波特五力竞争模型是对产业内部竞争状况分析的最有力工具，大部分商业计划书中都会使用该方法。旭初公司在案例 A5.3 中运用了波特五力竞争模型，在行业内对主要竞争对手分析时非常细致，既有对手比较，又有图表分析；妙味轩公司在案例 B5.2 中运用了波特五力竞争模型，在潜在竞争对手分析中非常全面和系统，值得商业计划书制作者借鉴。

七、竞争优劣势 SWOT 分析法

SWOT 分析法是对企业的优势（Strengths）、劣势（Weaknesses）、机会（Opportunities）和威胁（Threats）的分析，它集合了企业（内部）分析、环境（外部）分析和组合分析的结果，即基于内外部竞争环境和竞争条件下的态势分析，将与研究对象密切相关的各种主要内部优势、劣势和外部的机会和威胁等，通过调查列举出来，并按照矩阵形式排列（见表 4-2），然后用系统分析的思想，把各种因素相互匹配起来加以分析，从中得出一系列相应的结论，并据此确定企业的战略定位，最大限度地利用内部优势和机会，而结论通常带有一定的决策性。

SWOT 分析法是使企业资源与环境之间达到最佳匹配状态，以便企业获取可持续竞争优势的一种方法。要达到这个目标，企业必须遵循四个原则：第一，建立在企业优势基础上；

表 4-2 SWOT 分析矩阵

内部分析 外部分析	优势 S	劣势 W
机会 O	SO（利用这些）	WO（改进这些）
威胁 T	ST（监视这些）	WT（消除这些）

第二,减少劣势或避免劣势的策略;第三,开发机会,特别是发挥企业的自身优势;第四,减少对抗和威胁。

在进行 SWOT 分析时需要按照以下三个步骤进行。

1. 分析环境因素

通过各种调查研究方法和专家团队分析,给出公司所处的各种环境因素,即外部环境因素和内部环境因素。外部环境因素包括机会因素和威胁因素,它们是外部环境对公司的发展直接有影响的有利和不利因素,属于客观因素,内部环境因素包括优势因素和劣势因素,它们是公司在其发展中自身存在的积极和消极因素,属于主动因素,在调查分析这些因素时,不仅要考虑到历史与现状,更要考虑未来发展问题。

优势因素是组织机构的内部因素,具体包括:有利的竞争态势、充足的财政来源、良好的企业形象、技术力量、规模经济、差异化的产品、市场份额、成本优势、广告攻势等。

劣势因素也是组织机构的内部因素,具体包括:设备老化、管理混乱、缺少关键技术、研究开发落后、资金短缺、经营不善、高成本、市场定位不好、产品积压、竞争力差等。

机会因素是组织机构的外部因素,具体包括:技术创新、新产品、新市场、新需求、外国市场壁垒解除、人口和社会变化、贸易自由化、竞争对手失误等。

威胁因素也是组织机构的外部因素,具体包括:新的竞争对手、替代产品增多、市场紧缩、行业政策变化、进口威胁、经济衰退、客户偏好改变、突发事件等。

SWOT 方法的最大优点在于考虑问题全面,是一种外部环境与内部环境相结合的系统思维,可以把对问题的"诊断"和"开处方"紧密结合在一起。

2. 构造 SWOT 矩阵

将调查得出的各种影响因素根据影响程度排序,构造 SWOT 矩阵。在此过程中,将那些对公司发展有直接的、重要的、大量的、迫切的、久远的影响因素优先排列出来,而将那些间接的、次要的、少许的、不急的、短暂的影响因素排列在后面。此外,将内部优势与外部机会进行匹配,得出 SO 策略并填入 SO 的格子中;将内部劣势与外部机会进行匹配,得出 WO 策略并填入 WO 的格子中;将内部优势与外部威胁进行匹配,得出 ST 策略并填入 ST 的格子中;将内部劣势与外部威胁进行匹配,得出 WT 策略并填入 WT 的格子中。

3. 制订行动计划

在完成环境因素分析和 SWOT 矩阵的构造后,需要对 SO、ST、WO、WT 策略进行甄别和选择,确定企业目前应该采取的具体战略与策略。制订战略计划的基本思路是:发挥优势因素,克服劣势因素,利用机会因素,化解威胁因素;考虑过去,立足当前,着眼未来。运用系统分析方法,将各种环境因素相互匹配起来加以组合和思考,得出一系列公司未来发展的可选择战略和对策。

可参考慕课视频:

企业的竞争优劣势分析——SWOT分析方法

▶▶▶ 案例直通

竞争优劣势 SWOT 分析法是商业计划书中经常使用的分析工具,使用该方法能帮助企业制定合理的战略和策略。旭初公司在案例 A5.4 中进行了 SWOT 分析，并给出了具体的结论和建议；妙味轩公司在案例 B5.1 中进行了 SWOT 分析，但是并未在分析结果中得到相关结论和建议。

八、竞争强弱对比分析表

与竞争对手比较，创业公司都有哪些竞争优势，这是一份商业计划书中需要详细阐述的内容。在这部分论述中，最好应用图表对数据和优劣势进行直接比较，这样不但直观明了，也方便获取结论和对策。此外，在进行具体的产品分析时也可以应用图表对比分析方法，通过对产品性能和数据的比较可以让风险投资者直观感受到本公司产品和竞争对手之间的差异和优劣。竞争强弱对比分析表如表 4-3 所示，在表中不但可以将创业公司和它的主要竞争对手或所有竞争对手进行对比，还可以找出公司相对于竞争对手的优势和弱势，并制订出相应的行动超越计划。

表 4-3 竞争强弱对比分析表

对比项目	竞争者的情况	你公司的情况	相对于竞争者 优势	相对于竞争者 弱势	应采取的超越/改善计划
价格					
质量					
服务					
位置					
广告					
性能特色					
产品结构					
可靠性					
交货					
方便可用性					
形象					
声誉					
渠道					
财务状况					
客户忠诚度					
保修					
技术卓越性					
新产品革新					
定位及战略					
市场占有率					
管理					
员工培训					

例如，以广告为例，可以认真观察全部竞争对手的广告，并提出问题和比较。如果他们正试图说些什么，他们以什么作为吸引客户的特色？他们集中关注怎样的强项——技术能力或方便性，你认为他们的广告要点对于目标市场有多重要？他们在哪里做广告——电

视上、广播、报纸、杂志或者广告牌？他们的广告是否比你的更奏效，你是否应该重新评估一下你的广告？你们公司广告还有什么需要改进的地方？

九、市场总需求与市场细分

1. 市场总需求

市场总需求（也可称为市场容量）是指行业在既定环境下，一定的时期和地域内，客户全体购买产品与服务的总量。市场是由当前的客户和潜在客户构成的，客户的购买行为发生，必然是由于他们对产品有兴趣并且有购买能力。若是有些大众对产品有兴趣但由于没有购买能力或在该地区买不到，或是目前价格太高而不想购买，那么他们都可成为潜在客户。市场是否能维持高速的成长率，决定于公司是否可以维持当前现有的客户，并逐步吸引潜在客户，使他们成为真实的客户，因此潜在客户数量越多，则公司的成长空间越大，越值得投入资源去开发。在做市场总需求估计时，首先要掌握住历年市场总需求量的增长变化情况，全部细分市场的大小和比例变化。掌握市场的消长及竞争厂商市场占有率的变化是分析市场总需求的第一步。

对市场容量的预测一直是商业计划书制作中最重要的任务之一。有些产品很容易估计出总销售量，例如，若想知道中国大型民用客机每年的需求量，只需要查波音和空客两家公司每年出口中国的客机数量即可，因为中国大部分民用客机都是由这两家公司生产。但有些产品的需求量则需要通过其他途径及平日的情报收集才能推测出。例如婴儿奶瓶的市场总需求量的变化，它是由婴儿出生率的大小变化决定的；传真机的市场需求量和电话的成长状况息息相关。除了收集这些相关因素的变化情况外，再加上历年的趋势分析及对外在环境的状况分析，就能预测出总需求量的大小。如果条件允许，还可以在考虑大部分影响要素的前提下，通过构建一个市场总需求估算模型来预测每年市场需求的变化。此外，如果公司所在的市场比较成熟，那么就会有许多专家和公司进行行业系统研究，商业计划书制作者可以去这些证券公司或行业机构的网站上下载行业分析报告、统计分析报告来获取市场需求量的预测数据。

2. 市场细分

市场细分概念是由温德尔·史密斯在1956年提出的。它是指根据消费者在欲望、资源、地点、购买态度和购买行为等方面的差异，将庞杂的大市场划分为需要用不同的产品与服务来有效满足其独特需求的较小的细分市场。以上概念可以简单地理解为把某个整体市场划分为较小的不同消费群体的市场，其中每个消费者群体都是一个细分市场，每个细分市场都由欲望相同的消费者构成。例如，宝洁公司依据消费者对洗衣服的需求差异，这些差异包括经济实惠、强效或温和洁净、漂白、柔顺织物、清馨气味等，设计了汰渍、奇尔、格尼、时代、卓夫特和象牙雪六款各具特色的洗衣粉品牌以满足不同的细分市场。

将市场进行细分是进行市场营销决策过程的起点，这个过程包括将市场划分为有意义的消费群体（市场细分），选择需要服务的消费群体（选择目标市场），创造最好地满足目标客户的市场提供物（差异化），最后在消费者的心中为该提供物树立独特的形象（定位）。

就消费者市场而言，市场细分变量归纳起来主要有地理环境因素、人口统计因素、消费心理因素、消费行为因素、消费受益因素等。于是就有了地理细分（国家、城市、农村等）、人口细分（年龄、性别、收入、职业、教育等）、心理细分（社会阶层、生活方式、个性等）、行为细分（时机、使用者地位、忠诚度、产品使用频率、产品应用等）、受益细分（追求的具体利益、产品带来的好处等）这五类市场细分方式。

市场细分有许多方法，但不是所有的细分都有效。例如，可以将饼干的购买者分为黑色头发和金色头发的消费者，但头发的颜色并不会影响饼干的购买。所以有效的市场细分必须具备如下条件。

（1）可测量性。细分市场的规模、购买能力和其他基本情况是可以测量的。

（2）可接近性。创业公司可以有效地影响和服务该细分市场。

（3）规模大。细分市场要足够大，或者有利可图。一个细分市场应该是值得公司设计营销方案来追求的尽可能大的同质群体。例如，汽车制造商为超过两米的消费者专门开发一款汽车会得不偿失。

（4）差别性。细分市场在概念上应该容易区分，并且对不同市场营销组合要具有不同的反应。例如，已婚女性和未婚女性对一种眼霜的销售有相似的反应，她们就不能构成独立的细分市场。

（5）可操作性。必须能够设计有效的营销方案吸引并服务区分出来的细分市场。例如，某创业公司选定了5个茶叶细分市场，但因其员工太少、产量有限而不可能针对每一个细分市场分别开发市场营销方案。

市场细分既可以促进公司了解市场，也可以为公司产品与服务定位提供分析基础。总的来说，市场细分对公司有三方面重要作用。第一，有利于公司选择目标市场和制订市场营销方案。市场细分后的细分市场都比较具体，可以使公司快速了解不同消费群体的特别需求，公司可以根据自己的经营思想、生产能力和营销力量确定自己的细分市场，即目标市场。第二，促进公司发掘市场机会。通过市场细分，公司可以对每一个市场特定消费者的购买能力、满足程度、竞争状况等因素进行比较，探询出有利于本企业的市场机会，为公司未来规划打下良好的基础。第三，有利于公司集中人、财、物投入目标市场。任何一个公司在任何阶段都存在着人、财、物资源的相对短缺，通过市场细分，把有限的资源投入到适合自己的目标市场是企业获取竞争优势的重要途径之一。

3. 目标市场选择和策略

在市场细分的基础上，公司需要在商业计划书中明确地阐述需要进入的目标市场。目标市场也称为目标消费群体，是公司决定为之服务的、具有共同需求或特点的消费者群体。目标市场的确定是公司制订市场营销方案的前提和基础。

在目标市场选择过程中，创业公司要考虑以下三方面因素。

（1）市场规模和增长潜力。创业公司应该收集和分析各个细分市场的资料，这些资料包括市场当前的销售量、增长速度和预期的盈利性等。公司往往更加青睐那些具有恰当规模和增长速度的细分市场。但这也是相对而言，规模大、增长速度好的细分市场不一定适合创业型公司，因为刚起步的创业公司很难为规模较大的细分市场提供服务所需要的全部技能和资源，或者由于这些细分市场竞争过于激烈，而选择规模较小的细分市场。这些小市场对大公司吸引力不大，但是对刚开始创业的小公司来说还是具备盈利潜力。

（2）细分市场的结构和吸引力。创业公司需要考虑影响细分市场长期吸引力的结构性因素。例如，如果一个细分市场已经存在着许多强大且激进的竞争对手，那么这个细分市场吸引力就不大。购买者的议价能力也会影响到细分市场的吸引力，如果购买者议价能力很强，就会试图压低价格，提出苛刻的成交条件，甚至会要求卖者之间相互比价，这些因素都会影响卖方的盈利能力。此外，如果原料和配件供应商具有左右价格、质量和供应量的能力，也会压低卖方的利润，吸引力也不大。

（3）公司的目标和现有资源。即便创业公司已经具备上两方面优势，也不能轻易做出判断，它还必须考虑自身的目标和现有资源。如果与公司长期目标不符合，就算是好的细分市场也可能被舍弃。此外，如果创业公司在短期内缺乏取得成功所需要的技能和资源，再好的细分市场也不能轻易进入。例如，在汽车市场中经济型轿车的市场规模大、发展潜力足，但是对以豪华车为目标的汽车制造商奔驰而言，进入这一市场意义不大。创业公司在资源有限的情况下，应该快速进入那些自己能够创造客户价值并获取超越竞争对手的优势的细分市场。

对各个细分市场进行评估后，再结合创业公司的发展目标和现有资源，公司必须决定以某一个或几个细分市场为目标。创业公司可以有三种目标市场策略进行选择。

（1）无差异市场营销。指公司只推出一种产品与服务来满足整个市场，只用一套市场营销方案进行销售，这种营销方案注重的是消费者需求的共性而非个性。公司为吸引绝大多数购买者而设计产品和市场营销策略。许多创业者都对这一策略表现出担忧，因为在资源缺乏的情况下，要开发一个满足所有消费者的产品或品牌实在太难了，并且执行这种策略的公司会发现很难与那些策略更加聚焦的公司竞争。

（2）集中市场营销。指公司不是致力于大市场中的小份额，而是追求在一个或几个较小的补缺市场中占据大份额。例如，ofo共享单车在创业初期的目标客户就聚集为高校的大学生群体，在随后的几年里，基本占据了大部分高校共享单车份额。许多创业公司由于资源和竞争所限，一般在创业初期都是将自己有限的资源集中在那些大公司看起来不重要或忽略的缝隙市场提供服务，在补位成功之后，再逐渐成长为强大的竞争者。此外，由于在互联网上开办网店成本较低，使得为小型缝隙市场提供服务成为可能，并且这些市场的消费者能为卖家带来丰厚的收益。例如，近年来出现的大批定制服装鞋帽创业公司就借助互联网平台满足了客户的个性化定制要求。

（3）差异化市场营销。公司根据市场分析选定一个或几个细分市场，运用差异化的营销理念为它们设计不同的产品与服务，扩大产品线和制订不同营销方案，以此来满足不同市场的消费者的差异化需求，从而扩大产品销售量。例如，宝洁公司在中国推出飘柔、潘婷、海飞丝、沙宣和润妍洗发护发系列等多种洗发护发用品，这些品牌在超市货架上互相竞争，满足了多种客户需求。创业公司可以在多次融资或具有一定市场规模后采用该种模式。

创业公司在选择目标市场策略时需要考虑许多因素。究竟选择哪一种模式，取决于公司的资源和发展阶段。当创业公司刚起步，资源有限时，集中营销可以是最佳选择。此外，还要考虑产品的差异性，无差异营销对哪些同质产品更加合适，如钢铁、水果等。差异化和集中营销方案更加适合于汽车、服装、相机等在设计上存在巨大差异的产品。产品的生命周期也是必须考虑的影响因素。当创业公司开发出一个新产品时，只推出一种型号也许是明智的选择，此时运用无差异和集中营销方式更为合理。但是，当产品发展到成熟阶段时，差异化营销将更有意义。

> ▶▶▶ **案例直通**
>
> 市场总需求、市场细分和目标市场选择与定位既是客户选择的一个科学系统导入过程，也是设计和实施营销计划的基础。旭初公司分别在案例 A5.2.6、A5.2.1、A5.2.2 中估算和给出了市场总需求、市场细分和目标市场，并且在案例 A11.1.1 中给出了水平式多波束探鱼仪全国市场总需求估算方法和估计量，其估算方法和选择思路可供商业计划书制作者借鉴；妙味轩公司分别在案例 B4.2、B4.3 中估算和给出了市场总需求、市场定位和目标市场，但其市场总需求量估算存在一定问题；Aeroband 公司分别在 C4.4、C4.5 中给出了市场总需求和市场细分，但市场总需求估算存在问题，可供读者讨论和思考。

十、差异化和定位

在决定进入哪一个细分市场之后，创业公司还必须确定一种价值主张，即如何为目标市场创造差异化的价值，以及希望未来在目标市场中占据什么位置，这些都是营销策略制定和实施的基础。产品定位是指产品在消费者心中所占据的位置和形象，也是根据产品重要属性定义产品的方式。目前市场上大多数产品都有明显的差异化和清晰的定位。例如，健力宝定位于运动型饮料；脑白金定位为健康保健礼品；日产骐达和本田飞度定位于经济，凯迪拉克和梅赛德斯定位于奢华，保时捷和宝马定位于性能；宜家不仅仅销售家具，它定位于成为一家改善生活品质的商店；苹果公司电脑产品定位于个性化个人电脑。

消费者每天都在获取大量的各种产品与服务信息，他们不可能在每一次进行购买决策时都进行产品评估。为了简化购买过程，消费者会将产品与服务和对公司的认知组合起来进行分类，并在心目中确定各自的位置。因此，产品定位是消费者对产品的认知、印象和情感的复杂组合，对于购买决策起到决定作用。因此，创业公司必须在目标市场中策划出使自己的产品能获得最大竞争优势的定位，并通过设计和实施合理的营销组合来实现该定位。

许多公司发现选择差异化和定位比较容易。例如，苹果公司的电脑、手机等产品都是在其细分市场因质量而闻名，于是它可以在不同产品和不同细分市场中沿用该定位。但是，在许多情况下，同一个细分市场会有两个或更多的竞争对手采取相同的定位，对于创业公司来说，这意味着需要面对强大的竞争对手，因此就需要创业公司不得不另辟蹊径使自己区别于他人。每个创业公司都需要建立一套自己的独特的利益组合，使产品与服务差异化，从而吸引细分市场中的重要消费者群体。

创业公司在不同的细分市场将会面对需求和偏好截然不同的目标客户，他们需要确定好自己的思路进行差异化和定位选择。一般来说差异化和定位选择包括三个步骤：第一，确定可能的价值差异和竞争优势；第二，选择恰当的竞争优势；第三，制定整体的定位战略。之后，创业公司还需要通过制定有效的市场营销策略向目标市场进行有效的沟通和传达定位。

1. 确定可能的价值差异和竞争优势

为了快速占领目标市场，创业公司必须比竞争对手更好地理解消费者需求和传递更多的客户价值。只有能够有效地为目标市场提供差异化定位和客户价值的公司，才能占据市场获取竞争优势。为了找到明确的差异点，在进行市场调研时，创业者必须仔细分析客户对公司产品与服务的全面体验，在每一个客户接触点找到差异化的方法。一般来说，创业公司可以在产品、服务、渠道、人员、形象等多方面进行差异化，使自己的产品与服务区别于竞争对手。

通过产品差异化，创业公司可以根据性能、特征和设计等使自己与众不同。例如，小米公司就将自己的产品定位于"普通人用得起的优质产品"，他们总是强调自己所提供的产品与服务是"优质中价"或"优质低价"。除了实体产品的差异化，创业公司还可以设计服务方面的差异化。一些公司通过速度、方便或仔细传送来实现服务差异化。例如，京东商城就为了提升快递服务水平，自己建设物流团队，并自信地给出"多快好省""今日购、今日达"等服务定位。进行渠道差异化的公司可以通过渠道覆盖面、专业性来获取竞争优势。亚马逊公司和京东公司就运用畅通的直接渠道使自己与众不同。此外，创业公司还可以通过人员差异化来获取竞争优势，例如，给员工提供比竞争对手更好的雇佣和培训计划。迪士尼公司为其主题公园的员工提供大量培训，以确保他们有能力、有激情和始终保持微笑。他们的目标定位是"为人们制造欢乐"。

虽然细分市场中有大量相似的竞争性产品，但是消费者还是会根据公司产品和品牌定位不同感受到差异。因此，准确的定位和传递产品的独特效用可以帮助创业公司建立差异化的形象，获取核心竞争优势。

2. 选择恰当的竞争优势

如果创业公司有幸发现了市场中可以提供竞争优势的一个或几个潜在差异点，就必须从中选择其能够获取核心竞争优势的差异点。

在差异点的选择数量和传递上，有些专家认为每个品牌应该开发一个独特的卖点，并坚持始终。例如，沃尔玛就在传递"天天低价"的口号和定位。而有些专家认为公司应该依据一个以上的差异点来进行定位，特别是在有多家竞争对手的细分市场中。例如，在美国市场中的塔吉特公司就推出"期望更多，花费更少"的定位，通过在低价基础上提供更多服务来将自己与沃尔玛有效区别开。

在市场中并非所有的差异点都有推广和定位的价值。以下是一些选择差异点的标准，创业者可以根据自己产品的特点进行思考和决策。

（1）重要性。对目标客户而言，该差异点非常有价值，可以获取核心竞争优势，颠覆市场结构。

（2）独特性。市场中的竞争对手不能提供，或者本公司产品与竞争对手相比具有明显竞争优势。

（3）可沟通性。该差异点适合沟通，可以让购买者感知和看到。

（4）专有性。竞争对手在短期内很难模仿。
（5）经济性。购买者能够买得起。
（6）盈利性。定位和推广该差异点可以为公司带来利润和市场份额。

通过以上标准可以看出，差异点的选择和获取非常困难。因此，创业公司需要花费大量时间去思考和决策哪些才是有意义的差异点，只有选择恰当的差异点才能帮助公司在众多竞争者中脱颖而出。例如，苹果公司就依据互联网技术的发展，认为手机不仅仅是一个通信工具，未来还可能会成为一个集通信、视频、娱乐为一体的综合移动平台。因此，在产品设计中他们较早地取消了手机固定键盘，更换为"全屏幕"的可视区域。

3. 制定整体的定位战略

公司品牌或产品的整体定位称为价值主张，是指该品牌或产品蕴含差异化和定位的所有利益的组合，即公司通过其产品与服务所能向消费者提供的价值。价值主张确认公司对消费者的实用意义，因此，价值主张可以直接回答消费者为什么要买此品牌或产品的问题。例如，沃尔沃汽车的价值主张是以安全为核心，并包括可靠性、宽敞和时尚。这些价值主张是细分市场中注重安全的目标人群购买沃尔沃汽车的最主要原因。

在公司创立初期，创业者一定要对产品进行有效的整体定位。确定他们的目标客户到底是谁，他们能为客户提供怎样的价值，这些价值是否能满足这部分客户需求，进而促进他们进行采购决策。一般来说，创业公司可以用来成功定位的价值主张包括以下五种：优质优价、优质同价、同质低价、低质更低价、优质低价。

（1）优质优价。优质优价的定位是指提供最高档的产品与服务，同时收取更高的价格来弥补较高的成本。目前，我们知道的奢侈品牌和一些高科技产品大多采取这种定位。例如，劳力士手表、奔驰和宝马汽车、苹果手机、皮尔卡丹服装、香奈儿香水、卡地亚手表等，都具有优异的品质，并收取高昂的价格。许多创业公司的产品都蕴含了突破性的高科技，与现有产品比较有较强的差异性和核心竞争优势，并且在研发阶段付出了较高的成本，这些产品可以考虑采取优质优价定位。但是，优质优价产品容易受到竞争者攻击，由于利润丰厚，也容易吸引大量模仿者。因此，需要通过注册专利、推陈出新等方法来保持有效的定位。

（2）优质同价。优质同价是指公司可以通过较低的价格引入相同质量的产品或品牌来攻击竞争者的定位。例如，丰田公司通过推出高端品牌雷克萨斯来攻击宝马和奔驰等品牌，并通过与相关汽车的性能逐项比较不断向消费者灌输优质同价的定位。优质同价也是创业公司主选定位战略之一，它们可以通过向消费者提供同等价格的更高性能产品打击现有竞争对手，快速占领市场。

（3）同质低价。同质低价是指公司通过更低的价格来销售同样质量的产品，这种价值主张具有非常强的吸引力，因为每个消费者都喜欢物美价廉的产品。例如，好市多、麦德龙等大型连锁会员制仓储量贩店就采取这种定位，它们从来不标榜自己能够提供高质量的产品。它们实际上所提供的产品和其他专卖店和百货商场差不多，但是由于较强的采购能力和低成本的运营，它们可以提供很大的价格优惠和其他便捷服务。此外，还有许多创业公司借鉴这种定位思路，依托互联网技术搭建各种 B2B、B2C、C2C 平台，通过以更低价交易同质产品来获取市场竞争优势。

(4)低质更低价。质量不太好,但是价格非常低的产品也总是能在市场中找到庞大的消费群体,特别是在中国市场中,这种定位也可以成为创业者成功创业的选取方式之一。在很多时候,消费者非常乐意为更优惠的价格放弃一些非必需的服务和需求。例如,许多旅行者并不愿意为附属餐厅、枕边薄荷糖、每日水果等不必要的服务付费,所以,许多如"如家酒店""7天连锁酒店"等快捷经济型酒店都取消了这些服务,因此可以降低成本和费用。此外,经济型航空公司通过取消免费供餐和行李托运来降低价格,许多创业者通过经销二手书网上平台获利,这些模式也都属于低质更低价定位。

(5)优质低价。优质低价一定会是成功的价值主张,许多创业公司为了参与竞争、获取客户,都声称自己就是这样做的。从短期来看,某些公司确实能做到这种定位。例如,美国第二大零售商家得宝公司在开业之初,提出了"如果同地区同类商家同类产品价格低于家得宝,将偿还双倍差价"的口号和定位,当时确实做到了最佳的产品与服务和最低的价格。然而,从长期来看,这些公司会发现维持这种既要低价、又要优质的"两全其美"的定位非常困难,往往会输给专注于其中某一方面的竞争对手。因此,家得宝公司在采取优质低价定位战略五年之后,由于定位问题而全面退出中国市场,也许优质低价定位仅仅适合于初创公司为了品牌宣传和抢占客户而设计。

在对定位进行陈述时要学会精准的表达方式。例如,对于某个细分市场及需求,我们的产品或品牌是一种什么样的满足方式。黑莓手机公司就曾经这样表达它的定位:对四处奔波但需要始终保持联系的忙碌的工作人员而言,黑莓是一个有效的解决之道,它能使你在移动中更便捷、更可靠地保持数据、人员和资源之间的联系。

总之,大部分创业公司的产品和品牌都应该采用服务于某个目标市场需求的定位战略。优质优价吸引一个细分市场和一批客户,低质更低价吸引另一个细分市场和另一批客户。在任何市场中,创业公司的产品都能找到属于自己公司的发展空间,成功地占据不同的定位,并专门服务于特定的目标市场。

4. 有效地沟通和传达定位

当确定定位之后,公司必须采取各种手段和措施向目标客户传递和沟通既定的定位。定位需要切实的行动,公司所有的市场营销组合策略都必须给予该定位战略有力的支持。如果公司选择优质优价定位,就必须按照规划向目标客户传递优质的产品与服务。在定位的战术细节中,需要在市场营销组合策略的产品、价格、渠道和促销中做出有效设计。具体来说,公司必须生产高质量产品,收取较高价格。通过优质的经销商分销,在高质量媒体做广告,雇佣和培训更多的高素质人员,寻找声誉好的零售商,设计能传递优质品质产品的广告和促销方式。以上的具体策略都是建立优质优价定位的有效途径。此外,提出好的定位战略比执行更加容易,如果公司确定了具体的定位战略,不但需要花费大量时间去建立,之后还需要通过公司一致的表现和沟通来维持这种定位。

第三节 行业与市场需要注意和解决的问题

在行业与市场这一章中,介绍了行业的主要经济特性、行业变革的驱动因素、行业的关键成功因素、市场结构模型、宏观环境PEST分析方法、波特五力竞争模型、竞争优劣势 SWOT 分析法、市场总需求与市场细分、差异化和定位等相关原理和方法。创业者可以按照"环境分析 PEST 方法→波特五力竞争模型→SWOT 分析方法→市场细分与目标市场定位"这个由表及里的市场分析逻辑拟定行业与市场部分的研讨和制作方案。由于本部分内容是商业计划书的分析源头和基础,所以在制作过程中需要解决和回答以下关键问题:

(1)该行业发展现状如何,发展趋势怎么样,利润率怎样,决定行业发展的成功因素有哪些?

(2)经济发展和政府是如何影响该行业的,是什么因素决定和驱动着该行业的发展?

(3)公司所处的市场结构和竞争情况如何,进入该行业的障碍是什么,企业可以采取哪些竞争策略?

(4)创业者的三个最主要的竞争对手是谁?对比创业者的主要竞争者,企业的发展、市场和地理位置如何,竞争优劣势如何?如果没有直接竞争对手,谁是最有可能提供类似产品的潜在竞争者?

(5)企业所处市场总需求和市场细分情况怎样,目标市场如何决定,公司的价值主张和定位如何,未来是否可以拓展新的市场?

(6)针对该市场状况,企业未来 3~5 年市场销售的预测如何,占有市场份额是多少?

▶ 复习思考题

1. 在行业中产品获得成功的因素有哪些,举例说明不同产品的成功因素有哪些不同?
2. 市场结构有哪些,它们各有什么特点?在不同的市场结构中创业公司应该如何生存?
3. 在行业分析中为什么要运用宏观环境分析的 PEST 方法,我们能从中获取什么结论?
4. 如何运用波特五力竞争模型,在运用模型后能得到哪些基本结论?
5. 在企业分析中为什么要运用竞争优劣势 SWOT 分析法,我们能从中获取什么结论?
6. 市场总需求和市场细分概念分别是什么,如何进行市场细分?
7. 什么是公司的价值主张和定位,公司品牌或产品定位包括哪几个步骤?
8. 举例说明,如何运用"环境分析 PEST 方法→波特五力竞争模型→SWOT 分析方法→市场细分与目标市场定位"这个由表及里的市场分析逻辑?

第五章

营销计划

▶ 核心问题

- 营销和销售的区别是什么？
- 如何制订营销方案？
- 如何设计市场调研流程？
- 什么是价格，如何制定价格？
- 什么是营销渠道，常规的营销渠道有哪些？
- 什么是促销，促销都包括哪些形式？

▶ 学习目标

- 了解营销计划的基本内容；
- 掌握营销计划的制订过程和基本内容；
- 掌握市场调研计划制订和调查问卷制作方法；
- 了解产品与服务的整体概念和相关决策；
- 掌握服务的特点和服务营销与传统营销的差异；
- 掌握定价的基本方法和策略；
- 掌握分销渠道的模式和设计分销渠道；
- 分析各促销方式的差异，并能设计促销组合；
- 了解直复营销的现状和未来发展趋势。

第一节 营销计划的主要内容

在分析了行业与市场基本情况后，下一步就是制订市场营销计划。营销计划是公司产品与客户接轨的桥梁，在这部分它直接传达了商业意图的本质和公司取得成功的路径。具体来说，营销计划的目的是解释公司在未来如何控制和应对市场环境以获取客户和销售额。

很多人容易把营销和销售混为一谈，其实营销所涵盖的范围远大于销售。营销是一个系统，而销售只是营销的一部分。销售主要是公司以自有产品与服务为基础来吸引和寻找客户，目的是为了提升产品与服务的销售额，这是一种由内而外的思维方式。营销则是以客户需求为导向，把如何有效创造和满足客户需求作为首要任务，目的是让产品易于销售，这是一种由外至内的思维方式。它们的差异在于，销售是一种战术思考，以销售为中心，注重销售的技巧与方法，关心产品与服务的销售目标实现，而营销是一种战略思考，以创造力为中心,注重建立能持续销售的系统,关心客户的需求和企业的持续发展。营销计划包括市场调研、市场推广、品牌策划、销售计划、客户服务等。

商业计划书在本部分需要阐述公司产品与服务如何从生产现场到达最终用户的营销策略。因此,在营销计划中应该对产品、价格、渠道和促销等多个方面进行阐述,说明如何通过为客户提供满意的产品与服务来实现公司目标。此外,如何制订营销方案和进行市场调研也是本部分必不可少的核心内容。

第二节 营销计划的基本理论知识

一、营销方案的制订

营销方案的制订过程由市场分析和营销计划制订两部分构成,一般包括产品构思和设想、市场调研、有无市场和客户、市场定位和客户选择、营销策略、销售预测等多个阶段,其制订过程如图 5-1 所示。

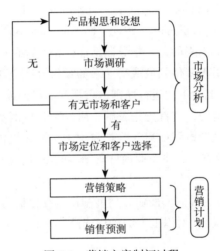

图 5-1 营销方案制订过程

1. 产品构思和设想

这部分需要为描述产品与服务确定需求,并需要对市场和市场机会做出说明。具体来说应该对产品与服务整体市场、细分市场、预定目标市场的重要性和特征做出简单说明。

2. 市场调研

不管市场调研是放在营销方案中,还是独立进行,这个环节对风险投资者展现市场研究报告和商业计划书都有非常重要的作用。因为调研为市场研究报告提供素材,而市场研究报告又是商业计划书内容成立的基石。市场调研可以获取一手资料(直接经过调研搜集整理和直接经验所得),也可以是二手资料(获取的相关文献、分析报告等)。目标对象是消费者(现行的消费结构、消费心理、未来的趋势等)、竞争对手(如技术、工艺、成本、营销状况、融资状况等)、行业与市场基本情况等,这些调研有助于创业者做出各种合理判断和预测，为完成商业计划书奠定基础。因为创业者存在调研经费缺乏问题，调研内容可以不必那么细致，但是所选调研目标和问题一定要有代表性。

3. 市场定位和客户选择

在市场调研后，可以基本确定产品与服务的细分市场和目标客户，接着就需要继续对细分市场进行深入研究，了解市场竞争和其他影响因素，为制定营销策略打下基础。㊀

4. 营销策略

有了既定的细分市场和目标客户，就能制定有针对性的营销策略。传统的市场营销策略是由麦卡锡教授提出的，他套用了营销组合理论并将营销组合中的主要因素进行整合，即产品策略（Product）、价格策略（Price）、渠道策略（Place）和促销策略（Promotion）。判断一个营销活动是否能成功，产品是基础和核心，价格是协调工具，分销是通道，促销是推进器，服务是保障，这种营销策略组合被定义为"4P"。这些营销活动的范围和方式需要根据公司所处发展阶段和在市场中的地位变化不断调整。此外，由于产品的同质化日益增加，消费者的个性化、多样化日益发展，以劳特朋为首的一批学者提出了与"4P"理论相对应的"4C"理论，即消费者的需求与欲望（Customer）、消费者愿意付出的成本（Cost）、购买和使用商品的便利（Convenience）、沟通（Communication）。"4P"理论是在研究制造业中消费者的营销活动总结出来的，在指导制造业中消费品的营销活动时较为适用，一旦超出这个领域，指导和应用于其他领域或行业，如零售业、金融业等就显得不太适应。因此，"4P"理论提出的是自上而下的运行原则，重视产品导向而非消费者的导向；"4C"理论是在新的营销环境下产生的，它首先是了解、研究和分析消费者的需求，而不是先考虑企业能生产什么产品，并且考虑到如何在购物过程中给顾客提供方便，和消费者通过互动、沟通等方式，将企业内外营销不断整合，把顾客和企业双方的利益无形地整合在一起。因此，"4C"理论是以"注意消费者"为座右铭，强调消费者为导向。商业计划书制作者在分析营销策略时可以根据产品特点和实际需求对以上方法进行选择。

可参考慕课视频：

市场计划与营销策略

5. 销售预测

虽然在财务部分会详细描述财务预期和各期销售量，但那都是一些价值化的数据，不好理解。通过市场分析所获取的销售预测可以帮助风险投资者理解营销目标和财务报表。这些预测数据可以包括预期销售增长、预期市场份额、预期总销售额、预期利率等。

▶▶▶ **案例直通**

一般来说商业计划书有以下三大审查点（可以被称为商业计划书撰写的成功三角理论）。第一，产品与服务的创新性、竞争性、宽容性。产品与服务是否有足够的创新性、明确的竞争优势和大的市场容量，会让风险投资者做出第一个基本判断，即该产品与服务是否有投资价值。第二，商业计划书的实施可行性，即商业模式是否合理，这其中就

㊀ 关于此处的更多内容可见本书第四章第二节第十标题：差异化和定位。

包括市场营销计划是否合理。营销计划等市场行为是否合理会让风险投资者做出第二个基本判断，即该商业模式是否可以实施。第三，管理团队是否胜任。好的团队才能把有价值的产品与服务有效地进行市场推广，这是风险投资者看重的第三点。旭初公司在案例A6章中详细地阐述了其营销计划，这其中就包括市场目标与计划、营销策略、销售量预估等；妙味轩公司在案例B6、B7章给出了营销计划内容，具体内容包括营销战略、营销组合策略、客户关系管理系统和品牌战略；Aeroband公司在案例C5章给出了校园营销和社会营销计划。由于这三个商业计划的产品类型不同，所以其市场营销的战略和策略也各有差异，这个差异问题就留给读者研讨。

二、市场调研流程及方法

市场调研是市场调查和市场研究的统称，它是指个人或组织根据特定的决策问题而系统地设计、搜集、记录、整理、分析和研究市场各类信息资料，给出调研结果的工作过程。市场调研是市场预测、市场细分、目标市场和客户确定、行业与市场环境分析等环节中必不可少的组成部分。市场调研的目的是增强创业者对市场情况的了解，同时也提升商业计划书的可信度。

1. 市场调研计划的制订

如果已经确定需要调研的内容（如消费者、竞争者、行业与市场环境等），那么，为了使调查顺利进行，必须制订基本的调研计划和流程。具体来说就是要设计好收集资料种类、信息来源、调查方法、资料研讨等一整套调研框架。

市场调查计划的具体步骤包括：第一，调研项目的获取；第二，调查目标的确定，包括确定市场调查的目的，并且明确希望得到什么信息，将如何分析这些信息等；第三，决定调查对象；第四，调查项目和内容的设定；第五，调查方法的确定；第六，分析方法的确定；第七，调查日程，应决定调查的期间，以及其后从资料收集到分析评价的日程，并且明确记录下来；第八，相关费用计划。此外，调查之后的汇总，分析后的内容要点总结，报告书的制作编写也要包括到市场调研计划中来。

2. 调查问卷的制作

调查问卷的制作是现场调研的关键环节，它可分为事前准备、实际的调查问卷的设计、事后检查三个步骤，具体如表5-1所示。

表5-1 调查问卷的制作步骤

步骤	环节	注释
事前准备	调查目的的确认与明确化	调查目的的确认；原有资料、信息的分析；设定假说；汇总、分析方法的确定。
实际的调查问卷的设计	决定调查项目和提问项目	决定调查项目；决定提问项目。
	设定问题项目的制作	提问形式、回答形式的推敲；设定问题方案内容的推敲；措辞用字的检查；决定回答项目。
	提问顺序的推敲	按照一定的逻辑次序设计。
	进行预备测试（模拟试验）	需找出存在的问题，不断完善。
事后检查	调查问卷的完成	根据预备测试进行修正、印刷、校对，调查问卷的完成。

市场调查中散发给调查对象的调查问卷主要由问候语、问题项目单、提问用纸和回答栏、编码栏四个部分构成。一是问候语，应向调查对象讲明调查的宗旨、目的和使用方法等内容，并请求当事人予以协助。二是问题项目单，在问候语之后，主要说明的是填写要领和收回时间。三是回答栏，在本栏中可以获取调查对象的基本情况，了解调查对象的性别、年龄、职业、学历和年收入等。四是编码栏，在本栏中主要涉及调查报告正文内容。

3. 问题设计原则

（1）提问的内容应当尽可能短。提问部分如果太长，就无法传递提问者的意图，故提问内容要尽量短小。特别是在使用面谈法时，如果提问部分时间太长，会使被提问者将开头的内容忘记。

（2）简洁的内容。避免专业用语、行业用语和某些特殊的用语，需要使用平易的且容易理解的语言。针对某些特定人群，也可以使用一些漫画、插图等使被问者回答时感兴趣的方式。

（3）不要诱导回答。不要采用让人们按照提问者一开始就定下的思路（方向）回答的方法。例如，当听到"这种啤酒很润口吧"的提问时，回答者往往会先入为主地带着润口的想法来品尝，并回答说"是的"。在此场合，不如问"这种啤酒是润口还是很醇厚"为好。

（4）在一项提问中只包含一项内容。如果在一项提问中包含了两项以上的内容时，回答的人就很难回答。例如，"这种电视机的画面和音质很好吧"这种提问，实际上已经包含了"画面很清晰"和"音质很悦耳"两项内容。此外，回答者即使感到画面很清晰，同时也想马上回答音质，但一时很难做出判断和回答。

（5）提问最好能在被提问者记忆范围内。当听到"你一年前购买的牙刷是哪一家生产商的产品"的提问时，恐怕大多数人都不会记得吧？所以，应当尽力避免一般被认为超出回答者记忆范围的提问。

（6）提问的意思和范围必须明确。当听到"最近你从这家电器商店购买了什么家电产品"的提问时，首先使回答者感到不明确的是"最近"是指什么时间段。在此场合，应明确时间段，如"三个月之内"等。

（7）以过滤性的提问方法来展开问题。不要一开始就把问题提得很细，而应该是层层细分和展开。过滤性提问可以向限定的有兴趣的人提问，同时也可以排除对此不关心的人。

（8）避免提出人们反感或很偏的问题。必须避免提出引起人们反感的问题，也不要提很偏的问题，只有给出回答者能够予以冷静的判断和回答的问题，才能得到有效的调查结果。

4. 调研报告书撰写原则

（1）应该把调研报告的式样与商业计划书撰写的需求联系起来，比如，撰写两种（或多种）版本的调研报告是可取的。其中一种版本有详细的技术数据和分析结果，可以放在商业计划书附件当中，以满足专业技术人员的要求；另一种版本，以调研结果为主，主要是为了满足风险投资者快速阅读的需要，可以放在商业计划书正文中。

（2）调研报告中的图表应该有标题，对计量单位应清楚地加以说明。此外，如果采用了已公布的资料，应该注明资料来源。

（3）在制作商业计划书过程中，撰写者也可以把调研内容制作成一份正式的调研报告，并在与风险投资者沟通时提前交给他们过目，以便风险投资者有机会对调查结果进行仔细审查从而提出问题。

（4）调研报告应该在一个有逻辑的框架中陈述调研结果。

5. 市场调研技法

（1）询问法。询问法是指向调查对象提问并收集资料的方法，它是调研者利用的最主要的方法之一。一般采用制作问题卷子的形式，具体实施方法包括传统的电话访问、入户访问、拦截访问、小组座谈、深度访谈法、邮寄调查表法等。此外，在提问法中，还有个别调查法、集体调查法、深入消费者提问法等。

（2）观察法。观察法是指根据调查对象的行动与意识，调查者通过观察记录以收集信息的方法。观察法一般比较多地用于街头观察和店铺内的观察等方面，如调查某个超市不同时间段购买人群等。观察法一般分为自由观察法和组织观察法。前者是指不硬性规定观察的方法和手段，仅根据调查担当者的意思自由地进行观察的方法；后者是指在事前定下调查方法，并有组织地进行的方法。

（3）实验法。实验法是指设定特殊的实验场所、状况来进行调查的方法。其目的是查明原因和结果之间的关系。因此，实验法一般将对象一分为二，即一部分为附加若干实验因子的实验群，另一部分为未附加实验因子的对象群，然后再分类实施调查。例如，在对同一商品的销售数量进行调查研究时，在列为实验群的地区插入新闻广告，而在其他地区不做新闻广告，以实施观察不同地区销售数量在结果上有何不同的调查。

6. 网上调研

互联网的发展对市场调研活动产生了巨大的影响。调研人员可以越来越多地利用网上调研收集各种原始数据。网上调研的形式多种多样，创业公司可以利用互联网作为调查媒体，在自己或合作者的网站和微信中发布问卷，或者直接利用电子邮件邀请人们回答问题，创建网上咨询小组，提供定期反馈或进行现场讨论、网上焦点小组访谈等。调研人员还可以在网上进行试验。例如可以通过在不同的网站或同一网站的不同时间出现不同的价格、标题或产品属性，来比较自己的营销策略效果如何。创业者也可以创造虚拟的购物环境，测试新产品和市场营销方案。

互联网特别适合进行市场调研并收集数据。目前，超过50%的中国人是网民，这使得网络成为到达各种消费者群体的有效渠道。随着传统调查方式应答率的下降和成本的提高，网络迅速替代邮件和电话，成为主要的数据收集方式。

基于互联网的调查研究相对传统电话、邮寄和个人访谈最明显的优势是高速度和低成本。借助网络，调研人员可以采用电子邮件、微信和精心挑选的网站快速地将成百上千的问卷发送给被调查者，并在很短的时间内就能快速地收到回应。由于被调查者也是通过电子渠道传输回信息，因此调查人员在收到信息时，就可以列表、评价和分享调研数据。

低成本的调研费用使得网上调查能被创业公司方便地使用。如果创业者缺乏相关调研经验，也可以借助诸如"问卷星"等成熟的工具，便捷地创造、发布和分析自己的调查问卷。

> **▶▶▶ 案例直通**
>
> 通过市场容量估算、竞争对手分析、销售预测等多方面内容可以看出旭初公司有完备的市场调研计划,其市场调研过程和报告出现在案例 A11.2 中,由于篇幅限制并未给出调查问卷内容;妙味轩公司是一个创意服务类企业,他们更应该关注客户和竞争对手的信息。从案例 B5.2.2 中对潜在竞争对手的分析和 B6.2 营销组合策略中可以看出该公司一定有周密的市场调研计划,由于篇幅原因,其市场调研报告省略。

三、产品策略

产品策略主要是研究产品整体概念、产品分类、新产品开发、产品组合、产品生命周期、品牌策略等内容,它是价格策略、渠道策略和促销策略的分析基础。

1. 产品与服务的整体概念

产品与服务是指人们向市场提供的满足客户需求的有形产品和无形服务。有形产品包括产品实体,以及其所包含的品质、特色、式样、商标和包装等。无形服务则包括可以给客户带来附加利益和心理上满足感和信任感的售后服务、销售声誉、产品形象等。这就是所谓的产品整体概念。(产品概念的详细介绍可见第三章第二节)

产品的整体概念主要包括三个逐步外扩的基本层次:核心产品、实体产品和扩展产品。核心产品是产品营销中的最基本层次,它是指为客户提供最基本的效用和利益,即产品的使用价值,是客户需求的中心内容,包括产品的品质、功能、效用等。例如,人们购买牙刷不是为了买牙刷本身,而是为了通过牙刷的摩擦功能实现刷牙。实体产品是核心产品的表现形式,是向市场提供实体和劳务时可以为消费者识别的特征,如质量、产品特色、款式、包装和商标等因素。产品的基本效用必须通过实体产品有效实现,才能更好地满足客户需求。扩展产品是产品的各种附加利益综合,通常是指各种售后服务,如提供产品使用说明书、保证、安装、维修、送货、技术培训等。在竞争日益激烈的市场中,扩展产品能给客户带来附加利益,已经成为获取竞争优势的重要途径之一。

2. 产品与服务分类

根据产品与服务的顾客类型,可以将产品与服务分为消费品和产业用品(有时也称为中间产品)。消费品是指被最终消费者购买用于个人消费的产品。可以根据顾客的购买产品方式将消费品分为便利品、选购品、特殊品和非必需品。

便利品是指消费者经常购买的产品与服务,在购买时基本不用做比较,很快就能做好购买决策。例如,牙膏、杂志、蔬菜、饮料、口香糖等。这类商品通常价格较低,消费频率高,需要摆放在许多地方,方便消费者选购。选购品是指消费者购买频率较低的产品与服务,因此,消费者会认真仔细地进行质量、价格、性能比较。例如,家电、家具、服装、手机、酒店和航空服务等。一般此类产品都会集中在较少的店面进行销售,但是往往需要有销售人员帮助消费者进行比较选择。特殊品是指具有突出的特点和品牌识别特征,有部分消费者会为了购买该产品与服务花费较多时间和精力。例如,品牌汽车、住房、婚纱、品牌手表等。由于存在品牌和突出特点,消费者一般会根据需求高价选购。非必需品是指消费者一般不了解，或者了解后也不主动购买的消费品。例如，保险产品、理财产品等。这类消费品的特点是需要有更多的促销手段促进消费者购买。

产业用品（中间产品）一般是指不直接被最终消费者购买，而是被厂商购买后用于进一步加工且价值融入最终消费品的产品。消费品和产业用品的最大区别是购买的目的不一样。消费者购买电饭锅是为了解决自家煮饭问题，这是消费品。餐饮店购买电饭锅是用于餐饮生意，这是产业用品。产业用品一般包括三类：材料和零部件、资本品和辅助品与服务。其中，材料和零部件包括农产品（如大米、水果、牲畜等）和其他产品（如木材、石油、矿石等），资本品包括设施（如建筑物工厂、固定设备发电机等）和附属设备（如卡车、电脑、办公桌等），辅助品与服务包括运作辅助品（如文具、润滑油等）和维修辅助品（如钉子、抹布等）。

3. 产品与服务决策

开发和营销单个产品需要了解和说明产品与服务的属性、品牌、包装、标签和支持服务等方面的基本内容。

（1）产品与服务的属性。它是指产品与服务所提供的利益。这种利益可以具体指使用价值，也可以认为是为消费者提供的效用和需求。一般这些利益通过产品与服务的质量、特征、风格和设计等来沟通和传达。其中，产品质量是进行市场定位的主要工具。质量对产品与服务的性能具有直接影响，并与消费者价值和消费者满意度息息相关。美国质量学会认为质量是由产品与服务的特征所提供的使之能够满足消费者现实或潜在需求的性能。产品质量有质量水平和质量一致性两个维度。企业往往选择一个符合目标市场需求和与竞争对手产品相当的质量水平，以支持产品在目标市场中的定位。这里的质量水平可以说是性能质量。例如，智能电视与普通电视的性能质量不一样，目标市场定位也不一致。质量一致性是指产品与服务没有缺陷并且始终一致地提供既定的性能，这也说明要求产品与服务在性能水平维持上要有长期性。例如，智能电视和普通电视一样，要求能始终保持其所约定的观看效果。产品特征是指将本企业产品与竞争对手产品相互区别开的一种工具。产品可以有许多特征，这些特征可能都来自对消费者需求的调查，通过增添这些产品特征可以增强产品的竞争力和识别度。例如，夏普彩电就是通过宣传能提供"真色彩"电视的特征来区分竞争者。独特的产品风格和设计是另外一种增加消费者价值的方法。风格是指简单描述一个产品的外观，它既可能是引人注目的，也可能是平淡无奇的。设计则是直接切入产品的中心，它是比风格更广的一个概念。优秀的设计既能美化产品外观，又能提高产品的有用性。

（2）品牌。它是用于识别产品与服务的生产者或营销者的名称、术语、标记、符号、设计，或者是以上所有要素的组合。品牌是产品与服务的重要组成部分，能为产品与服务增加价值。优异的品牌可以说是一种核心竞争力，它所拥有的意义远远超过产品物质属性。对创业者来说，在创业初期就关注品牌塑造能为未来市场拓展和防范竞争对手留下重重的砝码。在当前市场中，几乎找不到没有品牌的产品，连食用糖也被包装在标有品牌的容器中销售。通常来说，品牌建设能为企业带来三方面利益。第一，能够帮助消费者快速识别企业产品。品牌产品可以告知消费者每次购买都可以获取相同的特征、利益和质量，便于他们选购。第二，品牌名称可以帮助宣传企业产品的独特质量。每个企业品牌都蕴含了大量的"故事"和质量特征，能够使消费者进行快速联想。第三，品牌可以为企业产品销售进行背书。不管是现有产品和未来推出新产品，品牌都能为这些产品的质量和一致性提供保证，促进消费者快速做出购买决策。

（3）产品包装。它涉及产品的容器和包装材料的设计与生产，也是指包装产品的容器和外部包扎，装潢是指对产品包装进行美化和装饰。对大多数产品来说，包装是为了产品运输、存储、销售和使用的便利。包装对产品有非常重要的作用，它可以保护产品、增进销售、增加利润、便于存储运输和美化产品。常见的产品包装都会采取如下几种策略。

第一，一致性包装策略。它是指企业将所有生产的产品运用同样的包装图案、近似的色彩、相似的外形、共同的特征，使消费者很容易区分出该企业产品，这样可以提供企业声誉，消除消费者对新产品的不信任感。同时，采取类似包装可以节约生产和设计成本。但是这类包装的产品，品质最好不要相差太大。

第二，等级包装策略。它将产品分为多个等级进行包装和装潢，高档优质产品用优质包装，一般产品可以用普通包装，让消费者感受到产品的表里如一。

第三，一揽子包装策略。它是指将多种有关联的产品组合一起包装和销售，便于消费者购买和新产品推销。如女性化妆品礼盒，可以让消费者逐步习惯和接受新产品。

第四，再使用包装策略。它是指将原包装使用完后，包装物可以再次使用转作其他用途。如空罐、空盒、空瓶可以改装成其他物品。此种包装策略一方面使消费者产生好感，另一方面还可以使有商标的容器起到广告作用。

第五，变换包装策略。在不改变产品质量的前提下，通过改变包装来促进产品销售，有时候，这种方法可以起到与改进产品质量相同的销售效果。特别是老产品，可以通过这种方式推陈出新。

（4）标签。它既包括附着在产品上的小标牌，也包括构成包装的一部分图形。标签在应用中具有三大功能：第一，标签可以起到识别产品或品牌的作用。例如，在每个鸡蛋表面上贴上"德青源""神丹""正大"等品牌标签。第二，标签可以描述产品的一些具体信息。例如，是谁制造、在哪制造、何时制造、产品成分、保值日期等。第三，标签能够帮助品牌推广，支持定位，联系消费者。品牌标签和标识能够有效连接品牌和消费者，像苹果、谷歌、耐克、华为、小米等公司的标识无疑能激发消费者浓厚的情感和激情。

（5）产品的支持服务。它是客户整体品牌体验的重要组成部分。公司的任务不仅仅是在售出产品时让消费者感到满意，而且应该是在产品用完了、用坏了之后仍然感觉满意。例如，在同质化严重的家电市场，海尔产品之所以能够一枝独秀，主要是因为完善的支持服务体系让它获取了大量回头客户。

4. 产品线和产品组合

一个公司不应该长期只生产经营一种产品与服务，随着企业的发展，可以同时生产经营多种品种，由于各种产品与服务分别处于生命周期的不同阶段，多品种产品可以使各种产品与服务之间有一个最优化的组合，避免风险和有效调配企业资源。创业公司在商业计划书中将展现 3～5 年公司运营状况，如果 5 年内只经营一种产品会使风险投资者感觉风险太大。此外，也会让大家感觉创业公司的可持续创新能力不足。

因此，以上问题可以通过拓展公司产品线和产品组合来解决。产品线是指技术上和结果上密切相关，具有相同使用功能，但规格不同且能满足同类消费需求的一组产品。例如，苹果公司生产智能手机和平板电脑等多条移动设备产品线；李宁公司生产运动鞋和运动服装等多条运动装备产品线。一个公司的所有产品线的数量称为产品线的宽度，产品线数量越多，产品线宽度就越大。每种产品线中不同规格产品的多少被称为产品线的深度。各种产品线之间，可以存在联系也可以不存在联系，产品系列之间的关联程度称为关联度。总之产品线宽度和深度越大，说明公司研发能力越强，可持续发展水平越高。产品组合是指企业经营的全部产品线的组合方式，产品组合可以包括产品线的宽度、深度和关联度三个因素。公司可以通过这三个因素的不同构成不同的产品组合。通常来说，拓展产品线有利于发挥企业潜力，开拓新市场。增加产品线深度，可以满足更多特殊需求。增加产品系统的关联度，可以增强企业的市场地位和控制力。总之，多产品的组合可以降低风险、促进产品销售和增加企业利润。

5. 服务特点与服务营销

随着经济的发展，服务业已经占中国 GDP 的 50% 以上，并且保持高速的增长。服务业已经成为创业者热衷从事的行业和新的热点。服务业的运营主体之间差异很大，有政府、非营利组织、企业等。其中大量的工商企业占据了重要地位，这里就包括咨询公司、保险公司、房地产中介公司、零售店、酒店、航空公司、银行等。这些企业的服务具有四大特点：无形性、不可分割性、可变性和易消失性。服务的无形性是指它在购买前看不到、摸不到，且消费之前不易评价。例如，在没有入住酒店之前，我们很难知道会接受怎样的服务。因此，为了减少消费者心中的不确定性，就需要服务企业将无形的服务变得有形和规范化。服务的不可分割性是指服务与其提供者分不开，这里的提供者可能是公司员工，也可能是机器设备等。这就要求服务提供者和消费者形成友好的互动，将满意度提升到最大。服务的可变性是指服务的质量取决于提供服务的人员、时间、地点、方式等。例如，同样在酒店门口接待顾客的两位服务人员，有可能其中一位面带微笑，而另外一位则满脸低沉。服务的易消失性是指服务不易被保存起来，不能留存在日后进行消费。这就要求企业预估出消费的高峰和低谷期，有足够的能力为消费者提供满意的服务。

通过服务特点可以知道，服务不同于传统的实体产品，服务过程更需要内部员工的参与和支持，可以说员工是服务型企业最重要的资产。此外，运用传统的"4P"营销理论不足以解释服务营销的要求。服务营销除了包括外部营销外，还应该包括内部营销和互动营销。在"企业-员工-客户"三个主体中，企业和员工之间存在着内部营销，企业和客户之间存在着外部营销，员工与客户之间存在着互动营销。内部营销是指服务企业为了取得客户满意，引导和激励与客户接触的一线员工和提供支持服务的员工展开团队合作。内部营销的目标是使组织中每一位员工都形成以客户为中心的理念。互动营销是指服务质量的高低大部分取决于服务过程中买者与卖者之间互动效果的好坏。也就是说服务质量既与服务的提供者有关，也与服务的传递过程有关。因此，随着服务业的竞争加剧，创业公司在提供服务过程中要提高服务差异程度、服务质量和服务效率。

四、价格策略

价格是市场营销组合中唯一为经营者提供收益的因素（其余产品、渠道和促销等因素都归为成本），也是公司参与市场竞争的一种重要手段。定价是否合理将直接影响公司的销售额和利润率。因此，如何为产品制定合理的价格，使其既为客户接受，又能带来更多的利润，已经成为市场营销策略的重要部分。

1. 价格的定义

价格概念有狭义和广义之分。狭义的价格定义是指为产品与服务收取的货币总额。例如，大米每斤售价为4元。从广义来说，价格是指客户为获得、拥有或使用某种产品与服务的利益而支付的价值。既包括直接的货币价值，也包括间接的、现期的和未来的代价。例如，分期付款第一次付款额，以旧换新的折价、信贷费用等。

2. 影响定价的因素

一般来说，公司产品的定价可以处于两种价格水平之间，即定价太低没有利润时和定价太高没有需求时。第一种价格水平是指公司的定价低于产品成本，公司将出现亏损；第二种价格水平是指客户对产品的价值设定了价格上限，如果客户认为所定价格高于产品的价值，他们将不会购买产品。在这里可以确定两种重要且直接影响定价的因素，即产品成本和客户的感知价格。此外，在以上两种极端价格之间进行定价时，还必须考虑一些其他内外部影响因素，如竞争对手的战略和价格、公司整体的营销战略和营销组合、市场和客户需求的特点、政策法规等。

3. 定价目标

公司在定价前需要确定定价目标。定价目标是以营销目标为基础，是公司选择定价方法的依据。

（1）以利润为目标。获取利润是公司开展经营活动的基本目标。定价高低能决定公司利润的多少，因此，按照公司发展需要获取适当利润成为最常见的定价目标。

（2）以销售额和市场占有率为目标。有时候，公司会将产品销售额和市场占有率作为营销目标，这时如果能制定一个市场能够接受的较低价格，就能快速打开市场，获取较高的市场占有率。此外，在即将推出新产品或产品的成熟期，为了迅速出清存货，进行产品结构的转变，也会采取优惠的价格策略来吸引广大的消费者。

（3）以形象为目标。可以把价格作为确定企业特定形象的表现手段。公司的定价与其向消费者所提供的价值如果匹配，公司将在消费者心中树立诚实可信的形象。反之，如果公司定价以单纯的暴利为动机，质价不符，公司就难以树立正面良好的形象。

（4）以竞争为目标。公司对竞争者的行为都非常敏感，尤其是价格变化。在市场竞争加剧的情况下，公司在定价前都会仔细研究竞争对手的产品和定价，然后有意识地通过自己的定价目标对抗竞争对手。

4. 定价的基本方法和策略

定价的方法较多，不同的公司可以根据市场环境的不同采取不同的定价方式。从价格制定的影响因素出发，可以把定价方法分为三大类，即成本定价法、需求定价法和竞争定价法。

　　成本定价法也被称为以成本为基础的定价法。成本设定了公司定价的最低底线，也是公司定价中的重要影响因素。成本定价法是指企业在生产、分销和销售产品的成本基础上，加上目标利润来制定价格的方法。许多公司参与到市场竞争中都是希望通过薄利多销来提高收益或占据市场。例如，好市多是全世界销售量最大的连锁会员制的仓储批发卖场，成立以来即致力于以可能的最低价格提供给会员高品质的品牌商品，它就是通过成本加价（一般产品加价10%左右）的方式快速吸引了上千万的客户。总的来说成本定价法的优势在于卖者可以简化定价决策过程，避免在市场中进行价格竞争。此外，成本定价法对于买者和卖者都更加公平，卖者赚取公平的回报，不会在买者需求强烈时提高价格。

　　需求定价法也被称为以客户价值为基础的定价法。产品的价格是否合适，必须以客户价值为基础，并最终由客户决定。当客户在进行购买决策时，会将感知产品的价值和所定价格的价值进行比较，如果前者大于或等于后者，将会让客户认为购买该产品"物有所值"，反之则不然。因此，需求定价法是指运用客户的价值感知作为定价的关键因素，并以此为基础设计价格的方法。市场营销者应该在依据客户感知价值确定价格后，再进行产品和市场营销方案设计。成本定价法和需求定价法有较大差异。首先，成本定价法是以产品为导向，它是在设计优秀的产品基础上，确定成本和价格，而需求定价法是以客户为导向，根据客户的感知价值来确定价格，之后再进行产品研发和生产；其次，成本定价法非常容易实现，而由于衡量客户对产品的感知价值非常困难，需求定价法需要花费大量的时间进行调研和测评；最后，运用成本定价法制定的价格不一定是客户心中的"低价"，而运用需求定价法制定的价格不一定是客户心中的"高价"。许多创业公司都拥有高技术产品，往往其性能会高于现有产品，这时候可以多采用高价值定价方法，以公平的价格提供优质产品。

　　竞争定价法也被称为以竞争为基础的定价法。由于消费者大多数都会根据同类竞争性产品的价格来判断一种产品的价值，因此，在竞争定价法中需要根据竞争者的战略、营销目标、产品与服务成本和定价来制定价格。在评价竞争对手的定价策略时，需要思考以下问题。首先，与竞争对手相比较，谁的产品与服务能够提供更多的客户价值？如果客户对公司产品的感知价值高，公司可以制定较高的价格。如果感知价格低，则公司必须制定较低价格，或者不断去提升客户的感知价值，让客户相信物有所值。其次，公司的竞争对手有多强大，它们的定价策略是什么？如果是较小规模且定价高于客户感知价值的竞争对手，公司可以通过低价快速占领市场。如果是较大规模且价格低于客户感知价值的竞争对手，公司不能通过低价与对手进行竞争，而应该寻找其他未能满足的缝隙市场进行试水。

　　在创业公司初期，因为大多数新产品是初次进入市场，其产品定价策略也与一般产品有所不同，其定价策略可以包括撇脂定价策略和渗透定价策略。

　　（1）撇脂定价策略是一种高价格策略，即从创业公司新产品上市时开始，就制定很高的初始价格，以便在较短时间内获得最大利润，之后再通过逐步降价在市场上一层一层地获取收益。这种价格策略因与从牛奶中撇去油脂相似而得名。该方法不仅在短期内可以取得较大利润，而且可以在竞争加剧时采取降价手段，以便限制其他竞争者的进入，这也符合消费者对待价格由高到低的心态。例如，苹果公司在首次推出iPhone6时，每台售价达到 6 800 元，只有那些喜爱苹果产品并能支付高价的消费者才会购买。12 个月后，苹果公司将该手机降价到 4 800 元。两年后再次降为 3 200 元。但是，该方法制定的价格高于产品价值，当新产品还未建立一定的信誉时，有可能无人问津。因此，此类新产品的质量和形象必须能支持其较高的定价。如果创业公司具有高技术或独特性的产品与服务，最好采取高质高价的策略，而不是一进入市场就以低价策略抢占市场。

（2）渗透定价策略是一种低价格策略，是以较低的价格短时间内吸引大量消费者，从而快速打开市场，获取较高的市场份额。较高的销售量又可以让企业降低成本，支持公司产品进一步降低价格。这种价格策略就像倒入泥土的水一样，很快就可以从缝隙里渗透到底，因此叫作渗透定价策略。该价格策略由于定价较低，可以为创业公司打开市场，为其他竞争对手设置进入障碍。但是，价格低利润薄，该种定价模式回收期长。渗透定价策略一般用于大批量生产、特点不突出、易模仿、技术简单的新产品。例如，在印度，小米、Vivo、Oppo 和联想纷纷推出 1 500 元以下价格的手机，快速渗透年轻消费群体和中低端消费者，中国品牌手机已经占据印度市场份额 50% 以上。以上低价策略的顺利实施必须符合一定的条件。首先，市场必须对该类产品的价格高度敏感，也就是说富有弹性，在降低价格后会带来巨大的市场份额和销售量。其次，该产品的生产和销售必须具有规模效应，也就是说随着产量增加，单位产品的平均成本逐渐下降。最后，低价格能有效排斥其他公司产品，并设置进入障碍。

五、渠道策略

营销渠道（或者称为分销渠道）是指产品的所有权从生产领域向消费领域转移过程中所经过的途径和通道。它代表企业在将自身产品送递最终消费者之前，所制定的与各类分销商之间的贸易关系、成本分摊和利益分配方式的综合体系。这里的分销商既包括批发商、零售商及其他辅助机构，甚至也包括物流配送商。

1. 营销渠道的性质和价值

很少有制造商将产品直接卖给最终用户，大量的企业都是通过中间商将产品投向市场。企业的营销渠道会直接影响其他营销决策。公司定价决策会受到是否采用零售商、专卖店，或者是通过网络平台直接向消费者销售的影响。公司的销售队伍建设和促销决策取决于其渠道合作伙伴需要多大的支持、培训和激励。公司是否需要开发新产品则取决于这些产品是否适合渠道合作伙伴销售需求。

优异的营销渠道不仅为客户价值做出了巨大贡献，而且许多公司还通过渠道创新获取了巨大的竞争优势。例如，顺丰快递通过建立庞大的分销体系成为快递业的领导者。京东商城不建立实体店却出售各种商品，改变了消费者的消费习惯。苹果公司通过网络 iTunes 商店出售音乐，彻底颠覆了音乐产品零售业务。

对于企业来说，营销渠道建设有两方面重要的价值。第一，提高效率。企业之所以与中间商合作进行产品销售，是因为后者在为目标市场和目标客户提供产品方面具有更高的效率。它们可以凭借其所拥有的关系、经验、专业技能和经营规模做到许多企业无法独自完成的事情，更好地提升客户价值。例如，企业不用再与成千上万个最终用户进行交易，只需要把产品委托给经销商,并通过它们的渠道进入市场和消费者手中。第二,降低成本。渠道合作者在营销过程中承担了大量的关键职能,如收集和传递各种与客户、环境、竞争对手的相关信息,开发和传递具有说服力的沟通信息,寻找潜在的购买者,根据购买者需求形成提供物,了解价格变化影响因素,传递产品的所有权或使用权等。如果以上职能都由企业独自完成,那么成本必定会大幅增加,产品价格也会随之上涨。而当这部分职能中的一部分转嫁给中间商后,企业的成本和产品价格都会随之下降。

2. 营销渠道的类型

(1) 长渠道和短渠道。如果需要经过两个或两个以上中间商,才能把商品销售给消费者的营销渠道称为长渠道。长渠道的优点有:中间商多,能覆盖许多市场;流通中的风险由中间商承担,生产者可以专心生产。缺点有:环节多,渠道长,不利于商品快速进入市场;费用和成本增加,降低商品的竞争力;商品运输时间长,反馈消息慢,不利于企业及时把握市场行情的变化。短渠道是指没有或只有一个中间环节,就直接把商品传递给消费者的营销渠道。短渠道的优点有:渠道短,环节少,费用低,有利于降低商品价格;信息反应速度快,商品流通时间短。缺点有:企业承担过多营销职能,不利于专心生产;市场延伸速度慢,覆盖面小。

(2) 直接渠道和间接渠道。企业将商品直接销售给最终消费者称为直接渠道,有时也称直销。它的优点包括:有利于把握市场行情变化,降低流通损耗。缺点是如果存储设备和存货较多,人员和设备费用就会增加。此外,如果没有强大的物流配送系统,直销渠道对于一些生产量大、消费面广的商品也不适合,因为没有厂商能把每件产品送到每一个消费者手中。间接营销渠道是指商品生产者经过中间商向消费者提供消费品的销售渠道。它有利于节约流通领域费用,节约流通时间,但缺点是不易了解消费者需求。

(3) 宽渠道和窄渠道。渠道的每个层次中使用同种类型中间商数目的多少称为渠道"宽度"。商品生产者可以通过两个或以上的中间商来销售自己的产品,这被称为宽销售渠道。它的优点是可以使产品快速到达消费者手中,并且有利于中间商之间展开竞争,提高销售效率。缺点是如果中间商过多,他们就不愿意大力推广这一产品。如果只用一个中间商推销自己的产品称为窄销售渠道。这种方式一般用于销售专门技术性强、生产批量小的产品,企业一般选择熟悉这种产品性能的中间商独家经销。窄渠道的优点包括产品生产者和中间商关系密切,市场消息传递快。另外,生产者对中间商、销售服务、销售价格等控制力强,有利于企业了解和控制营销渠道。窄营销渠道的缺点包括过于依赖某一中间商,存在着失去中间商和市场的巨大风险。另外,如果中间商力量不足,那么产品很难在短期内覆盖大量市场。

(4) 传统渠道和整合渠道。传统渠道是指由制造商、经销商、批发商、零售商和消费者搭建的分销渠道。由于每一个成员都是独立的且缺乏共同目标,所以容易影响整个渠道系统的效率和规范。整合渠道是指在传统渠道中,渠道成员可以通过不同程度的一体化经营系统整合形成共生利益体的分销渠道。一般整合渠道系统包括垂直分销系统、水平分销系统和多渠道分销系统,它们共同的特点是生产者与中间商结合更紧密,形成利益共同体,统一领导和运营。

3. 中间商的类型

中间商是指在分销系统中，存在于生产者与消费者之间，从事商品流通活动，促进交易行为发生和实现的经济组织和个人。如果按照是否有商品的所有权区分，中间商可分为经销商和代理商；如果按照流通中所起作用不同区分，中间商可分为批发商和零售商。此外，广义的中间商还包括银行、保险公司、仓库、物流、进出口商、经纪人等。本部分只介绍经销商、代理商、批发商和零售商。

（1）经销商。它是指从事商品交易业务，在商品买卖过程中拥有商品所有权的经销商。

（2）代理商。它是指从事商品交易业务，接受生产者委托，但不具有商品所有权的中间商。根据生产企业业务特点不同，代理商可分为企业代理商、销售代理商、寄售代理商和经纪商。

代理商和经销商是有明显区别的。第一，选择基础不同。在卖方市场条件下，企业不需要去寻找市场，愿意与经销商合作；在买方市场条件下，企业不得不选择代理商合作。第二，所有权不同。企业是将产品卖给经销商，而与代理商的关系是合同契约关系，利益共享、风险共担。第三，产品控制力。经销商拥有产品所有权和定价权，而代理商没有所有权，除去独家代理外，一般也没有定价权。

（3）批发商。它是指在分销渠道中，为实现商品流转、达到销售目的的中间商。

（4）零售商。它是指从生产企业和批发企业进货，将产品销售给最终消费者的中间商。它为消费者提供各种职能服务，也是联系整个生产企业、批发商与消费者之间的桥梁。一般分为商店零售商（百货商场、超级市场、便利店等）、非商店零售商（网络、直销、自动售货机等）和其他零售组织（连锁商店、特许经营等）。

批发商和零售商既有联系也有区别。第一，交易对象。零售商直接面对消费者，而批发商的买卖都是在企业间进行。第二，交易数量。批发商交易频率低，交易数量大，而零售商恰恰相反。第三，商品的经济用途。零售商销售商品都是供个人消费，而批发商消费商品主要是供企业生产加工或零售商转卖。

4. 营销渠道的模式

创业公司的新产品与服务进入市场，需要掌握营销渠道的基本模式，以便能有效地构建最佳的销售渠道。消费品和工业品因特点不同，其销售渠道也有所差别，需要学会区分。

（1）消费品的分销渠道模式。消费品在市场上的销售渠道主要有四种模式，如图5-2所示。零级渠道，又称直销渠道，是指生产商直接把商品卖给消费者的分销渠道。销售方式可以是上门推销、邮寄销售、电话销售、电视销售等。例如，安利公司就是通过这种渠道，直接将产品从生产商处送到消费者手中。一级、二级和三级渠道的区别是中间商的性质和数量不一致。其中，一级渠道多被耐用消费品的生产企业选用，如汽车、家电等产品。此外，许

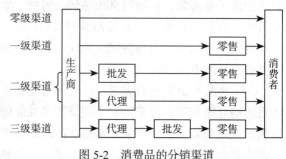

图5-2 消费品的分销渠道

多企业发展到一定程度为了获取更多的消费者和销售量,愿意同时建立多种渠道销售产品,这时企业可能会拥有包括零级渠道、一级渠道和二级渠道等渠道在内的多种产品传输路径。因此,可以把这种企业为到达一个或多个消费者细分市场而建立两个或多个营销渠道的方式称为混合营销渠道。

(2)工业品的分销渠道模式。工业品在市场上的销售渠道主要有三种模式,如图5-3所示。

工业品的零级渠道在生产资料销售中占主要地位,尤其是生产大型机器设备的企业,如动力设备、中央空调等产品多用该渠道。一级渠道常为生产普通机械设备的企业所采用,如机电、化工等部门,二级渠道的特点与一级渠道基本相同。

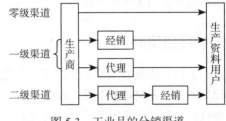

图5-3 工业品的分销渠道

5.营销渠道的设计

创业公司初期资金有限,通常只在有限的市场范围内进行销售。对于创业者来说最大的问题不是设计出最优的营销渠道,而是如何将这些设计付诸实践。因为在资源有限的前提条件下,理想的设计方案和可操作的设计方案之间总是存在着巨大的鸿沟。如果创业公司前期渠道能够取得成功,那么它就可以通过现有的中间商快速扩张到新的市场。在规模较小的市场中,企业可以直接将产品出售给零售商,在规模较大的市场中,企业可以通过分销商进行销售。此外,企业还可以通过网店将产品直接销售给其他渠道中很难到达的消费者。对于一些重要的客户或市场,企业也可以自己建立销售队伍进行直销,获取最大利润和培养销售团队。

为了更好地了解和设计营销渠道,创业公司在建立初期就要有目的地进行渠道研究和决策制定。营销渠道设计需要分析消费者需求、制定渠道目标、确定渠道方案并进行评估。营销渠道是顾客价值传递系统的一部分,每个渠道成员和层级都需要为客户增加价值。因此,首先需要了解目标客户需要从渠道中获取什么。例如,客户希望在附近专卖店购买产品还是愿意去热闹的百货商场?他们是喜欢人员推销、电话订购,还是网上购买?他们是希望从卖者那里获取送货、维修、安装等服务,还是愿意从别的地方获取这些服务?虽然全方位提供以上服务可以为客户带来最大的价值,但需要进一步考虑成本。企业需要在客户需求与提供服务的可行性和成本之间进行平衡。其次,根据客户需求定制渠道目标。通常情况下,不同的细分市场对服务和渠道的需求是不同的,企业应当确定服务哪些细分市场的哪些客户,以及不同市场中如何设计最佳渠道。再次,针对每个细分市场,企业在满足客户服务需求的前提下,应该使渠道的总成本最优化。在制定渠道目标后,企业需要进一步确定渠道方案,这包括中间商类型、数量、渠道成员的责任等。最后,还要按照经济性、可控性和适应性的原则对渠道进行评估。这里的经济性是指企业需要分析渠道的潜在销售量、成本和盈利点,需要投入多少成本,带来多少回报等。可控性是指企业需要将一些产品营销方面的控制权授予中间商,如何在合理对等的前提下,尽可能多地保留控制权。适应性是指企业需要考虑适应标准,让渠道成员之间形成长期合作的默契。如果存在问题,还要有能够根据具体问题进行灵活调整渠道的策略。

6. 营销渠道的发展趋势

随着技术创新和互联网营销的迅猛发展,"去中介化"成为营销渠道的发展趋势。"去中介化"可以理解为不断减少中间环节,直接服务最终消费者,或者是用新的渠道中介代替传统的渠道中介。创业公司为了快速进入市场和获取核心竞争力,可以不断发展和创新渠道机会去应对现有竞争对手。例如,当当网、京东商城进入图书销售领域时,就通过互联网这种新的渠道形式以海量选择和低价策略逼迫大量的线下书店倒闭。

六、促销策略

公司的市场营销活动远远不止创造顾客价值,还需要有效的促销手段去沟通这种价值。促销不是一种简单的工具,而是多种工具的组合。促销是企业综合运用人员推销、广告、营业推广和公共关系等手段,向消费者传递信息,引发、刺激消费者的购买欲望和兴趣,促使其产生购买行为的一系列组合活动。促销的核心是沟通信息,目的是刺激消费者产生购买行为,具体方式包括人员促销和非人员促销(广告、营业推广、公共关系等)两种。其中,每一种促销方法都有与消费者沟通的特殊工具。例如,人员推销包括销售展示、展销和激励计划。广告包括广播、印刷、互联网、移动和户外等形式。营业推广包括折扣、优惠券、陈列和示范。公共关系包括新闻发布会、赞助、特殊事件和网页。同时,市场营销沟通并不局限于这些具体的沟通工具。产品的设计、价格、形状和包装,以及出售它的渠道,都会向消费者传递产品或企业信息。因此,尽管促销组合是公司最主要的沟通活动,但是为了取得最佳的沟通效果,整个市场营销组合(促销与产品、定价和渠道)都必须保持协调一致。

1. 营销沟通的新环境

近几十年来,市场营销者通过各种趋于完美的传统沟通方式向消费者推销各类标准化产品。但是,当前的消费需求、营销方式和营销环境正在产生巨大的变化,市场营销者在新的营销沟通环境下又迎来一个充满挑战的新时代。

目前,许多重要因素的变化正在改变营销沟通面貌。第一,消费者的变化。当前的消费者不再完全依赖企业提供的各种广告和信息进行购买决策,他们多利用互联网和其他信息技术手段自主地获取各种商品信息和分享体验。第二,市场营销战略的变化。随着消费者的收入增加,他们进行多样化选择的欲望越来越强烈。这就需要市场营销者思考大众营销的弊端,逐步采取聚焦的市场营销计划和战略,更加精准地定义微观市场和目标客户,与顾客建立更加紧密的联系。第三,沟通方式的变化。通信技术的巨大进步正在改变企业和客户之间的沟通方式。数字时代孕育了大量新型的信息沟通工具和沟通方式,如智能手机和iPad、电子邮件和社交网络平台等。这些新型的沟通方式和工具催生了新的营销沟通模式。尽管电视、杂志等大众媒体仍然非常重要,但广告主现在越来越多地使用更加专业和聚焦的媒体,以更加个人化和互动性的信息影响更小的细分市场。这些新媒体形式包括视频点播、网上广告展示、电子邮件和短信、播客、移动优惠券,以及包括微信、QQ、Facebook等在内的社交媒体。

近年来,尽管电视仍然是主导性广告媒介,但企业用于电视网的广告开支已经明显缩减,而用于互联网和其他数字媒体的开支正在不断增加,用于杂志、报纸和广播的广告费已经变得不重要了。有时，许多营销者干脆略过传统媒体，一些旧的媒体形式似乎将被抛弃。但是，大多数专家并不认为传统媒体模式会迅速完结，他们相信传统大众媒体会与网络、移动和社交媒体相融合，以更加个性化和互动的方式精准地吸引目标人群。总的来说，无论采用何种沟通渠道，关键是以最好的沟通品牌信息和强化顾客品牌体验的方式来整合这些媒体。

2. 促销组合

促销组合（也称整合营销沟通）是一种组织促销活动的策略思路，主张企业运用广告、人员推销、公共宣传和人员推广四种基本促销方式组合成一个策略系统，使企业的全部促销活动相互配合、协调一致，最大限度地发挥整体效果，从而实现企业目标。

促销整合体现了现代市场营销的整体营销核心思想，它是一种系统化的整体策略。在实践中，如果促销组合是以人员推销为主，配合其他促销方法，那么形成的促销组合策略叫作推动策略。推动策略适合生产资料的促销。如果促销组合是以广告为中心，配合其他促销方式，那么这种促销组合策略叫拉引策略。也就是说用广告拉动和激发消费者的购买欲望。

3. 人员推销策略

人员推销是指企业委派销售人员直接向消费者销售产品与服务的一种直接销售方式。在人员推销中，有推销人员、推销对象和推销品三个要素。人员推销是最古老的销售方式之一，直到现在，人员推销还是无法完全被取代。在一些大型设备、专业设备和大宗产品交易时，还是多采用这种促销方式。

人员推销与其他方式相比，有着自己的特点。第一，针对性强。销售人员在拜见客户之前，已经知道客户的基本情况，可以事先做好功课，采取灵活的促销方式，满足客户多层次的需求。此外，在当面洽谈时，还可以通过察言观色，了解客户需求，提出自己的解决办法。第二，沟通性好。人员销售属于双向沟通，可以快速交换信息，了解更多问题，调整营销提供物和展示内容。第三，便于合作。由于销售人员能与消费者面对面沟通，容易促使消费者对企业产品和推销人员产生偏好，并能与消费者建立长期合作关系，稳定销售。第四，容易促成交易。在人员销售中，沟通信息与达成交易是融为一体的，有利于促成交易。第五，人员素质要求高。由于需要与多变的消费者沟通交流，促进交易，所以对于销售人员需要有较高的素质。

人员的推销形式包括三种，即上门推销、柜台推销、会议推销。对于一些专业性较强的高科技产品，创业公司可能需要花费更多的时间针对重点人群和客户进行人员推销。

4. 广告策略

广告是指企业通过使用付费的媒体向消费者沟通公司或品牌的价值主张，以达到告知、劝说及提醒消费者的目的。广告是促销组合的主体，它是现在企业最普遍使用的促销方式。广告的基本要素包括广告主、广告信息、广告媒体和广告费用。

广告这种促销模式有自己的特点。首先，它传播面非常广，可以以广大消费者为传播对象。其次，它是非人员推广，是通过特定的媒体来实现促销。再次，它是有偿的，为了促进商品销售，广告需要向媒体支付广告费用。最后，它是单向传播信息，缺少信息反馈。

广告的功能非常多，它既有传递商品质量、特点和用途的信息功能，也有促进产品销售、增加企业利润率的经济功能。此外，它对于客户还有引导和激发功能，能诱发消费者的兴趣与欲望，促进消费行为的产生。

现在广告媒体的种类非常多，不同类型的媒体有不同的特点，也适合不同的商品。目前比较常用的广告媒体类型有电视、互联网、报纸、直邮、杂志、广播和户外广告。广告主也可以从一系列能够直接接触到消费者的新型电子媒体中选择，比如手机和其他数字设备。如表 5-2 所示，每种媒体都有各自的优缺点。媒体策划者往往喜欢使用那些能够快速、有效地将广告创意呈现给目标客户的媒体。因此，他们必须考虑各种媒体的效果、信息传递的有效性和成本。在实际应用过程中，企业往往选择媒体组合，使之充分地融入整合营销沟通中。

表 5-2　主要媒体类型的优缺点

媒体	优点	缺点
电视	广泛覆盖大众市场，每次播放成本低；结合画面、声音和动作，感官吸引力强	绝对成本高，易受干扰，呈现时间短暂，很难选择观众
互联网	选择性好，成本低；直接，互动性强	相对影响小，观看者控制播放时间
报纸	灵活，及时；较好地覆盖某一区域市场，普及；可信度高	有效期短，印刷和呈现质量差，传阅性差
直邮	较为精准地选择消费者，灵活，在同一媒体中没有广告竞争者，个性化	每次呈现成本相对较高，有"垃圾邮件"的嫌疑
杂志	有很好的人口和地理选择性，可信、可看、有威信，印刷质量好，时效长，传阅性强	购买广告位周期长，成本较高，不能保证刊登位置和效果
广播	本地接受度高，很好的人口和地理选择性，成本低	呈现效果差，只有听觉效果；呈现时间短暂，接受者注意力不集中；听众分散
户外广告	灵活，高重复展现，低成本，信息竞争少，位置选择性好	消费者选择性少，创意受限制

5. 公共关系策略

公共关系是指社会组织（包括企业）运用双向沟通手段，协调组织内容以及组织与社会公众的各种联系，促进组织与社会公众相互理解、支持和协作，树立企业的良好形象，最终达到促进产品与服务销售的一种活动。企业公共关系部门一般承担多项职责。第一，新闻关系。创造并在新闻媒体上刊登有新闻价值的信息，吸引大众对某些人物、产品与服务的注意。例如，许多中国企业负责人愿意就一些社会问题发表言论，借此吸引消费者关注该企业的产品与服务。第二，产品宣传。通过与社会公众的各种联系，宣传某些特定产品。第三，公共事务。建立并维持与全国和当地社区的良好关系。第四，游说。建立并维持与立法者和政府人员的良好关系，以影响相关立法和监管。第五，投资关系。维护与股东和其他金融界人士的关系。第六，开拓渠道。与捐赠者或非营利机构成员合作，以获取资金或志愿者支持。

公共关系的基本特征包括：第一，公共关系的目标是为企业与社会牵线搭桥，在社会公众中创造良好的社会形象和社会声誉，特别注重长期效应。第二，公共关系是社会组织与其相关的社会公众之间的相互关系。第三，公共关系的活动是以真诚合作、平等互利、共同发展为基本原则，是一种企业与社会的双向沟通。第四，公共关系是一种长期活动，不能急功近利，患得患失。

企业常用的公关活动方式包括宣传性公关（通过新闻媒介传播企业信息）、交际性公关

(加强与外部组织联系)、社会性公关(参与各种公益活动)、广告公关、举行专题活动等。在具体实践中的主要工具包括以下几种。第一,新闻。公共关系部门会找出或创造出对公司及其产品和人员有利的新闻,并让这些新闻在合适的时间出现。第二,特殊事件。为了接触和吸引目标公众而设计的教育性活动,其内容可以通过新闻发布会、演讲、品牌巡回展等形式展示。第三,公益活动。通过对公益活动投入金钱和时间,改善品牌的社会声誉。第四,网络工具。当前网络也是一种主要的公共关系渠道。网站、博客和诸如微信、QQ、YouTube、推特、领英等社交网络成为影响和吸引人们的新途径。公共关系的核心优势是讲故事和引发谈论的能力,这与网络和社交媒体完美匹配。

6. 营业推广策略

营业推广又称销售促进,是指企业运用各种短期诱因来刺激消费需求,鼓励消费者和中间商购买、经销或代理企业产品与服务的促销活动。广告为消费者购买某一种产品与服务提供了理由,而促销提供了立即购买的理由。营业推广的具体形式包括代金券、抽奖、销售竞赛、赠品、附带廉价品、返点折扣等。营业推广必须是面对一个非常大且集中的目标市场和人群展开,采用的方式必须能够快速使消费者产生购买行为。此外,它是为了刺激早期需求或发起再次购买高潮而采取的促销活动。

营业推广和其他促销方式相比具有几个显著的特点。第一,促销效果明显。营业推广是针对消费者、经销商的一种以激励机制为手段的辅助性、短暂性的促销措施。由于提供了某些优惠条件,因而见效快、作用力强,不像广告和公共关系需要一个较长时期的经营。第二,非经常性的营销。与人员推广和广告的连续性和常规性促销方式不同,营业推广是一种非人员的促销形式,具有非经常性和非规则性的特点,虽然能在短期内取得明显效果,但需要与其他促销方式共同使用效果才会更好。第三,短期性。营业推广的效果是短期的,往往是为了推销积压产品或尽量快速批量销售产品而使用。此外,还要注意,营业推广会使消费者认为卖者急于抛售产品,会引起消费者对产品质量、价格产生怀疑,有时候会降低产品的身份和地位,损害产品和企业形象。因此,在选择此方式进行促销时要慎重选择恰当时机和方式。

营业推广的方式非常多,需要企业根据各种方式的特点、促销地点、目标人群特点和市场环境进行选择。其具体的形式包括代金券、抽奖、赠品、附带廉价品、返点折扣、包装兑现(采用商品包装兑换现金和产品)、商品展销、降价销售、组合销售、以旧换新、分期付款、特价优惠等。此外,对于中间商的营业推广方式略有不同,其具体形式包括免费提供成列样品、推广资助、销售竞赛、协助经营、发放刊物和邮寄宣传品、购买折扣等。

7. 各种促销方法的特点

人员推销、广告、公共关系和营业推广四种促销方式各具优点和缺点,综合归纳如表 5-3 所示。

表 5-3 不同促销方法的优缺点

促销方法	优点	缺点
人员推销	方便灵活,容易沟通,针对性强,效果显著	费用较高,影响力小,需要有销售人才
广告	传播范围广,渗透力强,影响力大,适用广	单向传播,说服力小,针对性不强,成交效果不好

(续)

促销方法	优点	缺点
公共关系	取信社会大众，影响力大，作用持久	不易控制，见效慢
营业推广	作用大，效果明显，易于促进销售	时效弱，持续不长久，有时会有负面影响

> ▶▶▶ **案例直通**
>
> 营销策略是营销计划中最复杂和最重要的一部分内容。旭初公司在案例A6.3中详细阐述了探鱼仪的"4P"营销组合策略，在价格和销售渠道设计部分非常有可取之处；妙味轩公司在案例B6.2中给出了适合创意服务类产品的"7P"营销组合策略；Aeroband公司针对不同目标市场明确提出了校园营销和社会营销方案，并将"4P"策略融入方案中。

七、直复和数字营销

许多营销和促销工具都是在传统的大众营销环境下发展起来的，它们多是用标准化的信息和由中间商分销的产品瞄准更广大的目标市场。但是，随着精准目标营销的发展和数字技术的引入，许多企业（包括众多的创业公司）正在采用直复营销方式快速地进入市场。例如京东、淘宝、亚马逊、小米等。在这里我们主要探讨直复营销中增长最快的营销方式，即运用网络、社交媒体和移动营销渠道的数字营销。

直复和数字营销是指通过直接与精心挑选的单个消费者和客户群体进行互动，以期获得客户的即时响应和建立持久的顾客关系。企业可以采用直复营销方式针对精准的细分市场或个人的需求和兴趣度身定制产品服务或促销内容。特别是借助数字营销这种方式，创业公司能快速进行客户契合、品牌社区和弯道超越。例如，京东商城借助其网上平台和手机应用App直接与用户沟通，帮助他们在网上商城中快速找到和购买他们需求的各种商品。

1. 直复营销的发展

早期的直复营销者大多是通过邮件和电话形式收集客户名单，之后再进行产品销售的。但是，在数据库和互联网技术飞速发展的今天，直复营销模式已经产生了翻天覆地的变化。

目前，大多数企业将直复营销作为产品营销的补充渠道和宣传媒介。所以，大多数百货公司，例如西单商城或王府井百货都通过实体商店完成其大部分商品销售，但同时也通过直接邮寄、在线目录和社交媒体主页等形式进行销售。但是，直复营销不仅仅是补充渠道和媒体。许多创业公司已经将网络营销这种新型的直复营销方法构建出了完整的新商业模式。特别是有些企业已经将这种新模式作为自己唯一的经营方式。淘宝网、京东商城、卓越网、当当网、拍拍网等企业都将直复营销作为自己进入市场的主要或唯一方式，并取得了巨大的成功。

随着直复营销越来越多地以互联网为基础发展，数字化的直复营销在营销支出和销售中占据的比重越来越大。据估计，2017年数字媒体广告全球支出将超过1 600亿美元，占据 30% 以上的广告支出市场份额。中国作为世界第二大广告市场，2017 年广告支出 840 亿美元，其中 57% 来自数字广告。未来五年数字媒体支出将会以 20% 的速度大幅度增长，其中手机广告的增长率会超过 40%。

2. 直复和数字营销的优势

借助信息技术和互联网发展，直复和数字营销给市场交易双方都带来了巨大的便利和好处。

对消费者来说，直复营销便捷、简单、私密，可以让客户随时随地进行网上购物和获取大量商品信息。例如，京东商城通过网站和移动应用提供各类商品的信息，包括最畅销商品、详细的产品介绍、用户的产品评价和体验。通过直复营销手段，买者能够借助网上平台和电话直接进行咨询和比价，了解各类产品的性能和价格，通过网络支付工具直接进行购买。此外，提供了大量的购买后问题咨询和品质担保，消除了消费者对网络购物的担忧和疑惑。

对于卖方来说，直复营销提供了低成本、高效率和快速有效的促销方法。特别是这种营销方式能够直接与较小的细分市场和个人用户进行互动。由于企业可以一对一地与客户进行沟通和交流，它们可以更好地了解客户需求，并针对不同客户提供具有个人偏好的定制产品与服务。例如，DIY 衬衫定制服务企业就可以通过网络平台与客户进行沟通，在提供各种款式、颜色、面料、纽扣选择的前提下，辅助消费者进行个性化定制服务，并且也能获取各种客户信息和反馈。此外，直复和数字营销还为卖方提供了更大的灵活性，让售卖者可以随时调整价格和营销计划，为一些实时营销快速提供解决方案。

3. 直复和数字营销的新形式

传统的直复营销形式包括面对面销售、直接邮寄销售、电话销售、电视直销等。近年来，新型数字化直复营销形式大量引入营销领域，主要包括网络营销、社交媒体营销和移动营销。

（1）网络营销。网络营销是指通过互联网借助公司主页、线上广告和促销、电子邮件、在线视频和博客等方式进行的营销。对大多数公司来说，开展网上营销的第一步是建立一个提供丰富信息的网站，专门吸引客户，推动他们直接购买或实现其他营销目的。为了吸引大量的网站访问量，企业可以通过线下印刷品、广播广告、赞助重要活动，以及其他网站的广告和链接大力地推广自己的网站。第二，由于消费者在网络上花费的时间越来越多，许多企业愿意将更多的支出投向网络广告，以期提高品牌销售和吸引访问者访问其网络平台。网络广告已经成为一种主流媒体形式，网络广告的主要形式包括展示广告和搜索内容关联广告。第三，电子邮件营销依然是重要的网络营销工具。目前，全世界发送的电子邮件中有 30% 以上是营销邮件，电子邮件抓住客户注意力的效果是微信推送的 10 倍。第四，在线视频可以像病毒一样快速传播营销内容。企业可以在优酷、微信等社交媒体上发布数字视频，增加企业品牌和产品的正面曝光率。第五，企业可以通过各种吸引特殊兴趣爱好人群的网上论坛开展网络营销，如博客在线日志。个人和公司可以在博客中写出他们的想法和其他内容，特别是一些与品牌和产品相关的内容，并在微信、推特、Facebook 等社交网络上推广他们的博客，吸引更多的阅读量，产生巨大的影响。

（2）社交媒体营销。互联网的使用和信息技术的快速发展催生了网络社交媒体和数字社区。无数独立的商业化社交网络诞生，为消费者提供了一个可以彼此聚集、社交、表达想法和信息发布的网络虚拟空间。目前，大部分中国人都在微信和 QQ 上交流互动；在优酷和爱奇艺上观看各种热点视频和广告推送；在百度贴吧上分享各种信息和图片。哪里有消费者，哪里就有营销者，这些社交媒体将会受到企业关注并融入营销组合中。

社交媒体最大的优势在于其参与互动和社交分享的能力。社交媒体特别适合吸引客户投入与品牌或其他顾客之间的互动，可以说社交媒体比其他任何营销沟通渠道更能有效地吸引顾客提供和分享产品内容和体验。例如，小米公司就通过构建小米社区凝聚了 3 000 万客户，让他们在社区中不断讨论和分享与小米产品相关的问题和体验，甚至让社区成员参与到小米产品的开发过程中。

（3）移动营销。移动营销是指向移动中的消费者所拥有的移动设备传递营销信息、促销和其他营销内容。市场营销者可以通过移动营销在与客户形成购买和关系建立的过程中随时随地传递信息，并形成互动。移动设备的广泛普及和移动网上流量的快速增加使得移动营销成为大多数品牌的必然选择。

尽管电视机在人们的生活中仍然很重要，但手机已经变成人们的"首选屏幕"，特别是在离开家后，手机成为人们唯一关注的屏幕。对于消费者来说，一部智能手机或平板电脑就相当于是一个购物平台，随时可以获取最新的商品信息、比较价格和电子优惠券，并且也能获得来自其他专家和消费者的意见和评论。移动设备已经为企业提供了一个有效的营销平台，借助移动广告、优惠券、短信、移动网站等形式，吸引消费者深度参与到营销的过程中来。全世界的移动营销费用不断递增，中国在 2017 年增加了 40%，美国增加了 80%。预期在未来十年，几乎所有的重要企业都会把移动营销整合到它们的营销计划中。

第三节　营销计划需要注意和解决的问题

风险投资者在评价一份商业计划书时，会非常关注营销计划这一部分。许多风险投资者认为估计创业公司能否成功的最重要标准是它是否明确地知道自己提供的产品与服务的市场需求情况，以及如何进行市场营销。一份清晰的市场营销计划能够继续增强风险投资者的投资信心。在这一部分需要关注以下关键问题：

（1）你需要采用什么样的市场调研方式获取市场信息，如何确定企业的目标市场和人群？

（2）企业发展各阶段的销售计划和销售额目标是多少（预计）？

（3）对每个目标市场和分销渠道，你希望最终的产品与服务销售价格是多少（预计）？你是用什么样的标准得出这一最终销售价格的？在这种情况下利润率有多高（预计）？

（4）企业计划从哪些目标客户群着手进入市场？你打算如何把这个小小的立足点扩展为一个规模很大的业务？

（5）阐述你销售产品与服务的典型流程。在购买过程中，哪些因素会最终影响你的客户进行购买决策？

（6）你打算通过什么分销方法与目标客户进行接触？

（7）你将利用什么方法使你的目标客户注意你的产品与服务？争取一个客户所需投入的时间和资源成本是什么，如何吸引客户进行多次购买？

（8）你希望以较低的价格迅速渗透市场，还是从一开始就争取较高的回报？请说明你做出这一决策的理由。

（9）你将采取哪些类型的营销策略达到争取客户的目标？

（10）你打算如何维护长久的客户忠诚度？

（11）你的营销计划制订的总体思路是什么？产品、价格、渠道和促销的发展规划有哪些？

▶ 复习思考题

1. 举例说明，如何制订一份营销方案？
2. 市场调研应如何进行，有哪些基本的市场调研方法？
3. 产品与服务应如何定价，举例说明不同产品和企业应该遵循哪些定价方法？
4. 产品与服务的销售渠道有哪些？举例说明不同类型的产品的销售渠道有何不同？
5. 请列举手机、电视机、饭店的促销方法和策略。
6. 请举例说明，哪些产品适合运用直复和数字营销方法进行营销？

第六章

生产运营

▶ **核心问题**

- 制造业企业和服务业企业在选址上需要考虑哪些影响因素?
- 什么是企业生产的设施布局和工艺流程?
- 什么是企业生产运营能力?
- 库存有哪些基本类型?
- 什么是生产作业计划和生产周期?
- 质量管理的基本工作内容包括哪些?

▶ **学习目标**

- 了解企业生产运营的基本内容;
- 比较各类型公司选址的影响因素差异和掌握选址评价方法;
- 了解生产的设施布置和工艺流程;
- 了解生产运营能力和学习合理规划库存;
- 了解生产作业计划和生产周期;
- 掌握生产过程中各阶段的质量管理要点。

第一节 生产运营的主要内容

公司如何生产产品与提供服务是商业计划书涉及的最基本议题之一。在寻求资金的过程中,为了增大创业公司在投资前的评估价值,创业者需要尽可能地使生产制造计划更加详细、可靠。生产运营是一个企业如何选择厂址、购买原材料、组织生产、组织待售产品与服务的过程。一般来说,生产运营部分应该包括以下具体内容:公司生产制造所需的厂房选址,工艺流程和设备引进情况,生产周期标准的制定以及生产作业计划的编制,物料需求计划及其保证措施,劳动力需求情况,库存管理情况,质量控制方法等。

生产运营对于生产实体产品的企业来说是一个特别需要关注的问题,但是对创意服务类企业来说,由于其运营复杂性较低,在这一部分可以侧重介绍自己的雇员、位置优势和信息优势等。此外,许多创业者在创业初期由于缺乏经验和资金,往往把自己的产品外包给其他厂商生产(或者自己生产核心部件,再外包给其他企业组装),自己则更多关注研发和营销等环节。

第二节　生产运营的基本理论知识

一、企业选址规划

创业公司如何选址对企业运作具有深远的影响，对制造业企业来说，选址问题是成本控制的关键因素，而对于服务业企业来说，选址涉及公司的盈利能力。厂址一旦选定，固定资产投入就很难转移，同时也决定了公司将面临的环境，所以非常有必要使用科学的方法进行选址规划。

1. 制造业企业选址的影响因素

企业选址的影响因素可以分为选择地区时的影响因素和选择具体位置时的影响因素。其中选择地区时的主要影响因素如下。

（1）接近市场所在地。在选址决策中，使企业尽量坐落在产品与服务出售的市场附近，有利于产品快速进入市场。

（2）接近原材料所在地。很多企业选址时必须考虑原材料供应，如依赖电力、运输的企业会选择在临近电厂或者便于原材料运输的口岸等。

（3）运输便利性。原材料和成品的运输有时对于公司来说非常重要，选择交通发达便利的城市，有助于减少生产运作周期。

（4）外协企业相对位置。许多制造业大规模集成化生产企业需要外协加工或者采购零部件来完成装配，如汽车企业，它需要大量的配套商，所以接近或形成生产经济圈对企业来说非常重要。

（5）接近劳动力资源。劳动力密集型企业一般需要考虑是否有足够的低成本、熟练的劳动力可以招募到。

（6）优惠的政策、法规条件。某些地区和省市在某些政策上具有优惠待遇，如经济开发区、经济特区等。

其厂址选择具体地点影响因素包括可扩展性、排水及土壤条件和周围环境等。

2. 服务业企业选址的影响因素

与制造业企业不同，服务业企业选址决策中更关注的是企业收入最大化。所以在一个特定市场内，何种选址方案能影响到企业的销售量和收入将会被优先考虑。从服务设施的角度出发，服务业企业选址可以分为以下三类。

（1）顾客到服务提供处。需考虑服务设施对最终市场的接近与分散程度，选址必须靠近顾客群，如宾馆、饭店、商城等。

（2）服务提供者到顾客处。服务的进行需要上门服务，如维修、搬家、装修等。提供服务的交通条件和服务工具是选址需要考虑的因素。

（3）服务提供者与顾客在虚拟空间完成交易。通过信件、电话、网络等方式完成交易，如网络购物、网上订票等服务。这类企业选址对地域性的要求较低，需要优先考虑物流仓储等因素。

对传统制造业来说，竞争对手的相对位置并不是很重要，而服务业中则存在一种集聚效应,即将几个竞争企业聚集在一个相对集中的地点将会比同类的店铺分散在不同的地点能吸引更多的顾客。例如,麦当劳和肯德基相邻而建,手机专卖店的集聚。所以在此类厂商选址时,可以根据实际情况选择临近同类厂商的位置。

3. 制造业企业选址评价方法

因素评价法是指对每个备选方案的各种相关因素进行综合评分,从而为总体评价提供合理的基础,有利于对备选地点进行比较和选择。因素评价法的一个不足之处就是在决策过程中主观因素太强,使得根据这种方法做出的评价和决策不够客观。因素评价法主要有五个步骤:第一,列出相关因素(如市场位置、原材料供应、社区态度、运输条件、环保法规等);第二,对每个因素都赋予一个权重,每个权重代表每个因素的相对重要性,各权重的总和为1;第三,给所有的因素确定一个统一的评分取值范围,如 1~100 分,并在这个范围内就每个因素对每个方案进行评分;第四,将每个因素的得分与其权重值相乘,再把每个方案各因素的乘积数相加得到总分。第五,比较和选择总分最高的方案为选址地点。

例如,某创业者需要开设一个工厂,根据表 6-1 中给出的三个备选地点信息,使用因素评价法确定最佳选址方案。

表 6-1 企业选址因素评价法决策表

A	B	C	D	E	$F=B \times C$	$G=B \times D$	$H=B \times E$
因素	权重	得分			加权得分		
		地点1	地点2	地点3	地点1	地点2	地点3
交通条件	0.15	100	80	80	15	12	12
工资水平	0.05	80	80	100	4	4	5
原料供应	0.30	50	90	70	15	27	21
职业教育	0.05	60	80	60	3	4	3
市场	0.20	80	60	70	16	12	14
劳动力	0.15	80	90	60	12	13.5	9
公共设施	0.10	50	80	100	5	8	10
合计	1.00				70	80.5	74

由表 6-1 中加权计算结果可知,地点 2 的得分最高,如果没有其他特殊情况,应该选择地点 2 作为设厂地址。

4. 零售企业选址评价方法

零售业的销售额大都是在商铺内实现,所以商铺的位置选择就成为关键问题。零售商铺的选址决策一般包括以下四个步骤:第一,评价每个区域的居民及现有商铺的特点,并进行商圈分析;第二,评价和决策是在一个未规划的商业区内开设孤立商铺,还是在该区域的一个规划的购物中心内开设新店;第三,选择孤立商铺、无规划商业区域或规划的购物中心的位置,即选择大体位置;第四,分析在特定的零售区域类型中可供选择的商铺位置,即选定具体位置。

公司需要根据商铺的位置类型来选择零售商铺的大体位置及具体店址,目前一般有孤立商铺、无规划商业区以及规划的购物中心三种类型:

(1)选择类型。如选孤立商铺,则需要决定是开在主干道旁还是其他街道上。如选择无规划区,则需要确定是开在中心商业区、次级商业区、邻里商业区,还是商业街。如在规划的购物中心开店,则需要选定是在区域的购物中心,还是社区的购物中心等。

(2)选择位置。对孤立商店来说,需要选择具有便捷交通条件的地点;对无规划商业区或规划的购物中心来说,则意味着需要选定一个商业区。公司需要对商业区的各种因素进行综合全面的评价。评价要素如表6-2所示。

表6-2 商铺地址决策评价要素表

评价要素	评价内容
客流	行人数量、行人类型
车流	车数量、车辆类型、交通拥堵程度
停车设施	停车场的数量和质量、停车场到商店的距离
交通条件	大规模公交系统的可获得性、是否靠近主要高速公路、是否便于送货
商店构成	商店数目和规模、商店之间的互补性、零售的均衡配置
具体店址	可见度、区域内的布局、营业场所的规模和形状、建筑的规模和形状、场地和建筑的状况和使用年限
占用及条件	自由或租用条款、营运和维护费用、税金、区域规划的限制、自愿遵守的规则
全面评价	给出每个评价的总评分、选出最佳位置、选择具体店址

可以根据评价要素重要性直接做出决策,也可以对要素赋权打分,然后对比每个具体的选址方案的综合评分,选择综合得分较高的作为商铺选址。当然评价要素还要根据产品与服务特点和市场的具体情况调整。

▶▶▶ 案例直通

旭初公司是一个生产实体产品的制造型企业,在案例A7.2中给出了选址原则和比较,可以看出旭初公司在选址中非常重视与客户和外包制作商的距离;妙味轩公司由于提供创意服务类产品,所以并不关注公司选址问题,但是在案例B2.5中提到店面选址要在各大城市的高校密集区。

二、设施布置

设施布置是指在一个给定的范围内,对多个经济活动单元进行位置安排,以确保企业内部的工作流、材料或者顾客的畅通。设施布局需要投入大量人力和物力,且具有长期性,因此公司的设施布局是否合理,对公司的生产运作成本和效率有着长远的影响。

设施布置分类包括产品原则布置、工艺原则布置、定位原则布置和混合原则布置。产品原则布置最适合重复性加工,即线性流程和连续流程;工艺原则布置适用于间接性加工,即作业流程;定位原则布置适用于体积大、重量重的加工对象,即项目流程;而混合原则布置是以上几种类型的混合类型,适用于批量流程。

1.产品原则布置

产品原则布置可以使大量产品或顾客顺利且迅速地通过生产运作系统。如果生产或提供的是一种或少数几种标准化水平极高的产品与服务,那么采用按产品与服务的技术加工要求来组织和排列设备就比较合适。在这种布置中，工作被逐步分解成一系列标准化的作业，由专门的按照产品与服务的加工路线或加工顺序排列的人员和设备去完成。具体流程如图 6-1 所示。在制造业中，这种流程通常被称为生产（或服务）流水线。

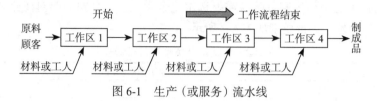

图 6-1　生产（或服务）流水线

产品原则布置既有优点也有缺点，其主要优缺点如表 6-3 所示。

表 6-3　产品原则布置主要优缺点

优点	缺点
产量高，单位费用低	个别设备故障或工人缺席对整个生产运作系统影响较大
减少培训时间	
简化运输，单位运费低	预防性维修、迅速修理的能力和备用件库存必不可少
工人和设备利用率高	分工过细，工作重复单调，工人发展机会少，会导致情绪低落等
工艺路线选择及进度安排在初步设定中被确定，简化工作程序	系统对产量变化及产品或工艺设计变化适应性较差
会计、采购、库存控制程序化	无法激励个人进行自我提升

2. 工艺原则布置

工艺原则布置可以使设备系统满足多种产品加工或提供多种服务的需求。当企业加工或提供的产品与服务的品种较多，每种产品的产量都不是很大，各种产品的生产只能间断进行时，采用工艺原则布置是最有效的。这类布置以完成相似活动的部门或其他职能为特征，将相同或相似的加工作业放在一起，组成一个生产单位。图 6-2 展示的就是典型机械制造工厂的例子。

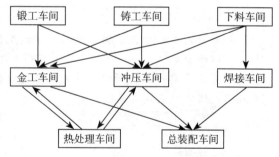

图 6-2　工艺原则下的机械制造工厂布置

工艺原则布置既有优点也有缺点，其主要优缺点如表 6-4 所示。

表 6-4　工艺原则布置主要优缺点

优点	缺点
系统满足多样化的工艺要求	需经常进行工艺路线选择和进度安排
系统受个别设备故障的影响不大	采用间歇性加工，在制品库存量大
通用设备购买和维护费用低，维修较方便	设备利用率较低，物料运输速度慢效率低，单位运输成本较高
可采用个人激励制度	工作复杂化导致监督费用较高，对每个产品与服务需分别对待
	会计、库存及采购等比产品原则布置复杂得多

3. 定位原则布置

在定位布局中，由于体积、重量或其他一些原因使得移动产品难度较大，产品或加工对象停留在某处，工人只能将材料和设备移动到该位置作业，这种方法广泛适用于大型建设项目，如筑路、建房子、修大坝、建造船舶、飞机等。与产品原则布置和工艺原则布置相比，定位原则布置所处理的是以单件或极小批量的产品，且产品固定不动。

定位布局会面临空间限制问题，因此这种布置方式应该把注意力放在对材料和设备运送时间的控制上，以避免堵塞工作场地，将尽量多的工作在远离现场的地方完成。

4. 混合原则布置

混合原则布置是指企业同时存在两种或两种以上形式布置，例如，医院基本上是工艺原则布置，但给病人医疗时常采用定位原则布置。混合原则布置常被用于既有制造环节又有装配环节的工厂中，制造环节是工艺原则布置，而装配环节是产品原则布置。

三、工艺流程

工艺流程是指在工业品生产过程中，从原料到制成品各项工序安排的程序和时间。具体来说，生产工艺流程就是指产品从原材料到成品的制作过程中要素的组合，包括输入资源、活动、活动的相互作用（即结构）、输出结果、顾客、价值六大方面。制定工艺流程的原则是需要技术先进和经济上的合理。由于工厂具有不同的设备生产能力、精度和工人熟练程度等，所以对于同样生产一种产品，不同的工厂制定的工艺流程可能是不同的，甚至在同一个工厂的不同时期所安排的工艺流程也可能不同。根据对象不同可以把工艺流程设计分为制造流程设计和服务流程设计。

1. 制造流程设计

制造流程设计是指需要在流程的质量、时间、成本和柔性等方面综合考虑并形成最佳的匹配。在制造系统中分为单件小批、成批轮番和大批量三种基本的生产类型。

（1）单件小批生产流程。该类型一般是根据订单生产产品。因此，劳动力和设备都具有很大柔性，所完成的步骤具有相当大的复杂程度和多样性。产品的客户需求不一致，且任何一种产品的批量都很小。这种流程不是围绕特定的产品来组织设备和人员，而是将能够胜任某些类型作业的设备和人员集中在一起，这些资源对所有需要这类操作的产品进行加工。由于产品的特殊需求且不同产品的加工步骤及顺序都不一样，因此，这种流程的工作流向不是线性而是混杂的。

（2）成批轮番生产流程。这种流程主要用于企业生产中等批量规模的相似产品。其特点是批量较大，但是提供产品的品种较少。对一种产品的一个批次进行加工，然后转向生产下一种产品。由于只有中等批次规模，不需要专门为每种产品组织设备和人员，所以流程的流向不是标准化的步骤顺序。例如，多种口味的冰激凌、罐装罐头等。

（3）大批量生产流程，也称流水装配线。由线性流程生产的产品有计算机、汽车、手机、家电等。线性流程生产的是标准化的大众产品，因而可以围绕特定的产品来组装设备和人员。生产特点是产品品种较少，每道工序都是基本不变的重复加工。此外，大批量生产流程的生产任务不直接来自顾客订单，而是通过预测销量，提前把标准化的产品生产出来存入仓库，等待顾客下单时迅速交货。

2. 服务流程设计

服务流程设计中主要考虑的因素是与顾客接触程度。顾客接触程度是指在服务流程中顾客主动参与并接受个人关注的程度。根据与顾客的接触度，可以将服务流程划分为前台办公室、混合办公室、后台办公室三种。

（1）前台办公室。该流程具有很高的顾客接触度，服务提供者在这里与顾客进行面对面的互动。由于服务中的客户化和服务选择的多样性，流程较为复杂，而且其中还存在着许多步骤对每个顾客都不相同，呈现出很大程度的多样性。但也有许多标准化的服务模块，如一些服务业行业的销售模块，一般都是这种类型。

（2）混合办公室。这种流程具有中等程度的顾客接触度和标准化服务，提供一些可供顾客选择的服务方式。工作流程沿着既定规则从一个提供者向下一个提供者移动。工作的复杂程度较适中，对流程的实施存在着一些既定模式。

（3）后台办公室。具有很低的顾客接触度，服务很少特殊化。工作是常规和程序化的，从一个服务提供者流向下一个服务提供者，直到服务完成全部工作。

四、生产运营能力

1. 生产运营能力

企业的生产运营能力是指人员能力、设备能力和管理能力的总和。人员能力是指人员的数量、实际工作时间、出勤率、技术熟练水平等诸因素的组合；设备能力是指设备和生产运作面积的数量、水平、开动率等诸多因素的组合；管理能力包括管理体制、企业文化、管理系统技术水平、管理人员的管理水平和工作态度等。

2. 生产运营能力的度量

（1）投入量和产出量。生产运营能力的外在表现和度量是指某个系统的最大产出量。例如一个企业仅生产一种标准化程度高的产品与服务时，生产运营能力可以用其产品的最大产出量来表示企业的生产能力，如果企业生产或提供多种产品与服务时，就不能只用其中某一种来表示企业的生产能力。

（2）设计能力和有效能力。设计能力是指在理想状况下，在一定时期内一个系统的最大产出能力。有效能力是指一个系统在一定的产品组合、员工工作计划、设备维修计划和质量标准的条件下，可以维持一个较长时期生产的最大产出水平，有效能力通常小于设计能力。

生产效率是指实际产出与有效能力的比值，生产效率＝实际产出/有效能力；生产能力利用率，是指实际产出与设计能力的比值，生产能力利用率＝实际产出/设计能力。这两个指标有不同的用途。生产效率可以用来衡量生产系统在生产过程中各项活动的组织管理状况，如果生产效率太低，意味着设备维修、劳动组织、质量管理以及供应等环节可能存在严重问题，需要管理部门加以密切改进。生产能力利用率主要用以衡量企业资源的利用状况，管理者可以根据利用率水平来决定是否需要扩大生产系统的规模。

3. 合理生产运营能力的规划

在创业初期，企业的生产运营能力很难保持一个合理的状态。由于品牌、营销、资金等多种原因，销售量增长过慢，企业生产可能需要维持一个较低水平，这对企业合理规划生产运营能力来说非常困难，因为，企业的生产运营需要投入大量的人、财、物，而创业公司初期恰恰缺乏这些生产资源。因此，制造性公司在创业初期往往选择产品外包，而自己提供核心部件和监督生产，把大部分资源投入到市场营销中去，等到销售量达到一定程度，再考虑自己设厂生产。

> ▶▶▶ **案例直通**
>
> 旭初公司有成熟的产品，考虑到创业初期资本较少，创业团队计划把大部分资金投入研发和营销之中。因此，旭初公司在案例A7章开篇提到公司只生产软件，将其他生产活动承包给相应的公司，这样做可以减少公司初期生产投入。

五、库存管理

1. 库存的基本概念

库存是指企业用于今后销售或使用的储备物料，它包括原材料、半成品、成品等不同形态。管理学上认为库存是指具有经济价值的任何物品的停滞和储藏。在企业的财务报表中，库存表现为在给定时间内企业的有形资产。

持有库存有三个理由。第一，预防不确定性的随机需求变动；第二，为了保持生产的连续性、稳定性；第三，为了经济批量订货。但是，由于持有库存要发生一定的费用和管理问题，因此库存的多少和周期是库存管理的基本问题。

2. 库存的类型

根据库存的功能进行分类，可以分为四种库存。

（1）在途库存。因物料运输需要，所以有在途中的运输库存。它包括：从供应商到工厂，在工厂里从一道工序到下一道工序，从工厂到配送中心或顾客，以及配送中心到零售商等。

（2）安全库存。库存的另一目的是防止供应、需求与提前期的不确定性。安全库存有时也称为缓冲库存，用于减轻意外事件的影响。在平均需求量之上的库存量就是安全库存，它可用来满足超过平均水平的需求。库存水平越高，客户服务就会越好，也就是说缺货和延期交货的情况出现就越少。

（3）预期库存。预期将来外部环境和供需可能发生某些变化，如涨价、季节性需求增长等，所以要持有预期库存。制造商、批发商和零售商一般会在诸如新年、中秋、圣诞节等节日之前建立预期库存，用于有较高的预期销量的特定场合。

（4）周转库存。周转库存，有时也称为批量库存，它出现的原因是管理者为使库存的持有量及订购成本最小化。如某零件的年需求量为240个，管理者可以下1份240个单位零件的订单，保持全年很大的库存量，也可以下 12 份 20 单位零件的订单，保持较低的库存水平，但订货与接收货物相关的成本将会增加。对于某种给定物品，两次订货间隔期越长，其周转库存量就越大。

根据库存在生产和配送过程中所处的状态进行分类，可以分为四种库存。

（1）原材料。原材料是指来自组织外部采购，并直接用于生产最终产品的物品。例如木材、布匹、化学品等基本材料和集成电路板、钉子、螺栓等装配件。

（2）保养、维修和操作类物料。是指用于支持及维护运营活动的那些物品，包括备件、易耗品及存储品。

（3）在制品。包括正在被加工或等待加工的所有材料、零部件、装配件。在制品是指那些已经离开原材料库存，但还未被转化或装配为最终产品的制品。

（4）产成品。产品一旦完成了生产，就由在制品库存转为产成品库存。由此便可以将它们送往配送中心，卖给批发商或直接销售给顾客。

3. 库存利弊分析

库存最大作用在于能缓解短期的供需矛盾，使生产尽可能均匀进行，具体来说其优点包括以下几项。

（1）提升服务质量。拥有一定数量的库存有利于调控供需之间的不平衡，保证企业能按时交货，避免或减少由于库存缺货或供货延迟带来的经济损失。

（2）节约订货费用。订货费用指订货过程中为处理每份订单而产生的各种费用。这种费用与订货量的大小无关而与订货次数有关。因此可以通过持有一定量的库存而增大订货批量，从而减少订货费用。

（3）节约相关生产费用。指在生产过程中由于更换批量时调整设备、进行作业准备所产生的各种费用。作业内容的频繁更换会耗费设备和工人的时间，新作业刚开始也容易出现较多的产品质量问题，这些都会导致成本增加，而通过持有一定量的在制品库存，可以增大生产批量，从而减少作业交换次数，节省作业交换成本。

库存除了会占用大量的资金外，还有两个不利影响。

（1）增加库存成本。库存成本是指企业为库存所需花费的成本，包括占用资金的利息、储藏保管费、保险费、库存物品价值损失费等。

（2）掩盖生产经营中存在的问题。精益生产理论认为，高库存能够掩盖一系列生产问题。由于有高库存作为缓冲，管理层就不会有压力和动力去改进生产经营。如果库存水平很低，很多问题就会暴露出来，迫使企业去改进。

六、生产作业计划和生产周期

生产作业计划是指企业生产计划的具体执行计划。它把公司的年度、季度生产作业计划具体规定为各个车间、工段、班组、每个工作地和个人的以月、周、班甚至小时为单位的计划。它是组织日常生产活动、建立正常生产秩序的重要手段。生产作业计划的作用是通过一系列的计划安排和生产调度工作，充分利用企业的人、财、物，保证企业每个生产环节在品种、数量和时间上相互协调和衔接，组织有节奏的均衡生产，取得良好的经济效果。生产作业计划编制工作的主要内容包括收集编制计划所需要的各项资料,核算、平衡生产能力,制定期量标准和编制生产作业计划。

编制生产作业计划需要考虑很多因素,具体包括年度生产计划,临时的订货合同,年度生产技术组织措施计划,机械、设备、实际运行情况,原材料的供应情况,能源的限额分配情况,材料定额和原材料进厂使用结存变化情况,产品、零部件工时定额和实际能力的差别,产品图纸、验收技术条件、工艺规程变化情况,车间的生产能力和生产准备情况,外协配套件订货合同和进厂数量与结存情况,产品零部件加工流程路线表,在制品和半成品的结存情况等。

生产周期是指企业产品从原材料投入生产到制成品出厂时为止,整个生产过程所需要经历的时间。它包括毛坯制造、零件加工、产品装配等工艺阶段的生产周期。每一工艺阶段的生产周期又包括工艺过程、检验、运转、自然过程、制度规定的停歇等部分。各工艺阶段的生产周期长短取决于上述这些时间的长短以及所采用的移动安排方式。为了便于编制生产作业计划和安排生产,应分别按产品所经历的工序、工艺阶段来制定生产周期标准。

七、劳动力和原材料需求

企业可以把劳动力和原材料结合起来生产产品,所以有关这两项重要投入的任何问题都会受到创业者的关注。在商业计划书中,需要表明公司有足够的物质资源,可以研发和生产自己的产品。需要估计对原材料的需求量,阐述供应商的背景,以及如果出现意外情况时,备选供应商是谁。

在招聘各类人员前,最好对所需职位的背景及特殊需求进行细化。如果能做出一张组织结构图表,那么就能更清晰地描述企业各部门间的关系和分工配合关系,这也有利于估计在创业公司发展的不同阶段,所需要的各类人才数量。此外,还要说明如何合理地雇佣所需的人员。这就需要创业者了解当地劳动力市场结构、失业率及工资水平。如果打算劳务引进,那就还要考虑提供宿舍等相关问题。

八、质量管理

质量管理是指确定质量方针、目标和职责,并通过质量体系中的质量策划、控制、保证和改进来使其实现的全部活动。在经历过质量检验阶段、统计质量控制阶段后,目前质量管理进入全面质量管理阶段。全面质量管理的创始人费根堡姆认为全面质量管理是为了在最经济的水平上,考虑到充分满足顾客质量要求的条件下进行生产和提供服务,并把企业各部门研制质量、维持质量和提高质量的活动构成为一体的有效体系。

创业公司作为一个新创企业,尤其需要关注企业产品质量。依据产品的生产过程和产品质量的形成过程,全面质量管理的工作内容主要包括设计试制过程中的质量管理、制作过程中的质量管理、辅助生产和生产服务中的质量管理等。

1. 设计试制过程中的质量管理

产品研发包括发展新产品和改造旧产品,其具体过程包括市场调研、实验研究、制订方案、产品设计、工艺设计、设计制造、试制与鉴定等,也就是产品在正式投入批量生产前的全过程。设计试制过程中的质量管理是为了满足消费者和制造者两方面的要求。一方面，通过大量客户知识获取和识别，确认消费者对新产品的明确需求，准确界定新产品的质量特性，降低市场风险；另一方面，要满足生产制造的基本要求，如产品的工艺和标准化水平要合理。这些不仅影响产品质量，也会影响到今后的生产秩序和经济效益。因此，设计试制过程的质量管理是全面质量管理的起点。

2. 制造过程中的质量管理

制造过程是产品质量直接形成过程。制造过程的质量管理是为了保证实现设计阶段对质量的控制意图，其目标是为了建立一个受控制状态下的生产系统，也就是说生产过程能够稳定地、持续地生产符合设计要求的产品。通常来说，制造阶段的质量管理与以下几方面工作相关。第一，严格执行工艺规程，保证工艺质量；第二，组织技术检验，把好工序质量控制；第三，掌握质量动态，加强对不合格品的管理。

3. 辅助生产和生产服务过程中的质量管理

辅助生产过程是为基本生产过程提供辅助产品和劳务，前者如基本生产过程中需要的动力、工具、模具等，后者如设备维修服务等。生产服务过程则为基本生产和辅助生产过程提供各种生产服务活动，例如供应、保管、运输等。这两者既是基本生产过程正常进行的条件，也是基本生产过程质量保证的重要因素。其任务是为制造过程实现优质和高效创造必要条件。

> ▶▶▶ **案例直通**
>
> 　　旭初公司的产品生产是外包给制造商，并在案例A7.5中提出了质量控制问题，给出了三个质量监控点。

第三节　生产运营需要注意和解决的问题

本部分主要介绍了公司生产运营的相关理论和知识，对于制作商业计划书来说，要着重关注和回答以下几个问题：

（1）不同类型公司选址分别可以采用什么方法，采用哪些评价指标来衡量选址问题？

（2）公司正在计划什么样的生产过程？怎样保证新产品在进入规模生产时的稳定性和可靠性？

（3）设备的引进和安装情况如何？谁是供应商？生产线的设计与产品组装是怎样的？工艺流程的设计需要考虑的因素和方法是什么？生产周期标准的制定以及生产作业计划的编制如何？

（4）公司打算具备多大的产品生产能力和服务提供能力（产品数）？

（5）物料需求计划如何？公司需要什么样的生产工具？公司需要什么原材料？公司将从第三者或供应商手中购买什么原料、部件或服务？

（6）如果公司需要一个仓库，公司打算如何组织安排公司的库存？

（7）产品的成本结构（固定成本、可变成本）是怎样的？

（8）公司需要什么样的人力资源？未来人力资源需求的发展规划是什么？各个岗位的职能是怎样的？

（9）公司在保证产品质量方面采取了哪些措施？

▶ **复习思考题**

1. 为什么要科学选择厂址，厂址选择的基本方法是什么？
2. 工厂应该如何布置设施，工艺流程应该如何选择？
3. 库存包括哪些类型，持有库存有哪些利弊？
4. 请举例说明质量管理包括哪些基本内容？

第七章

公司管理

▶ **核心问题**

- 公司有哪些类型？
- 公司的组织结构都有哪些具体形式？
- 公司都有哪些常规部门和重要岗位？
- 创业公司股权划分时需要考虑哪些原则？

▶ **学习目标**

- 了解公司管理的基本内容；
- 了解公司的定义和优缺点；
- 学习管理幅度与管理层次的定义；
- 掌握和运用各种公司组织结构；
- 掌握公司部门划分和重要岗位职责；
- 理解股权划分的原理和类型。

第一节 公司管理的主要内容

在对商业计划书进行风险评估时，需要考虑创业公司的公司性质、管理制度、组织形式以及各部门分工等多方面自身因素，做到有利于产品生产、销售和公司管理。公司管理的好坏，直接决定了公司经营风险的大小，而高素质的管理人员和良好的组织结构则是管理好公司的重要保证。因此，在商业计划书中必须要对主要管理人员加以阐明，不但要介绍他们所具备的能力、经历和背景，而且要说明他们在公司中的职务和责任。此外，还需要对公司的组织结构做出简要介绍。介绍内容可以包括：公司的组织机构图，各部门的功能与职责范围，各部门的负责人及主要成员，公司的报酬体系，公司的股东名单（包括股份份额、认股权、比例和特权），公司的董事会成员，股权分配等。

第二节 公司管理的基本理论知识

一、公司定义和优缺点

公司是指由两个或两个以上的出资者（股东）出资兴办并组成一个法人，能够独立自主经营，自负盈亏，并对共同出资经营的财产享有民事权利，承担民事责任的经济实体。公司在法律上来说是具有独立人格的法人组织，而个人独资企业和合伙企业是非法人企业。这是公司与个人独资企业及合伙企业的重要区别。与一般组织相比，公司具有以下主要优点。

（1）实行有限责任制度。对股东而言，他是以其出资额为上限对公司的债务承担有限责任；对公司法人而言，他是以其全部法人财产为上限对公司的债务承担有限责任。相对个人独资企业和合伙企业而言，公司出资者的风险较小。

（2）筹集资金能力强。公司可以通过发行有价证券（如股票）的方式筹集资金，并且容易筹集到大额资金，以满足公司扩张的需要。

（3）具有独立的寿命。公司作为法人组织，除法律和公司章程规定的原因外，公司可以无限存续下去，个别股东或高级职员的死亡、退出等都不会影响公司的存亡。此外，公司的法人财产是不可分割的，投资者投入公司的资本不可抽回，只能转让，因此公司的法人财产不会因股东的变动而改变，保持了一定的整体性、稳定性和连续性。当今世界上具有百年历史的公司非常多，如美国通用电气公司就创始于1878年。

（4）管理效率较高。公司实行股东所有权与法人财产权相分离，股东资金投入到企业后，其所有权通过股东权证书或股票等形式体现出来，公司对所有股东投入的资产拥有法人财产权。这就使得公司的所有权与经营权相分离。公司各项经营管理工作由各方面的专业人员负责，他们能够比股东更有效地管理企业，更能适应市场变化剧烈的经营环境。

公司这种组织形式虽然具有非常明显的优势，但在申报手续、财务信息公开和纳税等方面还是存在不少问题。

（1）手续较繁杂。创办公司有一套规定的手续，虽然我国不断减少创办手续和相关证明，但在程序上还是比较复杂。

（2）限制较多。为了保证投资者（尤其是上市公司的中、小投资者）及相关权益人的合法权益，政府对公司的设立和运作监管非常严格，这在一定程度上会给企业的运作带来障碍和困难。

（3）财务信息公开。特别是股份有限公司中的上市公司，按照有关法律规定，要求其财务报表必须定期向公众公开，这就意味着企业的一些商业秘密可能会泄露。

（4）双重缴纳所得税。公司的利润在分配前需要缴纳公司所得税，而公司以税后利润向投资人支付收益，股东还要缴纳个人所得税。

创业公司可选择的公司形式多种多样，其主要形式可见本书第二章。

▶▶▶ **案例直通**

公司可以分为有限责任公司和股份有限公司。由于有限责任公司在股东人数、表决权、资本筹资、注册资本等方面具备一定便利，一般创业公司初期都是注册有限责任公司，当需要IPO后再改为股份有限公司。旭初公司在案例A3.1中提到，创业团队拟建立"旭初水下仪器有限责任公司"。妙味轩公司在案例B2.1中提到，创业团队拟建立"北京妙味轩饮食有限责任公司"。

二、管理幅度与管理层次

随着创业公司的不断发展，员工人数会越来越多，这时候组织和效率问题就会突现，归纳起来这是管理幅度和管理层次的问题。管理幅度是指任何主管都能够直接有效地指挥和监督下属的数量，这个下属数量总是有限的。许多时候它又被称为"管理宽度"。管理层次是指最高主管的委托人需要将受托担任的部分管理工作再委托给另一些人来协助进行，以此类推，直至受托人能直接安排和协调组织成员执行具体业务活动，由此形成组织中从最高主管到具体工作人员之间的不同管理层次。

在公司中，组织的管理层次受到组织规模和管理幅度的影响。在管理幅度既定的条件下，管理层次与组织的规模大小成正比，组织规模越大，员工数量越多，其所需的管理层次就越多；在组织规模既定的条件下，管理层次与管理幅度成反比，每个主管所能直接控制的下属人数越多，所需的管理层次就越少。主管人员委托一定数量的人分担其管理工作，结果是减少了他必须直接从事的业务工作量，但与此同时，也增加了他协调受托人关系的工作量。

有效管理幅度的大小会受到管理者本身素质及被管理者的员工素质、沟通程度、工作内容、组织文化、工作环境与工作条件等诸多因素影响，每个组织都必须根据自身的特点，确定适当的管理幅度和相应的管理层次。一般来说，高层管理幅度 3～6 人较为合适，中层管理 5～9 人较为合适，低层管理幅度 7～15 人较为合理。

随着经济发展和技术进步，公司组织趋于扁平化，即组织通过增大管理幅度、减少层次来提高组织信息收集、传递和决策的效率，最终发挥组织的内在潜力和创新能力，从而提高组织的整体绩效，完成组织的战略目标。按照管理幅度的大小及管理层次的多少，可形成两种结构模式：扁平式结构和锥式结构。所谓扁平式结构，就是管理层次少而管理跨度大，锥式结构的情况则恰恰相反，管理层次多而管理跨度小。

扁平式结构和锥式结构各有利弊。首先，扁平式结构缩短上下级距离，密切上下级关系，信息纵向流通快，而且由于管理幅度大，被管理人员有较大的自主性、积极性、满足感，同时也有利于更好地选择和培训下层人员。但由于没有足够的时间，不能严密监督下级，上下级协调较差，管理幅度加大，也加重了同级间相互沟通联络的困难。其次，锥式结构具有管理严密、分工明确、上下级易于协调的特点。但由于层次较多，带来的问题也增多。这是因为层次越多，需要从事管理的人员将会迅速增加，彼此之间的协调工作也不断增加。管理层次的增加，会使上下级的意见沟通和交流受阻和变形。管理层次增多后，上层管理人员对下层的控制变得困难，易造成一个单位整体性的破裂。同时由于管理严密，影响了下级人员的主动性和创造性。因此，对于创业公司来说，在初期和中期人员较少时，应该尽可能减少管理层次，保持高效运转。

三、公司组织结构

组织是管理的基本职能之一。组织工作就是为达到组织目标，把必须从事的各项工作或活动进行分类组合，对包括人、财、物和信息在内的各种资源在一定时间和空间范围内进行有效的整合配置，划分出若干管理层次和部门。对人员进行选聘、考评和培训，为组织结构中的每个职位配备合适的人员,并把监督每类工作或活动所必需的职权授予各个管理层次和各部门主管人员。此外,还需要根据组织内外诸要素的变化,不断地对组织结构做出调整和变革,以确保组织目标的实现。管理人员的主要任务包括要使组织不断发展、完善,使之更加富有成效。

组织是实现公司目标的重要载体,公司组织管理能力的高低将直接影响公司能否顺利实现其目标。创业公司应围绕公司使命和战略设计组织结构,在公司不断壮大和战略改变中对公司适时地进行组织变革与创新。

对于不同性质、不同规模和不同发展阶段的组织来说,组织结构模式多种多样。目前,公司组织结构主要的形式有:直线型、职能型、直线职能型、事业部制、矩阵制等,但组织结构的核心模式是以直线型和矩阵制为基础的多种混合型。中国企业组织结构相对复杂,通常是直线型、职能型、事业部制、矩阵制的混合型。在企业集团层面通常以职能型组织为主,而子公司层面基本以事业部形式存在,各个子公司内部则依据业务模式特点多采用直线型或矩阵制组织结构。

1. 直线型组织结构

直线型组织结构是最传统和最简单的一种组织结构形式。其领导关系按垂直系统建立,不设立专门的职能机构,自上而下形如直线。该种组织的特征包括组织中各种职务按垂直系统直线排列,各级主管人员对所属下级拥有直接的领导职权,组织中每一个成员只能向一个直接上级报告,组织中不设专门的职能机构,最多有几名助手协助高层管理者工作,如图7-1所示。这种组织结构的优点包括结构简单、权力集中、责权明确、命令统一、沟通简捷、决策迅速、管理效率较高。其缺点是当组织规模发展较大时,由于所有的管理职能都由一人承担,会因为个人的知识和能力有限而难以深入、细致、周到地考虑所有管理问题,因此管理就比较简单粗放。此外,组织中的成员只注意上情下达和下传上达,每

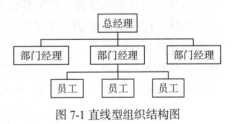

图 7-1 直线型组织结构图

个部门只关心本部门的工作,因而部门间的横向联系与协调也比较差,难以在组织内部培养出全能型、熟悉组织情况的管理者。一般来说,这种组织结构形式只适用于那些没有必要按职能实行专业化管理的小型组织,创业公司初期可以采这种简单的组织结构。

2. 职能型组织结构

职能型组织结构是指按职能来组织部门分工,即从公司高层到基层,均把承担相同职能的管理业务及其人员组合在一起,并设立相应的管理部门和管理职务。职能型组织结构的主要特点是采用专业分工的管理者,代替直线型组织中的全能型管理者。组织内除直线主管外还会相应地设计一些组织机构,分担某些职能管理的业务。这些职能机构有权在自己的工作范围内,向下级单位下达命令和指示,因此下级直线主管除了接受上级直线主管的领导外,还必须接受上级各职能机构在其专业领域的领导和管理,如图7-2所示。

职能型组织结构的优点是能够合理应对现代组织比较复杂和管理分工较细的特点,充分发挥职能机构和相关专家的专业管理作用,减轻上层主管人员的负担。但其也存在着明

显的缺点，即这种结构形式影响了组织中必要的集中领导和统一指挥；各部门容易过分强调本部门的重要性而忽视与其他部门的配合，忽视组织的整体目标；不利于明确划分直线人员和职能科室的职责权限，容易造成管理的混乱；加大了最高主管监督协调整个组织的要求。这种结构也比较适用于中小型组织。

3. 直线职能型组织结构

直线职能型组织结构是现代企业组织中最常见的一种结构形式，而且在大中型企业中尤为普遍。直线职能型组织结构是对职能型组织结构的完善和

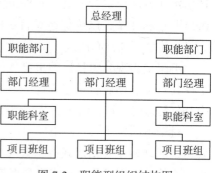

图 7-2　职能型组织结构图

改进，是以直线型组织为基础，在各级直线主管之下，设置相应的职能部门（如计划、销售、财务），即设置了两套系统：一套是按命令统一原则组织的指挥系统，另一套是按专业化原则组织的管理职能系统。直线职能型组织结构的特点是直线部门和人员在自己的职责范围内有决定权，对其所属下级的工作进行指挥和命令，并负全部责任，职能部门仅是直线主管的参谋，只能对下级机构提供建议和业务指导，没有指挥和命令权利，如图 7-3 所示。这种组织结构综合了直线型和职能型组织的结构和优点，既保证了集中统一指挥，又能发挥各种专家管理的作用，其职能高度集中、职责清晰、效率高，整个组织有较高的稳定性。其存在的缺点是下级部门的主动性和积极性受到限制；各部门自成体系，不重视信息的沟通，工作容易重复；当职能参谋部门和直线部门之间的目标不一致时，容易产生矛盾，致使上层主管的协调工作量大；整个组织系统的适应性较差，缺乏弹性，对新情况不能及时做出反应。此外，如果授予职能部门过大的权利，容易干扰直线指挥命令系统。这种组织结构形式对中、小型组织比较适用，对于规模较大，决策时需要考虑较多因素的组织，则不太适用。但目前，这种组织模式仍被我国大多数大、中型企业采用。

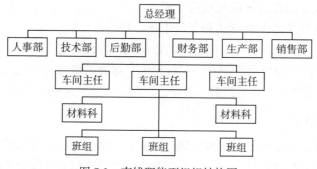

图 7-3　直线职能型组织结构图

4. 事业部制组织结构

事业部制组织结构最早由美国通用汽车公司总裁斯隆创立，又称为"斯隆模型"，因为是分权制组织形式，也称为"联邦分权化"。它是指在产品部门化基础上建立起来的一种分权管理组织结构。它适用于规模庞大、品种繁多、技术复杂的大型企业，是国内外大中型企业经常采用的一种现代企业组织模式。事业部制组织的最高领导层需要先设立多个事业

部，各事业部有各自独立的产品市场、独立的责任和利益，并且实行独立核算。同时，凡是事关大政方针、长远目标以及一些全局性的重大决策问题都集中在总部，以保证企业的统一性。这种组织结构形式最突出的特点是"集中决策，分散经营"，即组织最高层集中决策，事业部独立经营。这是组织领导方式由集权制向分权制转化的一种改革，如图 7-4 所示。

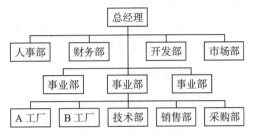

图 7-4　事业部制组织结构示意图

事业部制这种组织结构的主要优点是组织的高层摆脱了具体的日常事务管理，可以专注做好战略决策和长远规划。由于组织最高层与事业部的责、权、利划分比较明确，能较好地调动经营管理人员的积极性，提高了管理的灵活性和适应性，有利于培养管理人才。事业部制的缺点包括由于机构重复，造成了管理人员的浪费；由于每个事业部独立经营，各事业部之间要进行人员互换就比较困难，各事业部管理人员考虑问题往往从本部门出发，各事业部间独立的经济利益会引起相互间激烈的竞争，可能发生内耗；由于分权管理容易造成忽视整个组织的利益，也可能出现架空领导的现象，从而减弱对事业部的控制。这种组织结构适合在创业公司发展到一定规模后设立。

5. 矩阵制组织结构

矩阵制组织结构是由职能部门系列和为完成某一临时任务而组建的项目小组系列构成。矩阵制使同一个员工既能同原职能部门保持组织与业务联系，又可以参加产品或项目小组的工作，即在直线职能型的基础上，再增加一种横向的领导关系。为了保证完成一定的管理目标，每个项目小组都设负责人，在组织最高主管直接领导下进行工作。这种组织结构的特点是打破了传统上的一个员工只服从一个上司的命令，使一个员工属于两个或两个以上的部门。矩阵制组织结构也可以称为"非长期固定性组织"，它是为完成某一项目，由各职能部门抽调人员组成项目经理部，该项目经理部包括项目所必需的各类专业人员。当项目完成后，各类人员回到原部门，此项目经理部即不存在。矩阵制一般适用于外部环境变化剧烈、组织需要处理大量信息和分享组织资源且要求特别迫切的情况，如图 7-5 所示。

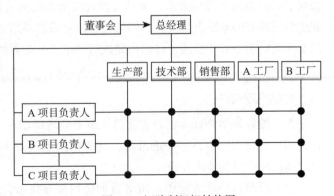

图 7-5　矩阵制组织结构图

矩阵制组织结构的优点是具有较大机动性和适应性，能克服职能部门相互脱节、各自为政的现象；专业人员和专用设备能够得到充分利用；具有较大的机动性，任务完成后人员可以各回原来的部门，各行各业人员为了一个目标在一个组织内共同工作可以相互启发、相互帮助、相得益彰，有利于人才的培养；实现了集权与分权优势的结合。其缺点是由于这种组织形式是实行纵向、横向联合的双重领导，如处理不当，会由于意见分歧而在工作中造成冲突和推诿；组织关系较为复杂，对项目负责人的要求较高。矩阵制结构适合于一些重大攻关项目。企业可以用矩阵制来完成涉及面广、临时性、复杂的重大工程项目和创新项目。

6. 多维立体型组织结构

多维立体型组织结构是由美国道—科宁化学工业公司于1967年首先建立的，它是矩阵制组织结构形式和事业部制组织结构形式的综合发展。这种结构形式由三方面的管理系统组成：①按产品（项目或服务）划分的部门（事业部），是产品利润中心；②按职能如市场研究、生产、技术、质量管理等划分的专业参谋机构，是职能利润中心；③按地区划分的管理机构，是地区利润中心。在这种组织结构形式下，每一系统都不能单独做出决策，而必须由三方代表通过共同协调才能采取行动。因此，多维立体型组织结构能够促使每个部门都能从整个组织的全局来考虑问题，从而减少产品、职能、地区各部门之间的矛盾。即使三者之间有摩擦，也比较容易统一和协调。这种类型的组织结构形式最适用于跨国公司和规模巨大的跨地区公司。

> ▶▶▶ **案例直通**
>
> 旭初公司在案例A8.1中给出了该公司创业初期的组织结构图，该组织结构类型属于直线职能型，适合创业初期使用；妙味轩公司在案例B2.4中给出了组织结构图，基本形式与旭初公司一致，但遗憾的是两家公司都没有给出对组织结构未来发展的预测。

四、相关部门和重要岗位职责介绍

在撰写组织计划时对部门和工作职责进行分析对创业者非常有帮助，规范岗位职责，不仅能为招聘、录用员工提供依据，还能对员工进行目标管理，为绩效考核提供基本依据，为公司制定薪酬政策提供依据，为员工教育与培训提供依据，为员工晋升与发展提供依据等。职责分析最好的着眼点是关注那些公司必须要做的事情。创业者可以准备一张表格，上面列出必须完成的事务和技能，再列出完成这些事务所需要的岗位和员工数量。最后，还需要思考在哪里做广告招聘员工、如何培训、谁来培训、如何评估员工、如何定薪酬等问题。

1. 部门职责

为了做好科学管理，创业者需要了解企业各部门和其职责，这样才能更好地提高效率。在公司运行过程中有许多职能部门，这些部门承担着不同的职责和功能，下面就公司一些重要部门职责范围做出介绍。

（1）行政部门职责范围。负责贯彻公司领导指示；做好上下联络沟通工作，及时向领导反映情况、反馈信息；搞好各部门间相互配合、综合协调工作；实施对各项工作和计划的督办和检查。

（2）人事部门职责范围。制定公司统一的劳动人事管理政策，根据公司发展战略编制公司人力资源需求计划和编制定员定编方案，提出机构调整和岗位增减的提案。

（3）计划发展部门职责范围。负责组织制定公司长远发展战略、经营规划和在年度的综合性、各种专业性的计划执行的过程中进行协调和调整，并及时向公司领导汇报各部门计划实施进展和指标完成情况；严格审核、汇总和统一上报各项业务报表并留存归档。

（4）财务部门职责范围。严格遵守国家财务工作规定和公司规章制度，组织编制公司年、季度成本、利润、资金、费用等有关的财务指标计划；定期检查、监督、考核计划的执行情况，结合经营实际，及时调整和控制计划的实施。

（5）采购部门职责范围。制定公司统一的采购政策，对生产和工程原辅材料、物资、设备采购工作实行归口管理；根据公司年度工作计划编制相应的采购供应计划。

（6）营销部门职责范围。根据公司长远战略规划，提出相应的营销发展目标、规划和年度营销工作计划，并编制细化的季度、月度营销计划；完成公司下达的年度销售指标；积极开拓市场，运用各种有效促销方式，确保细分市场的占有率；负责建立营销网络和售后服务体系等。

（7）公关部门职责范围。负责公司对外、对内的公共关系工作，负责制订年度公关活动计划和支出预算方案，并在批准后组织执行。

（8）生产管理部门职责范围。生产计划的设立与修订。订单的审核、登记及分段；订单交货期核定及异常反应；生产负荷统计及产销平衡调度；生产工厂人员的调度及团体公休的审核；生产进度安排及控制（含样品制作进度）；用料管理及异常的追踪、改善；交货期异常反应及处理；产销、交货期、质量等有关事项协调。

（9）技术工程部门职责范围。各项产品标准工时的设立与修订（含样品制作）；各项操作规范的制定（含样品制作）；工作方法的改善、简化、策划与推行；各科年度预算编制及全公司汇编；制定对异常反应的处理及追踪；生产绩效奖金基准的设立与修订；生产日报表编制及重大异常安全问题改善追踪；每月生产绩效检查、资料编制及改善事项的追踪、报告；生产绩效奖金统计及比较。

（10）品质管理部门职责范围。组织质量管理、计量管理、质量检验标准等管理制度的拟订、检查、监督、控制及执行；组织编制年、季、月度产品质量提高、改进、管理、计量管理等工作计划；组织实施、检查、协调、考核，及时处理和解决各种质量纠纷；负责建立和完善质量保证体系；制定并组织实施公司质量工作纲要，健全质量管理网络，制定和完善质量管理目标负责制，确保产品质量的稳定提高。

（11）产品开发部门职责范围。负责制定公司技术管理制度，负责建立和完善产品设计、新产品的试制、标准化技术规程、技术情报管理制度，组织、协调、督促有关部门建立和完善设备、质量、能源等管理标准及制度；组织和编制公司技术发展规划；编制近期技术提高工作计划，编制长远技术发展和技术措施规划，并组织对计划、规划的拟订、修改、补充、实施等一系列技术组织和管理工作。

2. 岗位职责

公司的中高层管理者和董事会对企业的发展具有极其重要的作用，许多时候创业公司并不具备全部的管理人才，需要从社会招聘。在招聘前需要创业者了解和分析所招聘管理者的岗位职责，因为只有这样才能招聘到合适的管理人员。下面对企业中一些中高层管理岗位职责做出介绍。

（1）董事长。董事长的所属部门和直接上级都是董事会，直接下级是副董事长。其基本权限包括对公司发展规划、投资计划、经营方针具有决策权，对公司文件有审批权、否决权，对公司经费支出有审批权、否决权，对公司重大项目有主持权。其职责概要为，董事长是公司的法人代表和重大事项的主要决策人，对公司的发展和经营负全责。

（2）公司总经理。公司总经理的所属部门是总经理室，直接上级是董事会，直接下级是总监、总经理助理。其基本权限为接受上级工作任务分配和监督，指导监督下属部门工作，接受政府部门监督和指导。其职责概要为，在国家法律法规和经济政策的指导下，在企业和董事会的指导下，为实现公司效益最大化、创造良好企业文化、建立高效组织体系，负责公司总体运营的计划、指导、协调、监督和控制工作。

（3）副总经理。副总经理的所属部门是总经理室，直接上级是总经理，直接下级是总监、总经理助理。其基本权限包括接受总经理工作任务分配和监督，指导监督下属部门工作。其职责概要为，在国家法律法规和经济政策的指导下，在总经理的领导下，为实现公司效益最大化，创造良好企业文化，建立高效组织体系，负责公司总体运营的计划、指导、协调、监督和控制工作。

（4）财务总监。财务总监的所属部门是总经理室，直接上级是总经理，直接下级是财务部经理、投资部经理。其基本权限为接受上级工作任务分配和监督，指导监督下属部门工作，协调好与税务局关系。其职责概要为，在国家法律法规和经济政策的指导下，在总经理的领导下，为了实现公司收益最大化，完善财务、投资体系，建立高效组织，协助总经理进行公司财务部、投资部门的计划、指导、协调、监督和控制工作。

（5）人事行政总监。人事行政总监的所属部门是总经理室，直接上级是总经理，直接下级是人力资源部经理、行政后勤部经理、信息化部经理。其基本权限为接受上级工作任务分配和监督，指导监督下属部门工作，协调公司外部关系。其职责概要为，在国家法律法规和经济政策的指导下，在总经理的领导下，为了实现公司效益最大化、创造良好企业文化、建立高效组织体系，协助总经理进行人力资源部、行政后勤部门及信息化部门的计划、指导、协调、监督和控制工作。

（6）市场总监。市场总监的所属部门是总经理室，直接上级是总经理，直接下级是市场部经理、出口业务部经理、物流部经理、客服部经理。其基本权限为接受上级工作任务分配和监督，指导监督下属部门工作，开发客户、维系客户。其职责概要为，在国家法律法规和经济政策的指导下，在总经理的领导下，为了实现公司效益最大化，完善市场营销体系，建立高效组织，协助总经理进行公司市场部、销售部的计划、指导、协调、监督和控制工作。

（7）运营总监。运营总监的所属部门是总经理室，直接上级是总经理，直接下级是运营经理。其基本权限为对公司的经营有计划权、建议权、否决权、调度权，对下属各部门经理的工作有指导权和考核权，对下属各部门完成任务的情况有考核权。其职责概要为，全面负责公司的运作和管理，对公司年度经营计划的完成负责。

（8）技术质量总监。技术质量总监的所属部门是总经理室，直接上级是总经理，直接下级是技术部经理、品质部经理、研发部经理。其基本权限为接受总经理工作任务分配和监督，指导监督下属部门工作，对外技术经验交流。其职责概要为，在国家法律法规和经济政策的指导下，在总经理的领导下，为了实现公司效益最大化，建立技术研发、质量控制体系，协助总经理进行公司部分部门的计划、指导、协调、监督和控制工作。

（9）生产总监。生产总监的所属部门是总经理室，直接上级是总经理，直接下级是生产部经理、设备部经理、采购部经理、仓储部经理。其基本权限为接受总经理工作任务分配和监督，指导监督下属部门工作，接洽、监督生产。其职责概要为，在国家法律法规和经济政策的指导下，在总经理的领导下，为了实现公司效益最大化，完善生产体系，建立高效组织，协助总经理进行公司生产部、采购部、设备部、工程部、仓储部门的计划、指导、协调、监督和控制工作。

▶▶▶ 案例直通

当给出组织结构图后，必须给出所设计各部门和岗位的职责。由于创业公司在初期的人员和资金较少，某些非必要部门和岗位可以合并或删减。旭初公司在案例 A8.2 和 A8.3 中给出了各岗位人数和职责；妙味轩公司仅在案例 B2.4 中给出了部门职责，还缺少各岗位职责设计；Aeroband 公司在案例 C6.2 中给出了组织结构图和各岗位人员与职责。

五、股权划分

在创业公司成立初期，通常都采取股份制的所有制形式。如何分配股份，特别是如何给各个创业成员分配股份，是一个非常重要并且要认真思考的问题。如果某位重要成员的股份太低，他的主观能动性就无法完全发挥。如果某人的股份太高，那么一旦犯错代价就会太大。在创业公司中，一切关于利益和表决权分配的问题，对于企业来说都是足以影响全局的大问题。

公司股份拥有多层含义。从所有权角度来说，持有的股份代表对团队资产的拥有量，通常这个股份是可以交易的。从表决权角度来讲，股份代表说话的分量和比重。从利益分配角度来说，股份代表着所获得的分红比例。创业公司分配股份的目的是把创业者的利益同企业的利益硬性关联起来，由此激发各个成员的主观能动性，促使每位创业者为企业的长期利益考虑，从而使每个创业者的利益长期最大化。

创业公司股份要依照什么样的标准来划分，这是一个很有个性的问题。要解决这个问题，除了要掌握一定的共性知识外，关键还在于企业目前的实际情况。在划分股份之前，首先要衡量目前该公司的总体价值是多少，即目前的实物资产与无形资产的总和，前者比较好估算，而后者需要通过专门的评估或由双方以要约的形式来确定。对于创业公司来说，除有形资产外就是无形资产，这时的评价是最为麻烦的。但可以通过各方要约与协商的方面来确定一个大家都能接受的数字。股份分配的基本原则是：投入的资产越高（资产不仅仅包含实物资产和资金，还应该包括投入的"软资本"，也就是劳动和技术。这就所谓的资金入股和技术入股），拥有的股份应当越高；对行业理解越深刻，越能把团队带向正确的方向，拥有的股份也应当越高。

创业公司股份可以分为几块，如融资所占股份、管理层所占股份、技术所占股份、前期投入所占股份等。一般风险投资者在创业公司发展初期不愿意占有太多股份，因为创业公司在初创期风险最大。此外，如果占有股份较多，不利于创业团队发挥主观能动性。在股权分配初期最好设定一个合理的股权池，这对于公司人才的吸引、后期的融资操作、奖励回馈等具有重大作用。

在实际操作上，作为初创企业，尤其要强调小巧、灵活和变通，在股权问题上也不必拘泥于传统。例如，完全可以抛弃股权这个词，转而使用所有权、表决权、分红权来分别确定每个股东的各种权益。此外，多阶段融资股权结构变化案例可见本书第一章第三节案例分析。

▶▶▶ **案例直通**

股权结构是风险投资者非常关心的问题，股权结构可以说明谁是核心管理层和资产所有者，也可以说明公司的发展历史。旭初公司在案例 A8.7.1 中给出了资本结构图，可以看出公司股本在融资后会由风险投资、技术入股和自筹资金构成，在这个资本结构中，风险投资占比过大，并未体现出管理层的价值。妙味轩公司在案例 B10.1.1 中给出了分阶段股本结构和规模，在初期融资中存在和旭初公司一样的问题，风险投资占比过大，没有体现管理层的价值。后期的股权结构不清晰，存在着较多问题。Aeroband 公司是一家已经获得过投资的公司，在案例 C6.1 中对公司的股份持有情况进行了简单说明，但是没有股权结构图。

第三节　公司管理需要注意和解决的问题

在公司管理部分，创业者需要对产品适用的公司性质及组织模式等相关内容做出详细说明。一般情况下，公司管理体系以及公司构架需要用框架图的形式表示出来。在这一部分需要关注以下关键问题。

（1）创业公司适用什么公司性质、组织形式，以及选择该性质的公司及该类型的组织形式的优缺点有哪些？

（2）公司组织结构图是怎样的？公司组织结构中分别包括哪些职位？未来 3~5 年后的公司组织结构图是怎样的？

（3）公司各部门的主要负责人及成员？其人员数量和报酬体系如何？

（4）公司的股权人背景资料和股权如何划分？公司的融资需求量、用途、使用计划、拟出让股份、投资者权利等有何计划？

▶ **复习思考题**

1. 公司包括哪些组织结构形式？试通过举例说明每种组织结构形式的优缺点。
2. 公司的基本部门和岗位有哪些？不同技能的人员都适合担当什么职位，承担什么责任？
3. 在创业初期，公司股权该如何进行划分？

第八章

财务计划

▶ 核心问题

- 什么是创业公司的财务计划?
- 在制作创业公司财务计划前需要获取哪些关键信息和数据?
- 三大财务报表中具体阐述了什么内容?
- 在创业公司的偿债能力分析、营运能力分析和盈利能力分析中需要关注哪些重要财务指标?
- 为什么要进行盈亏平衡分析?

▶ 学习目标

- 了解商业计划书中财务计划的基本内容;
- 分析财务计划的预测都需要哪些基本假设;
- 掌握和会制作三大财务报表;
- 归纳和理解公司的基本财务指标;
- 掌握盈亏平衡的计算方法。

第一节 财务计划的主要内容

在商业计划书中的财务计划是指创业公司或企业对相关资金使用、经营收支及财务成果等信息整合的书面文件,反映公司预期的财务业绩。可以这样说,一份商业计划书概括性地提出了未来3~5年中创业公司需要完成的工作,而财务计划则是企业运营过程的价值化表现,风险投资者将会期望从财务计划部分来判断公司未来的经营财务利润状况,进而判断能否确保自己的投资获得预期的理想回报。因此,一份好的财务计划对评估创业公司所需的资金数量,增加取得风险投资的可能性具有十分重要的作用。如果财务计划准备不好,会给风险投资者留下创业者缺乏经验的印象,可能会降低创业公司的评估价值,同时也会增加创业公司的经营风险。

财务计划需要花费较多的时间来制作和分析,其中包括最重要的三大报表制作和分析,即现金流量表、资产负债表和利润表。流动资金是公司的生命线,因此创业公司在初创或扩张时,对流动资金需要有预先周详的计划和严格控制;利润表反映的是创业公司的盈利状况,它是公司在运作一段时间后的经营结果;资产负债表则反映在某一时刻的创业公司状况，风险投资者可以用资产负债表中的数据得到的比率指标来衡量公司的经营状况以及可能的投资回报率。此外，一些具体的财务数据信息也备受风险投资者的关心，如销售收入、销售成本、管理费用、销售费用、资金支付、债务利率、收入税率、应收账款、应付账款、存货周转和资产利用率等。财务部分除了需要给出 3～5 年的财务计划外，还需要分析盈亏平衡点，资金的来源和使用等。

第二节 财务计划的基本理论知识

一、财务计划中的预测和假设

财务计划不是无中生有，财务计划的预测都是建立在一系列的假设条件基础上的。没有这些假设，财务数据就没有实际意义。只有在思考这些假设条件之后，风险投资者才能评定财务计划的有效性。财务计划制作前需要六方面假设信息，包括产品生产信息、产品销售信息、市场物资供应情况、员工工资支出信息、生产设备支出信息和企业预期发展计划。

财务计划中最重要的假设和数据是预期销售量，这是一个需要花费大量时间说明和解释的数据。并且，财务计划的大部分内容都是这个关键数据的派生结果。这一数据的准确度非常重要，整个营销计划可能都是在为它提供说明和支持。因此，风险投资者在把注意力从市场计划转向财务计划时，就已经获取了足够多的销售计划背景情况。

第二个重要的假设和要素数据是售货成本和毛利润，这由生产成本和定价策略共同决定。在商业计划书中的营销部分和运营部分就详细说明和解释了这一数据。在财务计划中只需要继续提供简单说明或举例即可。

财务计划中的所有预测都需要一套完整的假设。创业者必须谨慎地判断财务计划的每一部分需要什么程度的说明和解释。在做出假设时，需要牢记预测和假设的固有特点，消除所有的不确定性是几乎不可能的。创业者需要用最简单的方式，努力提高风险投资者对企业成功运营的信心。

> ▶▶▶ **案例直通**
>
> 预期销售量、售货成本和毛利润都是需要通过市场部分和运营管理部分详细说明和给出的数据。预期销售量的分析和给出需要关注非常多的因素，如产品竞争力、竞争对手强弱、市场销售额增长速度、宏观政策影响等。旭初公司在产品介绍、行业与市场分析的基础上，在案例 A6.1.1 市场目标中给出了全国市场份额目标，案例 A9.3.1 中给出了五年内的产销量预测，但文中并未对这些关键假设数据进行进一步解释。Aeroband 公司在案例 C7.3、C7.4、C7.5 中分别给出了资金使用情况、销售预测和成本估值，但是未对数据进行详细解释。

二、财务报表分析

财务报表分析产生于 20 世纪初的美国，当时美国工业发展促进了银行信贷业务的迅速发展。公司的经营资金主要来源于所有者投入和银行贷款，银行家非常关心公司的还本付息能力。因此，在1900年左右银行开始要求申请贷款的公司提供资产负债表，重点考察公司的偿债能力，于是财务报表分析就诞生了。随后，公司的融资渠道进一步扩展到资本市场，这时财务报表分析由主要为贷款银行服务扩展到为投资者服务，投资者不仅关心公司的偿债能力，而且还关心公司的盈利能力、发展能力和股利分配制度等，于是逐步形成了完善的财务报表分析体系。

财务报表分析主要研究公司利益相关者如何解读报表信息，其概念有广义和狭义之分。从广义上说，财务报表分析包括经营战略分析、会计分析、财务分析和前景分析四个方面。经营战略分析是确定公司主要的利润动因和经营风险，以及定性评估公司的盈利能力的分析，这里包括行业分析和公司竞争战略等；会计分析的目的是评价公司会计反映基本经营现状的程度，包括评价公司会计的灵活度和会计政策的恰当性等；财务分析是运用财务数据来评价公司当前和过去的业绩；前景分析是预测公司的未来状况。财务报表分析的狭义概念是指以会计核算和报表资料为依据，利用多种分析技术和方法，通过对公司过去和现在的筹资、投资、经营和分配活动中偿债能力、营运能力、盈利能力和发展能力进行分析和评价，为利益相关者进行投资决策和经营管理提供重要财务信息的一种活动。其中财务分析对象主要包括资产负债表、利润表和现金流量表。一般在商业计划书中需要给出五年预估的三大报表和财务计划。

1. 资产负债表

资产负债表是主要反映公司在特定日期财务状况的报表，它反映了公司在特定日期所拥有或控制的经济资源、所承担的现实义务和所有者对公司净资产的要求权。它是一张静态的报表，主要构成部分是资产、负债和所有者权益，其基本逻辑关系是"资产＝负债＋所有者权益（会计恒等式）"。负债和所有者权益反映的是企业资金的来源，资产反映的是公司资金的运用情况。一个创业公司刚建立的时候，首先是股东出资，形成股东权益。股东选举形成股东会和董事会，管理企业运营。另外公司还会向银行等债权投资者借贷一部分资金，形成公司的负债，债权人对公司的运营没有管理经营权。公司将这些资金投资于机械设备、厂房建筑物、存货、原材料等生产性资产，暂时不用的钱以现金形式存放在银行，因此现金也是资产的一种形式。负债也可以由借贷以外的形式产生，如应付账款，应付工资等。

资产是公司可以用来运营并产生利润的经济资源。通过经营资产，公司创造利润，利润首先要支付债权投资者的利息，之后的剩余部分属于股东，增加股东权益。如果公司创造的利润不足以支付债权利息，公司要用股东权益来支付。所以，可以把股东权益看成公司财富的剩余索取者，而把负债看作公司财富的优先索取者。

资产构成分为流动资产（短期资产）和长期资产（见表8-1）。流动资产包括现金及现金等价物（即公司持有的流动性较好的证券或其他金融资产）、应收账款、存货等。长期资产包括长期投资、固定资产和无形资产（商誉，专利权）。流动资产和长期资产划分的标准是该资产能否在短期内（通常是一年内）转化成现金。应收账款和存货通常在短期内就可以现金形式收回，所以流动性好，为短期资产；但是固定资产要使用多年，较长时间才能转化成现金，所以流动性差，为长期资产。这种根据流动性高低来划分资产的方法反映了现金对公司的重要性。现金是公司生命的血液，其他资产是公司生命的肌肉、骨架或毛发。没有了现金，其他资产也不能创造利润。许多有盈利能力的企业最终失败的原因都是现金流出了问题。所以，资产负债表所列资产的形式可以帮助报表使用者迅速对公司资产的流动性（生命力）做出基本的判断。

资产负债表右侧首列表示的是负债。根据负债是否在一年之内到期，可分为短期负债（流动负债）和长期负债。短期负债包括应付账款、应付工资、应交税费、一年内到期的长期借款等，基本是今后一年内需要偿还的负债。长期负债包括银行贷款、应付债券或者票据等。根据负债到期期限来分别回报负债可以让报表使用者迅速评估公司是否有足够的现金来偿还到期负债。不能够按时偿还负债会给公司带来再融资困难、融资成本提高的风险。在我国传统的观念中，人们往往把负债当作不好的事情，这实际上是一种误解。负债是一种融资方式，和股权融资一样，利于公司和经济发展。一方面，借贷行为对债权投资者有利，是投资工具的一个重要形式。借贷行为满足债权投资者既要求投资回报，又不愿意承担股权投资较高风险的需要。另一方面，公司通过债权融资增加了资本规模，分散了股权投资者的投资风险，同时负债作为财务杠杆，平均来讲提高了股权投资者的投资回报。

资产负债表的第三个部分是所有者权益。所有者权益反映了公司的股东从公司成立起在公司投资和再投资的总和。投资是指股东通过购买公司股票向公司投入资金，分别记在实收资本和资本公积等账户里。再投资是指公司从成立起所有年度利润减去亏损和股利后的余额，计入存留收益等账户中。

表8-1　Y企业资产负债表[一]

编制单位：Y企业　　　　　　　　2014年12月31日　　　　　　　　单位：元

资产	期末余额	负债及其所有者权益	期末余额
流动资产		流动负债	
货币资金	9 177 880.00	短期借款	0
交易性金融资产	0	应付票据	17 932 100.00
应收票据	4 461 040.00	应付账款	12 339 300.00
应收账款	12 108 200.00	应交税费	1 524 260.00
预付款项	7 167 500.00	应付工资	3 068 460.00
其他应收款	1 109 730.00	长期借款	146 739.00
存货	12 253 500.00	长期负债	0
流动资产合计	46 277 850.00	（略）	
（略）		所有者权益	
长期资产		实收资本	5 198 920.00
固定资产	11 101 600.00	资本公积	4 332 860.00
无形资产	2 206 920.00	盈余公积	4 047 900.00
其他非流动资产	461 743.00	未分配利润	11 242 800.00
（略）		（略）	
资产总计	67 970 400.00	负债和所有者权益总计	67 970 400.00

2. 利润表

利润表又称收益表，它是反映公司在一定会计核算期间的经营成果的会计报表形式。

[一] 本章中所列资产负债表、企业利润表、企业现金流量表均为示意表。

利润表反映的经营成果包括公司在一定会计期间的收入与费用相配比形成的净收益，以及直接计入当期利润的利得和损失。

利润表主要是提供公司相关经营成果方面的信息，可以通过利润表反映公司在一定会计期间的收入实现情况、费用耗费情况和除生产经营活动之外所取得的各种利得和损失。将利润信息和资产负债表信息相结合，可以为风险投资者提供财务报表分析的基本资料，如将赊销净额与应收账款平均余额进行比较，可以获得公司应收账款周转率，将销售成本与存货平均余额比较，可以获得存货周转率等。这些比较便于会计报表的使用者了解公司的管理水平和盈利能力，以此判断创业公司的未来预计的发展趋势。

利润表的基本结构是营业收入减去营业成本和费用等于营业利润（见表8-2）。在利润表上，收入的展现比较简单，基本可以分为主营业务收入和其他业务收入。成本费用的呈现比较复杂。第一类支出是和收入取得最直接相关的营业成本。营业成本是企业为了生产产品而支付的生产材料成本和支付给直接从事产品生产的人工的成本等。在利润表上，营业成本一般紧随在收入后边列出，两者之差称为主营业务利润。第二类支出是和产品生产及收入取得关系不如产品成本直接的管理活动的支出，习惯上称为费用支出。公司总部从事管理活动的部门，这些部门发生的支出构成费用的主要部分，包括公司管理层面的人工支出，建筑物和办公设备的折旧，财务费用，如支付给债权人的利息。所有这些费用称为期间费用。主营业务利润减去期间费用得到营业利润，反映了公司正常经营所取得的经营成果。

表 8-2 Y 企业利润表

编制单位：Y 企业　　　　　　2014 年 12 月 31 日　　　　　　　　　　　单位：元

项目	本年金额	上年金额
一、营业收入	134 785 000.00	87 817 300.00
减：营业成本	111 424 000.00	72 593 500.00
营业税金及附加	422 891.00	389 164.00
销售费用	7 207 760.00	4 704 150.00
管理费用	5 234 270.00	3 581 510.00
财务费用	166 989.00	85 209.80
资产减值损失	403 794.00	396 167.00
加：公允价值变动收益	-51 168.90	50 963.1
投资收益	171 823.00	315 187.00
其中：对联营企业和合营企业的投资收益	0	-13 283.70
二、营业利润	10 045 600.00	6 433 730.00
加：营业外收入	258 672.00	166 835.00
减：营业外支出	566 408.00	62 811.50
其中：非流动资产处置损失	18 959.10	44 770.40
三、利润总额	9 737 880.00	6 537 760.00
减：所得税费用	1 166 720.00	863 056.00
四、净利润	8 571 160.00	5 674 700.00
五、每股收益		
基本每股收益	1.65	1.08
稀释每股收益	1.65	1.08

从收入到营业利润是利润表的核心,反映了公司的核心竞争力的业绩表现。营业利润之下还有一些其他内容。一般的公司运作除了经营业务以外,还时常发生一些其他活动,这些活动也可以带来损益。例如,当公司有一些资金短期内没有用途,公司可以将其进行短期投资,如投资到证券市场上,投资期间带来的损益也是公司会计期间的经营成果。因为这部分经营成果和公司的主营或者其他经营性业务没有关系,所以在营业利润之后汇报,但在会计词汇的使用上有一定差别。如果证券投资行为赚了钱,我们称之为利得,而不是收入。亏了钱,我们称之为损失,而不是成本或者费用。类似的非营业性活动还包括出售资产、债务重组、自然灾害损失的影响等。所得税也在营业利润后汇报。营业利润减去所有这些项目后得到净利润。净利润综合反映了公司在一个会计期间内的经营成果,反映了公司财富的增加或减少。净利润除以在外流通的股票总数得到每股净利。

3. 现金流量表

现金流量表是以现金及其等价物为编制基础,用来反映公司在一定会计期间现金及现金等价物流入和流出情况的报表(见表8-3),反映公司获得现金及其等价物的能力。现金流量表中的现金是个广义概念,既包括库存现金和可以用于支付的存款,也包括现金等价物。现金等价物一般是指企业持有的期限短、流动性强、易于转换为已知金额现金、价值变动很小的投资。

表8-3 Y企业现金流量表

编制单位:Y企业　　　　2014年12月31日　　　　　　　　　　　单位:元

项目	本年金额	上年金额
一、经营活动产生的现金流量		
销售商品、提供劳务收到的现金	142 119 000.00	94 924 400.00
收到的税费返还	224 173.00	149 950.00
收到其他与经营活动有关的现金	666 069.00	749 184.00
经营活动现金流入小计	143 009 000.00	95 823 600.00
购买商品、接受劳务支付的现金	109 098 000.00	80 442 800.00
支付给职工的现金	6 886 310.00	5 578 860.00
支付的各项税费	5 337 270.00	3 807 670.00
支付的其他与经营活动有关的现金	8 510 480.00	5 264 760.00
经营活动现金流出小计	129 832 000.00	95 094 100.00
经营活动产生的现金流量净额	13 177 000.00	729 461.00
二、投资活动产生的现金流量		
收回投资所收到的现金	35 470 200.00	33 147 400.00
取得投资收益所收到的现金	68 794.00	40 652.70
处置固定资产、无形资产、其他长期投资回收现金净额	21 964.00	56 394.40
收到其他与投资活动有关的现金	0	284 367.00
投资活动现金流入小计	35 561 000.00	33 528 900.00
购建固定资产、无形资产、其他长期资产所支付现金	9 263 040.00	2 501 860.00
投资所支付的现金	32 329 200.00	34 757 000.00
支付的其他与投资活动有关的现金	0	101 858.00
投资活动现金流出小计	41 592 200.00	37 360 700.00

(续)

项目	本年金额	上年金额
投资活动产生的现金流量净额	-6 031 210.00	-3 831 850.00
三、融资活动产生的现金流量		
吸收投资所收到的现金	0	0
取得借款所收到的现金	199 800.00	5 230 260.00
收到其他与融资活动有关的现金	0	0
融资活动现金流入小计	199 800.00	5 230 260.00
偿还债务所支付的现金	65 503.40	5 223 720.00
分配股利、利润和偿付利息所支付的现金	5 300 260.00	1 554 390.00
支付其他与融资活动有关的现金	1 279 200.00	1 554 390.00
融资活动现金流出小计	6 644 970.00	10 116 600.00
融资活动产生的现金流量净额	-6 445 170.00	-4 886 370.00
四、汇率变动对现金及现金等价物的影响	30 604.50	-2 920.77
五、现金及现金等价物净增加额	731 235.00	-7 991 690.00

现金＝银行存款＋库存现金＋其他货币资金＋现金等价物。现金流现在越来越被创业公司重视，被视为创业公司的生命线。海尔集团就对现金流推崇有加，海尔的第13条管理规则就这样强调说明：现金流比利润更重要。

当前的现金流量表对现金流量的分类借鉴了国际会计准则，将现金流按照产生载体的不同分成经营活动产生的现金流量、投资活动产生的现金流量和融资活动产生的现金流量三大类。

（1）经营现金流。这部分内容反映公司在一个会计期间内，从事生产活动（包括出售产品或提供服务）收到的现金减去为了生产产品或提供服务而支出的现金的差额。经营活动的现金流入主要指出售产品或提供服务得到的现金支付以及公司投资于其他公司股票或债券而收到的现金股利或者利息。经营活动的现金流出比较复杂，包括为生产产品或提供服务而购买的原材料、存货支付给供应商的现金，支付员工工资，支付广告、推广、研发活动的现金，以及为公司负债支付利息的现金等。

（2）投资活动现金流。投资活动是指公司长期资产的购建和不包括在现金等价物范围内的投资及处置活动，包括生产性投资和证券性投资。生产性投资是指公司对长期资产的投资，包括固定资产、在建工程、无形资产和其他资产等。证券性投资是指期限在三个月以上的债券投资和全部股权投资。

投资活动产生的现金流出主要是公司投资于机器设备、厂房建筑物等长期资产而获得的现金。现金流入主要是公司处理、出售相应的长期资产而获得的现金。

（3）融资活动现金流。这部分是指公司资本及债务规模和构成发生变化的活动。融资活动主要是从所有者那里获取资源和向他们分配投资利润，以及从债权人那里借的货币、其他资源和偿还借款。

融资活动产生的现金流入主要有吸收投资所收到的现金，取得借款所收到的现金，收到其他与融资活动相关的现金。现金流出主要包括偿还债务支付的现金，分配股利、利润或偿付利息，支付其他与融资相关活动的现金。

现金流量表是联系资产负债表和利润表的桥梁，利润表中的各项收入费用与现金流量表中的经营活动、投资活动和融资活动具有联结作用，特别是利润表中的主营业务收入、成本费用与经营活动产生的现金流量可以反映出企业经营的稳健性和收益的质量，因为收入和费用是权责发生制的产品，但是否付现就是要对现金流量表进行分析。现金流量表中各种现金的收入与支出在资产负债表中与资产、负债和所有者权益各项目相关，经营活动、投资活动和融资活动解释了资产负债表中资产以及负债的增减变化，也解释了所有者权益的变动；经营活动现金的付出可以表现为资产的增加或负债的减少，资产负债表上各项目计量方法的改变都会影响利润表的结果。因此，三大报表之间存在着必然联系，是不可以割裂的，如果只对其中某一张财务报表进行制作和分析，就会出现错误和不能全面了解企业状况的问题。

> ▶▶▶ 案例直通
>
> Aeroband 公司在案例 C7.6 中给出了简易的三大报表。由于篇幅原因，旭初公司的财务报表读者可在 A9.3 中通过扫描二维码获取，妙味轩公司的商业计划书省略了财务报表，如果读者有兴趣研究，可以与作者联系获取。

三、基本财务指标分析

除了三大报表之外，还有一些财务指标和经营指标是创业者和风险投资者都需要了解和关注的。通过财务指标和经营指标分析可以了解一个公司经营业绩和财务状况的真实面目，从晦涩的会计程序中将会计数据背后的经济含义挖掘出来，为风险投资者提供决策基础。一般来说，可以用三个方面的财务指标来衡量风险和收益的关系。

1. 偿债能力分析

偿债能力分为短期偿债能力和长期偿债能力。短期偿债能力是指企业偿还短期债务的能力。短期偿债能力不足，不仅会影响企业的资信，增加今后筹集资金的成本与难度，还可能使公司陷入财务危机，甚至破产。常用的偿债能力分析指标有流动比率、速动比率和资产负债率。

流动比率和速动比率都是反映公司短期债务清偿能力的指标。流动比率是流动资产除以流动负债的比值。速动比率是速动资产除以流动负债的比值，速动资产是流动资产减去存货和预付费用后的余额。一般说来，这两个比率越高，说明企业资产在短期内变现能力越强，短期偿债能力亦越强，反之则结果相反。一般认为流动比率应在 2∶1 以上，速动比率应在 1∶1 以上。流动比率 2∶1，表示流动资产是流动负债的 2 倍，即使流动资产有一半在短期内不能变现，也能保证全部的流动负债得到偿还；速动比率 1∶1，表示现金等具有即时变现能力的速动资产与流动负债相等，可以随时偿付全部流动负债。当然，不同行业经营情况不同，其流动比率和速动比率的正常标准会有所不同。应当说明的是，这两个比率并非越高越好。流动比率过高，即流动资产相对于流动负债太多，可能是存货积压，也可能是持有现金太多，或者两者兼而有之。速动比率过高，即速动资产相对于流动负债太多，说明现金持有太多。公司的存货积压，说明公司经营不善，存货可能存在问题。现金持有太多，说明公司不善理财，资金利用效率过低。

资产负债率是负债总额除以资产总额的百分比，它反映公司的长期偿债能力和将来继续举债的潜力。该指标越低，资产对债权的保障程度就越高，债权人就越愿意向公司提供贷款，说明公司举债潜力大，有能力克服资金周转困难；反之，如果该指标过高，超过一定范围，企业长期偿债能力差了，就不能保障债权人的利益，公司举债就会遇到困难。

2. 营运能力分析

营运能力是以公司各项资产的周转速度来衡量企业资产利用的效率。周转速度越快，表明公司的各项资产进入生产、销售等经营环节的速度越快，那么其形成收入和利润的周期就越短，经营效率自然就越高。

反映公司营运能力的指标主要有应收账款损失率指标和应收账款周转次数指标。应收账款损失率＝坏账损失／应收账款余额×100%，该指标反映了公司在一定会计期间的赊销额中，无法收回的坏账占多大百分比，该指标越低越好。应收账款周转次数＝赊销净额／应收账款平均余额，表示一个会计年度内，应收账款从发生到收回周转多少次。应收账款周转次数越多越好。

3. 盈利能力分析

公司的盈利能力指的不是公司的盈余水平，而是盈余水平除以为了取得这样的盈利水平而使用的资源的总量，即1元钱的资源产生了多少盈余。绝对的盈余水平在公司之间是不具有可比性的。显然，一个拥有几十亿资产的公司比一个拥有几千万资产的公司盈余更多，但是盈利能力可能是一样的。反映盈利能力的指标主要包括资本报酬率、销售净利率、市盈率等。资本报酬率是净利润与总投资额的比率。销售净利率是净利润除以销售收入的比值。市盈率是普通股每股市价除以普通股每股收益。这些指标都是从各个方面反映公司盈利能力的指标，也是公司成败的关键，只有长期盈利，公司才能真正做到持续经营。因此无论是投资者还是债权人，都对反映公司盈利能力的比率非常重视。

> ▶▶▶ **案例直通**
>
> 财务指标是帮助风险投资者理解财务计划的数量工具。旭初公司、妙味轩公司和Aeroband公司分别在案例A9.4、案例B10.2和案例C7.6中给出了部分财务指标数据，基本能满足财务计划分析和阅读的要求，如果能对这些财务指标数值和变化状况进一步解释，那么理解起来就会更加容易。

四、盈亏平衡分析

许多创业公司在创业初期失败是因为创业资本被过多地用于购买固定资产。固定成本越高，越难达到收支平衡，且开始获利的时间越长。创业公司需要尽快获利，否则将面临亏损甚至破产。因此，盈亏平衡分析不仅可以适用于创业公司前期的项目规划，而且还适用于创业公司的日常运营。

盈亏平衡分析也称量本利分析、盈亏临界分析或收支平衡分析,它是通过盈亏平衡点(BEP)来分析项目成本与收益的平衡关系的一种方法。各种不确定因素(如投资、成本、销售量、产品价格、项目寿命期等)的变化会直接影响投资方案的经济效果,当这些因素的变化达到某一临界值时,就会影响对方案的判断和取舍。盈亏平衡分析的目的就是找出这种临界值,即盈亏平衡点,判断投资方案对不确定因素变化的承受能力,为最终决策提供财务依据。

盈亏平衡分析的关键是计算盈亏平衡点。盈亏平衡点越低,说明项目盈利的可能性越大,亏损的可能性越小,因而项目有较大的抗风险能力。因为盈亏平衡分析是分析产量(销量)、成本与利润的关系,所以也称量本利分析。盈亏平衡点的表达形式有许多种,可以用实物产量、单位产品售价、单位产品可变成本以及年固定成本总量来表示,也可以用生产能力利用率(盈亏平衡点率)等相对量表示。根据生产成本、销售收入与产量(销售量)之间是否呈线性关系,盈亏平衡分析可分为线性盈亏平衡分析和非线性盈亏平衡分析。线性盈亏平衡分析的基本假设为:

❑ 生产量等于销售量;
❑ 固定成本不变,单位可变成本与生产量成正比变化;
❑ 销售价格不变;
❑ 只按单一产品计算,若项目生产多种产品则换算成单一产品。

计算时,假定利润为零且利润为目标利润,先分别测算原材料保本采购价格和保利采购价格;再分别测算产品保本销售价格和保利销售价格。具体计算公式为 $BEP=F/(P-V)$。其中 BEP 是指盈亏平衡点时的产销量,F 是指固定成本,P 是指单位产品销售价格,V 是指单位产品变动成本。具体测算方法和运用可见本节"案例直通"。

投资回收期是指从项目的投建之日起,用项目所得的净收益偿还原始投资所需要的年限,即通过资金回流量来回收投资的年限。投资回收期分为静态投资回收期和动态投资回收期两种。静态投资回收期是在不考虑资金时间价值的条件下,以项目的净收益回收其全部投资所需要的时间。投资回收期可以从项目建设开始年算起,也可以从项目投产年开始算起,但应予注明。动态投资回收期是把投资项目各年的净现金流量按基准收益率折成现值之后,再来推算投资回收期,这就是它与静态投资回收期的根本区别。动态投资回收期就是净现金流量累计现值等于零时的年份。

静态投资回收期 (P_t) 可根据现金流量表计算,具体方法为:P_t = 累计净现金流量开始出现正值的年份数 -1 + 上一年累计净现金流量的绝对值/出现正值年份的净现金流量。将计算出的静态投资回收期与所确定的基准投资回收期 (P_c) 进行比较。

(1) 若 $P_t \leq P_c$,表明项目投资能在规定的时间内收回,则该方案可以考虑接受;

(2) 若 $P_t > P_c$,则该方案是不可行的。

动态投资回收期 (P'_t) 的计算在实际应用中可以根据项目的现金流量表,用下列近似公式计算:P'_t = (累计净现金流量现值出现正值的年数 -1) + 上一年累计净现金流量现值的绝对值/出现正值年份净现金流量的现值。将计算出的动态投资回收期与所确定的基准投资回收期 (P_c) 进行比较。

（1）$P'_t \leqslant P_c$（基准投资回收期）时，说明该方案能在要求的时间内收回投资，是可行的；

（2）$P'_t > P_c$ 时，则该方案不可行，应予拒绝。

此外，风险投资者还想知道预期利润的回报。一般来讲，要么是指投资回报率（ROI），要么是指内部回报率（IRR）。对于一个创业项目来说，利润回报应该超过风险投资者对于所有风险项目进行投资所要求的最低回报。投资回报率的计算方法是：经营业务收入／投资总额。投资回报率越高，公司用来获得利润的资金的利用率就越高。

▶▶▶ 案例直通

盈亏平衡分析是用来分析项目成本与收益平衡关系的一种方法，它可以让风险投资者对项目的抗风险能力做出一个基本判断。旭初公司在案例 A9.4.2 给出了盈亏平衡分析的具体数字，并没有给出计算过程和风险判断；妙味轩公司在案例 B10.3.1 给出了盈亏平衡分析计算过程、具体数值和基本风险判断。

第三节 财务计划需要注意和解决的问题

商业计划书中的财务计划应该包括一整套完整的预测财务信息，它涉及基本财务假定、资产负债表、利润表、现金流量表、资金来源与占用表等。针对财务计划部分，需要关注以下问题：

（1）预计的风险投资数额为多少？其中，创业者期望从风险投资者那里获得多少投资？是以贷款、出售债券还是以出售普通股、优先股的形式实现？

（2）产品在每一个期间的生产量和售出量有多大，什么时候开始产品线扩张？每件产品的生产费用是多少，每件产品的定价是多少，预期的成本和利润是多少，盈亏平衡点是多少？

（3）在偿债能力、营运能力、盈利能力中有哪些分析指标，各代表什么含义？

（4）公司的现金流量发展趋势是怎样的，预计什么时候能达到收支平衡？

（5）基于公司的规划，融资需求有多高？在最差的情况下，需要多少现金？

（6）你拥有哪些资金来源？可以满足你的融资需求吗？

（7）投资者可以得到多少回报？什么时候用什么形式可以得到这些回报？

▶ 复习思考题

1. 为什么在制作财务计划时需要一些预测和假设？
2. 三大财务报表都表现了创业公司的哪些财务状况？
3. 财务报表分析中都有哪些基本财务指标？它们都代表什么含义？
4. 如何进行盈亏平衡计算，盈亏平衡计算结果都能说明哪些信息？

第九章

风险控制与资本退出

▶ **核心问题**

- 为什么创业存在巨大风险?
- 创业公司的风险类型有哪些?
- 如何防范和应对出现在管理、技术、市场和财务方面的创业风险?
- 创业公司都有哪些资本退出方式?
- 不同证券市场的股票上市规则有哪些差异?

▶ **学习目标**

- 了解风险控制和资本退出的基本内容;
- 理解风险和创业风险的含义与特点;
- 掌握创业风险的种类和防范措施;
- 掌握资本退出的基本形式;
- 了解不同证券市场公司上市的基本要求和区别。

第一节 风险控制与资本退出的主要内容

市场经济下,每一个风险投资者都关心投资风险与收益。风险投资者与普通投资者的主要差别在于风险投资者面对着巨大风险,但有可能获得高额或巨额收益。例如,阿里巴巴的早期风险投资者软银集团共计投资了 8 000 万美元,在阿里巴巴上市时收获了 1 000 亿美元,增长了 1 250 倍。尽管失败率很高,但依然有许多投资者热衷于进行风险投资,除了巨额回报外,投资风险是可以通过科学系统的知识、方法和手段加以控制的也是造成这种对风险投资热情的主要原因。因此,风险投资者会非常重视和研究商业计划书中有关风险分析的部分。他们想尽可能地搞清楚创业公司可能会面对的风险种类和程度,特别是创业公司将采取何种措施和方案去降低或防范风险。

此外,风险投资者并不是为了投资而投资,他们都希望最终能通过资本退出方式获得高额回报。因此,创业者需要详细告诉风险投资者,他们的投资将以何种方式退出,能获得多少预期回报。

第二节　风险控制与资本退出的基本理论知识

一、风险和创业风险

风险是指由于环境的不确定性，客体的复杂性，主体能力与实力的有限性，而导致某一事物或活动偏离预期目标的可能性。风险客观存在，并且无法避免和消除。但是，风险又是相对的和变化的，可以通过一定手段去防范，让总体风险最小化。

创业是指发现、创造和利用商业机会，组合生产要素创造新价值，创立自己的事业，以获得商业成功的过程。因此，创业风险是指创业过程中存在的风险，它是由于创业环境的不确定性，创业机会与创业公司的复杂性，创业者、创业团队与风险投资者的能力与实力的有限性，而导致创业活动偏离预期目标的可能性及其后果。创业风险主要具有如下几个特点。

（1）创业风险是客观存在的。在创业过程中，由于内外部环境变化的不确定性客观存在，导致创业风险也客观存在。这就要求创业者和风险投资者承认和正视创业风险，并积极采取措施防范风险。

（2）创业风险存在不确定性。创业过程是将一个技术或创意由设想变为产品与服务的过程。在这一过程中，创业者将面临各种不确定因素，如公司产品未来可能被模仿、缺乏固定的销售渠道、管理和技术人员跳槽等。可以说，由于影响创业的各种因素千变万化，且难以预知，所以造成了创业风险的不确定性。

（3）创业风险的相关性。创业者的决策和面临的风险是紧密相连的。同样的困难和事件会对不同的创业者产生不同的风险，因为创业者采取的不同决策可能会面临不同的风险决策结果。

（4）创业风险的可预测性。创业风险是可以测量的，即可以通过定性或定量的方法和工具对其进行评估。但是，这种测量由于存在不确定性，往往会有较大的偏差。

二、创业风险的种类

为进一步深入剖析创业风险，并进行有针对性的管理，可以按照创业风险的内容进行分类。具体可以划分为技术风险、市场风险、财务风险、管理风险、环境风险等。

1. 技术风险

技术风险是指由于技术方面的因素及其变化的不确定性而导致创业失败的可能性。创业活动经常表现为将某一新技术应用于实践，并转化为产品与服务。在这个过程中技术是否可行，在预期和实践之间是否存在偏差，这些问题都会导致巨大的风险。创业技术风险具体包括开发风险、转化应用风险和技术寿命风险。高新技术的成功开发和投入，必定会给投资者带来满意的回报，但是，由于种种不确定因素导致的技术开发受阻、投入受阻和技术迅速被更替，都会导致风险投资的失败。

2. 市场风险

市场风险是指在创业的市场实际环节，由于市场的不确定性而导致创业失败的可能性。

这些不确定环节可以包括新产品、新技术与市场需求不适应，市场接受时间的不确定性，产品的市场扩散速度的不确定性，市场竞争能力和战略的不确定性，以及新产品的生产设计能力与市场容量不匹配等。市场风险是导致新技术、新产品商业化、产业化过程中断甚至失败的核心风险之一。国际上一些著名的创业公司，如苹果电脑公司和特斯拉汽车公司都因为市场风险而蒙受过巨大的损失。

3. 财务风险

财务风险是指因资金不能适应需求而导致创业失败的可能性。财务风险集中体现在两个方面：一是当创业公司发展到一定阶段时，随着经营规模的扩大，对资金需求迅速膨胀，此时，能否及时获得后续资金的支持，将直接关系其扩张和成长的快慢。二是风险投资对所投项目的作用，简要地说是"扶上马，送一程"，有一定的时效性。创业公司要快速具备一定的流动性、周转率，才能不断地获取项目在高成长阶段的利润，避免在融资不到位的情况下丧失运营能力。财务是创业公司的命根，因此财务风险控制对创业公司尤为重要。

4. 管理风险

管理风险是指在创业过程中因管理不善而导致创业失败所带来的风险。其主要影响因素包括以下三个方面：第一，创业者素质。创业者素质的高低对于创业活动成功与否起到决定作用。创业者应具有强烈的创业精神和创新意识，还需要具有献身精神和强大信念，能吃苦耐劳。此外，还需要有凝聚力，能领导整个团队共同发展。第二，决策风险。创业者不可以根据个人喜怒哀乐或不切实际的个人偏好做出决策，也不能仅凭个人经验或运气来进行决策，在这里需要实现民主和集中相结合的决策模式。第三，组织风险。组织结构必须伴随创业公司的迅速发展而不断调整，组织结构不适合企业发展往往会成为创业公司潜在危机的根源。

5. 环境风险

环境风险是指由于所处的社会环境、政策、法律环境变化或由于意外灾害发生而造成创业失败的可能性。例如，政府经常会采取一些事后措施、法律安排来限制某些产品尤其是高技术产品的生产、销售或使用，某些自然灾害及战争等，也会对创业产生无法防范的负面影响。

三、创业风险的防范

创业风险的防范是指有目的、有意识地通过计划、组织、控制等活动来阻止和防范风险损失的发生，削弱损失发生的影响程度，获取最大利益。

1. 技术风险防范

创业公司往往都拥有自主的核心技术或差异化的产品，这些都是初创企业获取核心竞争优势的来源。但是技术水平领先往往都是暂时的，在某些领域甚至是不进则退。因此，保持技术领先对创业公司来说极其重要。创业公司技术风险防范和控制应注重以下几个方面。

- ❏ 深入挖掘研发人员潜力，不断完善和扩展现有产品。
- ❏ 不断研发新产品，有节奏地不断推出新产品，防范模仿者和新进入者。
- ❏ 紧盯当前科学技术发展前沿，不断引入新的研发理念和思路，吸引顶尖人才进入研发团队。
- ❏ 注重知识产权的申请和保护，避免盗版产品影响公司品牌形象。

2. 经营风险防范

企业经营风险包括日常经营中各项业务的风险，主要有采购风险、销售风险、生产风险、技术创新风险、人事风险等。创业公司主要是对以上几种风险进行防范与控制。其具体的一些防范策略如下。

- ❏ 通过各种渠道，加强企业和产品宣传，逐步树立企业形象。
- ❏ 强化销售队伍和售后服务，保持与核心企业客户的良好合作关系。
- ❏ 快速推进下一代系列产品的开发，从而相对减少对单一产品的依赖。
- ❏ 宣传公司的产品和特色，使企业快速成长为行业内知名公司。
- ❏ 积极营造良好的工作环境，改善福利待遇，稳定队伍，吸引更多科技人员和高素质人才来企业工作。

3. 市场风险防范

企业市场风险包括市场需求风险、市场进入风险、市场价格风险、市场战略风险等。面对这些风险其具体防范策略如下。

- ❏ 在加强产品销售的同时，建立一套完善的市场信息反馈体系，针对核心客户制定合理的产品销售价格，增加企业的盈利能力。
- ❏ 加快产品的开发，增加市场的应变能力，对后进入者设置门槛。
- ❏ 实行品牌战略，以优质的产品稳定客户和价格，以消除市场波动对本企业价格的影响。
- ❏ 进一步提高产品质量，降低产品成本，提高产品的综合竞争力，增加产品适应市场变化的能力。
- ❏ 进一步拓宽思路，紧跟市场发展方向。

4. 财务风险防范

财务风险是指企业用现金偿还到期债务的不确定性。企业财务风险管理的目标在于了解风险的来源和特征，争取预测、评价财务风险，进行适当的控制和防范，为企业创造最大的收益。创业公司财务风险防范和控制应注重以下几个方面。

- ❏ 提高创业者的风险意识，保证财务计划的合理合法。
- ❏ 提高企业的财务实力，提高企业抗风险能力。
- ❏ 加强财务风险管理，建立财务评价体系，采取各种手段和措施，对风险进行控制和处理。
- ❏ 建立科学的财务预测机制，提前安排融资计划，使融资和筹资相联系。

5. 人员风险防范

人员风险是指创业公司在创业初期，由于风险大、报酬低，许多初创者和研发人员可能会脱离创业团队，给创业公司带来巨大风险和损失。初创企业的核心资源就是人才，如果失去这些管理者和研发人员可能会导致企业垮台。创业公司人员风险防范和控制应注重以下几个方面。

- ❏ 创业公司应该树立信念和培养信心，稳定核心创业者团队。
- ❏ 确定创业公司发展目标和商业计划，并加大与创业团队核心人员的沟通和交流，为创业团队人员发展提供清晰思路。
- ❏ 根据创业公司运营和融资情况，在合适的条件下可以通过现金和股份形式激励和凝聚创业团队。

▶▶▶ 案例直通

妙味轩公司非常重视风险控制问题，在案例 B9 章中详细阐述了风险形式和应对策略。他们把风险分为三个阶段，即创业初期风险、中期风险和远期风险，在不同阶段提出了可能存在的风险形式和具体应对策略。妙味轩公司对风险控制的分析思路和应对方法非常值得商业计划书制作者借鉴。Aeroband 公司在案例 C8 章中阐述了未来可能面对的风险形式和应对策略，如果对风险的阐述再细致和深入一些，阅读效果将会更好。

四、资本退出的基本形式

风险投资是一种追逐高风险、高利润、高回报的金融资本。风险投资者的目的并不是为了获取股息而长期持有所投资公司的股份（经营企业获取稳定收益是实业家和普通投资者做的事情），而是为了通过资本退出方式获取高额回报。这就要求创业公司给出资本退出的预期方式，为投资者带来丰厚的利润。

目前，资本退出方式主要有包括四种，即首次公开上市、并购、回购（Management Buy-Outs，MBO）和清算。

1. 首次公开上市退出

首次公开上市退出是指创业公司通过挂牌上市方式让风险资本退出。首次公开上市可以分为主板上市和二板上市。采用首次公开上市这种退出方式，对创业公司而言不仅可以保持创业公司的独立性，而且还可以获得在证券市场持续融资的渠道。

创业公司上市时机的选择与创业公司的生命周期密切相关。一般高科技公司的生命周期可以分为创业期、早期成长期、稳定成长期和成熟期四个阶段。一般来说，第三个阶段即稳定成长期是公司上市的最佳时期。因为在此之前公司还需要资本注入，特别是由于其现金流量为负，而股市投资者不愿意投资前景不定的公司。而在成熟期，由于创业公司的成长较为稳定，增值潜力已不大，公司上市就没有太大意义。

对于创业公司来说，一旦时机成熟，通过上市并获得高额回报并非遥不可及。例如，当百度公司的搜索服务模式得到市场认同后，每年净利润以 100% 以上的速度增长，最后成功在美国纳斯达克上市。近年来许多创业公司都快速完成了上市过程，如空中网、完美时空、迅雷、聚美优品、智联招聘、途牛网等。

2. 并购退出

并购退出是指创业公司通过被其他公司兼并或收购，从而使风险资本退出。由于创业公司首次公开上市及股票升值需要一定的时间，并且在短期内创业公司可能难以达到首次公开上市的标准，因此许多风险投资者可能会采用股权转让的方式退出投资。虽然并购退出的收益不及首次公开上市，但是风险资金能够很快从所投资的创业公司中退出，并快速进入下一轮投资循环。因此，并购也是资本退出的重要方式之一。

3. 回购退出

回购退出是指创业公司的管理层通过购回风险投资者手中的股份，使资本退出的一种方式。从实际效果来说，回购退出方式也属于并购的一种，只不过并购的行为人是创业公司的内部人员。回购的最大优点是创业公司能被熟悉公司的人完整地保存下来，创业者可以掌握更多的主动权和决策权，有利于今后公司的可持续经营和决策，因此回购对创业公司更为有利。

4. 清算退出

清算退出是针对风险投资失败项目的一种退出方式。风险投资是一种风险性高的投资行为，失败率非常高。对于风险投资者来说，如果所投资的创业公司经营失败，就不得不采取这种方式退出。尽管采用清算退出，损失不可避免，但还是可以收回一部分投资，以便用于下一个投资循环。因此，清算退出虽然是迫不得已，但却是避免风险投资者深陷泥潭的最后选择。

> **▶▶▶ 案例直通**
>
> 在资本退出形式的选择上，旭初公司和妙味轩公司采取了不同策略，旭初公司在案例 A10.1 中给出了回购退出和并购退出的组合策略，这一策略方式的合理性还值得商榷。妙味轩公司在案例 B10.4.1 中选择了公开上市作为风险资本退出首选方案，并就上市要求对妙味轩公司进行了详细分析和比较。妙味轩公司的资本退出策略具备一定的科学性和可行性。Aeroband 公司在案例 C9 章中给出了资本退出的四种方式，但是并没有给出相应的证据和说明。

五、公开上市的基本知识

公开上市是许多创业项目资本退出的首选方案，但是许多创业者并不完全了解证券市场的融资规则，认为只要创业公司营业额足够大或利润足够高就能上市，往往不会把公开上市与创业公司发展规划联系起来。因此，创业者一定要了解证券市场融资的游戏规则，在制定公司发展规划时充分考虑不同类型资本市场公开上市的要求。

1. 证券交易市场基本概况

创业公司可以选择境内或境外的证券交易市场公开上市，境内市场包括深沪两地主板市场、中小板、创业板三个不同板块的证券市场体系。境外市场包括纽约证券交易所、美国纳斯达克市场、伦敦证券交易所等。由于服务对象不同，各板块证券市场在发行标准、制度设计、风险特征、估值水平等方面都有较大区别。

从服务对象来看，主板市场主要服务于经营相对稳定的大型成熟企业，中小板市场主要服务于达到成熟阶段的中小企业，创业板市场主要服务于成长阶段中接近成熟期的这一类中小创业公司。

在国内深沪两地的主板市场是公司上市最好的选择之一，但这类市场对公司的考核标准非常严格，有许多固定业绩的硬性要求，监管机构会有针对性地对公司存在的问题提出披露和要求。与主板市场不同，深圳证券交易所的中小企业板主要为主业突出、具有成长性和高科技含量的中小企业搭建直接融资平台。《国务院关于推进资本市场改革开放和稳定发展的若干意见》中指出，中小企业板的服务对象明确为中小企业。相对于现有的主板市场，中小企业板在交易、信息披露、指数设立等方面，都将保持一定的独立性。中小企业板作为创业板的一个过渡形式，在创立初期可能更接近于主板市场，并最终逐渐向创业板市场靠拢。与主板市场只接纳成熟和上规模企业不同，深圳证券交易所创业板是以成长型创业公司为服务对象，重点支持具有自主创新能力的企业上市融资，具有上市门槛相对较低，信息披露监管更严格等特点。

总的来说，创业板公司的发行条件比中小板更为宽松，两个板块定位各有千秋。中小板主要服务于即将或已经进入成熟期、盈利能力强、规模较小的中小企业，而创业板主要以成长型创业公司为服务对象，重点支持自主创新企业上市融资。

目前，许多经济发达国家都建立了创业板市场。其中包括美国纳斯达克、英国 AIM、日本佳斯达克、韩国柯斯达克等。中国创业板市场从 2009 年 10 月开始启动，至 2018 年 1 月共有 713 家上市公司，总市值 50 600 亿元。

2. 创业板与其他板块上市比较

创业板，又称二板市场，是与主板市场不同的一类证券市场，专为暂时无法在主板上市的创业型企业、中小企业和高科技产业企业等需要进行融资和发展的企业提供融资途径和成长空间的证券交易市场，是对主板市场的重要补充，在资本市场有着重要的位置。

在创业板市场上市的公司大多从事高科技业务，具有较高的成长性，但往往成立时间较短，规模较小，业绩也不突出，有很大的成长空间。可以说，创业板是一个门槛低、风险大、监管严格的股票市场，也是一个孵化科技型、成长型企业的摇篮。

创业板 GEM（Growth Enterprises Market board）是地位次于主板市场的二级证券市场，以美国纳斯达克市场为代表，在中国则特指深圳创业板。在上市门槛、监管制度、信息披露、交易者条件、投资风险等方面和主板市场有较大区别。2012 年 4 月 20 日，深交所正式发布《深圳证券交易所创业板股票上市规则》（该规则在 2014 年进行修订），并于 5 月 1 日起正式实施，将创业板退市制度方案内容，落实到上市规则之中。有关创业板与主要板块的上市条件的比较，如表 9-1 所示。

表 9-1　各主要板块上市条件比较

板块 要求	主板市场（包括中小企业板）	创业板
主体资格	依法设立且合法存续的股份有限公司	依法设立且持续经营三年以上的股份有限公司

(续)

板块 要求	主板市场（包括中小企业板）	创业板
盈利要求	最近三个会计年度净利润均为正数且累计超过3 000万元，净利润以扣除非经常性损益前后较低者为计算依据；最近三个会计年度经营活动产生的现金流量净额累计超过人民币5 000万元，或者最近三个会计年度营业收入累计超过3亿元；最近一期不存在未弥补亏损	最近两年连续盈利，最近两年净利润累计不少于1 000万元，且持续增长；最近一年盈利，且净利润不少于500万元；最近一年营业收入不少于5 000万元，最近两年营业收入增长率均不低于30%。净利润以扣除非经常性损益前后孰低者为计算依据（上述标准条件，符合一条即可）
资产要求	最近一期末无形资产占净资产的比例不高于20%	最近一期末净资产不少于2 000万元
股本要求	发行前股本总额不少于3 000万元	发行后的股本总额不少于3 000万元
主营业务要求	最近三年内主营业务无重大变化	应当主营业务突出，筹集资金只能用于发展主营业务
董事与治理层	最近三年没有重大变化	最近两年没有重大变化
实际控制人	最近三年实际控制人未发生变化	最近两年实际控制人未发生变化
同业竞争	发行人的业务与控股股东、实际控制人及其控制的其他企业间不得有同业竞争	发行人的业务与控股股东、实际控制人及其控制的其他企业间不得有同业竞争
初审征求意见	征求省级人民政府、国家发改委意见	无

3. 美国纳斯达克市场

美国纳斯达克市场是世界公认的高新技术企业摇篮，世界许多知名的科技型企业都选择在那里上市融资，如微软、英特尔、苹果电脑等。该市场也是中国企业海外上市的首选市场，如阿里巴巴、京东，中国三大门户网站搜狐、新浪、网易都在该市场上市。相比主板的纽约证券交易市场，纳斯达克市场的上市标准更为宽松。对于规模较小、缺乏运营历史和财力的创业公司来说，这一点是非常重要的。根据纳斯达克标准，首次发行股票的企业必须满足以下三个初始上市标准之一，且必须满足该标准中的全部要求才能保持上市地位。

标准一：
❏ 股东权益达1 500万美元；
❏ 最近一个财政年度或者最近3年中的两年中拥有100万美元的税前收入；
❏ 110万股的公众持股量；
❏ 公众持股的价值达到800万美元；
❏ 每股买价至少为5美元；
❏ 至少有400个持100股以上的股东；
❏ 3个发行商；
❏ 必须满足公司治理要求。

标准二：
❏ 股东权益达3 000万美元；
❏ 110万股的公众持股量；
❏ 公众持股的价值达到1 800万美元；
❏ 每股买价至少为5美元；

- 至少有 400 个持 100 股以上的股东；
- 3 个发行商；
- 两年的营运历史；
- 必须满足公司治理要求。

标准三：
- 市场总价值为 7 500 万美元，或者资产总额和收益总额分别达到 7 500 万美元；
- 110 万股的公众持股量；
- 公众持股的价值达到 2 000 万美元；
- 每股买价至少为 5 美元；
- 至少有 400 个持 100 股以上的股东；
- 4 个发行商；
- 必须满足公司治理要求。

第三节 风险控制与资本退出需要注意和解决的问题

尽管风险投资的高风险是众所周知的，但是风险投资者仍然想尽可能多地弄清楚其可能面对的风险形式、风险大小、防范风险措施等。在这一部分需要关注以下关键问题。

（1）创业公司将会面临哪些基本风险，哪类风险是最影响公司生存和发展的？

（2）面临相关风险，创业公司将会采取哪些措施进行防范？

（3）市场和技术中最大的风险可能分别出在哪里，应如何应对？

（4）创业公司有哪几种退出方式，首选退出方式是哪种？

（5）如果选取公司上市作为基本退出方式，商业计划书中是否有与公司上市为目标的相关运营计划？

▶ **复习思考题**

1. 为什么风险投资者会非常关注创业风险？
2. 风险投资者为什么以退出创业公司为最优选择，而不是长久持股？
3. 在美国纳斯达克市场和中国创业板市场，股票上市规则有什么不同？

第十章 附 录

▶ 核心问题

- 附录都包括哪些基本内容?
- 附录的核心功能是什么?

▶ 学习目标

- 了解附录的主要内容;
- 掌握附录撰写的原则。

商业计划书包含了风险投资者要了解的各种信息,需要在有限的篇幅之内表达创业公司未来3～5年经营计划的所有内容。创业者可能前期已经进行了大量的市场调研,设计和撰写了精致的新产品说明书,运用模型和方法测试了市场容量,制定了大量的公司章程,但是这些内容都没有必要呈现在商业计划书正文中,因为它们会让商业计划书内容显得冗长,很难突出重点,甚至影响阅读的连贯性。因此,需要把这些非必要内容和相关支撑材料放在附录中,为商业计划书的正文内容提供翔实的补充材料。

第一节 附录的主要内容

1. 主要合同资料

这部分是附录的最主要内容。主要客户签订的大宗订货合同是对商业计划书可信性的重要证明。因为它可以向风险投资者表示,只要资金到位,公司就可以马上获取收益存活下来,或显示公司的产品与服务有巨大市场。主要合同最容易刺激风险投资者的兴趣。此外,本部分还可以附上原材料采购合同、厂房租赁合同、市场营销代理合同等相关文件,以证明商业计划的实践性。

2. 信誉证明

需要展示各种可以证明创业公司信誉的相关报刊文章、技术专利证明、检测报告、银行和客户证明等,这些材料可以在风险投资者面前显示公司有能力提供优质的产品与服务,经营好公司并创造出丰厚的利润。如果公司的产品和技术曾经被国内外主流报纸、杂志和电台报道过,更可以显示该企业是一个非常有潜力、有良好信誉的公司。

3. 图片资料

如果有与正文内容存在联系且不紧密的图片,一般不放在商业计划书正文中,大部分图片都应该放在附录部分。图片内容一般包括生产工艺流程图片、相关专利和获奖图片、经营地点规划图、重要的基础设施和生产设备图等。

4. 财务报表

财务报表中包含非常多的内容和数据,如果在商业计划书中出现会影响阅读连贯性,一般可以把财务分析结果放在正文中,而把财务报表具体数据放在附件中。

5. 分支机构列表

如果公司有一些分支机构,比如分店、分公司、分厂、办事处等,可以用列表的方式附在附录部分。

6. 市场调查结果

如果创业者已经进行了大量的市场调研工作,那么可以将市场调研结果放在正文中阐述,而把调研分析过程和问卷列在附录部分。

7. 主要创业者的履历

如果公司领导者或关键人物的经历对风险投资者特别有吸引力,那么可以把这些主要人物的详细履历附在附录部分。

在撰写创业者简历时,应该注意是否有如下问题:

(1)过于冗长。简历不需要过长,关键在于匹配。专业人员需要展示其专业技能、学历、工作经历。管理人员则最好展示其在最近10年所服务过的公司和担任过的职务,如果管理人员自身有创业经历,那么会给风险投资者带来巨大信心。

(2)过于个性化。简历的语气、内容和形式通常是保守的,切勿哗众取宠,更不要提及太多的个人信息。

(3)过于乏味。简历不仅是一张列举工作和求学经历的清单,更应该强调创业者在以前的任职期间学到过什么东西,所学知识和担任职务对创业公司有何帮助和支持。

(4)前后脱节或漏洞百出。如果创业者声称自己有过营销软件的经历,却未能列出与之相匹配的职位,就会让人生疑。如果创业者拼错了此前所在公司的名称,或把受聘日期搞错,那就会引起巨大的猜疑。

(5)过于注重细节。除非创业者想给人留下博学的印象,否则,太重细节容易给人斤斤计较的印象。

8. 技术信息

如果创业公司开发和使用了新技术,而风险投资者对这些新技术非常陌生,或不熟悉这个领域,那么就需要在附录部分提供这些技术的详细资料,有时还需要提供图纸供风险投资者论证。当然，必须在不泄露秘密的情况下提供这些信息。

9. 生产制造信息

如果创业公司属于制造业，则需详细地描述整个生产过程，可以用方框图表示生产过程和工艺流程。这些内容不宜占用正文的篇幅，都可以放在附录部分。

10. 宣传资料

创业公司为了进行促销，往往会印刷各种宣传品，如产品介绍、说明书、促销宣传材料等。这些东西都不宜放在正文部分，如果创业者认为有必要让风险投资者更多地了解有关产品的信息，那么可以把这些放在附录部分。

11. 工作时间表

有时公司为了显示对劳动者的使用情况，或公司生产管理的详细情况，特别是那些采用两班或三班工作制的公司，可以在附录部分附上工作时间表或排班表。

12. 平面布局

对于零售企业和制造业，为了显示创业者合理充分地利用空间，提高生产率、单位面积产量或单位面积销售额等，还可以附上设备安装平面图或货架摆放平面图。通过平面图展示设备或货架的合理布局，并且向风险投资者显示创业者良好的管理能力。

13. 相关数据的测算和解释

商业计划书中存在大量的数据分析结果和逻辑推导过程，在正文中一般呈现的是分析结果，不需要成篇地去介绍推导过程或预测过程，这些内容可以放在附录中。例如市场容量如何估算，市场销售量如何预测等。

14. 相关获奖或专利

许多创业公司都是高新技术企业，拥有大量的产品专利和获奖材料。在阐述时可以把这些资料通过列表形式放在正文中，而证明文件放在附录中。

15. 授权使用书

如果创业团队所使用的产品或专利技术不是自己研发的，而是他人的研究成果，如高校的科研成果和专利，那么就需要把带有签名的专利或成果授权书放在附件中。

16. 政策文件

如果政府的发展计划和政策对创业公司的发展有积极的影响，那么应该在附录中尽量附上有关各级政府的文件。如："十三五"发展计划、所属行业部委的发展计划、所在地区的发展计划等。

17. 其他方面的信息

根据商业计划书的实际情况，还可以在附录部分补充其他一些信息和文件内容。增加什么内容并没有一个固定的原则，只要制作者认为这些内容有利于增进风险投资者对商业计划书的理解。但是，无论补充什么内容都必须本着简明精炼的原则，不宜篇幅过长。

> **案例直通**
>
> 旭初公司和妙味轩公司都分别在案例 A11 章和案例 B11 章提供了附录，读者可以研讨一下，看看两份附录中还缺少哪些基本内容。

第二节　附录撰写的原则

并非所有的信息和文件都可以放在附录部分。附录部分的内容必须遵循以下的原则。

1. 商业计划书正文可以与附录分开

如果商业计划书有许多附件，那么可以把它们按照主题分类，与正文明显区分开。这样可以使商业计划书的正文内容显得精炼一些，突出主体。因为许多风险投资者在第一次评阅商业计划书时不太会关注附录部分。如果附录不与正文分开，风险投资者会对创业团队产生怀疑，认为创业者不熟悉所运营的项目，要用大量的篇幅去描述内容。此外，正文内容太多也会使风险投资者产生厌倦的心理，抓不住商业计划书需要表达的主要内容。

2. 附录为商业计划书正文提供必要的补充

不需要把所有收集到的信息和资料放在商业计划书的附录中。在附录中只放那些可以增加可信度的文件即可，让附录对商业计划书正文内容确实起到补充和支撑作用。

3. 附录尽可能精练

附录的长度一般不能超过正文长度。撰写附录应该遵循与撰写正文一样少而精的原则，避免长篇大论，不突出重点。

▶ **复习思考题**

1. 为什么诸如市场调查报告、市场容量测算模型、获奖证书照片等内容必须放在附件中，而不是商业计划书正文中？

2. 哪些财务数据和指标可以出现在商业计划书正文中，哪些应该放在附录中？

第三部分

商业计划演示与实践

第十一章

商业计划演示的总体概述

▶ **核心问题**

- 商业计划演示在创业融资过程中的价值和意义是什么?
- 如何设计整个商业计划演示过程?
- 投资者与创业者对商业计划的关注点有哪些差异?

▶ **学习目标**

- 了解商业计划演示的基本概念和功能;
- 掌握并学会依据三步骤原则设计商业计划演示过程;
- 归纳并掌握吸引风险投资者的演示思路和方法。

第一节 演示内涵与功能

演示也被称为路演(Road Show),原指一切在马路上进行的演示活动。它是演示者向他人推荐创意、想法、观点的一种主要表达方式。公司或创业者为获取融资经常使用演示这种表达方式向风险投资者进行推荐并与之沟通。目前,由于商业计划演示能在较短时间内传递大量信息,其已成为创业者用来与风险投资者交流的主要工具。

商业计划演示的过程具体来说就是把静态的商业计划书内容制作成可视化文档(如PPT、活动挂图、视频等),并通过演示者充满信息含量和感染力的展示,把复杂的问题变得通俗易懂,旨在增强交流、引起共鸣,给风险投资者留下深刻的印象,从而使其接受观点,并进入下一步的深入沟通和合作。该过程涉及众多环节和核心问题,比如商业计划演示的一般逻辑、演示过程设计和沟通交流等。目前,我们可以在很多电视节目中看到商业计划演示的完整过程。例如在中央电视台播放的《创业英雄会》节目就演绎了商业计划演示的全部过程。

商业计划演示除了能用于吸引风险投资外,还具有许多其他功能。比如梳理创业思路、产品发布、渠道招商、成交客户、凝聚人心、吸引人才、影响股东等。美国苹果公司联合创办人史蒂夫·乔布斯就是一位演示专家,他把商业计划演示运用到每次苹果新产品的发布会中,通过一系列图片和简单文字引导大家认知新产品的来源、能解决什么"痛点"问题、具备哪些功能、实际运用效果等。此外,每位创业者和大学生都需要学会演示技巧,因为在未来的创业和工作过程中，都有大量的演示机会去推销和传递自己的想法、创意和项目，这也是进行有效信息沟通的一种基本职业技能。

第二节 演示过程设计

整个商业计划演示过程不仅仅是演示者上台陈述 10 分钟那么简单，它其实还包括一系列准备和演练过程。要想准备一次完美的商业计划演示至少需要经历三个步骤，即理解内容与梳理逻辑，演示讲稿与演示 PPT，现场演示与沟通交流。

1. 理解内容与梳理逻辑

一般来说，商业计划演示的时间非常短。例如，在各种创业项目推荐会和创业大赛中，有过 8 分钟、10 分钟、15 分钟，最长不超过 30 分钟的演示。在如此短的时间内要阐述清楚几十页的商业计划书内容，这基本是一个不可能完成的任务。那么应该如何解决这个问题？演示者只要抓住风险投资者关注的核心内容就能顺利解决这个问题。例如产品、市场、财务、团队等都是风险投资者关注的核心问题。这就要求创业团队熟悉和理解商业计划书内容，针对一些关键问题将商业计划书的核心内容汇集，并按照一定逻辑有效地传递给风险投资者（风险投资者关注的关键问题和一般的演示逻辑在下一章中给出）。

2. 演示讲稿与演示 PPT

在获取了核心内容和阐述逻辑后，就可以开始准备制作演示讲稿和演示 PPT。在此步骤需要关注如下四个问题：第一，关注演示对象。对演示对象需求的把握是演示的基础和起点。一般来说，演示对象包括大学教师、风险投资者、企业家、各行业领域专家等，他们关注的重点都有所不同：大学教师更加关注商业计划书演示的逻辑、演示者的个人魅力、PPT 内容设计和美观性等；风险投资者则关注投资的回报和风险性等；企业家更加关注项目的可信性和实践性等；行业领域专家会更多地考虑项目的竞争力和存活期。因此，针对不同评审者需要了解他们的身份和特点，充分考虑商业计划的演示内容、风格和演讲的着力点。第二，撰写演示讲稿的必要性。许多人在演示时认为有了演示 PPT，按照其主要内容讲解就好，没有必要去制作一份演示讲稿。按照专家的经验，如果没有一份核心内容讲稿，演示者（特别是初学者或没有经验的演示者）就很难确定和固定每一页 PPT 需要表达的核心内容，这会让他每次表达的内容都不一致。当然，经过大量训练，演示者让讲稿内容深深映入大脑后就可以抛开讲稿。第三，演示 PPT 需要保持精炼。演示 PPT 不需要放入大量的文字和图片，需要保持精炼简单，演示 PPT 是用来为演示者服务的，而不是为演示者提供讲解读本。第四，演示过程需要精心设计。在商业计划书制作十大法则第一条中，我们提到过人是有动物精神的，需要激发和感动，商业计划演示过程更是如此。演示过程设计者要时刻把握风险投资者的接收信息习惯，要像张艺谋导演的大片一样，设计出导入、攀升、高潮、回味等阶段，不断体现创业项目的商业价值和社会价值，让风险投资者既能接收最有效信息，又能享受商业计划演示全过程，激发风险投资者的投资欲望。

3. 现场演示与沟通交流

现场演示其实是上百次训练过程的重演，不要相信临场发挥和运气。在现场演示过程中要多注意细节，体现出创业者最好的精神面貌，某些时候风险投资者的投资依据也许就是演示过程中演示者对某个细节的把握和创业者某个品质的体现。此外，不要认为当商业计划讲解完毕，整个演示就结束了。沟通交流环节也属于商业计划演示的一部分，它是答疑解惑和展示创业者个人魅力的绝好机会。

第三节　演示的注意事项

每位风险投资人或评审者几乎都参与过上百场的创业项目推荐会，具有丰富的评审经验，如果仅靠演示技巧很难征服他们。演示者一定要把握商业计划演示与普通演讲的区别，更多关注三方面事项。

1. 站在"他"的角度出发设计演示内容

在创业项目推荐会和创业大赛中，许多创业者在商业计划演示时喜欢站在"我"的角度表达观点。例如，技术出身的创业者喜欢花大量的时间讲解技术原理和先进性，而市场出身的创业者喜欢把市场营销环节放大说明。基本是想说什么就说什么，而不去考虑"他"的感受，即风险投资者真正想要和急于了解什么。此外，演示过程设计者一定要明白风险投资者几乎不可能都是演示项目所属领域的专家，某些专业问题说得过多对风险投资者来说基本等于嚼蜡。比如在对项目产品的介绍中，创业者希望从研究者的角度来讲解产品的研发机理、设计思维等，但是在短暂的演示过程中，风险投资者则更加关心产品的类型、功能和特点，以及如何解决消费者的"痛点"问题。

2. 多从"钱"的角度设计演示

商业计划演示不同于一般的演示，它是涉及"钱"的演示。演示过程设计者要多考虑风险投资者的利益和风险，所阐述的每个观点和主题必须连接风险投资者的利益，否则，演示者说的就都是正确的废话。例如，许多创业者非常关心在融资过后如何形成生产力、扩大营销队伍等，但是很少有人去正面回答这些投入如何获取回报，能获取多少回报，而这正是风险投资者非常关心的问题。

3. 演示必须以"简"为目标

商业计划演示时间非常短暂，如果创业者不能快速简单地说清楚创业项目的商业思路，风险投资者会认为创业者还没完全吃透该创业项目，投资这个项目会非常危险。所以，要想获得风险投资者的青睐，商业计划演示必须删繁就简，惜字如金，让听者无须过多地思考，即听即懂。例如，在创业项目推荐会和创业大赛现场经常会出现这种情况，在指定时间内，演示者由于说得过多导致不能完成演示的全部内容，只好放映完PPT。究其原因，还是创业者不能以"简"为目标去阐述项目，最终让评审者无法做出正确评价。

▶ 复习思考题

1. 为什么说"商业计划演示不仅仅是上台演讲10分钟那么简单"？

2. 为了吸引风险投资者，在演示过程中除了"他""钱""简"之外，还应该关注哪些事项？

第十二章

商业计划演示的逻辑与演示 PPT

▶ **核心问题**

- 什么是风险投资者关注的"三大问题与12个逻辑点"?
- 商业计划演示 PPT 制作有哪些步骤?
- 在商业计划演示 PPT 设计与制作时有哪些技巧?
- 商业计划演示 PPT 内容设计方案主要包括哪些内容?

▶ **学习目标**

- 了解风险投资者关注的三大问题;
- 掌握和应用商业计划演示的基本原则;
- 理解商业计划演示 PPT 的设计原则;
- 了解和掌握演示 PPT 的设计与制作技巧;
- 理解和运用演示 PPT 的内容设计方案。

通过演示向风险投资者传递信息需要严谨的逻辑和表达方式。虽然每个商业计划书中的产品和领域各有不同,但所需要表达的商业逻辑却大体相似。因此,演示者在准备自己项目的商业逻辑时,可以先借用推荐的商业计划表达逻辑模板,之后再根据项目特色和表达习惯对逻辑进行完善和调整,最后形成一个专属的创业项目商业逻辑。

第一节 演示的商业逻辑

一、演示逻辑图

1. 风险投资者关注的三大类问题

曾经有人编撰出这样的顺口溜来阐述风险投资者关注的问题,即市场大不大,增长快不快;产品好不好,逻辑顺不顺;数据涨不涨,指标硬不硬;模式有没有,收钱行不行;团队齐不齐,老大强不强;融资多不多,价格低不低。这个顺口溜从市场、产品、商业模式、团队、财务、融资等多个方面阐述了一个商业项目需要具备的投资条件。

此外，有人从具体的点或面汇总了风险投资者关注的问题。具体来说，在投资回报率方面，风险投资者会关注此次投资到底可能有多少回报，是否值得投资。在市场方面，风险投资者关注的要点包括现有用户数、每月新增量、留存期、使用频率、竞争对手情况等，此外，未来发展方向和空间也是需要具体考虑的要点。在收入模式方面，风险投资者关注创业公司是否有一个清晰、可信、明确、精准的收入模式。在资金用途和估值方面，风险投资者关注创业公司需要多少钱，如何使用这些钱的计划，准备出让多少股份。在投资退出方面，投资者希望看到创业公司已经提前做好了安排，让他们能在交易中拿回自己的投资额并获得高额回报。

通过以上阐述可以发现，各类专家从方方面面提出了风险投资者需要关注的各类问题。但是，这类问题太多会让演示者陷入迷茫。到底哪些问题需要详细阐述，这些问题之间有没有一定的商业逻辑？因此，要想让演示者拨云见日，就必须有一套标准的商业演示逻辑。

其实，从风险投资者对商业计划认知的角度来考虑，最简单的商业计划逻辑和风险投资者最想梳理清楚的三大问题是：干什么、怎么干、如何撤。而商业计划书就精准地回答了这三大问题。

从"干什么"的角度来说，这类问题解决的是让风险投资者对创业项目有一个初步认知和基本判断，比如创业项目是解决什么人的什么"痛点"问题，采取什么解决方案，是否有投资价值等。该类问题可以说是商业逻辑中最重要的问题，它可以让风险投资者决定是否有兴趣与创业者进一步深入沟通。此外，"怎么干"可以调整，而"干什么"即项目的想法和创意是轻易不能改变的。如果"干什么"获得了风险投资者的肯定，那么我们就可以继续提出"怎么干"的一系列问题，这就包括产品、市场、团队等内容。最后，如果"干什么"和"怎么干"都没问题，那就要告诉风险投资者"如何撤"的问题，而这些问题涉及发展规划、财务和融资计划、资本退出方式等。

2. 商业计划演示逻辑图与分析

如果仅有上文给出的"干什么→怎么干→如何撤"这个基本商业演示逻辑，还是远远不够的。它既不清晰，也不够深入，需要进一步细化和深入挖掘。图 12-1 是根据"干什么→怎么干→如何撤"这个基本逻辑延伸出来的 12 个商业计划演示逻辑点（可以把这个商业计划演示逻辑简称为"三大问题与 12 个逻辑点"）。

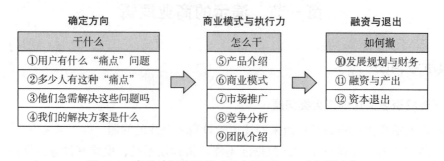

图 12-1　商业计划演示的"三大问题与 12 个逻辑点"

"干什么"主要是确定创业项目的方向性问题。首先，要讲清楚该项目可以为用户或客户创造的价值到底是什么，怎样提供这种价值？所以商业逻辑的第一点就是要单刀直入地分析用户有什么"痛点"问题（逻辑点一），因为没有什么比让风险投资者认可用户存在创业者所指出的"痛点"更有说服力了。对企业的项目要讲客户"痛点"，对消费者的项目要讲用户"痛点"，平台性质的项目要讲清楚平台两方的"痛点"。既然我们把发现的问题叫"痛点"，而不是叫"痒点"或者其他什么名词，那就是要把点落在"痛"上，就必须是真"痛"，就需要一针见血，能够通过文字和数据描述清楚，能转化出结果。其次，需要关注有多少人有这种"痛点"问题（逻辑点二），也就是说市场规模究竟有多大，未来扩展的可能性有多大？这里主要回答和市场机会相关的问题。风险投资者可能会担心这个需求是非典型性的需求，或者说比较边缘化，可以理解为虽然很"痛"但是需求量不大。再次，还要进一步确定这些"痛点"是必须立刻解决的（逻辑点三），而不是伪需求。最后，看到了"痛点"，就要演示解决方案了（逻辑点四）。演示者在讲解解决方案时要注意两点：一是要尽可能提供一个简单直接的解决方案，因为风险投资者通常相信简单、直接、有效的产品容易实现商业闭环，并且容易被快速放大；另一个注意点是解决方案要跟前面提到的"痛点"在商业逻辑上形成映射关系，也就是说所提出的方案能够解决前面提出的那些"痛点"问题。

"怎么干"主要解决商业模式和执行力的问题。"干什么"部分已经给出了投资项目的方向，接下来就需要回答解决方案所蕴含的商业模式和执行力的问题。第一，由于商业模式通常比较抽象，所以我们需要先交代清楚产品与服务的具体形态（逻辑点五），这样比较有利于帮助投资者更准确地理解商业模式。那么，产品究竟长什么样？用户会不会喜欢，会不会购买呢？为了不挑战风险投资者的理解力，产品与服务的介绍一定要尽量直观，也就是尽量借助产品截图或场景图来展现。同时，要把核心功能或使用方式交代清楚。如果产品非常复杂，那就使用一些关键功能的展示图来辅助说明用户如何通过产品得到核心需求的满足。第二，在产品与服务介绍的基础上，需要明确给出创业项目的商业模式（逻辑点六）。介绍产品与服务背后是一个怎样的价值系统在支撑整个的用户体验，最终又会在哪个环节、靠什么方式赚钱？商业模式介绍其实需要阐述两个方面的信息，首先要介绍商业模式所构建的价值系统是怎样的一个体系。例如你在家门口开个小餐馆或小超市，这个价值系统就非常简单，你很容易讲清楚商业模式的特点价值。但是如果你要创建一个电商平台卖快餐或百货，那就会形成一个复杂的价值系统。这个价值系统会由哪些要素构成，如何形成商业的闭环就是商业模式要交代的事。在此基础上，你还需要向风险投资者交代你在整个价值系统中的哪些环节赚钱，也就是你的盈利点在哪里。也就是说，价值系统加上盈利点，两者相结合才是关于商业模式的完整介绍（商业模式介绍可见第一章第三节商业模式的构成与分类）。第三，如果方向、商业模式都没问题了，接下来风险投资者关心的就是执行力问题。风险投资者关心的第一点是这个产品与服务能不能在市场推广出去（逻辑点七），也就是说能不能把它卖出去并产生收入。所以接下来要说明的就是，在营销推广方面有什么独特的方式来解决快速启动的问题，以及如何跑得更快。假如项目在推广上已经产生一定的效果，建议放一些能够证明你推广能力的数据。例如用户量、获取客户成本、用户活跃程度等相关数据，这些对证明你的执行力都非常有说服力。第四，证明执行力的第二个点是竞争力（逻辑点八），也就是能否在激烈的竞争中脱颖而出并且一直立于不败之地。为了回答这个问题，风险投资者需要知道该项目所阐述的产品与服务都有哪些有代表性的竞争对手，凭什么存活下来并且还能做大做强，产品与服务到底具备哪些核心竞争力和优势。大部分创业者在竞争分析时通常做得不够深入，建议把竞争分析的功课做得越到位越好。此外，在此部分要突出创业项目的亮点，即风险投资者是否能通过优势分析抓到项目执行上的闪光之处。第五，上述部分阐述清楚了创业项目的基本内容了，接下来风险投资者就会关注执行力的第三个点——创业执行团队的现状（逻辑点九）。创业团队是不是足够优秀，有什么长板和短板，在这部分创业者应该尽量突出团队成员的特色、团队成员之间的互补性，以及每个团队成员都有哪些漂亮的业绩，而不仅仅是告诉风险投资者每个团队成员的从业经历。

"如何撤"主要阐述项目的融资和退出问题。如果前面的内容叙述得清晰易懂，并且项目足够好，那么风险投资者应该已经对创业项目具有浓厚的兴趣。接下来就应该详细说明一下和融资相关的事情。首先，风险投资者会关心项目的发展规划和财务信息（逻辑点十）。具体包括项目处于什么发展阶段，过去和未来每个阶段的目标是什么，未来的财务计划是什么。这部分内容应包含四个方面关键信息和指标：①公司的关键发展指标有哪些；②创业以来不同阶段的发展情况怎样；③未来目标的阶段性分解（早期项目应做 12～18 个月目标分解，此外，可以加上未来 2～5 年的年目标）；④与项目发展规划匹配的财务计划。这些信息和指标可以提高项目未来价值实现的可信度。此外，建议创业者认真评估过每个目标的达成可能性后再呈现给风险投资者，不要过于激进，以免遭到风险投资者的质疑。其次，需要明确告诉投资者需要多少投资额，这些钱的具体用途，这笔钱能花多久，以及能达成什么目标和产出（逻辑点十一）。不同阶段和不同领域的项目达成的目标和产出各有不同，可以告诉风险投资者当拿到这笔钱后公司可以产生多少交易量或获取多少客户，也可以让风险投资者相信公司获得融资后项目可以占领多少市场份额等。最后，依据项目发展规划和财务计划，告诉投资者所设计的退出计划（逻辑点十二）。资本退出可以是某个具体的方式，也可以是有选择的方案。

二、演示逻辑的运用案例

共享经济已经成为社会服务行业内最重要的一股力量。在住宿、交通、教育服务、生活服务及旅游领域，优秀的共享经济公司不断涌现。北京拜克洛克科技有限公司创造的"ofo 共享单车"目前就是一个经典案例。

ofo 共享单车是一个无桩共享单车出行平台，缔造了"无桩单车共享"模式，致力于解决城市出行问题。用户只需在微信公众号或 App 上扫一扫车上的二维码或直接输入对应车牌号，即可获得解锁密码，解锁骑行，随取随用。ofo 共享单车不生产自行车，只连接自行车，让人们可以通过 ofo 解锁自行车，满足短途代步的需求。截至 2017 年 10 月，ofo 共享单车日订单已经突破 3 200 万。

本案例研究的是 ofo 共享单车在 2016 年获取 A 轮融资后，希望进一步获取更多融资和拓展的阶段。在这一阶段，该企业定位于国内首家以平台共享方式运营校园自行车业务的新型互联网科技公司，以"ofo 共享单车"为核心产品，专注于移动互联网应用及智能硬件开发，为大学师生提供便捷经济、绿色低碳的校园共享单车服务。当时，该共享单车已经入驻北京 20 多所高校，并逐步开始向上海、广州、武汉等地的高校拓展业务。在这个时期，ofo 共享单车已经开始接触规模更大的风险投资者，向他们演示和传递商业计划逻辑。下面我们按照总结出来的"三大问题与 12 个逻辑点"原则，依次来分解和剖析 ofo 共享单车在这个融资阶段的商业计划演示逻辑。

1. 用户有什么"痛点"问题

国内多个城市拥有公共自行车租赁系统，但并未涉及校园，大学生面临步行时间长、校园用车难等尴尬问题。具体来说"痛点"问题包括"挤、废、贵、丢、找、修"。"挤"是指大量自行车挤占高校空间，影响校园环境；"废"是指废旧自行车需要花费大量人力和财力进行处理；"贵"是指大学生购置新自行车的价格贵；"丢"是指如果大学生自购自行车，存在丢失的风险；"找"是指由于车辆众多，找车非常费时；"修"是指如果购买二手车，维修比较花钱和费精力。

2. 多少人有这种"痛点"

ofo 共享单车在此阶段的主要目标客户是高校大学生和教师。国内共计有 2 000 多所高校和超过 3 000 万大学生，如果每人年均消费 70 元，市场容量超过 20 亿元。未来还可以继续覆盖人口众多的社区和地铁站周边，解决 1~3 公里的出行问题。

3. 他们急需解决这些问题吗

目前大学生功课繁忙，业余活动频繁，时间紧张。为了提升大学生出行效率和降低成本，自行车成为高校内最有效的交通工具。

4. 我们的解决方案是什么

以"ofo 共享单车"为核心产品，专注于移动互联网应用及智能硬件开发，为大学师生提供便捷经济、绿色低碳的校园共享单车服务。

5. 产品介绍

在公司自购单车和用户自愿携车加入的基础上，通过关注微信服务号和下载 App，运用智能车锁，为高校师生提供自由流动、随取随用的自行车共享模式。

6. 商业模式

在共享单车模式中，共享单车的服务对象是有出行需求的高校师生，需要为这些客户创造高效便捷的出行体验；价值的载体是 ofo 共享单车；公司需要开发智能车锁、微信服务号和 App，并需要整合自行车制造厂商的制造资源、高校的准入许可，从而实现客户价值；在 ofo 共享单车的盈利模式中，收入主要包括共享单车的使用收益、用户套餐及付费产品收益、微信渠道合作收益等，而成本包括人员费用、软件开发费用、自行车购置费用、广告宣传费用等，它们的差值形成最终的利润。可持续盈利能力主要指如何留住客户，形成多次交易。例如，为客户提供共享单车的年卡或月卡优惠服务，对客户每一次消费提供优惠而留住客户。以上环节形成价值循环系统，为企业带来盈利和发展。

7. 市场推广

ofo 共享单车的市场推广策略可以分为自身营销策略和合作渠道推广。其中自身营销策略包括自媒体营销、校园推广、红包营销，合作渠道推广方式包括校园合伙人、社团合作、院系合作等。

8. 竞争分析

ofo 共享单车的主要竞争对手是摩拜单车，与竞争对手的比较如表 12-1 所示。

表 12-1 竞争对手比较

指标	ofo 共享单车	摩拜单车
运营范围	高校	城市
车辆成本	成本低（每辆 200 元～300 元）	成本高（每辆 3 000 元）
车辆密度	密度高（校园）	密度低（城市）
推广成本	成本低（目标集聚）	成本高（目标分散）
战略计划	校园走向城市	城市包围校园
总结	市场容量较小，目标集聚，市场空白，推广费用低，单车成本低，可以快速回笼资金，具有较强的竞争优势	市场容量大，单车成本高，维护成本低，推广费用较高，具有一定的竞争优势

ofo 共享单车创业项目具备四大核心竞争力，即最熟悉市场、最先占领市场、成熟的商业模式和品牌效应初步形成。

9. 团队介绍

创业团队成员均是来自北京大学的硕士研究生，同属于北大车协成员，已经有多次合作经历，熟悉高校和大学生需求，是一支熟悉产品和市场的高素质创业团队。

10. 发展规划与财务

在 2016 年 5 月，公司业务已拓展至北京、上海、广州等地的 40 余所高校，共享单车数量 1.5 万辆，注册用户 40 余万人，日均用车次数超过 10 万次，累计订单数超过 600 万笔。

公司战略规划分为四个阶段。第一阶段，在北京市内选择 4～5 所高校进行试点，整合团队，完善商业模式，这一阶段已经完成。第二阶段，进行快速扩张，进驻北京、上海、广州的 60 所高校，这一步正在进行。第三阶段，进驻全国 500 所高校。第四阶段，进驻全国 1 500 所高校。未来，ofo 小黄车还将探索共享单车在城市中的运营模式。自行车作为 3 公里内最经济便捷的出行方式，在城市内有着巨大的市场空间。公司财务目标是保持正常现金流，在扩张过程中不断吸引新的风险投资者进入。

11. 融资与产出

第一阶段已经融资 900 万元，目前期望融资 2 500 万元人民币，所占股份面谈。所融资金用于第二阶段快速扩张市场。

12. 资本退出

未来共享单车市场可能会出现双寡头垄断局面，各寡头占据各自的目标市场，最终，ofo 共享单车有可能会通过公开上市方式或兼并方式让资本退出。

第二节　演示 PPT 设计与制作

在创业项目商业计划演示过程中，风险投资者希望演示者用非常清晰的逻辑层层推进项目介绍，并且在保证要点突出的基础上把项目介绍完整，而商业计划演示配套 PPT 制作是这一过程中的重要环节。演示 PPT 是展示商业计划逻辑的最好工具，能清晰、准确和图文并茂地表达演示者的观点。

一、演示 PPT 设计与制作步骤

在介绍商业计划演示 PPT 的设计原则之前，需要先明确一个关系，即演示 PPT 只是辅助工具，场上真正的主角是演示者。风险投资者的决策会受到环境的影响，一个恰如其分、表达清晰的 PPT 正是营造了这样一个环境，好的演示 PPT 会为风险投资者最终的决策起到好的铺垫作用。

商业计划演示 PPT 的设计主要遵循两个原则：一目了然和视觉美观。一目了然要求演示内容的表达清晰，包括整个演示 PPT 的思路清晰、每一个部分划分清晰、每一页要表达的观点清晰。视觉美观要求页面美观大方、颇具商务风格，要求制作者充分利用 PPT 的页面可视化优势来表达语言和文字。商业计划演示 PPT 多用于表达观点、展示数据，因此在选取图表时要特别用心。

一般来说，商业计划演示 PPT 制作步骤可以分为三步，即理解、构思和制作。

1. 理解内容和理顺逻辑

制作演示 PPT 的首要步骤就是要充分理解商业计划书的全部观点，理顺商业计划逻辑。依据本章第一节所提出来的商业计划演示"三大问题与 12 个逻辑点"原则，创业者很容易就能梳理清楚各个逻辑点和它们之间的逻辑关系，顺利搭建出具有创业项目特色的商业计划演示逻辑图。一个演示 PPT 的各个逻辑点在起始阶段由负责商业计划书各个制作部分的人员分工完成（这样能够深刻而精准地提炼出每个逻辑点的演示 PPT 主题观点和图表）之后，商业计划演示者一定要把握总体，打通每个逻辑点，或者是由演示 PPT 制作专门人员在与负责各个逻辑点的人员沟通过后，按照商业计划的总体逻辑来完成商业计划演示 PPT。

2. 构思版面和主题思路

在商业计划演示 PPT 逻辑分解后，就进入到构思版面环节。构思时要注重拿捏详略、把握图文比例。例如是只放文字，还是放一些图片，还是图文结合。这个环节可以在脑海里完成，也可以借助草图。此外，还需要构思如何运用图表和数据去表达每一页演示 PPT 的主题。

3. PPT 制作和修改完善

制作演示 PPT 可以分为三个小步骤：搜集提取图文素材、制作 PPT、调整 PPT。根据公司 LOGO 风格和团队偏好，选取或制作一个有主要色调的偏商务型的演示 PPT 模板，然后搜集需要的图文资料进行制作。将演示 PPT 整体结构分为封面、目录、导入、内容和结

尾五大部分。调整和完善是耗时最长的阶段，要将演示 PPT 的逻辑、内容、字体、表格、线条不断地进行修改完善。最后，在检查中不断地将演示 PPT 和讲解内容进行磨合，不断地调整到合适的详略比例。

二、演示 PPT 设计与制作技巧

1. 模板与背景

商业计划演示 PPT 的模板与背景既可以使用现有的模板和背景，也可以自己设计一套模板和背景。模板和背景要尽量简洁大方，不要影响内容阅读，不要采用颜色过多、花里胡哨的模板背景。尤其注意在借用现成模板的时候一定要把原模板上的一些网址、公司 LOGO 全部去掉，或者替换成自己创业公司的相应素材。为了增强一些美感和行业特色，可以在一些标题或边角地方增加一些行业符号或有象征性的图案等。

设计背景的时候要考虑四个要点，即要素、空间、颜色和可读性。

首先，若模板背景具有一些图片要素，那么这些要素必须与商业计划书的主题相关，例如和建筑相关的商业计划书可以采用一些经典建筑图案，和医药相关的商业计划书可以采用一些化学要素图案等。要注意演示 PPT 使用的场合是商务场合，相关的图案也要显得成熟稳重，比如建筑要选择偏写实风格，而不是铅笔画风格等，除非是关于儿童建筑的商业计划。但不管怎么样，切勿喧宾夺主。

其次，模板背景的空间要足够宽敞。模板背景周边的装饰要素、花纹等不能占据过多位置，甚至可以说越少越好。一定要留足空间给内容、文字和图表，不必要全部填满整个页面。如要放公司 LOGO，则图形尽量要小，放在左上角或者右下角都可以，可以学习一下电视上的台标摆放位置。

再次，颜色选取要简单和相关。要根据公司的 LOGO 或者公司风格的主色调来选取 PPT 模板的颜色。例如，可口可乐公司的色调是红色为主，百事可乐公司就要用蓝色为主色调，而阿里巴巴则采用橙色的色调。一般来说，蓝色是应用最广的色调，此外，不同颜色对人的情绪影响也不同，具体内容如表 12-2 所示。

表 12-2 不同颜色对情绪的影响

冷暖对比	色相	色彩的心理效应	PPT 中的用途	适用范围
暖色调	红 橙 黄	引起注意、产生兴奋 感觉温暖、柔和 光明、充满希望	强调重点或用于警告	节日、庆典
冷色调	绿 蓝 紫	缓解紧张和疼痛 冷静、让人理智 安抚、平静情绪	多用于背景，使视觉轻松	环保、军队 商务、科技
中间色调	黑 白 灰	神秘感、有压力 感觉冰冷、增加紧张感 怀旧、感觉落寞	黑白之间呈现强烈对比 与金属色搭配	悼念、时尚 现代、工业

最后，要注意模板背景的可读性。不要选取过于复杂的模板，这可能会使文字看不清楚、颜色不好搭配，应该尽量选择单色的或者用线条型周边装饰的模板。要把中间的位置

留出来白色打底。这里推荐几个常用的背景和文字组合。①推荐组合一：白底黑字。这是使用最广的组合，很多图片也是白色底的，这样就无须过多的时间来处理图片，另外在打印 PPT 的时候也可以节约墨水。②推荐组合二：蓝底白字。这个在商业领域应用也是相当广的。③推荐组合三：灰底白字。灰底象征着高雅并且简单明了，苹果公司的演示 PPT 便是这种风格，若要强调文字可以使用橙色字体。但是在商业计划演示中，需谨慎使用这个搭配。④推荐组合四：白底 + 其他颜色。白底可以搭配其他任何颜色。这样的结合方式比较适合在商业演示中使用。

2. 文字设计

文字和图片在演示 PPT 的设计中缺一不可，文字可以说是演示 PPT 的灵魂，它可以帮助我们传达信息。除了文字的内容，它的外表也是值得设计者去关注的。

第一，注意字体的选用。在演示 PPT 中，应该采用阅读性强的字体，美观和艺术性是其次的。尤其不要使用较多的书法类字体，除非要展示的产品与服务是和书法相关的。此外，尽量不要使用艺术字体，在商业计划演示 PPT 中，传达信息比字体美观更为重要。这里推荐两个组合。①推荐组合一：标题用微软雅黑，内容用宋体。微软雅黑大方美观，在加粗后尤为清晰；内容采取宋体，二者可以产生强烈的对比。②推荐组合二：标题用黑体，字号相同的情况下黑体比微软雅黑稍小一点，不过仍然是一个不错的选择；内容可以采取楷体或微软雅黑。

第二，注意字号的使用。在 PPT 默认的设置里，标题字号是 44 号，一级文本字号是 32 号，二级文本字号是 28 号，共有五级文本。建议最多用到二级字号。在 PPT 投影的时候，最小的字号尽量采取 28 号，如果是作为阅读文档使用，最小的字号也要在 9 号，相当于 WORD 里面的小五号，再小的话就根本看不清了。

第三，注意字数的把握。一般来说，对于投影文档，应尽量少一些字数；对于阅读文档，则应该多一些字数；而在商业计划演示 PPT 中，则需要灵活处理，最好的思路是在图片或表格中加上尽量少的关键文字。

第四，强调文字的方法。可以用颜色进行强调，例如，在关键的地方更换文字的颜色突出重点，比如在黑底白字的基础上再加上几个橙色的字会特别抢眼。也可以使用荧光笔，将想强调的文字在现场演示时候圈出来，这种方法尤其适合白底黑字的情况。此外，还可以使用增加下划线的方法来对文字加以强调。

第五，还有一些其他要注意事项。例如，演示 PPT 里面的文字输入方式有三种，默认的输入方式是在占位符里完成的，可以进行统一的文字格式修改。另外两种方式是插入文本框和艺术字，用这两种方式输入的文字在修改的时候，需要逐字修改。此外，绝对避免错别字，标点符号也不要出现在行首。

3. 图表设计

在 2007 版的 PowerPoint 界面里，系统提供 11 类，共计 73 种图表。一般常用的图表类型包括四种：柱形图、折线图、饼图和条形图。掌握了这四种基本图表就相当于掌握了 90% 的商业演示 PPT 图表。而选择什么样的图表取决于演示者想表达的信息。

（1）柱形图的使用。和时间相关的柱形图常用来表示产品的销售量、收益等随着时间的变化，在公司年报里经常出现。和时间无关的柱形图用高矮的方式来比较不同项目之间的差异。在此基础上柱形图可以变形为簇状柱形图，即每一组柱形图对增加几个系列，这就可以实现几个产品在同一个时间段里的数量比较，例如，比较A、B、C产品在四个季度的销售额。此外，也可以变形为堆积柱形图，将每一个柱形图进行上下几个层次的划分，这可以用来展示数值的构成以及随着时间的变化情况。使用堆积柱形图要注意通常把最重要的项目放在最下面，便于比较。类似的还可以变形为百分比柱形图。

（2）折线图的使用。折线图可以用来表示项目的趋势，随着时间的变化显示项目发生的改变。我们可以把折线图理解为将柱形图顶部连接起来的效果。它们的区别在于柱形图强调单个项目的数值，而折线图表现的是整体项目的趋势。

（3）饼图的使用。饼图用来表示局部占整体的比例，各项比例相加等于100%。请注意并不是所有数据出现百分号时都要使用饼图。在演示市场份额、股权结构等内容时比较适合使用饼图。在此基础上，如需要再进一步细分某一块，可以使用复合饼图，复合饼图可以分为饼图和条形图，后者更为常用。

（4）条形图。条形图可以理解成是柱形图旋转90°的结果，但是条形图不具有时间属性，不具有比较的功能。

在制作图表时，可以分四个步骤完成，即理解数据、选择图表、制作图表、美化图表。

第一步，理解数据。理解数据是图表制作的最关键一步。例如，在表达销售数据时，要明确演示的目的是什么，是想强调趋势，还是强调哪业务销售占主导地位，或者是各种业务的销售份额是多少等。同样一组数据，由于表达的目的不一样，所以需要选用不同的图表。

第二步，选择图表。根据目的来选择图表种类，强调趋势的用折线图；强调业绩对比的可用柱状图或条形图，强调份额的用饼图等。

第三步，制作图表。在确定了图表类型以后，进入到制作图表阶段。例如，选择了项目五年营业额进行对比。插入图表后便可填写数据，随后生成图表。若数据已经在Excel表格中，选中数据，选择相应图表即可。

检查图表的要素有没有齐全。比如标题（表的标题在表上方中间，图的标题在图下方中间，简称表头图尾）、图表、单位或图例（如元、万美元、百分比号等）、信息来源（在图表左下方可以注释数据来源，显示数据的权威性）。标题的命名很重要，常见的标题有×××趋势、×××状况、×××结构，并且应该在标题后直接写明增长、下降等情况。标题和图的数据千万不要发生冲突。图例可以放在图表旁边供风险投资者自己查找，也可以直接标注在图表附近。

各种图形制作时都有一些关键要点需要注意。例如，柱形图制作时要注意X轴不要使用斜标签甚至垂直标签，观看者会不耐烦。若X轴上的文字过长，则需要改用条形图；折线图制作时要注意线条要少，通常1～3条就可以了，必要时可单独制作图表。线条要足够粗，最好要粗过刻度线，不能本末倒置。Y轴刻度应从0开始，但中间可以省略一部分，就像商业图表上闪电一样的截断标识；饼图制作时可以将其想象成比萨饼，通常最多分为6块，不要分得太细。数据通常从大到小排序，最大的数据从钟表表盘上12点的位置开始。不要使用爆炸式图，可以将某一片扇区分离用以强调，图例可直接标注在图上。若要分很多份时，则可以考虑将其换成条形图，若还要分得更细，则可以考虑直接使用表格。饼图在演示 PPT 使用中是最流行的，也最容易被误读。在饼图中不容易判断每一块的大小，尤其当饼图分块份额很接近时。如果需要比较每部分份额，可以改用条形图，并从大到小排列，这样更方便作比较；条形图制作时要注意，虽然没有明确规定的排列方式，但不应该随意摆放，可根据情况从小到大、从大到小，或者按照字母顺序排列。降序排列是比较常见而且很直观的方式；在对负数进行处理时可以将其放在图表的左边或者下面。还可以用不同的颜色来区分正负数。

第四步，美化图表。初步完成的图表肯定不能直接拿来使用，还要将其通过排序或者更改颜色、增减标签等方式进行美化。图表的美化要简单明了，主要表现在配色和维度上。配色尽量简单，少即是多。此外，2D（平面）效果要远远大于 3D（立体）的效果。在观看饼图时，2D 的效果比 3D 更容易判断饼的面积大小，3D 效果能不用就不用。配色也要简单，可以直接使用 PowerPoint 2007 的配色方案。

当我们需要采取一些特殊效果时，可以采用一些小技巧进行强调。例如，在众多产品性能比较中，我们只想凸显自己所在公司的产品数据，要么把其他部分变为灰色，要么把要强调的部分修改成另外的颜色。总之，要令投资者一眼望去就能看到重点。此外，也可以提取分离饼图中的一块饼来进行强调；也可以画一个红色的圆圈、矩形、爆炸状等图案来把一些数据进行圈出来强调；也可以用箭头来表示两个数据之间的关系，比如从最开始的数据和最新的数据进行连接；也可以用颜色来强调。对于预测数据，可以采用虚线来表示。

最后，可以尝试将图表图片化。为了让图表数据更加形象，可以将图表的一些数据替换成产品的图片，比如在比较咖啡豆的产量时，就可以把柱状图的柱状换成咖啡豆。也可以把图片设置透明度当作图表的背景。

4. 动画及其他

商业计划演示 PPT 里用到的动画不需要很多，尽量越少越好，让风险投资者的注意力集中在演示者和演示内容上。一般在商业计划演示 PPT 中可能有几处会用到动画。例如，在封面上可用简单的出场动画，展示公司 LOGO 和团队名称等；在图表中也可以适当采取一些极其简单的动画，比如可以使用擦除，让柱状图一个一个地按顺序上升；对折线图也可以这样使用，让折线一段一段地延伸出来；另外，有时为了介绍产品和其特殊性能，制作者也需要插入动画和视频。此外，除非演示产品具有声音的特性，一般不要采用任何的音效。

三、演示 PPT 内容设计方案

商业计划演示 PPT 根据演示时间和产品不同，一般将页数控制在 10～20 页。演示 PPT 的内容组织可以由很多种逻辑构成，依照本章第一节所提出的"三大问题与 12 个逻辑点"原则，本部分提供一种经过时间检验的商业计划演示 PPT 内容设计方案。

该方案中的主要模块包括以下几个方面：封面、导入、解决方案、商业模式、市场与竞争分析、管理团队、财务分析与融资方案、结尾。

1. 封面

在演示 PPT 的封面中需要给出公司名称、LOGO、联系人及联系方式。此外，在封面上需要给出关于创业项目的一句话描述（有时也称"口号"），也就是要用最简洁的描述开门见山地向风险投资者交代这是什么项目。例如 ofo 共享单车提出的口号是"随时随地有车骑"。假如你的项目符合他的偏好，或者描述得非常有抓力，风险投资者就会对后面的演示内容更感兴趣。本部分内容可以用 1 页 PPT 阐述。

2. 导入

这一部分主要和"痛点"问题相关。需要讲清楚用户存在怎样的"痛点"问题，而你的创业项目能为他们创造什么价值。这里就涉及发现了用户的什么"痛点"问题（最好能具体列点说明）、有多少用户有同样的问题、他们急需解决这个问题吗、目前他们如何解决这个问题、目前的解决方案存在什么问题。本部分内容可以用 1～2 页 PPT 阐述。

3. 解决方案

项目准备用什么方案或产品来解决用户的这些"痛点"，解决方案具备哪些优势、解决方案进行到了哪一步。此外，还需要对解决方案所依附的产品与服务进行详细介绍。本部分内容可以用 3～5 页 PPT 阐述。

4. 商业模式

在这一部分需要介绍所构建的价值系统是怎样的一个商业体系，具体内容包括价值系统由哪些要素构成和如何形成商业的闭环。此外，还要向风险投资者说明在整个价值系统中的哪些环节赚钱，也就是盈利点在哪里，以及未来收入的延伸。本部分内容可以用 1～2 页 PPT 阐述。

5. 市场与竞争分析

在执行层面，需要介绍在营销推广方面有什么独特的方式来解决快速启动的问题，以及如何跑得更快。在竞争分析方面，需要说明产品与服务有哪些有代表性的竞争对手，本项目凭什么生存下来，并且还能做大做强。在这一部分一定要讲清楚项目的差异化定位和商业模式差异等问题。本部分内容可以用 2～3 页 PPT 阐述。

6. 管理团队

在这一部分演示 PPT 中，应该尽量突出创业团队的完善性、团队成员之间的互补性，以及每个团队成员有过哪些漂亮的业绩，而不仅仅是告诉风险投资者每个团队成员的从业或求学经历。本部分内容可以用 1～2 页 PPT 阐述。

7. 财务分析与融资方案

在这部分需要给出创业项目的发展规划，未来 3～5 年的财务预测指标、融资计划和用途、退出方式等。本部分内容可以用 3～4 页 PPT 阐述。

8. 结尾

如果一个创业项目能为用户解决"痛点"问题，那就一定存在着商业价值和社会价值。

在结尾处最好抒发一下情怀和抱负，升华一下风险投资者对创业项目和团队的认知。本部分内容可以用 1 页 PPT 阐述。

商业计划演示的逻辑各有不同，PPT 演示方案也不是千篇一律。演示 PPT 制作者可以把上述方案作为一个演示 PPT 制作基础模板，然后根据项目和需求的不同进一步调整和优化。

▶ 复习思考题

1. 风险投资者能从"三大问题与 12 个逻辑点"商业计划演示逻辑中获取哪些信息？
2. 以产品为主的创业项目和以服务为主的创业项目在商业计划演示 PPT 内容设计时有哪些差异和侧重点？

第十三章

商业计划演示过程的四大核心环节与常见问题

▶ 核心问题

- 商业计划演示过程分为哪些核心环节？
- 在演示入场环节应该关注哪些细节问题？
- 演示者和演示PPT之间是什么关系？
- 在演示环节中如何把握演示节奏和选取高潮点？
- 在演示环节中如何根据演示时间选择上场讲解人数？
- 如何在沟通中保持正确的心态？
- 如何运用模块化问题沟通方法进行演示沟通？
- 在演示沟通环节要注意哪些礼节？
- 在演示退场环节应该关注哪些细节？
- 如何处理和应对演示过程中可能出现的各种干扰和突发事件？
- 如何控制好上场演示时间？

▶ 学习目标

- 掌握商业计划演示过程中需要把握的要点；
- 了解商业计划演示四大核心环节的基本内容；
- 掌握入场时需要关注的细节；
- 了解商业计划演示环节的人员与时间安排；
- 学习和理解商业计划演示环节的重点和演示节奏；
- 理解和掌握评委的心理模型；
- 学会运用模块化问题沟通方法与评委沟通；
- 了解商业计划演示过程中各种干扰和突发事件的应对策略；
- 学会运用各种外部证据来证明自己的观点；
- 学习并掌握编撰商业故事的技巧和方法。

商业计划演示如同一场精彩的演出，经过前期的演示逻辑设计和演示PPT制作，马上就要迎来最后的呈现过程。演示团队就是舞台上的演员，他们需要在演示PPT营造的氛围和背景下，将自己的创业项目和观点与风险投资者、其他评审和现场观众分享，并最终赢得他们的共鸣。因此，演示者需要进行专业的训练和准备，以便将创业项目充分展现出来。

在演示过程中，需要把握四个要点。第一，把逻辑理顺，把"故事"讲流畅。第二，把风险投资者带入场景体验，演示需要有感染力，能激发共鸣。第三，需要不断提供有力证据，证明创业项目在市场、产品和团队上都有竞争力。第四，如有必要，可以重复项目核心卖点和关键词，让人牢牢记住。尽管演示时间有限，但如果演示者能很好地按照这些核心要点去展示项目，演示效果一样可以做到有质感，让风险投资者"只闻其声，如见其人"。

商业计划演示过程不仅仅包括演示 PPT 阶段，它还包括以下四个核心环节：入场、演示、沟通、退场。入场环节是指从团队进场到第一位成员开始讲解；演示环节是指从第一位成员开始讲解到最后一位成员完成讲解；沟通环节是指从第一位评审者（下文简称"评委"）开始提问到最后一位成员完成回答；退场环节是指从致谢风险投资者和其他评委到最后一名成员离开演示场所。各个环节对于演示来说都非常重要，因为从创业团队入场到退场过程中，风险投资者和其他评委会一直观察创业团队的表现，并对他们的演示项目进行全方位评判。

第一节 演示核心环节之一：入场

商业计划演示入场环节经常被创业团队和演示者忽视。一般情况下，大家都认为当演示者开口讲解时才是演示过程的真正开始。其实不然，当演示团队入场时，演示的第一个环节就已经开始，这时评委就已经开始观察和评判创业团队的行为举止。

在入场环节中，有许多需要准备的工作和注意的事项。

1. 团队成员需要快速各司其职

演示团队入场后，除了负责演示的成员应保持站姿、平稳心情、准备演示外，其他成员还需要配合做一些幕后工作。例如，可以快速地播放一下前两页 PPT，看播放电脑是否能正常工作；验证一下主持人给予的麦克风是否有声音；如果有宣传册和样品需要交给评委预览，这时也是一个非常好的时机；快速熟悉一下翻页器的工作原理，哪个按钮是翻下一页，哪个按钮是激光笔。曾经出现过这种情况，由于演示人员不熟悉现场提供的翻页器，结果在演示时把 PPT 连续翻了十几页，又忙了半天翻回来，直接扰乱了整个演示流程。如果不放心和不熟悉现场提供的翻页器，可以直接申请换上自己熟悉的翻页器。

2. 礼貌和快速地应对出现的各种小插曲

在演示现场经常会出现一些意料不到的小麻烦，如在演示 PPT 中嵌入的视频在预播放检查中出现问题，麦克风没有声音等。这个时候非常考验创业团队的应变能力。如果出现上述问题，不宜大声讨论和喧哗，而是应快速与工作人员一起解决。如果创业团队都没有这种应变能力，就很容易被评委认为不具备应变和解决问题这种最基本的创业能力。

3. 不要匆忙进入演示环节

在商业计划演示现场，往往会有多个创业团队进行演示讲解。在入场后不要马上开始进行演示，先观察一下评委是依然在讨论上一个项目，还是正在低头看材料。评委在忙碌时不要匆忙开始演示环节，演示者可以通过提问或静候等方式唤醒各位评委。例如，可以直接提出我们是否可以开始某项目的介绍，或者通过大声地介绍团队项目名称或团队成员来引导大家进入你们的演示环节。

4. 注意着装问题

在各类创业项目推荐会和创业大赛中，有许多演示者非常疑惑着装问题：是便装好，还是正装好？是颜色鲜艳一点好，还是素净一点好？从以往的经验来看，总的着装原则应该是庄重大方，不宜过于浮华。

除了因为项目需要而穿便装外（如DIY服装企业可以穿自己设计的各式服装），还是穿正装比较好（如西装）。在挑选西装时要注意形体与服装款式的搭配，尽量尝试找到或定做与自己身材相称的西装。服装的色彩搭配也很有技巧，不同的色彩有着不同的象征意义和非语言信息。服装配色以整体协调为基本准则。着装配色和谐的基本方法包括：上下装同色，即套装；颜色以灰、黑、白为主，以饰物点缀——这也是在演示场合最经常采用的方式；同色系配色，不要有色彩冲突；利用对比色彩搭配的亮丽效果，但是这在演示场合少用，除非是和服装相关的项目可能考虑一下采用。此外，衬衣与外套搭配颜色不能相同。

演示者可以有选择地进行饰物搭配。可以选择的饰物包括领带、围巾、丝巾、腰带、胸针、首饰等。饰物在着装中起着画龙点睛、协调整体的作用，以雅而不俗为宜。例如，在某大学生创业大赛中，就有参赛女学生佩戴丝巾，加以腰带的简单修饰，给人以稳重大方的印象。

第二节　演示核心环节之二：演示

演示是商业计划演示过程的第二个环节，也是核心环节。一般该环节都是从介绍项目名称和团队成员开始。在这一部分有许多需要关注的细节和需要把握的问题。

1. 如何应对时间相对性的影响

评委对信息的获取会受到时间相对性影响。就如上课的10分钟和下课休息的10分钟给人的感觉是不一样的，认真听课的10分钟和不认真听课的10分钟也不一样。人们对于时间经常会存在错觉。因此，在演示时一定要让风险投资者感觉这十几分钟的时间过得真快，进而觉得是值得回味而不是索然无味心里想着尽快结束演示。

如何实现上述效果呢？第一，当人们的脑力活动越多，就会感觉时间过得越慢。如果演示者在讲解每一部分时都没有说得清楚透彻，风险投资者在听取每一部分后都需要自己理解、消化，那么这些评委会觉得时间过得慢且比较艰辛，进而坐立不安。为了避免这种情况的发生，演示者要确保将难以理解的观点拆分为易于理解的小块观点，最好能做到观点环环相扣，引导风险投资者逐步深入，提高理解效率。第二，调整风险投资者对演示时间的预期。具体办法是构建演讲的结构和要点，比如提前声明要讲三个重要问题，那么在讲到第二个问题时，风险投资者自然有心理预期快要结束这一部分了。第三，可以适当增加一些趣味的演示环节，比如开场故事、产品展示、视频抒情等，这些内容都会使演示过程更加丰富多彩，并调整评委对时间的心理预期。

2. 演示环节的时间和人员安排

根据创业项目推荐会和创业大赛的要求不同，演示时间也各有不同，常见的演示时间多为 8 分钟、10 分钟、15 分钟、30 分钟。如果给予的时间较短，那么就不需要讲解多个问题和内容。可以根据商业计划演示逻辑，着重讲解 3～5 个核心问题就好。例如，"痛点"需求、产品、市场、融资等问题。宁愿对几个问题深入讲解，也不要对许多问题一笔带过。

一般创业项目推荐会上场演示人数不限，而各类大学生创业大赛演示人数不超过 4 人。在演示过程中，是 1 个人讲解，还是在场每个人都讲解，这是一个非常难决断的问题。从以往演示经验来说，如果时间少于 7 分钟，那就不需要上场成员逐个讲解，一人讲解就好。因为，风险投资者可能刚刚适应一个人的风格，马上就替换其他成员，会影响他们的收听效果。此外，换人也意味着逻辑思路不连贯。如果是 8～10 分钟，可以考虑由 2 人进行讲解，如果多过 10 分钟，则可以安排 3～4 人讲解。总之，在演示时间较短时，演示者越少，演示效果越好。

3. 站姿、表情和声音

每位演示者的讲解风格都不一致，有些人喜欢站立不动讲解，有些人喜欢游走讲解。可以根据演示者的风格和讲解能力来设计演示站姿。一般来说可以选择团队中表达能力最强的成员来担任演示者。

表情对于商业计划演示来说非常重要，评委愿意倾听乐观积极的人阐述问题。所以，演示者需要多多面带笑容，带动现场气氛。此外，还要善于使用音准和节奏。高音代表疑问，低音代表确定。在讲解时，每一句话的结尾最好是中低音，因为只有中低音传递的才是确定。

在讲话的节奏方面，如果演示者无明显节奏，就如和尚念经，容易导致人睡着。所以演示者不能用同一节奏讲述商业计划，需要有高有低、有快有慢、有重有轻、有连续有停顿、有单次有重复才能扣人心弦、引人入胜。对于其他未轮换到的演示成员，最好不要在其他成员讲解时交头接耳或者面无表情，最好能面带微笑看着风险投资者和其他评委。

4. 脱稿讲解

许多演示者由于过度紧张，怕遗漏讲解内容，往往会带稿讲解，或是直接照着演示 PPT 阐述。在以上情景下，评委会认为演示成员不熟悉自己的创业项目。因此，演示者对每一页 PPT 的内容都要烂熟于胸，必须脱稿讲解。有一些好的方法可以促进演示者熟悉演示内容。例如，演示者可以总结出每页 PPT 需要讲解的核心要点，每页 PPT 设计 2～3 个要点就好。以后在看到每页 PPT 时都能够根据核心要点阐述需要表达的内容，最后做到心中有点、心中有稿。

5. 演示者与演示 PPT 的关系

在商业计划演示环节，经常可以看到许多演示者直接面对演示 PPT 照读全文，没有与评委的眼神交流。出现这种情况除了因为演示者不熟悉讲解内容外，还有一个原因是他们不知道演示者与演示 PPT 的关系，不清楚谁是主角这个问题。演示者其实才是整个演示过程的主角，他把握着整个商业计划的讲解和传递过程。而演示 PPT 只能起到辅助作用，展示一些需要强调的内容和难以用语言表达的图片和视频。一个成功的演示过程应该以演示者为主导，以演示 PPT 为辅助工具，当有需要的时候才引导大家观看 PPT。

6. 相关道具支持与视频嵌入

在演示过程中，演示者可以通过现场出示相关产品和道具来吸引风险投资者，加深对项目的理解。例如，某团队在展示无人飞机拍摄项目时，让无人飞机在演示现场做了一次模拟飞行，直接把拍摄内容投影在风险投资者和其他评审者面前，引起了他们极大的热情和关注。

有些创业团队为了形象说明产品功能和证明某些关键问题，在演示时间允许的情况下，在演示 PPT 中嵌入一些视频，使演示内容多样化，激发评委的兴趣。例如，某个创业团队为了证明产品所含技术的先进性，在演示 PPT 中嵌入了研发者（科学院院士）对于该技术的评价和推荐。

7. 把握重点与控制节奏

在初期的创业项目中，风险投资者最关注产品和市场两个逻辑点。这两个点也被称为支撑起商业计划的两条腿，应该花费大量的时间和精力去讲解它们。曾经有人对某次创业大赛的商业计划演示过程做了一次统计分析，发现 95% 的创业团队花费 70% 的时间去讲解产品和市场两部分内容。

此外，如何通过商业计划演示有节奏地表达这些重点内容也是一个非常难把握的问题。在前文已经提到过商业计划演示可以看作一场精彩的演出，要有高潮和低谷。而在演示 PPT 的讲解过程中，可以通过导入"痛点"问题引发投资者的兴趣，在产品介绍和市场分析时应该出现第一个高潮，随后在结尾部分的商业价值和社会价值总结时引发第二个高潮，给评委留下深刻印象和长久回味。

8. 辅助语言

辅助语言包括说话的速度（快慢）、音调（高低）、音量（响度）和音质（悦耳或令人不舒服）。研究表明，沟通中 40% 的含义受声音暗示的影响。一句话的含义往往不仅决定于词语本身的意义，而且决定于词语的表达方式及弦外之音，正所谓"听话要听音"。例如在演示最后阶段要表达项目前景相当令人憧憬的时候，如果依然用和前面讲述产品时一样的冷静平和语调来结尾则显得很平淡，评委在情绪上不容易形成共鸣。如果采取轻松一点的语气或是激昂一点的语调，则会让人会心一笑，情绪上受到感染，容易获得情感上的认同，同时也会感受得到该团队的活力和自信。

研究发现，说话速度快、声音响亮而有节奏感的人被看成更有能力、更有威信、更有吸引力。说话慢的人，给人诚实和值得信赖的感觉，而说话声音低的人，则会被人认为是胆量小、害羞，也可能被认为没把握、底气不足，令人缺乏安全感。此外，语调的变化可以使字面相同的一句话具有完全不同的含义。语调抑扬顿挫，更富有感染力和吸引力，而语调平淡往往缺乏说服力和不能引人注意。尤其是在给评委讲述一段感人的背景故事时候，语调显得尤为重要。

第三节　演示核心环节之三：沟通

沟通环节是商业计划演示环节的有益补充，评委就一些关心或者遗漏的问题需要进行深入的研讨和沟通，促进对商业项目的理解。这也能帮助创业者梳理商业计划，查漏补缺，加大融资机会。在整个沟通环节，对评委的心理把握、认知把握、关注点把握都是极其重要的。不论自身是在阐述商业计划，还是在回答评委提问，了解评委获取信息、决策的影响因素，掌握与评委沟通的方法，并谙熟于心，都是获得良好展示效果的必备要素。在提问和沟通环节有较多需要注意的问题和细节。

1. 评委受心理模型的影响

了解并深刻地把握评委的心理，能在商业计划演示沟通环节避免语言累赘、话不投机，真正起到有的放矢的重要作用。

首先，评委与其他普通听众一样，都有一个心理模型。心理模型是一个人基于不完整的事实、过往的经验对周围世界的认识，有时甚至是直观的看法。它会影响人的行为、影响复杂情况下人的注意力、决定了人看待问题和解决问题的方式和方法。所以，演示者必须认识到，在演示团队开始展示和沟通之前，评委的脑中并不是一片空白。因而，演示者应提前主动了解评委的心理模型，比如熟悉评委的背景和经验，了解评委对过去项目的评价，把握不同背景的评委的关注点和侧重点。例如，技术类专家比较关注项目的创新性以及在技术层面的可操作性；经济管理类的专家和教授则重点关注项目的商业机会、市场价值、商业模式和营销计划；企业界评委则关注项目的可行性以及战略和策略问题；风险投资者则关注财务计划、股本结构和资本退出方式等。

其次，评委会不自觉地过滤不少信息。正是由于人心理模型的存在，人们才会倾向于寻找并支持自己过去的观点，而不会去寻找那些不能支持自己观点的信息。特别是在演示和沟通的信息可能与评委认知不一致，引起评委反感或抵触时，为了能让评委以开放的心态接受有可能不一致的观点，演示者需要掌握如下技巧：从评委相信的观点说起，比如选择从一个众所周知的事情（必须有客观事实、数据支撑）开始说，然后引申到自己的观点；使用出人意料的说法，给评委一个出人意料的信息或体验，会让人印象深刻，从而重新思考原来的观点，例如，当面对苹果系统的粉丝介绍安卓系统的优势时，可以举例说苹果系统只占 1/3 的市场份额，而安卓系统的市场份额则超过一半，这时候苹果的粉丝也就会停下来思考一下安卓系统究竟好在哪里。

最后，评委更容易在故事中获取和处理信息。相对于抽象的信息，人们更倾向于处理具体的信息；对于理解能力和学识水平更高的专家评委，这一点同样适用。演示者在演示和沟通时可以采用举例子、讲故事的方法，设置一个场景让评委在最短的时间内进入演示者的语境，帮助评委快速理解所沟通的信息。即使在严肃的场合，也可以使用讲故事的方法来导入情境或是解释某个难理解的问题。例如，可以经常使用诸如"我在生活中碰到一个这样的问题""我的朋友曾经告诉我这样一个故事""我可以通过一个事例来回答您的问题"等话语来作为回答问题的开头句。

2. 沟通保持安全距离

在与评委沟通时，许多创业者希望通过不断靠近评委让沟通更清晰。但是，这反而让评委感觉不自然和压抑，使沟通效果不佳。例如，在一次创业大赛演示现场，两支项目相似的创业团队在顺利讲解完商业计划后，在沟通环节却获得了评委不同的待遇。究其原因，一支演示团队站立在离评委一米左右的位置与评委沟通，对评委的心理产生了巨大的压力。评委这时面无表情地提出了许多问题，并在一些关键问题上与创业团队产生争执。而另外一支演示团队则站立在离评委稍远的1.5米处，与面带微笑的评委顺利地完成了各种问题的沟通。人与人之间的空间和距离大致有四种层次：即亲密距离、人际距离、社交距离和公共距离。社交距离（Social Distance）大概是120厘米～360厘米，大概是隔一张办公桌的那种距离。在一般工作场合人们多采用这种距离交谈，在小型商业计划演示会议上，与评委沟通也多采用此距离。

3. 沟通需要保持正确的心态

商业计划演示的沟通对象有两种，即与风险投资者直接沟通，或是参加创业大赛与评委沟通。特别是在有PK（Player Killing，玩家杀手或者淘汰）形式的创业大赛中，演示者都会非常紧张，认为自己团队的命运被这些评委决定，产生巨大的思想束缚。当以上压力和思想形成时，演示者必须要明确与评委进行沟通的态度。不同评委都有自己的知识结构和思维方式，对于同一个问题的理解不尽相同，往往评委的知识和经验都在演示者之上，这时候应该成为演示者很好表现机会。虽然名为"答辩质询"，但是演示者一定不能怀着辩论者的态度与评委分出高低胜负，也不需要刻意讨好对方，若是以这样的态度进场，很难想象会得到什么样的结果。因此，演示者要保持良好稳定的积极情绪，首先感谢评委的每一次提问，对于评委"不理解"的问题，进行详细耐心的补充解释，善于从原有的、大众比较熟悉的概念出发来解释自己的观点；对于自己无法理解的，"比较刁难"的问题，则尝试先用自己的话阐释评委的问题，得到肯定意见后再进行"尝试"的"探讨"，切不可直接否认评委的观点或是认为评委的提问是没有意义、无价值的。

沟通过程是进一步补充和完善自己项目，最后争取评委成为支持自己、帮助自己的一方的机会。也就是说，在沟通过程中评委不是来评判自己，而是作为朋友来帮助我们改进项目。

4. 模块化问题沟通方法

通过提问和回答来进行沟通是一个非常容易出问题的环节。许多评委也许只是接触你们的创业项目几分钟，提出的问题各有差异，如果创业团队不能系统地回答他们的问题，就很容易误导他们对商业项目做出不利的评判。如果回答问题时像挤牙膏一样，总是通过磕磕巴巴的不断补充才能完成，也会让评委产生逆反心理。

如何才能高效和顺畅地与评委进行沟通？关键是准备。通过实践经验，在这里我们提出一种商业计划演示沟通新方法——模块化问题沟通方法。这种方法就是事先对一些基础问题进行前期思考和准备，将回答思路和要点逐项列出，形成基础问题模块，在回答不同问题时，可以将这些模块单独回答，也可以将模块组合后进行回答。例如，评委经常会问创业项目在市场营销部分有哪些特色，我们可以假设这个特色是创新性地提出了一种营销渠道。于是，以上问题的回答要点就被认为是一个基础问题模块。如果评委要问到创业项目的核心竞争力是什么，这时候创业者可以从市场、产品、技术、团队等多方面去寻找核心竞争力的来源，而市场方面的基础问题模块就可以马上组合到这个问题的回答要点中。此外，创业者还可以从其他几个方面去整合基础问题模块，这样就能高效和有针对性地系统回答这个问题。

如何识别出基础问题是模块化问题沟通方法的关键。获取这些基础问题需要从风险投资者都关注的问题下手，这些问题包括第一章第三节中提出的"创业项目识别的七大领域经典问题"，第十二章第一节中提出的"三大问题与12个逻辑点"等，创业团队也可以根据项目特色自己进行总结。此外，还可以从本书第二部分基本理论各章提出的"核心问题"去归纳总结。模块化问题沟通方法的准备和训练步骤是：预设基础问题模块、根据项目内容获得回答问题的思路和要点、通过提问来训练模块组合思路。

关于沟通可参考慕课视频：
演示的核心环节之三：提问与沟通。

5. 听懂问题才回答

商业计划演示沟通环节是大量知识和信息交流的过程，许多创业团队成员往往在沟通过程中过于紧张，在不确定评委所提问题的具体含义和个数时就盲目开始回答，导致答非所问。这样带来的后果是既浪费了宝贵的沟通时间，又让评委满头雾水，沟通效果很差。

在评委提出问题后，一定要搞清楚评委的真实意思。如果问题确实很难理解，创业团队成员可以按照自己的理解把评委所提问题复述一遍，请他们确定问题，或者是把该问题拆分为几个问题来回答。此外，要确定评委问了几个问题，许多人一开始喜欢先挑自己熟悉的问题回答，等回答完毕后就把其他问题都忘记了。但是，一定要记住，评委是不会忘记自己曾经提过几个问题的。如果一个评委提出2个以上的问题，那么团队成员在回答之前要先和评委确定有几个问题。

6. 实事求是地回答问题

不同专业和领域的评委经常会提出创业团队并未考虑过的问题，这些问题也许需要更多数据和材料支持，或者需要花费大量时间进行深入思考。在这个时候团队成员不要任意编造或者答非所问，一定要记住一个谎言需要多个谎言来弥补。这类问题即使回答不出来也并不可怕，可以有多种化解方式。例如可以采取以下说法："风险投资者，您说的这个问题特别重要，这个问题我们之前确实没有考虑过，非常感谢您的提示，后期我们会深入研究，继续改善我们的项目，并与您继续沟通。"或者可以说："您所提到的这个问题我们之前确实没有考虑过，结合我们项目进展，我觉得可以从以下几个方面解决这个问题。"实在不行，那就只能现场运用一次模块化问题沟通方法，尽最大努力回答评委的问题。

7. 沟通问题要有礼有节

礼节是创业团队成员的基本商业素质，在融资期间是风险投资者进行投资决策的关键影响因素。风险投资者经常说在创业初期宁愿投资一流团队、二流项目，也不投资一流项目、二流团队。

在演示沟通环节经常会出现一些争执和不礼貌的行为。例如，当创业团队成员对所提问题不太熟悉时，可能每个人都会有自己的想法和观点，这时候不要交叉轮流回答，让评委感觉到突兀和不团结。应该让熟悉该领域的团队成员首先回答，其他人很有礼貌地问评委"我能不能再补充一点呢",之后才继续回答,做到彬彬有礼。此外,在与评委沟通时,最害怕的是就某个问题产生争执。曾经就出现过这样的场景,团队成员对评委说"您对这个问题的理解非常错误""您所提出的问题不属于我们关注的范围",导致整个场面非常尴尬,沟通效果也会非常差。如果出现难以解决的争执问题,应该快速调整心态:其实这些评委是来帮助我们的朋友,我们应该虚心接受,遵循"有则改之无则加勉"的态度来沟通。曾经有某个创业团队的研发技术人员穿着短裤来参加演示,并且表示这是他平时穿着最舒适的服装,而他这种表现被评委深深质疑。

第四节 演示核心环节之四:退场

商业计划演示的最后一个环节是退场,许多演示者忽视了这个环节。当演示和沟通完毕,整个演示大片并未结束,退场不等于结束。

当沟通环节完毕,演示团队应该保持礼貌有序退场,不要大声喧哗,急于讨论演示效果,或者像败军之旅,零零散散,毫无斗志。以上这些退场方式都会给评委留下不好的印象。此外,还有许多细节需要关注,例如,大家可以一起感谢评委的建议和支持;在出门时最后一名成员尽量小声关门。别看这些细节事小,有时候最后的印象可能会直接影响全局。例如,在某一次创业大赛演示现场,当演示团队离开时,评委还正在回味刚才的演示和沟通内容,思考商业项目的价值和评定级别,这时,在演示团队走出会议室门还没关上那一刻,有个团队成员高喊了一声"我们终于完了",这位团队成员确实在离开会议室那一刻获得了解脱。但是,有一位在会议室里的评委听见这句话后随口说道:"那就让他们完了吧。"

第五节 常见演示问题及解决思路

除了以上在演示四大核心环节中需要重视的事项外,还有一些特别容易出现问题的地方需要演示者关注。

1. 描述清楚收入模式

有正常的收入和现金流是创业公司存活的根本。风险投资者在创业项目初期可以投入启动资金让公司存活一定时间,并确定商业模式,但是如果不能快速地找到收入模式,公司很难获取更多融资并存活下去。目前最常见的收入模式包括卖产品、卖广告、卖模式、卖增值服务等。

卖产品比较好理解,一般实体店和网上商城都是以产品销售获利为主。卖广告主要出现在当今这个互联网时代,许多产品通过免费获取了大量客户,如爱奇艺、优酷等视频网站,但是客户要想收看免费视频需要先收看几十秒的广告,这部分广告收入是它们盈利的重要组成部分。卖模式主要是针对一些连锁企业,它们通过连锁加盟赚钱,如麦当劳、肯德基、小肥羊等。卖增值服务主要是指网游类产品,网络游戏是免费产品,但它们提供的各种游戏装备和点卡需要付费。此外,也存在着收入模式组合。例如,刚才提到的爱奇艺、优酷等视频网站就兼顾了卖产品和卖广告两种收入模式，它们既可以通过 VIP 会员号收费，也可以通过广告获取收益。

2. 训练是缓解演示恐惧的必经之路

许多创业者和参加创业大赛的大学生都没有商业计划演示经验，在演示过程中经常会出现紧张、恐惧和不自然的心理。成功没有偶然性，要想成为一个优秀的演示者就要不断准备、练习和彩排。

在准备初期，可以草拟一个与演示 PPT 相匹配的讲稿，通过一遍又一遍地讲解和修改，最终做到将演示内容烂熟于胸。优秀的演示者在看到任何一页幻灯片时都能知道应该阐述哪些重点内容，要达到这种熟练程度至少需要训练 10 遍以上，许多演示者都会尝试演练 30 遍。演示者一定要知道演示过程不是临场发挥，很少有依靠运气和激情表演获取演示成功的案例。

此外，在商业计划演示准备过程中需要不断地进行彩排。特别是没有演示经验的大学生创业团队，更需要在彩排过程中模拟演练演示过程的四大核心环节。这种模拟训练能让团队成员了解在演示中承担的责任、需要重视的事项和可能会出现的细节问题。

3. 如何处理各种干扰和突发事件

在商业计划现场演示时，总是不可避免会发生意料之外的事情，而这些事情会直接影响演示的顺利进行。例如，演示 PPT 卡壳了、演示用的电脑死机了、麦克风出现故障不工作、突然停电或断电、忘词了、评委热衷对其他问题的讨论等。虽然以上问题出现的概率非常小，但一定要提前准备预案，避免出现慌乱的场面。针对以上可能会出现的问题，依照专家经验给出以下应对思路。

第一，在创业项目推荐会中，由于需要不断更换演示团队、演示 PPT 和演示用的电脑，所以会经常会出现演示 PPT 卡壳、演示电脑死机和麦克出故障等问题。当问题出现时，演示团队不要慌乱，应该由预备队成员和工作人员快速去解决问题，而现场演示者应该通过言语来缓解一下现场紧张的气氛。例如，可以调侃地说"各位评委，看来我们今天的推荐的项目实在是太好了，电脑都想让你们多听一遍"，或者是面带微笑地说，"看来这是我们的错，项目太好，招人嫉妒"。如果是麦克风出现故障，可以把它交给工作人员进行替换，如果临时不能替换，那么为了保持演示的连贯性，演示者可以靠近评委，通过提高自身音量完成演示环节。

第二，就算演示者训练过很多次，但是总会出现忘词卡壳现象。当演示现场出现这种问题时，需要冷静应对。例如，可以重复前面的话，停顿一下，想一想。或者直接跳过该点内容，如果确实有关键问题遗漏，评委也会在后续沟通环节中提出，那时再继续补充完善。演示者此时最重要的目标是要让演示过程流畅进行，而不要让评委认为演示团队准备不足。

第三，如果出现风险投资者或其他评委热衷讨论其他问题时，可以采取向前一步、重音提示等方法把风险投资者和其他评委拉回演示之中。

在商业计划正式演示之前，需要花费一点时间来考虑可能会出现的意外和不确定性问题。在商业计划演示进行过程中，需要演示者勇于面对出现的各种问题，化危机为契机。

此外，演示者可以思考一下如果演示现场停电该怎么办。

4. 严格控制好演示时间

在创业项目推荐会和创业大赛中，都对演示时间有严格要求。如果超过规定时间会被直接打断，影响演示效果。除了严格训练外，演示者还可以掌握一些控制时间的小技巧。例如，演示团队中每个上台的演示成员一定要控制好自己的演示时间，最好精确到几分几秒之内。演示成员在正式演示过程中会略显紧张，说话语速会比平时快一些，所以在训练和彩排过程中应允许时间超过几秒钟。此外，演示团队中的最后一个演示者要起到时间调节器作用。演示者可以设定最后30秒节点，如果演示内容进度与最后30秒匹配，那么正常进行讲解就好；如果过慢，那就需要删掉一些后续细节内容，加快进程；如果过快，可以放慢语速或者提前完成演示环节。

5. 没有完美的答案

在各类创业大赛和投资路演中，经常会出现创业团队成员们就某个问题不断讲解、不断补充、不断回答，担心风险投资者不能理解，或者害怕自己没有正确给出风险投资者心中的完美答案。这是一种错误的理解，商业计划本身就存在着非常多的风险和不确定性。针对每一个评委的提问，回答了核心要点就算回答完毕，如果还有充足的时间可以通过举例再解释一下。创业者不要认为评委的提问都会有完美答案，其实评委心中也不知道哪个思路是最优的。

6. 导入要有好的故事和场景

万事开头难，给商业计划演示设计一个好的导入过程是件非常困难的事情。在商业计划演示的导入过程中一般都需要阐述"痛点"问题，而这种"痛点"问题一般会来自不同的事例和场景。评委接收信息是一个由表及里的过程，这就需要演示者运用已有事例和素材讲好故事，在演示开始的30秒内紧紧抓住评委的眼球，起到事半功倍的作用。

同样的事例素材，编撰故事的思路不同会给评委带来不同的效果。例如，有一个大学生暑期公益创业项目，项目的主要内容是通过举办各种集体学习活动让双职工家庭7~12岁的小孩健康安全地度过暑假。最初他们设计的导入故事的主要情节是暑期家长都要上班，小孩多被爷爷奶奶监管，容易荒废学习时间。但是，这个故事设计没有体现出公益活动的重要价值，不能让评委感觉到真"痛"，如果设计故事时引入暑期儿童独自游泳溺亡，家中独自触电身亡，或者是没有人陪伴出现抑郁症症状等场景，评委就会认为这是一个必须要解决的社会"痛点"问题，因为这关系到儿童的生死问题。关于如何设计商业故事，可以参考本书第一章第七节：伟大的商业故事才能获得投资。

7. 多用外部证据来证明自己的观点

在创业项目推荐会和创业大赛中，评委多是带着质疑的眼光来思考和判断每个创业项目的商业价值的。如果仅靠创业团队侃侃而谈，而不去引经据典，不足以令他们满意，因为他们需要创业团队提供大量的外部证据来证明自己的说法。这些外部证据可以是专利、权威论文、行业分析报告、技术鉴定报告、实验报告、专家鉴定报告、外部机构提供的性能比较报告、获奖奖状等。

有效的外部证据会比自圆其说更加有效果。例如，曾经有一个参加过多次路演的高科技项目，该项目计划通过脑电教育（通过脑电波课程对大脑进行训练）来治疗1 300万多动症患儿。当评委问到脑电技术对大脑进行训练的效果怎样时，创业团队回答说训练效果很好，很多小孩的注意力得到了改进。这种说法对身经百战的评委来说是极其不靠谱的。在第二次创业项目推荐会时，他们给出了外部机构的测试报告，该报告证明了50名患有多动症的儿童在经过一阶段课程的训练后，注意力平均提升了35%。此外，他们还特意拿出一名患者的前后脑电波图进行比较和说明，打消了评委在产品效果上的质疑。

▶ 复习思考题

1. 根据对评委（评委包括投资者、大学教授、企业家等）心理模型的研究，演示者可以从哪些方面改进商业计划演示效果？
2. 如果有一个10分钟的商业计划演示需要你来设计，你会如何把握演示节奏，哪些内容会是你演示的高潮？
3. 什么是"模块化问题沟通方法"，在沟通实践中应如何应用？
4. 如何把握与评委沟通的心态，在出现争执或对某个问题认知不同时该如何应对？

第四部分

综合案例与分析

案例 A

旭初水下仪器项目商业计划书与案例分析

▶ 案例概览

第 A1 章 摘要 …………………… 167	A5.5 结论 …………………………… 181
A1.1 公司介绍 …………………… 167	第 A6 章 营销计划 ……………… 182
A1.2 产品与业务范围 …………… 167	A6.1 市场目标与计划 …………… 182
A1.3 行业分析 …………………… 167	A6.2 目标市场 …………………… 183
A1.4 营销计划 …………………… 167	A6.3 营销策略 …………………… 183
A1.5 运营管理 …………………… 168	第 A7 章 生产运营 ……………… 187
A1.6 公司管理 …………………… 168	A7.1 运营流程 …………………… 188
A1.7 财务计划 …………………… 168	A7.2 公司选址 …………………… 188
第 A2 章 项目背景 ……………… 169	A7.3 研究与开发 ………………… 189
A2.1 商业背景 …………………… 169	A7.4 制造商选择 ………………… 189
A2.2 技术背景 …………………… 170	A7.5 质量控制 …………………… 190
第 A3 章 公司介绍 ……………… 170	第 A8 章 公司管理 ……………… 190
A3.1 公司简介 …………………… 170	A8.1 组织结构 …………………… 190
A3.2 公司使命 …………………… 171	A8.2 工作职责与简历 …………… 191
A3.3 公司目标 …………………… 171	A8.3 公司员工 …………………… 192
第 A4 章 产品论述 ……………… 172	A8.4 人员招聘与培训 …………… 192
A4.1 产品介绍 …………………… 172	A8.5 业绩评价与激励 …………… 192
A4.2 产品功能与用途 …………… 173	A8.6 企业文化 …………………… 193
A4.3 产品优势 …………………… 174	A8.7 所有权 ……………………… 194
A4.4 公司中长期产品研发战略 … 175	第 A9 章 财务计划 ……………… 195
第 A5 章 行业与市场 …………… 175	A9.1 资金需求 …………………… 195
A5.1 行业特征 …………………… 175	A9.2 资金使用 …………………… 195
A5.2 市场分析 …………………… 176	A9.3 财务数据 …………………… 196
A5.3 竞争分析（波特五力竞争模型）… 178	A9.4 财务分析 …………………… 197
A5.4 竞争优劣势 SWOT 分析 …… 180	A9.5 总结 ………………………… 198

第 A10 章	资本退出 …………………… 198	第 A11 章	附录 ……………………… 199
A10.1	资本退出策略 ……………… 198	A11.1	市场容量估算 ……………… 199
A10.2	资本退出时间 ……………… 199	A11.2	市场调查 …………………… 200

第 A1 章 摘要

A1.1 公司介绍

旭初水下仪器有限责任公司，是一个拟建中的公司。它拥有成熟的水下声呐探测技术，提倡科教兴国的理念，以顾客为本，致力于人类社会的科技进步。

A1.2 产品与业务范围

我们的产品有水平式多波束探鱼仪和垂直式单波束探鱼仪，主要用于捕鱼船。可及时探测到鱼群的方位、规模和水下障碍物，并实时成像，在增加捕捞量的同时，又有效地避免渔网破损。该系列产品还可用于科学考察、环境监测、水下打捞等。

A1.3 行业分析

A1.3.1 市场分析

通过市场细分，确定公司的目标市场为国内及东南亚的渔业公司和全体渔民。探鱼仪市场总容量为 1.3 亿元人民币。公司的主要业务集中在水平式多波束探鱼仪市场上，顾客为远洋捕鱼船队，市场容量为 8 000 万元人民币。受国家政策影响，国内市场将逐步扩大，同时我们将跻身国际市场，特别是开拓东南亚市场。

A1.3.2 竞争分析

水平式多波束探鱼仪在中国仍然处于起步阶段，主要的生产厂商来自日本、挪威、美国，主要销售途径为进口渠道。国内厂商还未开发此产品。国外产品质量好，但价格高，售后服务差。"旭初"探鱼仪享有技术领先和低成本优势，因而能以有竞争力的价格向市场销售高质量的产品。而且，潜在用户非常多，旭初公司的进入不会引起竞争对手的过激反应。

A1.4 营销计划

A1.4.1 销售计划

我公司将同时推出水平式多波束探鱼仪和垂直式单波束探鱼仪两种产品，计划在第一年抢占全国市场份额 12% 左右，销售额为 740 万元。在第五年年末占领全国同类产品市场 35% 以上的份额，销售额达到 3 270 万元，进而确立国内市场主导地位，并适时开拓国际市场。

A1.4.2 营销策略

我们将主要采取市场渗透的营销策略。即以浙江省为突破点,面向全国,建立直销与委托代理商相结合的全国营销网络,同时建立公司网站和客户资源管理数据库,通过多种促销方式将质高价低的产品迅速推向市场,抢占国内市场,并通过委托方式适时开拓国际市场。

A1.5 运营管理

为了控制成本和降低对固定资产的投资风险,我们将硬件产品的生产、组装、包装全部承包给制造商,我们只负责软件录入、质量控制、产品验收与销售。这种策略有助于降低生产成本和增强经营的灵活性,提高市场竞争力。

A1.6 公司管理

A1.6.1 管理体系

公司采用学习型组织结构,适应环境变化;实行人才本地化,因为他们对本地市场较为熟悉;采用动态的绩效评估方法;建立激励机制;以团队为单位建设企业文化。

A1.6.2 股权结构

公司注册资本300万元人民币,其中技术入股占17%,自筹资金占17%,风险投资占66%,具体见A8.7。

A1.7 财务计划

A1.7.1 要求投资金额

为了实现长期稳定的业务经营目标,公司注册资本300万元人民币,本项目需要200万元人民币风险投资。其中包括了开办费、设备购买资金及运营资本。

A1.7.2 投资回收预测

如果我们的销售计划得以实现,对项目的资本投资将在1.14年内收回。年均股本回报率约为70.4%,内部收益率为155%。这一数字来自于对5年内销售总额的保守估计。5年后总资产将达到2 516万元人民币,销售额达到3 270万元人民币。

▶▶▶ 专家评析

本案例是获得过"挑战杯"中国大学生创业计划竞赛国家级奖项的作品。旭初公司通过精辟的语句较好地解释了该投资项目的本质,并且大量地用数据和细节描述作为支撑,让摘要阐述得非常精彩。这份摘要基本成功地满足了风险投资者对项目进行初步评估的需要。

具体来说,该执行摘要较为全面地回答了六大经典问题,特别是对产品、市场细分、竞争对手、融资额度、财务计划都有一个较为精准的描述。此外，执行摘要中多用结论式语句，让风险投资者能在几分钟内就了解商业计划书的核心内容。

　　如果说要想使本部分内容更加完美，还有几处内容可以进一步改进。

　　（1）从商业计划书正文内容中可知本项目是一个军转民项目，该技术曾经获得过省部级奖励，如果能在产品介绍或某个地方体现出技术来源这个内容，那将会更加吸引风险投资者的眼球。

　　（2）如果有一个稍微详尽一点的里程碑式总结，将会使公司的优势和未来发展更为清晰和透彻，也会促使风险投资者做出有利的初步判断。

　　（3）在营销策略中，如果有关于采用新的销售手段和技巧的说明，会更加受到好评。

　　（4）在竞争分析中，提到国外竞争对手主要来自日本、挪威和美国，这种说法太笼统，最好直接给出厂商的名称和具体的产品名称，这样可以让阅读者更加直观明了地看到自己想了解的内容。

　　（5）在与竞争对手比较中仅用了"价格高，售后服务差"等较主观的评价，让人比较困惑，最好能用一些客观数据明确证明优势所在，让风险投资者清晰明了。此外，未说明垂直式单波束探鱼仪的竞争情况。

　　（6）在管理体系介绍时较为笼统，对于管理团队或核心人员并未介绍。

　　（7）虽然给出了具体的财务指标，但不清晰，如果能通过列表给出5年的销售额、毛利率、税后利润、税后利润率、投资回报率和资产回报率等指标，那么财务部分将会更加清晰。

　　（8）并未具体说明资本的退出方式。

第A2章　项目背景

A2.1　商业背景

　　2001年以来，随着我国渔业（特别是远洋渔业）的快速发展，我国助渔器具产业也得到了较快的发展。据统计，2001年，我国水平式多波束探鱼仪的年需求量达到470多台，市场容量8 000万元以上，且以每年12%的增长率快速增长；而适用于中小渔船的垂直式单波束探鱼仪市场容量达5 000多万元。两者合计，探鱼仪总市场容量达1.3亿元以上。目前，我国渔船（特别是中小渔船）探鱼仪装备率与渔业发达国家（美国、日本、挪威等）相比很低（60%左右），所装备的探鱼仪性能价格比也很低。同时，随着我国渔业产业结构的调整，国家将鼓励发展远洋渔业及深水养殖业。因此，今后几年内，我国对探鱼仪（特别是适用于远洋渔船的水平式多波束探鱼仪）的需求量将有较大的增长，市场潜力巨大。我公司以强大的研发实力做后盾，推出性能价格比高、功能强大、紧跟甚至引领世界发展潮流的探鱼仪，能为社会带来巨大的经济利益和社会效益，因而其市场前景十分看好。

　　目前，国内现有两家厂商在生产探鱼仪，分别为南京宁禄和新吉坡。这两家厂商的产品均为垂直式单波束探鱼仪，价格在8 000元左右。南京宁禄的市场主要在环渤海湾地区，而新吉坡的市场主要在海外。目前两家的产品技术含量低，应用效果差，在探鱼仪市场上的竞争力不强。

A2.2 技术背景

（1）垂直式单波束探鱼仪：探测范围小，功能单一，主要装备于中小渔船，其存在仅仅是由于价格优势；

（2）水平式多波束探鱼仪：也称为"渔用声呐"，主要装备于较先进的大型渔船和远洋渔船。由于大量依靠进口（据调查统计，目前日本产品在国内市场上的份额为30%），不仅价格昂贵，花费大量外汇，增加了使用者的经济负担，而且其售后服务很差，难以满足用户的需要。同时，引进外国产品，会对我国探鱼技术、水下探测技术的水平提高产生一定的影响。

目前，国外探鱼仪的发展趋势为垂直式向水平式、多功能化、小型化和智能化方向发展。

▶▶▶ **专家评析**

水下探鱼仪是一个让普通人陌生的工具，运用也不广泛，因此项目背景部分是在让阅读者在进入正文前，给出一个过渡环节让风险投资者快速且充分地了解探鱼仪的一些背景和专业知识。旭初公司的项目背景包括商业背景和技术背景两部分，商业背景介绍基本达到了设计的初衷，而技术背景仅是简单介绍了两种探鱼仪的功能，并没有进一步深入，本部分还可以从以下几方面进行改进。

（1）在本部分出现了两种探鱼仪的市场容量，此处并未说明该数据的来源，一般这个数据可以是来源于相关文献和公司的行业分析报告，或者是创业团队根据某种逻辑进行预估算得来。从附录中可以得知，该数据是创业团队根据多个因素自己设计估算模型得来，此处最好有特别说明，告知阅读者该数据的测算方法详见A11.1.1内容。

（2）在对国内厂商垂直式单波束探鱼仪产品评价时，运用了"技术含量低，应用效果差"这样的语句，在文中如果没有明确的数据比较，一般不要用过于偏激的语句，这样会让风险投资者怀疑评价是否真实，怀疑是不是为了高估自己而贬低他人，最好能用相关比较数据说明，或者是用"较低或一般"这种偏中性的语句。

（3）在此处的背景分析中，最好要说明水下探鱼仪是海洋捕捞渔船的必备仪器，让许多不了解海洋捕捞的阅读者了解水下探鱼仪是一个必需品。

（4）在技术背景中，最好要说明水下探测技术的发展背景和阶段，这就包括简单介绍世界和中国的相关技术背景。此外，从正文中可知，该创业团队拥有的水下探测技术是国内领先和国际先进水平，在这里也可以做一个简单的介绍，弥补上一章未介绍创业团队拥有技术先进性的不足。

第A3章 公司介绍

A3.1 公司简介

旭初水下仪器有限责任公司是一家拟建中的公司，其业务范围是为捕捞业、深水养殖、科研考古、水下探测、环境保护等方面的船舶提供仪器装备。

（1）公司地址：浙江省象山县工业园区。

（2）产品名称：水平式多波束探鱼仪和垂直式单波束探鱼仪。

（3）品牌和标志：中文旭初，英文 SUNRISE，其意义为旭日东升，象征着公司蓬勃发展。

（4）商标：　。

A3.2　公司使命

为船舶提供优质的水下探测仪器，提高中国水下探测技术水平。

（1）旭初理念：要做就做最好。

（2）旭初原则：求变、发展、收获。

（3）旭初标准：紧盯市场创美誉。

（4）旭初精神：敬业报国、追求卓越。

（5）旭初作风：迅速反应、马上行动。

A3.3　公司目标

A3.3.1　初期（第 1～3 年）

公司的主要产品是水平式多波束探鱼仪、垂直式单波束探鱼仪。市场策略为立足于浙江省，将产品迅速推向全国市场，替代一部分国内生产的探鱼仪产品，并开始挤占进口产品的市场份额。

第 1 年：

（1）产品进入浙江省市场，并迅速推向全国市场，提高产品的知名度，树立起产品品牌形象；

（2）在全国分四个区域建立分销机构，市场占有率为全国市场份额的 12% 左右；

（3）稳定研发队伍和产品销量。

第 2、3 年：

（1）逐步建立健全全国销售网络，市场占有率提升至 25%；

（2）提升产品品牌形象，增加无形资产；

（3）产品基本成熟，重点挖掘产品新的性能，开发衍生产品，向多功能化、小型化发展，拓展市场业务。

A3.3.2　中期（第 4～6 年）

（1）公司逐步减小代理销售商的业务范围，转由本公司主营；

（2）市场占有率达到 35%，在全国居于主导地位，适时开拓国外市场；

（3）重点研制相关产品，进一步扩展产品的品种和功能，推出新产品，实现公司产品的多元化经营战略。

A3.3.3 长期（第 5～8 年）

（1）利用公司在产品研发方面的优势，开发和研制与探鱼仪相关的产品，实现多元化经营，提高市场占有率，成为海洋资源保护和开发领域的领先者。

（2）公司将以高科技产品参与国际市场竞争。

产品延伸如图 A3-1 所示。

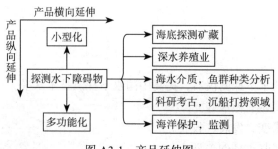

图 A3-1　产品延伸图

> ▶▶▶ 专家评析
>
> 旭初公司用非常简洁的语句介绍了公司的基本情况，在公司目标部分阐述得非常精彩。公司目标有时候又可以理解为公司在各阶段的战略规划，旭初公司把公司发展分为三个阶段，在每一个阶段都明确阐述了产品、市场和技术的发展计划，该部分内容将成为后续各部分内容设计子规划的主线和纲领，也为公司在未来发展过程中人、财、物集聚提供了思路。本部分还存在以下几方面内容尚待完善。
>
> （1）在公司介绍中最好对执行团队和领导团队进行初步介绍。风险投资者除了是投资项目，其实也在投资人。虽然这部分工作可以在后续管理和组织结构中完成，但是，如果在公司介绍中进行初步介绍，能增强风险投资者的团队认同感。
>
> （2）本部分最好增加公司的历史和发展内容。虽然本企业是创业公司，之前并没有公司形式，但是可以通过技术的发展阶段和应用情况做出初步介绍。
>
> （3）本部分还需要介绍一下前期各种人、财、物投入情况，还有合伙人的占股比例，好让风险投资者对公司资产构成有一个清晰的认识。

第 A4 章　产品论述

A4.1　产品介绍

探鱼仪前身是探测声呐。声呐是探测水下世界的眼睛，近几年发展起来的多波束声呐更是水下的千里眼和广角镜，它不但可以更广更深地探测鱼群，而且能发现水下障碍物以防止网具被破坏。探鱼仪同样可以用于水下考古、打捞、水下地形探测等。目前正在研发的是同时具有探测水底地质功能的产品，以应用于海洋资源开发。

A4.1.1 旭初水下探测声呐研发历史

（1）1988年——我国第一台单波束声呐由某大学研制成功，应用于黑龙江省镜泊湖水下地形探测；

（2）1994年——国内第一台多波束条带测声仪通过国家验收，并获得国家科技进步一等奖；

（3）2001年——条带测声仪应用于昆明抚仙湖水下考古获得成功；

（4）2001年至今，研究水下地质分析信号处理。

A4.1.2 技术特点及与主要竞争对手的技术差别

技术特点及主要竞争对手的技术差别如表A4-1所示。

表A4-1 与主要竞争对手的技术差别

性能指标	日本古野CSH系列	美国威士玛SS系列	国内761多波束彩色渔用声呐	旭初水平式多波束探鱼仪	旭初垂直式单波束探鱼仪
探测范围	全方位	全方位	全方位	全方位	垂直
鱼群探测距离	2 000米	800米	1 000米	3 000米	300米
测深能力	4 000米	2 000米	2 000米	4 000米（符合大型远洋渔业作业）	200米（符合中小型渔业作业）
扫描方式	电子扫描	机械扫描	电子扫描及多波束	电子扫描及多波束	电子扫描
发射功率	20kW	不详	5kW	5kW	300W
换能器阵	200个换能器	单个换能器	50个换能器	60个换能器	1个换能器
显示信息	鱼群方位、距离、深度、速度及分布	鱼群方位、距离、深度及分布	鱼群方位、距离、深度、速度及分布	鱼群方位、距离、深度、速度及分布	鱼群方位、距离、深度、速度及分布
实时性	好	不好	好	好	好
设备尺寸	大型	小型	大型	大型	小型

注：产品说明请见附录。[⊖]

A4.2 产品功能与用途

产品功能与用途如表A4-2所示。

表A4-2 产品功能与用途

功能	垂直式彩色探鱼仪	水平式彩色探鱼仪
探测距离	4米～1 000米（连续可调）	4米～4 000米（连续可调）
探测范围	船下方及某一方向扇面	水平及倾斜方向任意角度
正常/底部扩展模式	有	有
扫描模式	手动、单波束	电子扫描、多波束
显示方式	二维彩色CRT显示	二维彩色CRT显示
辅助功能	测深、TVG控制、画面移动速度可调	测深、TVG控制、可扩展海底地形成像、多画面同时显示
电源功率	直流12V～40V，功耗50W	交流220V，功耗1kW
位置确定时间	10秒内	20秒内
使用对象及环境	中小型船只、近海	大中型围网渔船、近海及远海

⊖ 本书附录略。

A4.3　产品优势

垂直式单波束探鱼仪的技术已很成熟（见图 A4-1），而技术要求高的水平式多波束彩色探鱼仪（见图 A4-2），尚可进行功能扩展，其优势如下。

（1）采用多波束技术，发射能量集中，作用距离远，探测范围大，探鱼群能力达 4 000 米；

（2）具有全方位探测搜索鱼群的功能，为渔轮提供全面的鱼群信息，科学捕鱼，可极大地提高渔获量；

（3）采用电子扫描技术，不需机械转动；

（4）通过附加设备，可综合显示信息，多功能显示鱼群、海底三维地形、水深、潮流方向、航行方向、航行位置、水温等信息；

（5）具有同类产品的国际先进水平，并且可附加海底地形成图功能（见图 A4-3 和图 A4-4），供特殊工作环境的客户使用，为新型产品；

（6）价格合理，具有国际竞争力。

图 A4-1　垂直式单波束探鱼仪样品

图 A4-2　水平式多波束探鱼仪样品

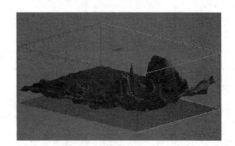

图 A4-3　产品样机声呐地形三维成像效果图

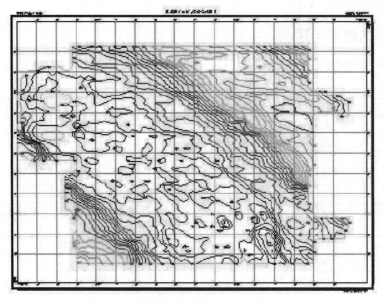

图 A4-4　产品样机声呐地形二维等深图

A4.4 公司中长期产品研发战略

（1）中期目标（4～6年）：保持在探鱼仪领域的研究开发。同时开发水下测深侧扫设备的小型化、多功能化产品，提高其地形测绘精度，同时集成地质分析、地貌成像功能。满足渔业、水下探测活动、考古、沉船搜寻、水下建筑等需求。开发的技术为多波束测深侧扫及相应三维成图技术。

（2）长期目标（6～8年）：继续保持探鱼仪研发及生产，不断推出新产品。继续提高多波束测深侧扫水下探测系统的精度，紧跟国际先进水平，研发新一代水下探测系统。同时开发有潜力的水下导航、定位、水质分析等相应的国际水平产品。

▶▶▶ **专家评析**

产品和技术的先进性是支撑商业计划的一个最有力支点，也是风险投资者最关心的核心问题之一。旭初公司较好地介绍了产品的研发历史、技术特点、功能用途、优势和中长期研发战略，让阅读者对水下探鱼仪产品有了进一步认识和理解。但是，本部分对技术水平和实际应用案例并未进一步说明，让风险投资者对产品的认可并未落地。本部分还存在以下几方面内容尚待完善。

（1）本技术的应用实例较多，文中给出了"黑龙江省镜泊湖水下地形探测"和"昆明抚仙湖水下考古"两个案例，如果能对该案例进一步说明和举证，能对强调该产品的技术先进性起到锦上添花的作用。

（2）该技术经过了近二十年研发，一定会有相当多的项目支持和专利，如果能把相关支持项目和申请专利罗列出来，会增强风险投资者对技术先进性和不可模仿性的认可。

（3）获得各级别奖项也是证明产品和技术先进性有力证据，在文中或附件中可以给出这些获奖证书，并加以说明。

（4）产品创新和技术的可持续发展离不开研发团队，在本部分有必要介绍和说明技术研发的核心团队和未来对公司的研发支持。

第 A5 章　行业与市场

A5.1　行业特征

我们要进入的行业是水下探测仪器的研发、生产与销售行业，它具有以下特征。

（1）技术难度高。技术是进入这个行业的关键因素。目前，只有美国、俄罗斯、德国、日本、挪威、中国等少数几个国家拥有这项技术。我公司的研发小组（以国家水声重点实验室为基础）早已掌握了这项技术，但由于涉及国家机密，一直未进行商业运作。如今，国家已经取消了限制。我公司的技术也已经达到了国际先进水平，并完全具备进一步研发的实力。

（2）不适合大规模生产。垂直式单波束探鱼仪性能较差，低成本、低价位，目标市场广阔（广大近海捕捞渔民），但由于市场趋于垄断，新进入者难以形成规模效益。水平式多波束探鱼仪性能好，成本与价格较高，目标市场为远洋捕鱼船队、科学考察与环保部门、水下打捞部门，适合批量生产与单件定制。

（3）竞争不激烈。由于技术难度高，行业内竞争者多为国外厂商，而在水平式多波束探鱼仪市场上则更是没有国内厂商。由于国外产品价格高，许多消费者盼望着高性能、低价位的产品出现，市场潜力巨大。

（4）受国家政策影响较大。为保护海洋资源，国家限制近海捕捞，鼓励远洋捕捞。水平式多波束探鱼仪的需求迅速增加。

A5.2 市场分析

A5.2.1 市场细分

市场细分图如图 A5-1 所示。

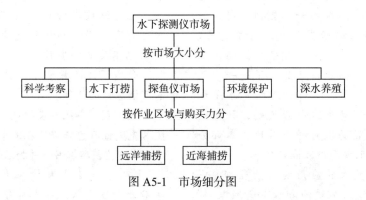

图 A5-1 市场细分图

1. 远洋捕鱼船队的特征

（1）水平式多波束探鱼仪成为其必备的科学仪器；

（2）包括远洋渔业公司与具有远洋能力的合伙渔民，产量大，销路多为集团，购买力强；

（3）市场迅速扩大。

2. 近海作业渔民的特征

（1）市场逐步萎缩，购买力弱；

（2）渔民主要靠经验，不重视探鱼仪；

（3）越来越多的渔民正逐步趋向于远洋捕捞。

A5.2.2 市场定位

水平式多波束探鱼仪主要面向远洋捕鱼作业的渔船，初期主要作用为探测鱼群，避开水下障碍物。随着公司规模的扩大，产品需求的上升，产品主要向分析海水介质，分析鱼群种类，探测海底矿物等方面发展。产品还可以应用于近海的深水养殖业的监测、科考研究、沉船打捞等多方面的业务。垂直式单波束水下探鱼仪主要面向近海捕捞渔船领域。

A5.2.3 中国海洋渔业资源发展现状

我国海域辽阔,可以开发利用的渔业资源非常丰富,有很好的市场前景。我国海区海域及渔场面积,如表 A5-1 所示。

表 A5-1 我国海区海域及渔场面积统计表

名称	海域总面积(千公顷)	大陆架渔场面积(千公顷)	平均深度(m)	捕捞业产量(万吨)
渤海	7 700	7 700	18	1 126 742
黄海	38 000	353 000	44	10 358 843
东海	77 000	54 900	370	9 974 078
南海	350 000	182 100	1 212	8 330 457
总计	472 700	280 000		29 790 120

资料来源:《2001 年中国统计年鉴》。

A5.2.4 中国海洋渔业产量现状

从图 A5-2 中我们可以看出,近年来我国海洋捕捞量呈现上升趋势,这和我国对渔业捕捞采取的政策是有关的。近海捕捞呈下降趋势,而远洋捕捞呈明显上升趋势。近年来我国的海水养殖和内陆养殖也呈现增加的趋势。

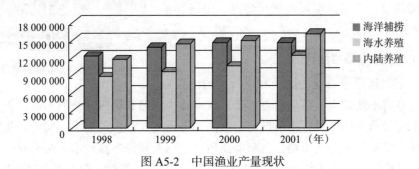

图 A5-2 中国渔业产量现状

资料来源:《2001 年中国渔业统计年鉴》。

A5.2.5 中国机动渔船现状

各级政府和有关部门高度重视远洋渔业结构调整工作,把发展远洋渔业作为贯彻实施"走出去"的发展战略,将加大对大洋性公海渔业的开发力度,增加了公海渔业资源探捕开发力度。从统计数据来看,2000 年我国远洋渔业共派出 1 719 艘渔船,比上年增加 67 艘,涉及太平洋、印度洋、大西洋公海及 30 多个国家和地区管辖水域。全国近年渔船增减情况如表 A5-2 所示。

表 A5-2 全国机动渔船增减情况

指标	2000 年		1999 年		增(+)减(-)	
	艘	总吨	艘	总吨	艘	总吨
600 马力以上	1 821	620 679	1 718	537 277	103	83 402
其中:生产渔轮	1 625	477 260	1 566	406 588	92	70 672
200～599 马力	23 050	2 321 234	21 605	2 169 397	1 445	151 837
其中:生产渔轮	12 276	1 075 935	20 314	1 091 334	-8 038	-15 399

(续)

指标	2000 年		1999 年		增(+)减(-)	
	艘	总吨	艘	总吨	艘	总吨
61～199 马力	41 303	1 598 946	39 755	1 628 611	1 548	-29 665
21～60 马力	58 853	665 386	58 520	666 325	333	-939
20 马力以下	164 655	613 861	158 369	589 809	6 258	15 052

资料来源:《2000 年中国渔业统计年鉴》。

A5.2.6 国内市场容量估计

据估算,2000 年国内探鱼仪的市场容量约为 1.3 亿元人民币,据调查和二手资料显示,水平式多波束探鱼仪的市场容量为 8 000 万元人民币,而垂直式单波束探鱼仪的市场容量为 5 000 万元人民币。目前国内的探鱼仪产品基本为国外厂商生产,其中日本厂商占领 40% 的份额,而挪威占领 2% 的市场份额,其他国家的厂商占领 7% 的市场,而我国的厂商只占领 10% 的份额,其余 41% 为市场空白。同时,我国渔船的探鱼仪装备率较低,有很多的渔民持观望态度。由此可以看出,探鱼仪市场潜力巨大,本公司产品有很好的市场前景。考虑到市场的增长情况,市场容量分析如图 A5-3 所示。

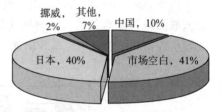

图 A5-3 市场容量分析

A5.2.7 国际市场容量预估

鉴于国家对远洋捕捞业的鼓励和支持,国内探鱼仪的市场容量将不断扩大,而且随着本公司技术逐步成熟和销售网络的不断完善,本公司还将向多元化经营方向发展,不断推出新产品,满足广大渔民的需求。同时,我们还将开拓国际市场,特别是东南亚市场。在东南亚地区,渔业资源丰富,水运交通发达,沿海有许多渔场和天然良港,而且水产品是主要的出口创汇手段,例如,越南有 3 200 多千米海岸线,渔业资源丰富,沿海有许多渔场(最著名的是潘切和湄公河渔场),并且越南渔业部设立的新计划中说明,要在 2005 年使渔业出口达到 30 亿美元,2001 年至 2005 年,渔业投资要达到 14.6 亿美元。所以各国政府都认识到渔业对于其国民经济的重要性,会不断加大对渔业的投入,对探鱼仪的需求将会大幅增加。因此,本公司产品也有很好的国际市场前景。

A5.3 竞争分析(波特五力竞争模型)

A5.3.1 行业内主要竞争对手分析

包括美国、挪威、日本等地区和国内的厂商。国外厂商目前并未在中国投资,其产品都通过中国贸易商进口到中国市场。

海外厂商的情况如下所示。

(1)美国厂商只生产水平式多波束探鱼仪,质量优良、功能多,但由于价格过高,国内消费者很难接受,所以在目标市场内美国产品很少;近期内美国厂商无意图进入中国市场。

(2)挪威厂商进入中国市场比较晚,没有建立起销售和服务网络,只设立了一家代理商,产品价格偏高。

（3）日本厂商进入中国市场比较早，建立了一定规模的销售与服务网络。日本产品主要分为两部分：一种为垂直式单波束探鱼仪，这种产品只能用于近海捕捞，不适合在远洋捕捞船上使用；另一种为水平式多波束探鱼仪，产品质量很好，但价格偏高，年销量有限。

国内厂商如下所示。

国内现有两家厂商在生产探鱼仪，南京宁禄和新吉坡。这两家厂商的产品均为垂直式单波束探鱼仪，价格在 8 000 元左右。南京宁禄的市场主要在环渤海湾地区，而新吉坡的市场主要在海外。目前两家的产品技术含量低，应用效果差，在远洋渔船用探鱼仪市场上的竞争力不强。

竞争对手情况如表 A5-3 和表 A5-4，图 A5-4 和图 A5-5 所示。

表 A5-3　水平多波束探鱼仪生产厂商比较

项目	美国厂商	挪威厂商	日本厂商	本公司
产品质量	很好	好	好	好
产品价格	30 万～40 万元	15 万～18 万元	15 万～18 万元	12 万元
服务网络	无	很差	一般	完善
销售网络	无	很差	一般	完善

表 A5-4　垂直单波束探鱼仪生产厂商比较

项目	日本厂商	国内厂商	本公司
产品质量	好	一般	好
产品价格	1 万元	0.8 万元	0.8 万元
服务网络	一般	一般	完善
销售网络	一般	一般	完善

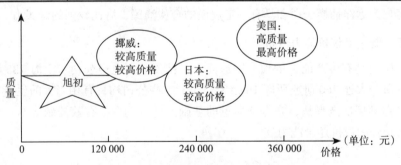

图 A5-4　水平式多波束探鱼仪竞争比较

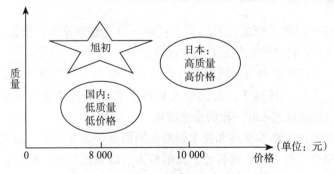

图 A5-5　垂直式单波束探鱼仪竞争比较

通过上述比较可以看出，本公司两种产品在竞争方面都存在较大优势。

A5.3.2 潜在竞争对手分析

1. 潜在竞争对手预测

潜在竞争对手有美国 SEA BEAM 公司、SIMRAD 公司、中科院上海声学实验室。美国公司产品价格过高，不会对我公司构成太大威胁，中科院上海声学实验室只热衷于技术转让，无意于开拓市场。

2. 应对措施

（1）申请国际专利保护，建立技术壁垒；

（2）树立国际品牌形象，培养顾客忠诚度；

（3）提高市场占有率。

A5.3.3 替代品分析

在可预见的未来，替代品威胁不大，因为功能较本产品差的产品，在远洋捕捞中作用不大，而功能较本产品强的探鱼仪在短期内无法将价格降下来。

A5.3.4 顾客议价能力分析

1. 总需求

目前，国内水平式多波束探鱼仪的需求量为每年 470 多台，年增长率为 12%，五年后约为 730 多台，市场容量达 8 700 多万元。垂直式单波束探鱼仪的市场容量达 5 000 万元。

2. 用户购买力

最终客户为远洋捕捞公司和具有一定规模的合伙渔民，有比较强的购买力。

A5.3.5 制造商议价能力分析

目前，国内具有生产能力的独立制造商有：杭州瑞利电声公司、上海 726 研究所、无锡 721 研究所、大连 760 研究所等 10 余家公司。这些公司均具有相当大的生产规模，我公司将通过制造商层次选择法，在保证质量的基础上进行选择，有效控制成本。所以，制造商并不具备很强的讨价还价能力。

A5.4 竞争优劣势 SWOT 分析

A5.4.1 机遇

（1）我国目前国内政治稳定，国际关系良好，社会健康发展，根据国家的发展战略，在可预见的短期内将保持这种趋势并有较大改善。

（2）我国经济保持快速发展。随着亚洲金融危机和"9·11"事件影响的逐渐消失，世界经济正在复苏。在此大环境下，我国加入 WTO，市场经济体制改革逐渐完善，可以预见，未来几年我国经济将进入新一轮的快速增长。

（3）国家科教兴国战略的实施和技术创新机制的逐步建立，极大地促进了我国科技的发展和产学研的结合。现今，我国科技正以前所未有的速度发展，给社会带来巨大效益的技术创新不断涌现。

（4）国家政策。农业产业结构调整和科技兴农战略的实施，将使我国渔业（特别是远洋渔业）快速发展得到强大支持。国家建立高新技术开发区，对高科技、高附加值产业实施减免税、利率优惠，同时建立了科技型中小企业技术创新基金以鼓励高科技产业发展。

（5）消费者消费结构与消费习惯。

随着人们收入和生活质量的提高，人们的需求、消费结构和习惯将有较大改变。生产资料的消费比重将提高，消费将趋于科学和理性，有一定超前消费的观念，乐于接受新产品，容易培养新的消费习惯。

A5.4.2 风险

（1）经销商销售能力的不确定性与倒戈的风险。
（2）高新技术发展很快，产品寿命周期缩短，有被替代的可能性。
（3）制造商可能带来的质量问题。
（4）可能受到已有厂商的报复。
（5）进入国外市场壁垒，比如：关税壁垒，反倾销，其他非关税壁垒。

A5.4.3 优势

（1）以某大学的水声国家重点实验室及科研人员为研发基础，具有国际先进水平、国内领先的科研技术。
（2）具有一支由教授、博士生、硕士生组成的研发队伍。
（3）有完善的营销网络与强大的售后服务队伍。
（4）产品功能、质量与日本产品相同，而价格具有明显的优势，并具有较大的降价空间。
（5）公司采用信息化管理，人员精炼，组织结构灵活，可迅速适应环境变化，员工素质高。
（6）本公司技术负责人与美国相关技术委员会建立稳定联系，公司技术实力获得突破性进展。

A5.4.4 劣势

（1）公司部分员工比较年轻，缺乏实践经验。
（2）公司属于新进入者，在开拓市场方面会付出很大代价。
（3）水平探鱼仪的价格和销售数量对公司的影响比较大。

A5.5 结论

公司进入探鱼仪行业机遇大于风险，优势大于劣势。公司准备采取以下措施规避风险与减小劣势。

（1）为防止竞争对手的过激反应，采取渗透式的进入策略。
（2）紧盯日本厂商的反应，适时运用反倾销的法律手段维护权益。
（3）在研发上高投入，实现技术突破，逐年降低成本，提高性能。
（4）通过完善的营销与服务网络，保持市场占有率与增长率。

（5）在4～5年间推出新产品，开拓新市场。

（6）产品强调差异化、个性化。

▶▶▶ 专家评析

只有熟悉和把握行业和市场变化，企业才能立于不败之地，本部分是企业进行市场营销的基础。旭初公司花费了较多的笔墨撰写本部分，其中在行业基本状况分析、市场细分、国内外竞争对手图表分析、资料来源等方面阐述得十分精彩。此外，本部分还运用了波特五力竞争模型和竞争优劣势SWOT分析法两个工具，更加深入地透析了该部分内容。但是，在某些细节方面还需要进一步完善。

（1）虽然在行业环境分析中对行业特点进行了归纳，但是分析还不够全面和具体，此处最好运用一些工具进行分析，如环境分析的PEST分析法，它能够使环境分析更加清晰和简洁。

（2）在市场竞争分析中，由于并未明确水平式多波束探鱼仪和垂直式单波束探鱼仪两种产品所处的市场结构和特点，导致分析不够科学和清晰。

（3）在文中多次提到美国厂商、日本厂商和挪威厂商，这些"厂商"的说法太笼统，因为并不是这些国家的每一家厂商都进入中国市场参与竞争，最好能够明确这些国家的厂商具体是哪几家，它们都有哪些不同特点和如何参与中国市场竞争等。

（4）数据和资料是商业计划书的基石。本文对大多数数据都标明了出处，但是还有一些数据缺乏来源，如文中所提"2001～2005年，越南渔业投资要达到14.6亿美元"等。

第A6章　营销计划

A6.1　市场目标与计划

A6.1.1　市场目标

1. 短期目标（第1～3年）

在占有全国市场份额12%的基础上，以高于市场平均增长率快速增长，在第三年末占领全国同类产品30%左右的市场份额。

2. 中期目标（第4～5年）

健全和完善全国营销网络，保持销量的快速增长，在本期末占领全国同类产品市场35%以上的份额，为下一步占领更大市场份额并进军国际市场做准备。

3. 远期目标（第6～8年）

主导产品占领全国同类产品45%以上的市场份额，确立国内市场主导地位，研究开发新产品，并适时开拓国际市场，重点是东南亚市场。

A6.1.2 市场计划

为配合本公司经营战略的实施，本公司产品的市场计划将根据公司战略实施步骤制订各个阶段的市场计划。

1. 第一阶段（第1～3年）

其中第1～6月，为进入市场前期准备阶段，主要任务及目标：宣传产品及企业形象，培育产品市场，培训营销人员。第6月至第三年，以浙江省为突破点，面向全国，建立自己的营销网络，并与代理商（主要是渔业器械销售商）建立合作关系，同时适时建立公司网站和客户资源管理数据库，启动产品的市场渗透战略，抢占市场。

2. 第二阶段（第4～6年）

健全和完善直销与委托代理商相结合的全国营销网络，完善公司网站和客户资源管理数据库，推动网络营销，实施市场全面进攻战略，全面开展主产品、新产品及相关产品在渔业方面业务，并适当地、有步骤地开展在深水养殖业、科考、水下探测及环保等领域的业务。

3. 第三阶段（第5～8年）

在巩固现有市场的基础上，进一步拓展国内市场，扩大业务范围，实施多元化经营，并通过委托方式积极开拓国际市场。

A6.2 目标市场

产品目标市场参见 A5.2.2 市场定位。

A6.3 营销策略

A6.3.1 五年计划销售量预估

公司产品第1～5年的销售量估计曲线如图 A6-1 所示。

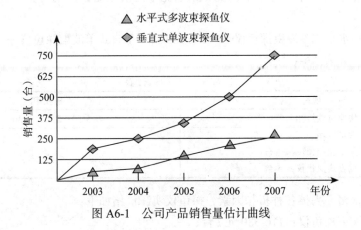

图 A6-1 公司产品销售量估计曲线

销售额预测直方图如图 A6-2 所示。

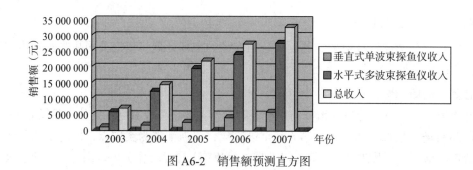

图 A6-2　销售额预测直方图

5 年后，我公司的产品销售额将达到 3 270 万元。

A6.3.2　产品（Product）

（1）产品描述。产品主要是用于拖网渔船，本公司产品的使用可提高渔获量和捕鱼效率，减少渔网的损失，保护船舶的航行安全。

（2）品牌和标志。中文名称：旭初。其意义为旭日东升，象征着公司蓬勃发展。英文名称：SUNRISE。

（3）与其他竞争者的技术性能比较。具体见表 A4-1。

（4）产品线。具体如下：

水平式多波束探鱼仪：大约占公司总销售额的 83%。

垂直式单波束探鱼仪：大约占公司总销售额的 17%。

两种产品的销售额及比例是在考虑市场定位、市场需求、营销成本、公司研发和生产能力等情况下确定的。

A6.3.3　价格（Price）

（1）定价原则。基于竞争、成本和市场定位，本产品的定价策略是高品质、中低档价格；为提高大客户的积极性，鼓励客户尽快付款，建立一套价格折扣体系；我们致力于技术领先和较高性能价格比而不是打价格战，定价考虑的因素是：合理的毛利率、逐步扩大销售额、提高市场占有率、对手的情况；采取竞争定价策略，确定有竞争优势及较大降价空间的定价。

（2）基价。水平式多波束探鱼仪——2 万元/台；垂直式单波束探鱼仪——0.8 万元/台。

（3）折扣，如表 A6-1 所示。

表 A6-1　折扣执行表

项目	折扣率
快速付款折扣	5/10；2/20；n/30
定量折扣 水平式探鱼仪≥2 台 垂直式探鱼仪≥5 台	2%

（4）实际价格。去掉各种折扣因素，探鱼仪实际价格如下：

水平式多波束探鱼仪：116 580 元/台；

垂直式单波束探鱼仪：7 800 元/台。

A6.3.4 销售渠道（Place）

根据本公司产品科技含量高、价格适中等特点，拟采用自建销售网络和利用现有销售渠道两种渠道模式。

（1）自建销售网络：在全国分四个区域建立自己的分销中心，如表 A6-2 所示。

（2）利用现有的销售渠道：精选成熟代理商（主要是渔业器械销售商）作为合作伙伴，借助其较完善的销售渠道和较高的商业信誉拓展市场。中期以后，将适当减少代理商业务范围，转为自营。

表 A6-2　全国销售机构分区情况及人员设置

区域	包括省、自治区、直辖市	营销人员（售后服务人员）数目（人）		区域办事处地点	人员分配工作
		第1～3年	第4～5年		
北区	辽宁省、河北省、天津市	4（2）	6（2）	辽宁省营口市	每一区设一经理，其余为业务员（售后服务人员）
东区	山东省、江苏省、上海市、浙江省	6（2）	8（2）	浙江省象山县	
南区	福建省、广东省、海南省、广西壮族自治区	5（2）	7（2）	广东省广州市	
中西区	其他省份	0（0）	2（1）	重庆市	
合计	—	15（6）	23（7）	—	

注：区域划分与办事处地点选择是综合考虑地理位置、顾客分布情况、营销成本等因素确定的。

对代理商的管理与激励：

①优惠价格；

②在与代理商合作期间，通过评价其代销业绩，选择和吸收具有良好的关系网络、有能力的代理人才，以完善自建的销售网络；

③自有销售部门与代理商共同负责本区域市场，并给予代理商一定的技术和广告支持。

由于两大销售渠道的目标客户各有不同，因而代理商的选择应尽量避免与本公司销售体系的冲突。

（3）建立公司网站与客户资源管理数据库，推动公司网络营销，使公司与现实顾客或潜在顾客建立长期稳定的互动关系，树立产品和企业的良好形象（见图 A6-3）。

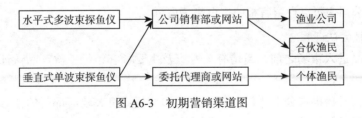

图 A6-3　初期营销渠道图

A6.3.5 推广策略（Promotion）

1. 人员推广

（1）人员推销活动。由经过专业培训的推销人员通过直接上门推销或销售部柜台推销方式进行推销。此为主要的推销方式。

（2）由技术小组（专家）通过免费培训、咨询等方式向客户推销，或参加贸易展销会展示销售。

（3）待产品成熟并占有较大市场份额后，和船厂建立合作关系，在建造渔船时作为渔船必备仪器直接装载于渔船上，进行捆绑销售。

2. 试用销售

由于本产品具有高科技含量、功能强大齐全、中档价位等特点，因此在产品打入市场的前期，应给予客户一定时间（3个月）的试用期，以解除他们对本产品的疑虑，建立起他们对产品的信任，培养客户对探鱼仪的使用习惯，培养产品与品牌亲和力。

3. 服务促销

（1）售前服务：推销人员定期向渔业公司和个体渔民发送产品介绍和说明书，接受客户订购，并在中远期按订单生产。

（2）售中服务：为顾客提供折扣（折扣执行见表A6-1）、分期付款（分三期付足，两月一付，首期付1/2，后两期各付1/4）、租赁、送货上门及仪器的安装、调试服务。

（3）售后服务：由专门技术人员定期（1个月一次）对仪器进行检查、保养及维修工作。

（4）咨询和信息服务：免费为客户提供信息咨询服务，同时向研发部及生产厂商传输顾客反馈信息。

4. 广告

综合考虑到本公司产品技术含量高、结构功能复杂、需求广告弹性小等特点及各媒体特点、性能价格比后，选择专业杂志（《中国水产科学》《中国水产文摘》）、互联网和产品说明宣传书为目标媒体发布产品与公司广告。产品品牌广告将根据产品进入市场的不同阶段制作系列广告，保持风格的一致性。

5. 公关

公关活动的原则是树立公司技术先进、勇于创新、严谨踏实的良好形象。

（1）每年承办1～2次有关方面的大型学术交流会、研讨活动；

（2）在海洋院校设立奖学金或向海洋、水产科研机构提供科研经费，培养顾客群，在教师或科研人员心中树立企业形象；

（3）制作公司主页，设留言板、来电来函咨询。

6. 权力（社会认证）

（1）在产品进入市场之前，邀请有关专家及主要顾客组织一次产品认证会，增进本公司产品的认可度；

（2）通过技术援助或公关手段赢得权威机构部门或有关政府部门的注意和支持，说服其向社会推荐使用本公司产品；

（3）通过改进技术，提高质量，达到行业标准，获得质量体系认证。

A6.3.6 营销人员招聘、培训及工作安排

1. 营销人员分配、规模及人事工作

营销人员分配工作：

（1）营销人员的工作主要集中在目标市场；

(2)划分销售区域以分配销售人员；
(3)实行与营销业绩挂钩的公平原则。

人员规模及结构：
(1)规模：20～30人；
(2)营销人员架构：具体如表A6-2所示。

2. 招聘及培训

招聘原则：
(1)性格开朗、耐劳，责任心强，思维活跃，应变力强；
(2)超过1年的相关工作经验，熟悉当地情况，同客户有良好关系。

招聘方法：
(1)报纸和网上广告；
(2)行业内人士介绍；
(3)人才市场。

培训原则：
(1)了解产品知识；
(2)了解企业文化；
(3)提升业务技能。

▶▶▶ **专家评析**

营销计划是风险投资者的关注焦点之一，也是支撑商业计划的又一个有力支点。旭初公司对此部分内容阐述得非常细致和深入。在结合公司总体目标的基础上，给出了市场具体目标和计划；在销售策略中，给出了大量数据和方案以证明市场营销的科学性。但是，在市场调研阐述和营销方案设计中还存在较大问题。

(1)进行有效的市场调研是企业了解和进入市场的前提和基础。在商业计划书附件中有旭初公司进行市场调研的介绍，但是在本部分并未体现出调研内容。如果风险投资者不关注附件，那么创业团队会被扣上不了解市场的帽子。此外，市场调研可以让公司了解消费者的真实需求，有利于进一步设计营销方案。

(2)本部分虽然给出了销售量和销售额预测图，但是并未详细解释销售预测前提和图形变化的原因。

(3)在销售方案设计中，旭初公司基本按部就班和面面俱到，但并未给出一些有特色的销售手段和技巧，也没有就某个销售模式和方案进行具体阐述，让人感觉过于笼统。

第 A7 章　生产运营

为了控制成本和降低对固定资产的资本投资风险，本公司只生产软件，其他生产活动承包给相应的公司（见图A7-1）。

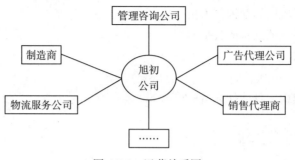

图 A7-1　运营关系图

A7.1　运营流程

（1）销售部将市场信息反馈至综合部，在综合部汇总后再反馈给研发部；
（2）综合部分析信息后制订生产计划；
（3）公司选择制造商，并与制造商签订合同，确定生产计划；
（4）研发部对产品生产过程进行质量监控，并对产品进行严格的质量验收，对合格产品进行软件录入；
（5）将产品推向市场；
（6）对顾客进行跟踪服务（见图 A7-2）。

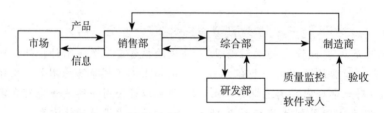

图 A7-2　运营流程图

A7.2　公司选址

A7.2.1　选址原则

（1）靠近主要客户与制造商；
（2）项目负责人与当地政府有良好关系，了解当地风俗习惯；
（3）当地劳动力充足，且劳动力成本低；
（4）当地经济比较发达，信息充分，对于高科技企业有优惠政策；
（5）交通便利，离制造商近，运输成本低。

A7.2.2　选址比较

依上述原则，选址比较如表 A7-1 所示。

满足我们需求的最合适的地点是浙江省象山县工业园区，公司前三年免税，后两年税收减半。

表 A7-1 选址比较

原则	辽宁省大连市	浙江省象山县	广东省广州市
离主要客户的距离	比较远	√很近	比较近
离制造商的距离	比较远	√近	比较近
与当地政府的关系	不熟	良好	不熟
观念开放程度	一般	开放	√最开放
劳动力成本	√最低	低	比较高

A7.3 研究与开发

本公司的主要业务是研发水下高科技探测仪器，研发新产品和不断使现有产品升级。我们的研发策略包括两个方面。

A7.3.1 职责

（1）根据最终用户的反馈提高产品质量，降低成本；
（2）开发新产品，研发出具有海底探矿功能的产品，并将业务范围扩大到环保、科研、水下考古等领域；
（3）控制产品质量与验收；
（4）培训售后服务人员，招聘与培训新聘研发人员；
（5）参与公司制定决策。

A7.3.2 策略

（1）建立软件实验室，需要水下实验时再租用水声实验室；
（2）与其他一些研究所或大学合作，聘用一些兼职的技术人员，可以合作的单位有：中科院声学研究所、上海交通大学、中国科技大学。

A7.4 制造商选择

因为本公司产品的硬件生产与包装全部以合同的形式外包给制造商，这直接关系到产品的质量与成本，因此制造商的选择至关重要。目前，国内具备生产能力的制造商有杭州瑞利电声公司、上海726研究所、无锡721研究所、大连760研究所等10余家公司。

选择原则：
（1）保证产品质量是前提；
（2）制造商要获得 ISO9000 认证或 ISO14000 认证；
（3）综合考虑制造商的规模、报价、信誉、财务状况、研发能力、地理位置、公司战略、企业文化等因素；
（4）将以上各因素赋值（0～10分），赋权重（0～1），建立数学模型，作为选择制造商的依据；
（5）与2～3家制造商建立稳定的联系，逐步参股1～2家制造商（见表A7-2）。

经过模型测算可以把杭州瑞利作为制造商优先选择的对象。

表 A7-2 制造商选择模型

项目	权重	无锡721厂	杭州瑞利	上海726所
质量（Q）	0.2	2.5	2	1.5
报价（P）	0.1	1	1.5	2
规模（S）	0.2	1	1.5	0.5
财务状况（F）	0.1	0.5	0.5	0.5
信誉（CS）	0.15	2	1	1
研发能力（RD）	0.05	0.5	3	2
地理位置（L）	0.05	1	1	2
公司战略（ST）	0.1	0.5	1	1.5
企业文化（C）	0.05	0.5	1	1
合计	1	1.3	1.4	1.2

注：制造商得分 = $Q \times S1 + P \times S2 + S \times S3 + F \times S4 + CS \times S5 + RD \times S6 + L \times S7 + ST \times S8 + C \times S9$。

A7.5 质量控制

由于我们的产品是直接面向消费者而生产是外包给制造商，因此质量的控制对于产品的评级和公司的发展至关重要，主要控制工作如表 A7-3 所示。

表 A7-3 质量控制关键点

控制点	内容	采取的措施
换能器	发射及接收指向性、灵敏度	必须满足要求
自动增益控制 AGC	动态范围必须足够大，不能出现限幅	极限测试
处理分机	湿度、温度测试	专门试验条件测试

>>> 专家评析

生产运营是一个复杂的过程，需要占用企业大量的资源。作为初创具有实际产品的企业，旭初公司较为明智地选择了外包方式。该方式对创业公司具有较大的优势，如公司可以把有限的资源集中到市场营销和研发中去，让企业快速占领市场，提升品牌知名度。但是，也存在较多问题，如产品质量不好控制。在本部分旭初公司运用科学方法进行了厂址选择和外包制造商选择，这是非常有说服力的方式。此外，旭初公司应该加大笔墨阐述如何进行质量控制，如与外包制造商建立质量控制联动机制，避免在产品质量上出现风险。

第 A8 章 公司管理

A8.1 组织结构

公司初期拟采取直线职能型组织结构，如图 A8-1 所示。

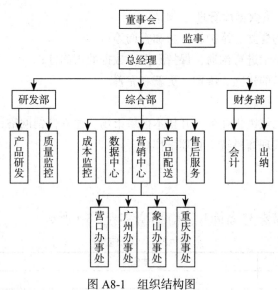

图 A8-1　组织结构图

A8.2　工作职责与简历

按组织框架图，公司核心管理层由以下人员组成。

工作职责

总经理：某人

（1）完成公司董事会设定的经营目标，制订业务发展计划；

（2）管理和协调各部门工作；

（3）承担部分公关职责，并协助营销中心树立本公司产品品牌的知名度。

研发部经理：某人

（1）负责水下探测仪的研发工作以确保产品的高质量和技术的领先；

（2）为销售人员、维修人员提供技术支持和培训。

财务部经理：某人

（1）负责财务管理，为总经理提供精确的财务数据和准确的财务分析；

（2）管理日常会计工作、现金流和成本控制等。

综合部经理：某人

（1）负责公司企划工作、日常行政工作；负责人事工作，如员工招聘、绩效评估、培训、员工薪酬和福利等；

（2）协助总经理做好与制造商的谈判、协调、控制工作；

（3）协助总经理进行公关工作。

综合部副经理（负责销售）：某人

（1）建立探鱼仪的品牌知名度，获得合理的市场占有率、销售额和销售利润；

（2）制定和执行市场策略，进行必要的市场调研；

（3）领导销售队伍在一定的预算控制下提高销售业绩。

综合部副经理(负责数据库管理):某人
(1)负责数据库的建立、维护、更新和查询等;
(2)与其他部门员工进行沟通,保持数据库数据的正确性;
(3)负责公司网站的建立、维护、更新和完善。
区域办事处经理:待聘
(1)具体处理本区域销售业务,开拓本区域市场,建立营销网络;
(2)做好本区域代理商挑选、管理工作。

A8.3 公司员工

在公司初期,共需要 37 名员工,人员安排如表 A8-1 所示。

表 A8-1 人员安排

部门	具体安排	数量
总经理室	总经理 1 名	1
研发部	1 名部门经理,5 名员工	6
财务部	1 名部门经理,1 名员工	2
综合部	1 名部门经理,2 名副经理, 3 名办事处经理,22 名员工	28
总计	—	37

A8.4 人员招聘与培训

A8.4.1 招聘条件

(1)有相关职业上岗证书,有一年以上从事相关工作经验;
(2)身体健康,能吃苦耐劳,有毅力,应变能力强;
(3)责任心强,工作踏实认真,服从指挥;
(4)有竞争意识和团队精神。

A8.4.2 培训

所有聘用人员上岗前都必须经过以下几方面的专业培训。
(1)产品、技术知识;
(2)公司运作情况;
(3)数据库操作、电子商务知识;
(4)公司各项规章制度;
(5)重要的供货商、目标客户情况。

A8.5 业绩评价与激励

A8.5.1 业绩评价指标

业绩评价指标如图 A8-2 所示。

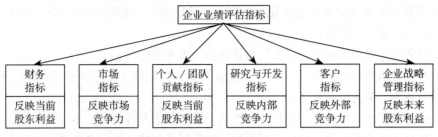

图 A8-2　业绩评价指标图

A8.5.2　经理人员的激励措施

（1）提升职务，扩大职责范围；

（2）职位交流，培养高素质管理者；

（3）每年按业绩分层次给予不同份额的股份，一次最多不超过 2%，且 5 年内不许出售，5 年后，按百分比可逐年出售；

（4）每年年底以业绩作为发放奖金的依据，业绩评价体系如表 A8-2 所示。

表 A8-2　经理人员业绩评价体系

指标	市场占有率	市场增长率	销售额	利润额	利润增长率	成本降低幅度
权重	0.2	0.2	0.1	0.2	0.15	0.15

A8.5.3　营销人员的激励措施

（1）根据每人当月销售量的毛利，提取毛利的 1% 奖励给销售人员；

（2）年底公司再拿出毛利的 1% 奖励给完成销售任务的销售人员；

（3）年底根据销售人员完成任务情况，进行排名，对最后 5% 的人员进行淘汰；

（4）对销售业绩出众的人员给予提拔，并给予一定的股权奖励。

A8.5.4　研发人员的激励措施

（1）营造良好的用人环境，保障研发经费；

（2）每年为研发人员提供高级技术培训机会，公司支持研发人员参加高级技术论坛；

（3）研发人员逐年分配股份，5 年内不得转让，5 年后可逐年转让。

A8.5.5　员工的激励措施

（1）保障工资按时发放，实行带薪休假制度；

（2）实行员工持股计划；

（3）员工参与管理，提出合理化建议制度。合理化建议一经采用，立即给予物质奖励，并公开表扬。综合考虑提出的合理化建议数量与被采纳的合理化建议数量，累积到一定数量后，给予股权奖励。

A8.6　企业文化

（1）人性管理与科学管理相结合，赋予员工沟通权、知晓权、活动权、议事权、建议权、监督权、批评权和参与决策权；

（2）依靠制度化来培育企业文化，如例会、述职报告、管理制度、员工守则、岗位责任等，领导一定要以身作则；

（3）以各部为单位形成学习团队，每月进行一次业务交流；

（4）利用价值观体系，如企业目标、企业哲学、企业精神、企业经营理念、企业效益观、企业服务观、企业质量观等；

（5）培养创新的氛围，对于创新行为要给予奖励与公开宣传；

（6）长期渗透企业文化，培养行为习惯，如员工的着装打扮、言谈举止、工作风格等。

A8.7 所有权

A8.7.1 总投资

总投资为 300 万元人民币。资本结构如图 A8-3 所示。

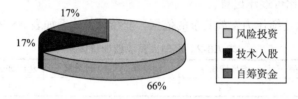

图 A8-3 资本结构图

A8.7.2 所有权形式

采取有限责任制。

A8.7.3 董事会

根据资本结构，董事会将由高层经理、技术所有者和风险投资者组成。

▶▶▶ **专家评析**

旭初公司在本部分阐述了组织结构、相应职位职责和资本结构，内容较全面，但是还存在较大的问题。

（1）组织结构是随着公司的发展不断改变的。旭初公司给出了一个直线职能型的组织结构，但是这个结构基本只适合公司的前3年发展，从文中可知，第4年开始公司有较快速发展，人员较多，那么是不是可以给出3年后的组织结构图，这样看上去会更加科学？

（2）在管理团队和知识结构方面分析较少。旭初公司具有先进的技术，管理团队将会成为关注焦点，在本部分应该详细介绍管理团队成员履历，判断知识结构是否有问题。如果有问题，就需要通过招聘管理员工来补充知识不足，特别是对于大学生创业者来说，由于市场方面知识的匮乏，是否可以招聘相应员工来完善管理团队，如果需要也可以外聘一些专家作为外脑。

（3）在资本结构中存在着较大的问题。一般融资分为多个阶段，如果第一次融资就把控股权给风险投资者，首先会挫伤管理团队的积极性，其次不利于

> 再次融资。此外，风险投资者在没有看到公司具有较好运营前景的前提下，也不会匆忙地进行控股，而是会随着公司不断壮大不断增加自己的股份。因此，此处的资本结构是不科学的，在公司创业初期还应该是由公司管理团队直接控股。此外，多阶段融资股权结构变化案例可见第一章第三节案例分析。

第 A9 章　财务计划

A9.1　资金需求

A9.1.1　目前资金需求量

金额：300 万元人民币。

时间：2002 年 8～12 月。

资金类型：

（1）权益：100%；

（2）债务：0%。

资金来源：

（1）100 万元人民币——技术入股和高层经理自筹入股。

（2）200 万元人民币——风险投资基金。

A9.1.2　其他资金需求

在接下去的几年中，我们不会再向外界筹资或向银行借款，由于该项目的高盈利性，公司每年的保留盈利已完全可以满足业务不断拓展的需求。

A9.2　资金使用

旭初水下仪器有限责任公司在创业初始需要 250 万元人民币用于初期投资。具体安排如下。

（1）公司开办费：67.6 万元。

各种证明、证书和执照：0.5 万元；

产品和设备测试：1 万元；

初期促销费用：3.1 万元；

人员培训费：3 万元；

样机研发费用：60 万元。

（2）设备购买 37.65 万元。

购买手机、电话、传真、复印机和其他办公设备的费用：8.15 万元；

购买计算机及网络设备费用：15.5 万元；

昌河面包车：3 万元；

皮卡车：3 万元；

示波器：8 万元人民币。

（3）总部及办事处租金：3.9 万元。

总部租赁：2.1 万元；

办事处租赁：1.8 万元。

（4）实验室的建立和研发费用：17.5 万元。

实验室建立费用：10 万元；

一季度研发费用：7.5 万元。

（5）流动资金：89.35 万元。

管理费用：49.35 万元；

一季度营销费用：50 万元。

（6）库存占用资金：24 万元。

在第一年第一个月，库存量将达到顶峰，价值 24 万元，从那时起，库存量因为销售量的上升而逐渐回落。因此，我们设定初期在库存方面的资金准备为 24 万元。

A9.3 财务数据

作为一个新公司，我们没有历史数据可做参考，因此，我们根据行业的历史数据进行下列的假设。

A9.3.1 产销量预测

具体产销量预测如表 A9-1 所示。根据产量和销量假设，第 1～5 年的生产量将从 241 台增长至 1 015 台。

表 A9-1 产销量预测表　　　　　　　　　　　（单位：台）

年度	产量	产量A	产量B	库存A	库存B	销量	销量A	销量B
第 1 年	241	53	188	3	8	230	50	180
第 2 年	357	102	255	5	13	350	100	250
第 3 年	530	174	356	9	19	520	170	350
第 4 年	730	212	518	11	27	720	210	510
第 5 年	1 015	252	763	13	40	1 000	250	750

注释：A 为水平式多波束探鱼仪，B 为垂直式单波束探鱼仪。

A9.3.2 员工需求量和劳动力成本预测

具体如表 A9-2 所示。第 1～3 年公司业务主要是水平式多波束探鱼仪，营销人员总数将保持不变。第 4、5 年公司将拓展业务，营销人员数量将显著增加。

表 A9-2 员工需求量表　　　　　　　　　　　（单位：人）

员工	人数				
工作岗位	第 1 年	第 2 年	第 3 年	第 4 年	第 5 年
质检/研发人员	5	5	6	6	6
营销人员	15	15	15	23	23
售后服务人员	6	6	6	7	7
后勤人员	1	1	1	1	1

(续)

员工 工作岗位	人数				
	第1年	第2年	第3年	第4年	第5年
数据操作员	1	1	1	1	1
出纳	1	1	1	1	1
网络维护员（兼职，不计入总人数）	1	1	1	1	1
总经理	1	1	1	1	1
研发部经理	1	1	1	1	1
财务部经理	1	1	1	1	1
综合部经理	1	1	1	1	1
综合部副经理	1	1	1	1	1
办事处经理	3	3	3	4	4
总计	37	37	38	48	48

A9.3.3 利润表

（1）第1年（按月编制）。此项目从第1年起就开始盈利。

（2）第1～5年。在5年中年净利润从50万元增长到1 129万元。

可参考本书作者给出的详细报表。

A9.3.4 现金流量表

（1）第1年（按月编制）。

（2）第1～5年。随着产量和销量的迅速上升，现金流也始终正值而且快速上升。第1年末年现金流量已近205万元，而到第5年年末更是累积高达2 361万元。

A9.3.5 资产负债表

（1）第1年（按月编制）。该项目的现金总投资为250万元人民币，再加上估价50万元的技术诀窍，总资本金为300万元人民币。到第一年年末，总资产已近350万元人民币，其中股东权益为325万元人民币。

（2）第1～5年。

A9.4 财务分析

A9.4.1 比率分析

（1）财务比率分析，具体如表A9-3所示。

表A9-3 财务比率分析表　　　（金额单位：元人民币）

年度	净利润	销售额	平均所有者权益	平均总资产	所有者权益净利率	资产净利率	资产周转率
第1年	499 225	6 128 280	3 124 806	3 249 612	15.98%	15.36%	1.886
第2年	3 743 831	11 645 400	4 185 570	5 246 334	89.45%	71.36%	2.220
第3年	7 897 257	18 594 220	8 195 842	10 006 114	96.36%	78.92%	1.858
第4年	9 131 083	23 596 560	11 352 927	15 610 012	80.43%	58.50%	1.512
第5年	11 290 503	27 773 550	16 458 324	21 563 720	68.60%	52.36%	1.288

（2）净现值、投资回收期和内部收益率分析，具体如表A9-4所示。

表 A9-4　现金流量和 DCF 估值

指标	第 0 年	第 1 年	第 2 年	第 3 年	第 4 年	第 5 年
现金流量	−3 000 000	2 047 569	5 705 706	11 754 280	16 921 246	23 619 571
DCF	−3 000 000	1 861 426	4 715 460	8 831 164	11 557 439	14 665 895

注：在10%贴现率的基础上进行贴现现金流分析。尚在分析中的第6年的终值未被计入。

从现金流量和贴现现金流的计算，我们可以得出下列结果：

① 净现值=3 863 万元人民币；
② 内部收益率=155%；
③ 投资回收期=1.17 年；
④ 贴现投资回收期=1.24 年。

为保守起见，在上述计算时，尽管在第6年有业务拓展计划，我们没有计入第6年的终值。即使如此，投资回报仍令人十分满意。

A9.4.2　量本利分析和盈亏平衡分析

根据计算，水平探鱼仪保本销售额为420万元，垂直探鱼仪保本销售额为82万元。

A9.4.3　敏感性分析

在所有的不确定因素中，水平探鱼仪的售价及销量对净现值影响最大。但即使其下降20%，内部收益率也高达108%，说明该项目具有很高的收益率及较强的风险抵抗能力。

A9.5　总结

通过财务分析，我们确信这些数据和结论都是可行的。而且，凭借公司的所有权结构、管理体系以及产品质量、技术诀窍，本商业计划设定的目标也完全是可行的。因此，我们相信，这是一个非常有吸引力的投资项目。

▶▶▶ 专家评析

财务计划是公司运营的归纳和总结。旭初公司详细地说明了融资情况、资金使用情况、财务报表分析和财务指标分析，可以看出公司从财务上具有较高的收益性。建议旭初公司在财务指标分析中再多花些笔墨，详细解释一下这些指标是否达到预期，是否合理可行。

第 A10 章　资本退出

A10.1　资本退出策略

由于本公司产品市场容量、资本规模及增长能力、研发与生产能力有限，同时考虑竞争对手可能做出的反应和市场风险，预计短期内难以达到上市条件，但公司价值的高增长性和广阔的市场前景决定我们不能将公司整体出售。因此，本公司将采用股权回购和寻求其他企业（或资产管理公司）购买风险投资股份相结合的方式撤出风险投资。具体做法是：由本公司回购风险投资者 1/3 的股权，其他 2/3 由其他企业（或资产管理公司）购买。此策略的采用，不仅能改变公司的股权结构，掌握公司控制权，而且能继续吸收社会投资，以利于持续经营。

A10.2 资本退出时间

根据公司发展战略，风险退出时间选择在收回投资后且资产规模和盈利能力较强时，具体时间为第 5 年年末。此时，公司总资产将达到 2 516 万元人民币，销售额达到 3 270 万元人民币。这一数字来自于对 5 年内销售总额的保守估计。在第 5 年年末，所有者权益数为 1 928 万元，可供投资者分配的利润为 1 643 万元，风险投资家预计可分得的利润为 1 100 万元。

▶▶▶ **专家点评**

旭初公司在风险资本退出方式上选择了股权回购或其他企业购买的方式，由于该企业属于高科技公司，技术先进且利润较高，该退出方式存在一定的合理性。但是，风险投资者愿意有更高的回报和多重选择，根据旭初公司的财务计划，公司是否可以考虑公开上市作为一个备选方案？此外，旭初公司并没有分析未来面对的风险，这会给风险投资者是否决定投资留下一个很大的疑问。

第 A11 章　附录

A11.1 市场容量估算

A11.1.1 水平式多波束探鱼仪全国市场容量分析

水平式多波束探鱼仪全国市场容量分析如表 11-1 所示。

表 A11-1　水平式多波束探鱼仪全国市场容量分析表

年份	年初旧船数（艘）	淘汰率	本年淘汰船数（艘）	新增加船数年增长率	本年新增加的船数（艘）	本年末船数（艘）	本年需要更新探鱼仪的船数（艘）	探鱼仪更新率	全国探鱼仪需求量（台）
代号	A	X	$B=A \times X$	C	D	$E=A-B+D$	$F=(A-B) \times Y$	Y	$G=D+F$
2002	1 687		84		206	1 809	—		—
2003	1 809		90	12%	231	1 950	241		472
2004	1 950	5%	97		259	2 112	260		519
2005	2 112		106		298	2 304	281	14%	579
2006	2 304		115	15%	343	2 532	306		649
2007	2 532		126		395	2 801	337		732

A11.1.2 水平式多波束水下探鱼仪市场销售额预测

水平式多波束水下探鱼仪市场销售额预测如表 A11-2 所示。

表 A11-2 水平式多波束水下探鱼仪市场销售额预测表

年份	全国探鱼仪年需求量（台）	预计市场份额（%）	市场份额增长率（%）	预计销售量（台）	预计单价（万元）	预计销售额（万元）
代号	G	H	I	$J=G \times H$	K	$L=J \times K$
2003	472	10.5	—	50	12	600
2004	519	19.2	82.8	100	12	1 200
2005	579	29.4	53.2	170	12	2 040
2006	649	32.3	10.0	210	10	2 100
2007	732	34.1	5.6	250	10	2 500

以 2000 年和 2001 年的全国机动渔船增减情况（《中国渔业统计年鉴》）的渔船总数为基础，根据以往船舶的更新率和增减情况，估计大型船舶的淘汰率大致为 5%，新增加的渔船增长率大致为 12%，考虑到技术的进步和国家的政策因素，船舶的淘汰率和渔船的增长率将有所下降，预计本公司的水平式多波束探鱼仪的销售量为 50 台左右，5 年后将到达 250 台左右。根据公司产品单价，5 年后水平式多波束探鱼仪的销售额将达到 2 500 万元人民币。

A11.1.3 垂直式单波束探鱼仪市场销售量预测

根据表 A5-2 中全国机动渔船增减情况，其 599 马力以下为垂直式单波束探鱼仪的目标客户，根据水平式多波束探鱼仪的市场预测方法，得出垂直式单波束探鱼仪预计销售量，如表 A11-3 所示。

表 A11-3 垂直式单波束探鱼仪市场销售量预测表

年份	2003	2004	2005	2006	2007
预计销售数量（台）	180	250	350	510	750

根据表 A11-3 中数据，第一年垂直式单波束探鱼仪的销售台数为 180 台左右，5 年后预计为 750 台左右，根据公司产品单价，5 年后垂直式单波束探鱼仪的销售额为 700 多万元人民币。

A11.1.4 五年后可望达到的市场规模

按照 2003 年预计的销售台数作为基数，考虑到公司产品将向小型化、多功能化方向发展，这样也会提高市场的占有率，则 5 年后水平式多波束探鱼仪可以达到每年 250 台左右，垂直式单波束探鱼仪达到每年 750 台左右，按照水平式多波束探鱼仪的平均价格每台 10 万元，垂直式单波束探鱼仪的平均价格每台 6 500 元计算，则 5 年后销售额可达到 3 270 万元左右。

A11.2 市场调查

A11.2.1 调查目的

分析全国探鱼仪市场，确定公司的市场机会，以及公司产品定位。

A11.2.2 调查方法

问卷调查和电话问询为主。

A11.2.3 调查时间

2002年3～5月。

A11.2.4 样本分布

本次以浙江省的舟山市和象山县为调查范围,调查方式以调查问卷和电话问询为主,本次共发送调查问卷200份,收回有效调查问卷148份,有效率为74%。选择浙江省的舟山市和象山县为调查对象是因为浙江省是全国的渔业大省,而舟山市和象山县是国家先进渔业县市。

(1) 样本中的马力分布(见表A11-4)。

表A11-4 样本中的马力分布

指标	主要拥有者	数量(台)
600马力以上	渔业公司	300
200～599马力	渔业公司和合伙渔民	500
200马力以下	个体渔民	2 500

(2) 调查样本中探鱼仪的分布(见表A11-5)。

表A11-5 样本中探鱼仪分布

指标	平均装备情况	价格	生产厂商	质量
600马力以上	1台/2艘	20万～30万元	国外生产	很好
200～599马力	1台/5艘	10万元左右	国外生产	较好
200马力以下	1台/10艘	1万元左右	国内生产	一般

A11.2.5 调查结果

(1) 市场现状。目前国外生产的探鱼仪已经占到国内市场的90%,个体渔民只购买价位在1万元左右,功能较少的探鱼仪,合伙渔民购买1万～2万元的探鱼仪,而渔业公司购买的主要是国外(主要是日本)生产的探鱼仪,价格在20万～30万元,性能较好。

(2) 产品优、劣势分析。据调查,目前市场上主要产品及其优缺点见A5.3节竞争分析。

(3) 渔民和渔业公司对产品的要求。渔民和渔业公司都要求新产品能够避开水下障碍物,分析鱼群,减少因为刮网、破网而造成的捕鱼损失。

(4) 渔民和渔业公司对服务的要求。有80%的渔民认为,产品的销售商应该提供产品的售后服务技术指导、设备安装和调试工作。特别是希望能够随时上门提供优质服务。

(5) 渔民和渔业公司理解信息和购买渠道。由渔业公司使用后推荐和购买的占50%,而其他渔民介绍后购买的占20%,从报纸、杂志和互联网上看见后购买的占10%,而在销售商推荐后购买的占15%,还有其他途径的占5%。

(6) 价格因素在购买决策中的作用。个体渔民由于自身条件的限制,对探鱼仪的价格十分敏感,但有60%的渔民表示对价格合适、质量优质的新产品愿意接受。合伙渔民对价格有一些敏感，认为只要有利于增产，一般愿意购买。渔业公司对探鱼仪价格没有太多的要求，表示如果探鱼仪质量性能上乘，愿意购买新产品。

（7）探鱼仪购买影响因素。影响因素包括价格、渔民收入、质量、售后服务、广告宣传、品牌可信度、人员推广的力度等。

（8）目标市场。首先是以渔业公司和合伙渔民为主要销售对象，销售本公司的水平式多波束探鱼仪，而垂直式单波束探鱼仪则交由当地代理商代理销售，随着公司规模扩大，营销网络的建立，本公司将从事本公司所有产品的直接销售，使市场份额达到35%。

> **▶▶▶ 专家评析**
>
> 旭初公司在附件中主要阐述了两方面内容，即相关数据测算和展示市场调研成果。从全文阐述来看，这是远远不够的。从为商业计划书提供更充实的材料和为风险投资者做出投资决策提供事实基础的角度来看，附件中还应该增加以下内容：专利和获奖证书、相关产品和技术应用报道、主要创业者和技术团队个人详细简历、产品和技术信息、营销和宣传方案设计、技术和专利授权使用书、设备和厂房租用和购买计划、外包制造商的初步意向书等。

案例 B

妙味轩 DIY 厨房项目商业计划书与案例分析

▶ 案例概览

前言
第 B1 章　摘要 ································· 205
B1.1　公司简介 ······························ 205
B1.2　产品及服务 ···························· 205
B1.3　目标市场 ······························ 205
B1.4　公司战略 ······························ 206
B1.5　公司管理 ······························ 206
B1.6　竞争、风险及退出 ···················· 206
B1.7　融资、投资与回报 ···················· 207
第 B2 章　公司介绍 ····························· 208
B2.1　公司概况 ······························ 208
B2.2　公司模式 ······························ 209
B2.3　发展战略 ······························ 209
B2.4　组织结构 ······························ 210
B2.5　店面设计 ······························ 211
第 B3 章　产品与服务 ·························· 212
B3.1　产品与服务介绍 ······················ 212
B3.2　体验与管理 ··························· 212
第 B4 章　市场分析 ····························· 214
B4.1　市场背景 ······························ 214
B4.2　市场容量 ······························ 215
B4.3　市场分析 ······························ 215
B4.4　消费分析 ······························ 216
第 B5 章　竞争性分析 ·························· 219
B5.1　SWOT 分析 ··························· 219

B5.2　波特五力竞争模型 ···················· 221
第 B6 章　营销计划 ····························· 224
B6.1　营销战略 ······························ 224
B6.2　7P 营销组合策略 ····················· 224
B6.3　客户关系管理系统 ···················· 226
第 B7 章　品牌战略 ····························· 228
B7.1　品牌设计 ······························ 228
B7.2　品牌提升 ······························ 228
第 B8 章　人力资源 ····························· 229
B8.1　人员配置 ······························ 229
B8.2　人力资源 ······························ 230
B8.3　绩效管理 ······························ 231
B8.4　外部支持 ······························ 232
第 B9 章　风险控制 ····························· 232
B9.1　初期风险 ······························ 232
B9.2　中期风险 ······························ 233
B9.3　远期风险 ······························ 233
第 B10 章　财务计划与资本退出 ············· 234
B10.1　融资说明 ····························· 234
B10.2　财务预测 ····························· 235
B10.3　不确定性分析 ······················· 238
B10.4　投资退出 ····························· 239
B10.5　投资退出时间 ······················· 240
第 B11 章　附录 ································· 241
B11.1　创业团队简介 ······················· 241

B11.2	房屋租赁合同 …………… 241	B11.4	服务员培训内容 …………… 243
B11.3	食品原材料订购合同 ……… 242	B11.5	财务报表 …………………… 245

前言　从小女孩的庆生会到新一轮的产业革命

20 世纪 60 年代，丽贝卡的妈妈过生日时，丽贝卡的外祖母亲手烤制生日蛋糕，她购买的是价值 1 美分或 2 美分的蛋糕制作原料。

20 世纪 80 年代，丽贝卡过生日时，丽贝卡的妈妈打电话给超市或当地的面包店定制生日蛋糕，这种定制服务将花费 10～20 美元，而许多父母却认为定制蛋糕很便宜，毕竟这样做，他们可以集中精力于计划和举行画龙点睛的生日聚会。

21 世纪初，丽贝卡的女儿过生日时，丽贝卡会把整个聚会交给"迪士尼俱乐部"公司来举办。在一个叫纽邦德的旧式农场，丽贝卡的女儿和她的 14 个小朋友一起体验了旧式的农家生活。他们用水洗刷牛的身体、放羊、喂鸡、自己制造苹果酒，还要背着干柴爬过小山，穿过森林。丽贝卡为此付给公司一张 146 美元的支票。

丽贝卡女儿的生日祝词上写着："最美妙的生日礼物并非物品。"

——B. 约瑟夫·派恩和詹姆斯 H. 吉尔摩《体验经济》

最美妙的生日礼物是什么呢？

是体验，是永远无法复制的美好回忆！

从产品经济到服务经济，再到体验经济，2002 年，丹尼尔·卡尼曼凭借其对体验效用的研究，荣获诺贝尔经济学奖，更是把体验经济理论推向了风光无限的境地。

体验消费的时代已经到来！机遇就在我们身边，我们发现，现在的大学生宿舍内并没有设置厨房，但是很多学生都有自己亲自下厨的愿望，特别是能在恋人、舍友、社团朋友面前露一手的感觉更是妙不可言。许多学校应这种需求举办了"厨艺大赛"等活动，但还远不能满足大家随时"施展拳脚"、发挥创意的愿望，于是，"妙味轩校园 DIY 厨房"应运而生……

▶▶▶ 专家评析

　　本案例是获得过"挑战杯"中国大学生创业计划竞赛国家级奖项的作品。与旭初公司选择实体产品作为创业项目不一样，妙味轩公司选择了一个基于体验经济概念的 DIY 厨房创业项目。所谓体验，就是企业以服务为舞台、以商品为道具，环绕着消费者，创造出值得消费者回忆的活动，大幅度提升商品和服务的实际效用。其中的商品是有形的，服务是无形的，而创造出的体验是令人难以忘怀的。与过去不同的是，商品和服务对消费者来说是外在的，但是体验是内在的，存在于个人心中，是个人在形体、情绪、知识上参与的所得。这一类项目的核心和灵魂是主题体验设计和运用，它属于创意服务类创业项目。

　　妙味轩公司运用前言作为商业计划书的开始，让人耳目一新。前言作为商业计划书的开始部分，既可以作为全文知识和理念的导入和介绍，也可以是市

> 场需求和存在问题的提出，因此可以快速抓住风险投资者的眼球。妙味轩公司运用一个小故事快速吸引阅读者的注意力，并逐步导出了"体验经济"这一最新的市场理念和他们的创意，可以说妙味轩团队充分做到了理论指导实践。前言是导入和提问题阶段，建议这一部分内容撰写要精炼、清晰和准确。

第 B1 章 摘要

B1.1 公司简介

公司名称：北京妙味轩饮食有限责任公司（Magical Kitchen Consulting Co.Ltd.）。

注册商标：妙味轩、Magical House、DIY LOGO 造型。

企业文化：创意、健康、体验、生活。

宗旨：抓住体验经济的实质，以 DIY 厨房连锁店的形式，创建一种新的娱乐休闲方式，引领一种"创意、健康、体验"三合一的文化消费时尚。

企业 LOGO：

B1.2 产品及服务

我们的产品是以完善的厨房设备为基础，通过"量贩式"经营和独特的场景设计，为顾客提供不同于餐饮业的普通商品和服务的"个人的创造性体验"，我们称其为"快乐厨房体验"。也就是说，我们要提供的不仅是一个可以享受烹饪乐趣的"魔法厨房"，更是要建立一个健康、快乐的休闲场所。我们的产品构成简化为一个公式就是：

$$快乐厨房体验（我们的产品）= 个性烹饪 + 特色服务 + 顾客互动$$

这个定义不同于传统的产品定义，它跨度了商品经济、服务经济和体验经济三种模式，它是商品、服务、体验三位一体的概念商品。

B1.3 目标市场

有意向并有能力成为我们顾客的群体主要是高校学生、情侣、青年白领，以及喜欢新事物、乐于表现自我、结交朋友的人群，如表 B1-1 所示。

表 B1-1 公司主要目标市场

目标市场	市场需求
高校学生	• 对特别食物的需求 • 同乡叙旧，对家乡菜的怀念，对家的感觉的需求 • 各种各样的聚会（生日 party、节假日、庆祝获奖、社团聚会、班级活动等）的需求，少则 7～10 次，多则 20 余次

(续)

目标市场	市场需求
情侣	• 爱一个人，必须抓住他/她的胃 • 纪念日（初次见面纪念日、恋爱纪念日） • 节假日（情人节、白色情人节、七夕、圣诞节）
青年白领	• 轻松享受烹饪乐趣 • 休闲沙龙：如川菜沙龙、烧腊沙龙、月饼沙龙、药膳沙龙等 • 休闲氛围与轻松的交际环境 • 尝试新事物

B1.4 公司战略

1. 创业期（第1年）打造特色，建立品牌

首期在北京高校密集区建立3家直营连锁店，其中，学院路店为旗舰店。积极争取学生聚会市场，建立较高的美誉度和知名度。同时，建立健全客户数据库，建立广泛业务联系。

2. 发展期（第2～3年）抢占市场，提升品牌

扩大北京的分店数量至17家，在全国范围内建立分店31家。完善各项设施，建立完备的管理体系以及流畅的供应链。扩大业务范围，以规模效益减少成本，增加利润；快速覆盖市场，建立品牌优势，增加市场壁垒。

3. 扩张期（第4年及以后）形成规模，垫高壁垒

采用"不从零开始"转让特许经营权的方式，在全国范围内进行加盟连锁，加盟首期投资200万元，预计建立加盟店50家。特许经营的加盟方式不仅可以保证公司的品牌形象和服务质量，稳定客户群，同时亦可快速回收大额现金，用于新市场开拓。

B1.5 公司管理

在公司创建初期，鸣鞘创业团队将承担主要的管理工作。同时，我们将积极聘请专业管理人员加盟，使公司在最短的时间内进入正轨。

在人力资源上，我们追求"以精取胜"。作为比服务业更追求"感觉"的体验消费，我们要求每一个员工做到的不仅仅是简单的"微笑服务"，而是当好顾客"体验故事"中的完美演员。所以，从招募、培训到考核，我们以MBO、SERQUAL等模型为基础，设计了详细而严格的标准。

另外，我们将聘请各高校在项目评价、项目管理、财务会计、经济法领域具有丰富教学工作和实践经验的老师作为公司管理顾问，为公司经营管理提供咨询。

B1.6 竞争、风险及退出

竞争：由于校园DIY厨房是开辟了一个新的市场，因此在初期，市场内一片蓝海。但由于其独特的定位，我们选择休闲娱乐类的以北方鑫柜为代表的KTV和餐饮业以好伦哥、避风塘为代表的连锁餐厅作为潜在竞争对手，在竞争性分析后，提出了差异化应对策略。

从长期来看，当市场上出现模仿者时，我们将以高标准的产品质量和强势的品牌战略作为主要竞争手段。

风险：公司的风险主要是市场风险、竞争风险、管理风险、政策风险和财务风险。这些风险大部分来源于企业开辟了一个新的市场，具有许多不确定因素，可借鉴的经验较少。针对这种情况，我们十分重视调研和沟通，详细策划了规避风险的方案。

退出：公司上市将成为风险投资退出的主要方式。从项目财务来看，公司5年之后完全可以达到上市要求。此外若由于部分原因未能达到上市要求的，寻求其他企业兼并仍然可以保证风险投资的安全推出。

B1.7 融资、投资与回报

公司的"体验经济"模式十分重视"氛围"的塑造，从店面设计、营销以及管理上追求"精制"，故初期投资要略高于一般餐饮业。企业发展初期，将以风险投资为主要融资对象。

北京妙味轩饮食有限责任公司（以下简称妙味轩公司）开始注册资金225万元，后期随着公司规模的扩大，还会增大注册资本。第一期投资203.8万元，其中40.76万元为发起人自筹资金，163.04万元为风险投资。单店面年销售收入为313.2万元，净利润为59.4万元。整个项目第一年的财务内部收益率税前为124.9%，税后为94.9%，均大于基准投资收益率12%，动态投资回收期为9.1个月，小于基准回收期1年，并且财务净现值NPV均为正值，所得税前销售能力利用率表示的盈亏平衡点为62.8%，这些指标表明该项目在财务上是可行的。

2012年，妙味轩公司的总资产将达到1.14亿元人民币，销售净利润达到7 721.7万元，2013年风险资本退出时，风险投资者投入的资本将增值16.56倍，投资平均年利润率将超过207.1%。

▶▶▶ **专家评析**

妙味轩公司出售的产品是快乐厨房体验，是一种创意服务类产品，有别于大多数拥有实体产品的创业公司。妙味轩公司在执行摘要撰写过程中，依据产品特点给出了自己的介绍逻辑，除了公司、产品等一般标题外，还单独拿出了目标市场和公司战略作为一级标题进行介绍。综合评价来说，该执行摘要在短小的篇幅内，较好地阐述了产品的内涵，并用较多的笔墨阐述了如何开拓市场、规避风险、筹措和回收资金，基本满足了风险投资者对项目的初步评估要求。

具体来说，该执行摘要对七大经典问题进行了初步阐述，特别是对产品、目标市场、战略规划、融资与回报有一个较为精准的描述。此外，执行摘要中多用结论式语句，让风险投资者快速地了解了商业计划书的大部分核心内容。

要想使本部分内容更加精准，还有以下几部分内容可以进一步思考和完善：

（1）如果仅从公司名称或简介来看，许多人会简单判断该公司的创业项目仅是建立一个提供DIY自助式餐饮服务的公司，但是如果认真看完全文和竞争分析，便可以获知，其实DIY自助式餐饮服务仅是该公司提供的服务之一，此外该公司还提供特色服务和顾客互动等休闲娱乐项目。在执行摘要中，妙味轩团队通过"个人的创造性体验""快乐厨房体验""魔法厨房"等词汇不断说明 DIY 自助式餐饮服务，并未具体说明特色服务和顾客互动包括哪些内容，这样就很难让人理解该公司如何做到"快乐厨房体验（我们的产品）＝个性烹饪＋特色服务＋顾客互动"。因此，要是能在特色服务和顾客互动方面再多花些笔墨，将会使风险投资者非常容易理解该公司提供的产品内涵。

（2）在执行摘要中缺少市场容量数据，这是风险投资者非常关心的一个核心数据。在案例 B4.2 节有市场容量估算，应该在执行摘要中体现出这个数据。

（3）在执行摘要中缺少市场营销部分的说明。建议在市场营销阐述中，最好多介绍本公司特有的营销模式和方案，但不需要面面俱到。

（4）在目标市场中，需要多阐述结论。在执行摘要中，仅要简单说明选定的目标市场和目标客户是谁，选择的原因和市场容量多大，不需要具体列表说明每个客户的具体需求等这种分析的内容。

（5）在公司战略阐述中，具体内容说明不需要这么细致，只要把战略分成几个阶段，以及说清楚每个阶段的规划就好，避免篇幅过大。

（6）在竞争分析中，把以北方鑫柜为代表的 KTV、好伦哥、避风塘等作为潜在竞争对手，但是未具体说明未来本公司产品的竞争优势会在哪里，这会让风险投资者感觉困惑，最好有简要的说明，具体是价格优势，还是体验和性能优势，而不要用差异化策略这种极其笼统的说法。

（7）在融资部分，妙味轩公司虽然提到了具体的注册金额和融资金额，但是并未提出明确的融资方案，也就是各方的股权比例，这也是风险投资者非常关心的一个问题。

（8）如果还有足够的篇幅，可以介绍几位创业团队的核心人员，以显示公司在管理上的优势。

（9）摘要中还缺少一个里程碑式的总结，该总结可以将公司的优势、特色、盈利水平和未来发展阐述得更为清晰和透彻，促使风险投资者做出较有利的初步判断。

第 B2 章　公司介绍

B2.1　公司概况

公司名称：北京妙味轩饮食有限责任公司（Magical Kitchen Consulting Co.Ltd.）

注册商标：妙味轩、Magical House，DIY LOGO 造型

企业文化：创意、健康、体验、生活

宗旨：抓住体验经济的实质，以 DIY 厨房连锁店的形式，创建一种新的娱乐休闲方式，引领一种"创意、健康、体验"三合一的文化消费时尚。

北京妙味轩饮食有限责任公司是依照《中华人民共和国公司法》相关规定在中国境内设立的，对企业债务承担有限责任的营利性组织。

公司为顾客提供专业厨房设施和细致的个性化服务，以便顾客能够享受烹调乐趣，品

味健康生活，同时将公司店面装修为别具一格的休闲小站，引领新的休闲消费文化。

B2.2 公司模式

长期来看，公司主要采用特许经营加盟连锁模式，创业初期建设三家直营店，其中一家为旗舰店（总店），承担公司的主要业务和管理工作。发展期直营店数量将增加至31间，业务规模将扩展至全国。公司在成立第4年进入扩张期，将采用特许经营加盟连锁模式，发展系列加盟店。加盟者须支付200万元加盟费，同时通过总部为期一个月的培训并通过考核，方可正式营业。总部为各连锁门店提供统一商标、经营管理方案及销售总部开发商品的特许权以及客户数据库信息支持，收取加盟费和管理费用，但不承担财务连带责任。

B2.3 发展战略

公司在实现企业目标的过程中，在不同的阶段，会有不同的战略，同时，我们也将根据公司的发展战略，规划公司的扩张速度以及经营管理战略。

1. 创业期（第1年）

战略目标：磨合团队、打造特色、塑造品牌。

规模目标：首期在北京高校密集区学院路、中国人民大学附近、昌平大学城建立三家连锁店，其中，学院路店为旗舰店。

营销目标：把宣传重心放在校园客户上，积极争取学生聚会、情侣节日消费市场，扩大公司影响力，建立良好的企业形象，较高的美誉度和知名度，建立具有较高忠诚度的客户群。同时，建立健全客户数据库，建立广泛业务联系。

战略说明：本战略的制定是根据企业经营模式新颖，但市场风险较大的特点，通过客户对新鲜感市场的强大需求来迅速占领市场。采用这种战略的好处一是DIY模式需求旺盛但市场空缺，一旦建立起来就具有很强的竞争力，可以吸引顾客并迅速建立顾客数据库；二是随着需求多样化和专业程度的提高，企业能够逐渐走上以小补大、以小搞活、以专补缺、以精取胜、以精发展的良性发展道路；三是中小企业采用这种经营战略使其经营目标集中，管理上也比较方便，有利于提高服务质量，争取有利地位。

宣传口号：你的厨艺通过妙味轩的认证了吗？

2. 发展期（第2～3年）

战略目标：建立标准、抢占市场、提升品牌。

规模目标：扩大北京范围的分店数量至17家，在全国范围内建立各分店（成都5家，上海3家，广州3家）。

营销目标：完善各项设施，加强服务水准，建立流畅的供应链和高于同行的企业食品安全标准；建立完备的管理体系；凸显公司文化，让各门店成为大学生和青年白领的文化聚集地，形成规模效益。

战略说明：在公司具有一定市场影响后，扩大业务范围，抢占优势市场；同时，快速提升品牌优势，增加市场壁垒。

宣传口号：我在去妙味轩的路上！

3. 扩张期（第 4 年及以后）

战略目标：形成规模、垫高壁垒、获取资金。

规模目标：采用"不从零开始"首期投资 200 万元，转让特许经营权的方式（合同书详见附录），在全国范围内进行加盟连锁。回收资金的同时，在全国重庆、长沙、杭州等城市加开店面 50 家。

营销目标：建成具有一定规模的、专业的连锁店，形成独特不可复制的企业文化，建立庞大的客户网络，推动体验消费时尚以及新的休闲娱乐市场的发展。

战略说明：以规模提升品牌，以品牌垫高壁垒；采用"不从零开始"转让现成直营店铺的加盟方式，可以保证我们公司的品牌形象和服务质量的稳定，稳定客户群，同时，让公司获得大额现金，用于进一步的发展壮大，挖掘市场。

宣传口号：有逸夫楼的地方就有妙味轩！

B2.4 组织结构

在公司成立前期制定公司章程，各部门职权服从章程规定。公司设董事会，其中一名董事长，一名执行董事。公司设监事会。董事会和监事会由风险投资方和经营方人员共同构成。同时聘请专业会计师、营养师、设计师。对于服务人员，我们将进行严格培训，使其符合我们的企业文化，达到为顾客创造"完美体验"的目标。

公司组织结构如图 B2-1 所示。

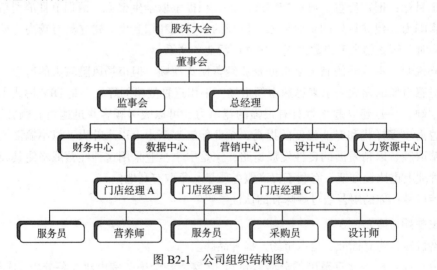

图 B2-1　公司组织结构图

（1）总经理：负责公司运作中的具体事务：责任分配、监督、考评，以及员工激励，与董事会密切沟通。

（2）财务中心：管理企业财务，保证公司资金高效流动，并对公司决策提出可参考意见。

（3）数据中心：全面管理顾客信息，为顾客提供个性化和人性化服务提供坚实的基础。

（4）营销中心：直接面向顾客，提供高品质服务，树立企业良好形象。同时发掘市场潜力，为企业科学决策提供依据。

（5）设计中心：突出公司与其他餐饮服务企业的不同之处。任务是为每笔业务设计科学的工作流程及合适的环境气氛，以求体验的尽善尽美。

（6）人力资源中心：找到合适员工，进行相应的培训，帮助员工发展，实现公司的价值和使命。

B2.5　店面设计

（1）店面选址：各大城市的高校密集区。

（2）店铺面积为：100平方米～150平方米，依据具体情况有所调整。

（3）房产类型为：租用（房产租赁协议详见附录）。

（4）主色调：富有跳跃感的橙色，时尚活泼，并且有刺激食欲的效果。

（5）设备：各种厨房用具（主要使用电磁炉、烤箱等非明火厨具，提高安全系数，减少环境污染）；各种装饰材料（不同颜色造型的灯罩、桌布、器皿等，创造不同的体验效果）。

（6）气氛设计：这是实现经营效果的关键所在，针对不同的客户，设计师会专门为他们设计合适的场地。例如，如果是宿舍聚餐，我们会把房间布置得温馨自然；如果是情侣，玫瑰、红烛会渲染一种浪漫的气氛。同样，老乡会、社团聚会、班级活动、同事交流的设计风格也会不一样。

（7）服务员服装：干净整洁的正装衬衫、领结，配以鲜艳明快的方格围裙和特色的头巾，同时体现高品质和亲和力。

▶▶▶ **专家评析**

妙味轩公司用精炼的语句描绘了公司的基本情况和发展思路，在公司模式和发展战略方面阐述得非常详细。其中在战略规划部分，阐述了近5年战略发展的3个阶段，即塑造品牌、抢占市场、获取资金，并在每一阶段都提出了战略目标、规模目标、营销目标和宣传口号。每一份优秀的商业计划书都有能打动风险投资者和专家的地方，妙味轩公司详细的发展战略将会是整本商业计划书的一个亮点。此外，本部分还存在以下几方面内容值得商榷和尚待完善。

（1）任何一家公司在制定发展战略时，一定会遵循一定的思考和逻辑。一般来说一家公司在发展中将会同时面临三大问题，即塑造品牌、扩充市场和获取资金。但是，创业型公司很难有大量资源同时解决这三个问题，因为塑造品牌需要大量的经费和人力做市场宣传，扩大规模需要经费和人力去大量开分店，而开连锁店获取资金，又需要有完善的标准和规则制度，并且也需要大量的培训人员。因此大部分公司会把这三个目标分阶段进行，集中优势资源分阶段突破各个目标，这也就形成了公司发展战略规划。妙味轩公司在制定发展战略中也遵循了这种循序渐进的原则，但是在介绍各个阶段时，最好提前解释一下为什么要先塑造品牌，再扩充市场，最后获取资金，这种逻辑的原理是什么，可不可以先扩充市场再塑造品牌，或者是先塑造品牌再获取资金，最后扩充市场。发展战略的合理性是创业团队成功的关键影响要素，这也是风险投资者和专家会认真思考和看重的部分。

（2）在组织结构中，妙味轩公司搭建了公司组织结构图并设计了各岗位职责，这是非常可取的。但是还存在两方面问题值得商榷，第一，在组织结构中风险投资者非常愿意看到创业团队如何解决人员配置问题，即创业团队成员的履历是否匹配这些职位，是否还需要外聘相关领域专家。第二，该组织模式是公司发展哪个阶段的组织结构图，随着公司不断壮大，是不是每个阶段的组织结构图都一样。因此，妙味轩公司在这一部分最好详细介绍各个岗位匹配的创业人员的简历，或给出外聘人员的标准。此外，最好给出公司发展各阶段的组织结构图。

（3）本部分介绍了店面选址，最好能够阐述得详细一些。比如在店铺选址中需要具体说明哪些城市，哪类地段是符合选址要求的，最好有一个选址的初步评判指标体系。其次，最好设计一份店铺规划图附在附件中，这样能够让风险投资者更加容易理解店铺的规划和功能。

（4）在发展战略的初期，妙味轩公司计划在北京市海淀区学院路、中国人民大学附近和昌平大学城建立三家连锁店，在店铺选址时最好有初步的规划和设计，不要在获取融资后再开展这一部分工作，以便增加风险投资者的投资信心。

第 B3 章　产品与服务

B3.1　产品与服务介绍

对于妙味轩来说，产品的概念不仅是提供满足顾客需要和欲望的产品，更多的是提供无形的服务、形象和创意，让顾客不仅得到物质上的享受，更多的是精神上的感受和心理上的成就感。

我们的产品即是顾客在烹饪的过程中，体验创造的快乐，并且和同伴们一起分享。我们打造的是一个特别的平台，上面有顾客亲手制作的食物——体验的成果；上面也有同伴们的欢声笑语——体验的乐趣；上面更有我们创造的浓浓的氛围——体验的回忆。在这里，顾客和我们就是辛勤着，并快乐着的小蜜蜂。

我们的产品构成简化为一个公式就是：

快乐厨房体验（我们的产品）= 个性烹饪 + 特色服务 + 顾客互动

简而言之，我们的产品是以完善的厨房设备为基础，通过"量贩式"经营和独特的场景设计，为顾客提供不同于餐饮业的普通商品和服务的"个人的创造性体验"，我们称其为"快乐厨房体验"。也就是说，我们要提供的不仅是一个可以享受烹饪乐趣的"魔法厨房"，更是要建立一个健康、快乐的休闲场所。

B3.2　体验与管理

B3.2.1　体验分析

体验产业与普通的第二产业、第三产业的最大不同就在于，在体验经济模式下，我们的消费者是"产销合一者"。这也就是说，顾客在我们的店面"生产"了他们自己设计烹饪的饭菜，然后又"消费"了这些劳动成果，同时得到了极有价值的"产品"——"快乐厨房体验"。

对于这种不同于以往的消费现象，我们应该区别分析对待，从菜品食物、烹饪服务以及顾客互动三个方面入手。

B3.2.2 菜品原料的采购

（1）品质要求：新鲜、绿色、经济且形式多样（采购时购买不同价格、等级、质量的商品），尤其在卫生上要严格符合国家标准，同时，建立高于国家标准的企业标准，保证食品安全。

（2）购买方式：签订长期订购合同（原材料供货商合同详见附录），总体按订单购买，旺季供应量较大时，可临时增加购买量。

（3）供应商：（暂定）北京××农贸产品公司（位于学院桥南××农贸市场）。

（4）产品差异：按照不同的等级来满足不同顾客的需要，控制成本，提高满意度，也就是提高产品的性价比。对此，我们将设计分级的需求及品质标准来实现。

B3.2.3 质量控制

制定服务员管理制度，对服务的基本项目的考核指标进行量化管理。其主要包括以下几个方面。

（1）环境卫生：服务员每半小时清洁一次洗手间卫生。随时清洁大堂卫生。顾客离开时全面清洁厨具（清扫时应注意不影响顾客烹饪，进行小面积清洁，非高峰时段整体清洁）。

（2）餐具消毒：在每批顾客用完餐具、餐桌时进行消毒，保证器具的卫生。

（3）食品安全：除了保证原材料清洁卫生外，设立专门营养师为顾客提供烹饪指导，防止烹调不当和搭配不当造成的食物中毒。

（4）服务人员必须对顾客的要求迅速响应、高效解决，解决不了的必须立即上报。

另外，妙味轩工作人员的表现将直接影响顾客对我们产品的评价，对于公司管理及人力资源问题，我们将在第 B8 章人力资源部分详细介绍。

B3.2.4 顾客互动体验创造

（1）音乐库服务：根据顾客数据库中顾客的喜好和体验的倾向，播放不同情调的音乐，提供点歌服务。

（2）区别就餐环境：为不同顾客安排了不同款式的餐具和就餐环境，让顾客能够获得更大的满足。如情侣式、社团式等。

（3）个性菜谱：包括可操作性强的经典美味模版菜谱和顾客成功经验汇总的创意趣味菜谱。

（4）个性留念：免费为顾客提供照片、DV 短片拍摄，记录顾客的快乐瞬间。

（5）沙龙模式：在特殊的节日里，举行特色活动（厨艺大赛、生日聚会、老乡会等），给顾客创建有共同偏好的社交圈，与顾客建立长久友谊。

（6）外带服务：为顾客提供各种精美食物包装盒，制作礼品包装。

> ▶▶▶ **专家评析**
>
> 妙味轩公司选择了一个创意服务类产品进行创业，在产品介绍时将有别于实体产品的介绍流程，可以按照产品的特性自拟逻辑进行阐述。总之，产品介绍部分的目标是让风险投资者可以清晰地理解产品特性和未来发展。妙味轩公司产品的特点是体验经济，所以他们把体验作为一个重要的阐述对象，本部分基本说清楚了公司所能提供的产品特点和管理流程，但是还有几方面值得进一步改进。
>
> （1）虽然妙味轩公司对自己的产品进行诠释，例如给出了产品公式"快乐厨房体验（我们的产品）=个性烹饪+特色服务+顾客互动"，但是，由于该产品是新生事物，很难让阅读者从理论上了解该产品的具体内容、形式和操作过程，特别是对特色服务和顾客互动的介绍。当风险投资者初次阅读时，他们希望能有具体案例或产品设计方案诠释体验经济理论，这样他们才能充分理解创业团队到底想给消费者提供一个怎样有竞争力的产品。
>
> （2）在表B4-1中已经明确提出了项目设计的目标客户是高校学生、情侣和青年白领，不同的客户需求不同，因此需要提供不同的产品方案，不能一概而论。在项目初期高校学生是主要的客户，因此，在介绍产品时应该给出针对高校学生的产品设计理念和全套服务方案。在这部分应该不惜笔墨，这是整本计划书的重中之重，有如实体产品的性能和技术水平介绍。此外，风险投资者也希望创业公司有完整的产品方案，能使产品在获取融资后快速进入市场。
>
> （3）在本部分还缺乏对产品延伸和未来发展的介绍。某个独特的创意服务类产品可以短期内在市场上获取竞争优势，但是随着模仿和潜在竞争对手的进入，这种优势会快速丧失。如何规避这种竞争优势的缺失？尽早研究产品延伸和未来发展方向，快速提供更有创意的换代产品是一个非常好的方法。因此，最好提供产品延伸和未来发展的方向。

第 B4 章　市场分析

B4.1　市场背景

据国家统计局2007年统计公报显示，2007全年国内生产总值246 619亿元，比上年增长11.4%。其中，第三产业增加值96 328亿元，增长11.4%。增加值比重为39.1%。

居民消费价格比上年上涨4.8%，其中食品价格上涨12.3%。在城镇投资中，第三产业投资64 928亿元，增长23.2%，其中，住宿和餐饮业投资额为1 326亿元，比上年增长41.2%。

城镇居民人均可支配收入13 786元，实际增长12.2%，（见图B4-1）居民家庭恩格尔系数为36.3%。

以上数据说明，国内经济发展势头良好，人民生活水平有了很大的提高，城镇人口可支配收入也有了较高比例的增长，用于第三产业的消费比例也将大大增加，特别是在休闲、娱乐方面，市场空缺很大，潜力也极大。

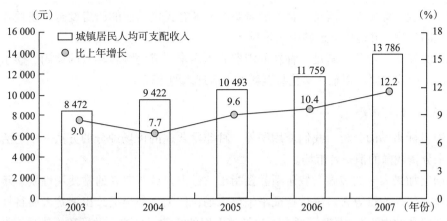

图 B4-1　2003～2007 年城镇居民人均可支配收入及其增长速度

资料来源：国家统计局 2007 年统计公报。

与此同时，2007 年全国全年研究生教育招生 42 万人，在校研究生 120 万人，毕业生 31 万人。普通高等教育招生 566 万人，在校生 1 885 万人，毕业生 448 万人。各类中等职业教育招生 800 万人，在校生 2 000 万人，毕业生 530 万人。[①] 说明我们的目标消费群体很大，市场潜力无限。

B4.2　市场容量

我们的营销目标主要是在校大学生和时尚白领。中国高校的持续扩招以及中国经济的持续高速增长，造就了庞大的在校大学生群体和白领阶层，因此我们的目标市场容量是巨大的。在这里，鉴于数据原因，我们只对在校大学生市场进行了估算，其结果表明，这是一个 227 亿元人民币的市场。

在我们 2006 年的一次北京大学生消费调查中，我们发现平均每位在京大学生每年有 1 777.19 元的花费是在餐饮上。结合中国目前在校大学生的数量，我们得到了以上的结果。具体计算方式如图 B4-2 所示。

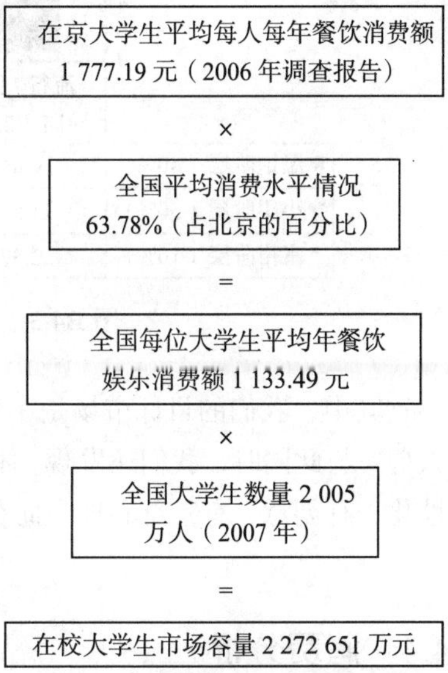

B4.3　市场分析

B4.3.1　市场定位

公司服务与其他餐饮娱乐项目的差异性表现在两个方面，一是我们公司提供的并不是现成的食物，而是提供食物原材料，让顾客自己动手烹饪想要的食物；二是我们公司提供了普通餐厅所不能提供的与亲友分享自己劳动成果的快乐体验，并且我们极力打造这种体验。所以，我们提出以下两种定位。

图 B4-2　在校大学生市场的市场容量估算

[①] 数据来源：国家统计局 2007 年统计公报。

（1）类餐饮业定位：满足"食"的需要，为顾客提供专业的厨房设施，使顾客能自己制作喜欢的食物，并能体会这其中的乐趣。

（2）类娱乐业定位：满足一种新的消费心理需求，成为顾客喜欢的休闲、娱乐、交友的新场所，成为健康、创意、文化甚至新的生活理念的象征。

B4.3.2 目标市场

对于目标市场的分析，我们使用国外一种非常普遍的市场细分的方法——生活形态划分方法来分析我国的消费者市场。

美国芝加哥大学的威廉·威尔斯教授指出"过去营销研究者通常使用性别、年龄、收入、职业、居住地点等人口统计特征来细分市场，但无法完全描绘出消费者的特性，更无法了解消费者的内心"，而生活形态通过考察人们的活动、兴趣、意见和价值观，将总体居民划分为几个具有典型特征的族群，对于第三产业来说，它是一种更精准贴切的市场细分方法。

我们结合两个维度来划分中国城市消费者的生活形态：一是社会阶层，二是中国人的基本心理导向，将中国城市消费者划分为 12 个消费族群，如图 B4-3 所示。

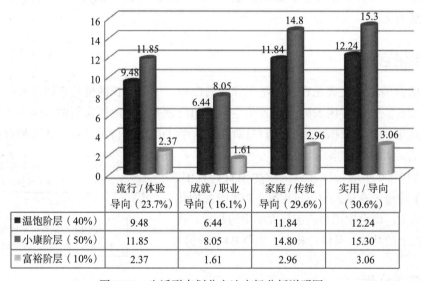

图 B4-3　生活形态划分方法市场分析说明图

这其中，我们的目标市场是小康阶层和富裕阶层具有流行/体验导向消费倾向的 14.22% 的人群。与此同时，我们还发现，有意向并有能力成为我们顾客的群体特征还体现为年轻化、个性化、有创意、有猎奇心理。而在这些人中，我们必须要抓牢如表 B1-1 所示的人群。

B4.4　消费分析

B4.4.1　宏观分析

随着时代的进步，我们的消费模式有了很大的改变：

我们的消费模式经历了从产品经济到服务经济再到体验经济的转变。

我们的 DIY 模式依据的就是体验经济学。正如体验经济学中所强调的，消费者越来越多地花钱买感觉、买心情、买享受、买某种体验，并为有其价值体验而心动。

1. 抓住顾客的情感

体验营销正是企业和顾客交流感官刺激、信息和情感的要点的集合，通过营销过程使消费成为记忆是体验营销成功的关键。在当前商品的功能属性差别不大的经济形式下，决定消费者对某个产品取舍的关键就是感情了，而感情的塑造与维系则要靠企业的体验营销与个性化服务。

2. 产销合一

只要有足够的个性化营销手段，劳动也可以成为一种体验。个性化的营销方式涵盖了创新因子，所以我们要充分分析个体的差异性，有的放矢地创造新的思维和方式来销售商品、引导消费，才能够更好地满足社会的需求，在营销中立于不败之地。

3. 创造顾客感动

只有让顾客感动，顾客才会行动。在体验经济时代，人们的修养和素质不断提高，而对于情感的需求也必然越来越丰富、细腻和多元化。创造顾客感动的关键在于找准顾客心灵的最软处轻轻抚摸，调动顾客的情感体验。也就是真正地把顾客的需求放在第一位，成为一家以顾客至上为理念的企业。

4. 忠诚代表认可

我们要留下良好的形象，以期望顾客的再次光临，或许可以说这是决定一个企业是否可以继续经营的重要依据。

B4.4.2 市场调研

为了能更好地了解我们的顾客，我们做了市场调研，在调研的基础上，我们制定了相应的措施。

依据我们初步的计划，针对大学生群体进行发放，运用总体抽样方法，按照科学性和可操作性相结合的原则，我们对目标总体按性别进行区分，同时按年级进行分层。我们所针对的大学生层次划分都比较均匀，有助于我们衡量市场前景。调查结果如下。

首先是样本分布，如图 B4-4 所示。

图 B4-4　受调查人群分布

受访者性别比例如表 B4-1 所示。

表 B4-1　受访者性别比例

性别	男性	女性
人数	112	60

表 B4-2　顾客争取策略

项目 人群性别	准顾客率	隐性顾客率	争取策略
男性	60%	30%	免费体验、口碑宣传
女性	92%	7%	免费体验、打折优惠、特色活动

从性别上进行细分是我们主要的研究方向。研究结果如下所示。

男性消费者特征如下。

（1）愿意尝试理由：首要条件是和情侣、舍友、社团同事一起去，他们希望在这里所体会到的感觉是多种多样的。

（2）拒绝尝试理由：传统观念作祟，认为男生不该下厨。

（3）刺激消费渠道：朋友的推荐以及免费体验。

（4）偏向中档的价位，不太看重价格。

（5）绝大部分人表明会因为感觉好而经常光顾，他们将会成为我们比较固定的顾客群。

女性消费者特征如下。

（1）愿意尝试理由：和情侣、舍友、社团同事一起去，感受温馨气氛。

（2）刺激消费渠道：推荐、打折以及免费体验。

（3）比较看重价格，偏向低档的价位。

（4）主动性及频率都将大大超过男生，市场极大，将会成为我们比较固定的顾客群。

以上调查是为公司发展初期的运营做准备，主要针对大学生，也包括一些其他人群。大学生是社会各方面的先锋，所以这项初期针对大学生的经营会吸引一大批的人前来，他们对于这项经营模式都产生了极大兴趣，愿意去主动体验，也都表示如果感受好的话会经常前来，并推荐给亲朋好友。

▶▶▶ 专家评析

妙味轩公司运用了较多的笔墨去阐述市场分析，其中具体内容包括市场背景、市场容量、市场调研、市场定位和消费分析等（此处本应包括竞争分析，但该部分内容被另起一章，这种灵活的布置是可以被接受的），分析内容比较全面和仔细。市场分析是企业进行市场营销的基础，市场分析的精确与否决定着企业进入市场的成败。但是，妙味轩公司的市场分析存在一定问题和可商榷的地方。

（1）市场背景还需要进一步合理说明。本商业计划书在市场背景中仅简单介绍了国家经济增长、第三产业消费提升和在校大学生人数提升的情况，看起来非常不系统和细致，建议可以运用一些工具进行分析，如环境分析的 PEST 分析法，它能够使背景分析更加系统和清晰。

（2）本部分的阐述出现了一个逻辑性错误，市场容量、目标市场确定、市场调研三个概念的出现次序出现了一定的混乱。一般来说市场容量的测算应该是在目标市场确定和市场调研之后，不可能未确定具体的目标市场和目标人群就能测算出产品的市场容量。

（3）市场容量的测算不够合理和精确。首先，本文中的估测数据值 227 亿元人民币应该是中国大学生餐饮市场容量，并不是愿意参与厨房体验产品的市场容量，除非所有的大学生餐饮市场都被厨房体验产品抢占。因此，还需要通过调研对大学生餐饮市场进行进一步细分和折算，估算出厨房体验产品的市场容量值。其次，在测算市场容量过程中，妙味轩公司是用北京大学生餐饮消费额的调研结果来估算全国的市场容量，其合理性值得商榷。这些消费额数据除了可以通过调研获取之外，还可以参考一些行业分析报告或其他权威数据。

（4）在市场调研分析中，应该明确给出调研的地点和时间，并说明调研对象的典型性和代表性。此外，妙味轩公司仅调研了172人，样本数量太少。建议该团队继续增加调研样本的数量，使调研结果更具合理性。市场调研分析是风险投资者非常看重的一部分，这一部分让创业团队和风险投资者都能贴近市场和消费者，获取更多的消费信息。

（5）在市场调研分析中，应当给出更多的数据说明消费者的特征和偏好。

第 B5 章　竞争性分析

B5.1　SWOT 分析

在进入体验市场之前，我们运用了 SWOT 分析法比较客观准确地分析妙味轩的优势、劣势、机会和威胁，为我们更好地进入市场，趋利避害做好了准备。

B5.1.1　优势

（1）经营模式优势。这是我们最大的优势。用开创性的经济模式与营销方法，低物质成本高智力投入的生产方法，为顾客提供上乘的客户体验服务，可以快速赢得大量客户和高附加值；一种新的商业模式总是能引领市场的，市场也证明了这一点，像星巴克、沃尔玛都是成功的案例。

（2）人力资源优势。在关键领域拥有专长和积极上进的职员，很强的组织学习能力，务实的管理理念。

（3）灵活性大。由于成本低，店面小，所要求的技术含量小，主要靠创意，因此项目有很大的灵活性，在看到市场的需求时，我们能很快地做出反应，迅速扩张。

（4）组织体系优势。高质量的控制体系，完善的信息管理系统。

（5）竞争能力优势。产品开发周期短，客户群忠实程度高，与原料供应商具备良好的伙伴关系，对市场环境变化的反应灵敏，市场份额的领导地位。

B5.1.2 劣势

（1）管理经验缺乏。公司在同领域内没有相关的先行者，缺乏可借鉴的管理及经营经验；在经营之初，我们是一个独创的经营模式，没有样本可循，所以在管理及经验上几乎毫无经验，这将是我们的一大弱点。

（2）缺乏核心技术。在经营模式成熟后会出现大量模仿者。

（3）缺乏人才储备。在公司建立初期，缺乏有竞争力的人才储备。但是，DIY厨房是一项有趣而且回报率高的项目，所以，在后续的招聘中我们必定能找到所需要的人才，在以后还可以仿照麦当劳的用人制度，长期来看这个弱点将会被克服。

B5.1.3 机会

（1）社会消费方式的有利变动。随着人们物质生活水平的提高，越来越多的人已经不满足于接受标准化、大众化的商品和服务，追求个性，更追求精神价值的消费倾向日益凸现。这种形势有利于我们市场的开拓和成熟。

（2）庞大的客户群和可观的消费量。庞大数据库配合会员制，保证顾客群将会有稳定的增长，并且通过良好口碑的宣传，将会造就一个庞大的客户群，进而带来可观的消费量。

（3）数据库营销。在长期的竞争中，依靠数据库信息密切跟踪顾客的消费倾向和新的体验需要，稳定市场并进一步拓展市场。

（4）垫高壁垒。在拓展市场的过程中，将会形成独特的管理方式，包括会员制、数据库等，这将给以后的模仿者带来无形的壁垒，使竞争者难以超越我们。

（5）地理型扩张。目前，市场目标主要是集中在大学校园中，全国市场尚未开发，前景广阔。同时，随着经营模式的成熟和资金、人才的积累，企业将把目标投向其他阶层，造就风格不同，适应人群不同的"DIY厨房俱乐部"。

B5.1.4 威胁

（1）出现将进入市场的有强大经济实力的新竞争对手。当体验市场成熟时，资金力量强大的竞争对手可能迅速占领高端市场。

（2）政府政策的不完善。由于体验市场是个新兴市场，政府的相关政策法规尚未出台，我们的很多权利可能不能得到及时的保护。

（3）产品创新能力下降。我们的创意在很大程度上来源于顾客，是顾客和我们一起创造了这个店，相对于其他的企业来说，我们面临产品创新能力下降的问题可能会小一些，但这是一个很值得我们重视的问题，我们会配以有效的团队激励机制和引进人才这两个有效的手段。

（4）容易受到经济萧条和业务周期的冲击。目前中国的经济发展形势比较乐观，居民的消费水平稳步上升，估计在未来几年内经济萧条的可能性不是很大，但是由于我们是一个以营造"体验经历"为主的企业，因此比较容易受到业务周期的冲击，在一年中会有淡旺季，不过这些已经在我们的预计之中，在营销计划中，我们针对性地采取了一些措施。

B5.2 波特五力竞争模型

知己知彼，百战不殆。在了解自己后，我们又运用了波特五力竞争模型，从行业中决定竞争规模和程度的五种力量的角度来分析企业所在行业的竞争特征。波特五力竞争模型的主要结构如图 B5-1 所示。

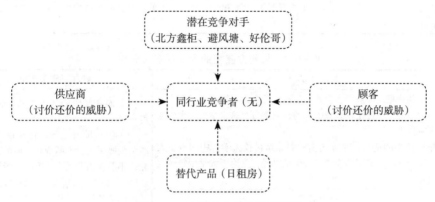

图 B5-1 波特五力竞争模型图示

B5.2.1 同行业竞争者与替代产品

就妙味轩独特的体验经济商业模式来说，在目前市场上还没有同类企业作为竞争对手，故也不存在替代产品。

而就大学生自己聚会下厨的简单需要来看，能起到替代作用的大概就是分布在高校周围有简单厨房设施的廉价日租房，但其设施简陋、安全性差、卫生难以保证，基本没有服务可言，故竞争性不强，不会对公司的市场造成大的威胁。

B5.2.2 潜在竞争对手

结合休闲娱乐与餐饮的交叉定位，以及消费者在此角度的消费倾向，我们分析了在这两方面都有一定实力并有可能成为我们未来的竞争对手的三家各有代表性的公司。

1. 以北方鑫柜为代表的KTV（类娱乐业竞争者）

以北方鑫柜为例，其店址就在学院路高校密集区，主要消费群体就是学生，消费价格相对较低。KTV是大学生聚会的主要场所，是我们在聚会市场上最主要的竞争对手。

据调查，除地理优势外，北方鑫柜对于顾客的最大吸引力来自于其较为低廉的消费价格。其消费价格如表 B5-1 所示。

在此基础上，我们又对其他特点进行分析，得出了与北方鑫柜的竞争性对比分析，如表 B5-2 所示。

表 B5-1 北方鑫柜的消费价格表

元/小时 标准价	周一至周日 13:00-19:00	周一至周日 19:00-20:00	周一至周日 20:00-00:00	周一凌晨至 周五凌晨	周六凌晨 至周日凌晨
情侣房	80	24/3 折	24/3 折	68	100
小房	120	36/3 折	84/7 折	78	120
中房	150	45/3 折	105/7 折	98	150

(续)

标准价 元/小时	周一至周日 13:00-19:00	周一至周日 19:00-20:00	周一至周日 20:00-00:00	周一凌晨至 周五凌晨	周六凌晨 至周日凌晨
大房	190	57/3折	133/7折	108	180
VIP嘉宾	300	90/3折	210/7折	300	210

- 另外还提供"下午学生场"(限周一至周五下午13:00~19:00)的优惠,其中情侣房:12元/小时;中房:20元/小时;小房:15元/小时;大房:25元/小时。

表B5-2 与北方鑫柜的竞争性对比分析

对手优势	妙味轩竞争策略
(1)价格上的优惠,一般学生会选择包夜,几个人平摊下来只有十几元钱,而唱歌不失为一种比较有吸引力的娱乐项目,这也是大学生少数能选的集体项目之一 (2)销售区位上的优势,北方鑫柜毗邻北京科技大学、中国地质大学、中国石油大学,有丰富的客源,故生意兴隆,是附近大学生集体娱乐的首选之处	(1)倡导健康的休闲方式,同时参与性更强 (2)经营项目新颖,在初期对学生有强大的吸引力,不断变化,使顾客常至常新,不会在消费几次后产生厌倦情绪 (3)具有价格优势,不同的套餐可供不同的消费阶层选择 (4)为了巩固市场,我们需要做到以下几点:一是要加强宣传;二是建立健全客户数据库信息系统,尽快让"新客"变为"老客",给客户"家的感觉";三是坚持特色,不参与直接竞争,不搞价格战
对手劣势	
(1)通宵聚会往往导致过后长时间的精神不振,其不健康影响已经被越来越多的大学生所注意 (2)自助餐质量差,不让自带酒水饮料食品,店内小超市里的商品种类很少且十分昂贵 (3)每次服务生均会在门外窥视,让顾客很不舒服,学生们对此意见颇多	

2. 避风塘(类休闲娱乐竞争者)

1998年上海避风塘茶楼有限公司在上海江宁路99号开设了第一家"避风塘茶楼"。其首创的"欢乐无限时,畅饮无限量"的经营模式、返朴的装修风格、人性化的服务理念,让宾客在无拘无束的环境中尽享时尚饮品和休闲时光,备感"到家的感觉真好"。几年来,避风塘茶楼不断创新产品、更新形象、完善企业经营理念,从单店经营模式转向自营连锁与加盟连锁相结合,不仅在上海地区开设了50多家连锁门店,全国地区的总门店数已近200家,遍布全国16个省市地区,避风塘已然成为中国茶楼行业的知名品牌。与避风塘的竞争性对比分析如表B5-3所示。

表B5-3 与避风塘的竞争性对比分析

对手优势	妙味轩竞争策略
(1)具有多年的餐饮业经营管理经历,整理出了一整套茶楼行业的管理模式 (2)突破传统,顺应国情。保留我国传统茶楼的精髓的同时,引进国外咖啡馆的经营特点 (3)谋求双赢,共同发展。避风塘茶楼重视特许人和受许人的共同利益	(1)实施差异化战略,积极发展公司文化,让顾客在交流互动中增进情感 (2)强调顾客的参与性与创造性,凸显体验的价值 (3)建立完善的加盟体制,控制监督加盟店的产品与服务质量,建立顾客的忠诚度 (4)公司依然处在发展期中,可以开发多种产品,针对多种人群,增加客源
对手劣势	
(1)由于加盟速度过快,管理不善,很多店面的饮品品质下降,导致顾客流失 (2)顾客群单一,需求有很大的弹性,抵抗风险能力小 (3)定位饮品,放弃了有就餐需求的顾客	

3. 好伦哥（类餐饮业竞争者）

好伦哥（ORIGUS）是外商独资西餐连锁企业，于1998年登陆中国。在中国率先推出了39元（现为43元）比萨自助经营模式，第一个推出了包含比萨自助、零点、外送套餐等在内的全方位服务。近年来，好伦哥十分重视学生消费市场，推出了毕业生聚会、生日聚会的优惠价格，成为争夺我们学生市场的又一大竞争对手。与好伦哥的竞争性对比分析如表B5-4所示。

表 B5-4　与好伦哥的竞争性对比分析

对手优势	妙味轩竞争策略
（1）品牌知名度较高，拥有一定的顾客忠诚度 （2）建立了完整的供应链及质量管理体系 （3）有丰富的经营管理经验，对市场风险的抗击能力较强	（1）实施差异化战略，积极发展公司文化，让顾客体会品尝食物之外创造和交流的乐趣 （2）建立自己高端的质量管理体系，建立顾客信任度 （3）全面实施品牌战略，打造强势品牌
对手劣势	
（1）灵活性差，不能为不同的顾客提供更加深层次的服务 （2）亲和力局限，不能让顾客建立起绝对的忠诚度 （3）定位西餐，放弃了不吃西餐或比萨的顾客	

B5.2.3　供应商

我们的供应商主要是提供各种食品原材料，包括粮食、蔬菜、肉类、水果、干果、饮料等。公司虽为体验经济模式，与传统的餐饮业不同，但在食品原材料的选购上基本类似，供应商众多，讨价还价的余地较小。

我们的供应商提供的另一种原材料就是用以创造良好环境气氛的各种装饰材料。装饰材料市场价格虚高，需要建立良好的供应商关系，以稳定成本支出。

B5.2.4　顾客

实行统一的套餐定价，顾客一般没有讨价还价的可能性。但随着模仿者的出现，市场内的竞争对手将会增多，顾客将有可能增加讨价还价的能力。另外，接受集体活动大量订单时，顾客讨价还价的要求增加。

▶▶▶ **专家评析**

竞争分析一直是商业计划中的最重要环节之一，风险投资者可以从中发现契机，创业者可以展现市场能力。妙味轩公司在竞争分析时运用了竞争优劣势SWOT分析法和波特五力竞争模型两个工具，使得竞争分析更加系统和清晰。在本部分制作中有两个地方值得关注。

（1）在进行SWOT基本分析后，最好能将各种环境因素相互匹配起来加以组合和思考，得出一系列公司未来发展的可选择战略和对策。

（2）在潜在竞争对手分析中，妙味轩公司分析得非常精彩。对所提出的三个潜在竞争对手进行分析时，既有优劣势分析，又有应对竞争策略，可以说这部分内容是经过了精心调研和总结，是本商业计划的又一大亮点。

第 B6 章 营销计划

B6.1 营销战略

体验经济观念下的体验营销就是要从消费者的感官、情感、思考、行动和联想五个角度重新定义、设计营销策略的一种思考方式。体验经济以服务为重心，以商品为素材，为消费者创造出值得回忆的感受。因此体验营销则要从生活与情景出发，塑造感官体验及思维认同，以此抓住消费者的注意力，改变消费者行为，并为产品找到新的生存价值与空间。体验经济下的营销策略是以客户需求和体验为导向经营的方式，此时产品几乎完全隐藏到服务背后，服务与产品之间的关系发生了逆转，产品依赖于服务所创造的条件。因此，我们做出以下战略。

（1）建立适度规模的战略管理体系，积极发掘营销策略。
（2）重点建立良好的品牌形象。实行品牌经理制，保证公司品牌的成功孵化。
（3）重视已有顾客的忠诚度，积极与老顾客联系，通过口碑取胜。

B6.2 7P 营销组合策略

B6.2.1 产品

我们的产品是以完善的厨房设备为基础，通过"量贩式"经营和独特的场景设计，为顾客提供不同于餐饮业的普通商品和服务的"个人的创造性体验"，我们称其为"快乐厨房体验"。也就是说，我们要提供的不仅是一个可以享受烹饪乐趣的"魔法厨房"，更是要建立一个健康、快乐的休闲场所。

我们的产品构成简化为一个公式就是：快乐厨房体验（我们的产品）= 个性烹饪 + 特色服务 + 顾客互动。

B6.2.2 定价

产品总的来说实行套餐制收费，供有不同消费需要的顾客进行选择。套餐的标准有两个衡量尺度，一是顾客数目，二是服务类型（包括不同的食品原材料和场景设计标准），收费标准如表 B6-1 所示。

表 B6-1 各套餐类型及收费标准（单位：元 / 间·两小时）

服务类型	经济型	温馨型	豪华型	盛典型
个人	29	45	59	—
情侣	79	99	119	—
宿舍	199	219	239	—
团体	319	399	499	—

时间的限定：默认的单位时间是两小时，对于超出时间的部分另行收费（盛典型除外），收费标准如表 B6-2 所示。

表 B6-2 默认时间外收费标准（单位：元 / 间·两小时）

服务类型	经济型	温馨型	豪华型
个人	20	30	40

(续)

服务类型	经济型	温馨型	豪华型
情侣	50	70	80
宿舍	115	130	145
团体	180	200	300

人数的限定：

个人只限 1 人，情侣只限 2 人，宿舍限 6 人，团体限 10 人；对于各套餐超过人数的情况，另行收费，标准如下。

（1）经济型：35 元 / 人·两小时。

（2）温馨型：41 元 / 人·两小时。

（3）豪华型：60 元 / 人·两小时。

总体来说，我们的定价是多层次的，可以满足不同消费需要的顾客进行选择。同时，我们的套餐定价来源于市场调查，略高于普通餐饮业，略低于休闲场所，总体适中，较为符合消费者的心理价位。

B6.2.3 服务环境

在妙味轩创造的体验环境中，餐点原料、特色服务、店面设计的每一步都体现了全心全意为顾客服务的宗旨。对于不同的套餐制都将享有优质的服务，除此之外，还有各项优惠。

（1）经济型：提供柠檬水。

（2）温馨型：赠送一定量的新鲜蔬果或黄豆等材料，供顾客制作鲜榨果汁或豆浆等饮料。

（3）豪华型：所有资源开放，全方位为顾客服务。

（4）盛典型：属于主题活动的类型，根据有特殊需要的顾客的想法来安排、设计、动员全部力量，创造顾客要营造的气氛，致力于"完美体验"；此类型根据具体情况估价、收费。

B6.2.4 销售渠道

（1）广建联系：学校每年都有厨艺大赛，而且在我店经营相对成熟时，那些参加比赛的同学一定会在我店练练手艺，我店会对他们加以指导，让他们把握更多获胜的机会，同时让他们尽情享受做饭的乐趣。同时，在节假日，我们会举办一些特色活动来吸引顾客。

（2）会员制：在与顾客打交道的过程中，为了进一步吸引顾客，我们还会采取会员制，对于经常来我店的人根据他们来的次数发行不同级别的会员卡，如金卡、银卡等。持不同的卡的人，享受的权利当然不同，级别越高，在价钱方面和待遇方面会享受到更大的优惠和重视。

B6.2.5 促销

（1）定向宣传：在经营初期，首先邀请学校某些社团的主席、会长作为第一批客人，由此留下客源，由他们向社团里以及周围的人进行一定的宣传。

（2）社会影响：邀请各校社团代表人物来参加我们的活动。通过他们来进一步对我们的"产品"进行宣传。

（3）特色服务：在"幸福瞬间"，我们会给顾客拍一些经典照片，然后发到他们的邮箱中，在增加亲切感的同时介绍新产品，有助于顾客再次消费。

B6.2.6 过程

（1）24小时电话订餐或者网上预订。

（2）在休息等待期间提供简易小吃和饮料。

（3）不定期举办饮食文化沙龙（如四川风味沙龙），向老顾客发放邀请函，邀请其以低价参与。

B6.2.7 人员

体验产业与普通的第一产业、第二产业的最大不同就在于，在体验经济模式下，我们的消费者是"产销合一者"。这就是说，顾客在我们的店面"生产"了他们自己设计烹饪的饭菜，然后又"消费"了这些劳动成果，同时得到了极有价值的"产品"——"快乐厨房体验"。

在我们的设计中，顾客既是生产者，又是消费者，而服务人员则扮演一个体验环境的角色，为了顾客实现美好体验做出周密安排。

B6.3 客户关系管理系统

1. 建立客户关系管理系统

对于光顾我们店里的每一位客人，我们都会记录下他们的基本信息（不仅仅是饮食方面，包括个人喜好、社会地位等），并存入客户关系管理系统。无论哪位顾客再次来到我们店里时，我们都可以查询到有关他的信息，对于他的口味可以有一定的了解，安排适合他的食材。同时，也能根据客人的喜好设置店面，创造"老朋友"再见的感觉。

2. 建立数据仓库

除了记录顾客的基本信息之外，我们还会通过客户关系管理系统记录下客户每次的消费记录，并且建立数据仓库，通过不同的维度对消费记录进行分析，所得的分析结果是非常有价值的信息。例如，如果我们以时间为维度进行分析，就可以分析出顾客们消费的周期性规律以及节假日对消费的影响。

3. 进行数据挖掘

在建立了数据仓库的基础上，我们可以从海量的信息中进行数据挖掘，发掘出潜在的信息来帮助我们进行决策。例如，如果我们发现近期大部分的顾客们在使用某种食材时都会搭配另一种食材，我们会合理地放置这两种食材的位置，以方便顾客获取食材，并且能提高食材的销量。

4. 数据系统营销

第一步，顾客首次消费后，寄出《消费回馈意见表》，如果顾客回复就将得到一定金额的代金券作为回报。

第二步，我们会对于曾经参加过"沙龙"的社团人员做回访，通过校园内的媒体发表我们的采访稿，也可以发到校内等各大学生社区网站上。

第三步，当公司举办一些主题活动或者促销时，我们可以通过客户关系管理系统寄送宣传资料及优惠券，通过口碑进行宣传。

5. 反馈与调节

利用客户数据库对我们的营销策略进行调整，按照顾客价值与顾客忠诚度对所有顾客分为四个区进行管理，如图 B6-1 所示。

图 B6-1　客户分区图示

对各个区域顾客采取不同的营销策略，注重 A、B 区的重点客户，即"二八原则"，具体策略如表 B6-3 所示。

表 B6-3　各区顾客不同营销策略的选择

区域	特征	目标	行动
A 区	高顾客价值 / 高顾客忠诚度	留住	瞄准忠诚度，实施回报计划
B 区	高顾客价值 / 低顾客忠诚度	使其进入 A 区	促销
C 区	低顾客价值 / 高顾客忠诚度	增加购买	交叉其他产品进行
D 区	低顾客价值 / 低顾客忠诚度	不做特别应对处理	

▶▶▶ 专家评析

市场营销部分是创业者向风险投资者展现分析能力和策划能力的平台，也是商业计划的又一个核心环节。妙味轩公司在介绍营销战略的基础上，展示了"7P"营销策略，并讲解了具有体验营销特色的客户关系管理系统和大数据营销。以上所有内容完成得非常简练和清晰，但是，在营销战略和产品策略方面还存在需要完善的地方。

（1）本部分营销战略较为简短，缺少阶段性营销目标和市场计划。营销战略是企业战略的子战略，具有与企业战略保持一致的阶段性目标。妙味轩公司产品是新颖的体验式产品，为了使风险投资者能快速理解创业者的产品和市场发展思路，应该加大笔墨给出阶段性市场目标和市场计划。

（2）在营销组合策略中出现了 7P 营销理论（The Marketing Theory of 7P），该理论是 1981 年由布姆斯和比特纳在传统市场营销理论 4P 的基础上增加三个"服务性的 P"，即：人员、过程、服务环境形成的。可以看出 7P 理论是对 4P 理论（有关 4P 理论的阐述可见本书第五章）的延伸和发展。此外，4P 理论侧重了早期营销对产品的关注，是实物营销的基础，而 7P 理论则侧重于服务营销，增加了对产品之外服务的关注，是服务营销的基础。因此，7P 营销理论将更适合妙味轩公司的体验服务式产品分析。

（3）在产品介绍中过于简单和重复，仅对产品的内涵进行了解释，并没有涉及产品组合、产品延伸、产品开发等内容，让人感觉非常笼统。建议此处可以针对大学生、情侣和青年白领给出三套不同的完整产品方案,并说明本产品未来的发展方向。

(4) 引入客户关系管理系统和大数据营销是本商业计划书的又一大特色和亮点。结合现代数据挖掘技术,可以增进对客户的了解,妙味轩公司可以在此方面大做文章。

第 B7 章 品牌战略

B7.1 品牌设计

妙味轩以其特有的体验服务将更多地带给消费者一种精神上的愉悦,所以我们提倡具有人文主义色彩的企业文化及企业形象,对内加强凝聚力,对外加强竞争力。

1. 公司形象

形象定位:积极、创新、关爱。

形象特点:人文关怀、细致入微。

2. 品牌形象

产品的概念对于妙味轩将不仅是提供满足顾客需要和欲望的产品,更多的是提供无形的服务、形象和创意,让顾客不仅得到物质上的享受,而且得到精神上的感受和心理上的成就感。

所以,我们对品牌有如下规划。

品牌核心理念:"创意、健康、体验"三合一的文化以及生活概念。

品牌广告语:你的厨艺通过妙味轩的认证了吗?

品牌标志:活泼的 DIY 小屋,厨具形状的字母,活泼清新又易于记忆。

B7.2 品牌提升

要把文化和知识转化为生产力,将公司的文化与精神一同销售出去。这其中要注重体验的不可复制性。消费者乐意为体验付费的原因在于体验是美好而不可复制的,对某一个消费者来讲它是唯一的,有时是不可再生的。所以体验经济给经营者的启示就是:非物质产品比物质产品的价值更高,升值空间更大,一句话,赚钱机会更多。所以,我们要加大个性化设计的力度。

同时,由于消费者对新事物总是容易持怀疑态度,所以我们特别重视口碑宣传。

在品牌推广的过程中,我们将关注以下几方面。

1. 行业第一

开辟新市场的目的对于妙味轩来说,就是做大学生 DIY 厨房的鼻祖,成为这一领域的绝对领先者,成为体验消费的代名词。要做到这一点,在初期的营销过程中,我们将把开拓市场、抢占市场份额、建立品牌知名度作为核心目标。

2. 抢占资源

载体抢占社会资源,利用学生社团和其他学生团体建立广泛的客户网络。在必要的时机,邀请大学生明星作为公司的形象代言人。

3. 品牌推广

在品牌推广中,我们十分看重口碑的价值。因为对于体验来说,顾客的评价比任何广告宣传都能打动其他消费者的心。

4. 品牌维护

新市场通常意味着巨大的商业机会,机会意味着不止一家去争抢。当妙味轩坐上大学生体验娱乐市场的第一把交椅时,必定会引来大量的模仿者。此时我们必须考虑构建竞争壁垒,防止对手跟进。为此,我们将在内部管理、产品开发、市场营销三方面采取策略以保证自身的品牌优势。

(1) 管理系统优势。第一,建立健全质量控制体系,在食品原料的质量上建立高的信赖度和美誉度;第二,流畅供应链,保证产品的低成本和高附加值;第三,建立客户关系管理体系,了解客户需求,保证客户忠诚度的同时,洞悉市场变化。

(2) 产品开发。第一,主打产品和附属产品相结合,扩大盈利范围;第二,紧跟市场变化,开发延伸产品;第三,开发秘制调料,让顾客只有在妙味轩才能表现出自己最好的厨艺;第四,开发专用调料瓶和厨具,降低烹饪失败的损失。

(3) 市场营销。第一,以快速、凶狠、定向、定制的广告方式抢占资源;第二,迅速扩张加盟店,使妙味轩的品牌遍布全国高校;第三,扩展品牌的延伸力,根据不同时期的流行文化特质包装品牌,使其紧跟时代,保持长久的活力。

> ▶▶▶ 专家评析
>
> 创意体验式产品非常容易被复制和模仿,这也将会是让妙味轩创业团队困惑的难题。塑造知名品牌,对产品推陈出新,勇做行业领头羊,这也许是该类型企业未来获取产品竞争优势的生存之道。妙味轩公司采取了以上策略,以品牌战略为核心,不断创新产品,做行业引领者。以上策略和方法可以给同类型创业公司提供参考和借鉴。此外,本部分内容仅是提出了一些思想和理念,如果针对某个思路能够给出具体的实施方案,那就会更有说服力。

第 B8 章 人力资源

B8.1 人员配置

"投资是一项经营人才的业务",越来越多的事实证明商业竞争的实质就是人才的竞争,特别是对于妙味轩这样一家经营"体验"的公司,每个工作人员都是顾客体验故事中的演员,所以每个员工都必须经过精挑细选,严格分工。公司的高级管理人员将由熟悉公司理念和文化的"妙味轩创业团队"成员出任,但就基本需要而言,在公司运营初期,规模相对来说比较小,每家门店初期暂定九名员工。

如表 B8-1 所示是门店关键职位一览表，公司成立后将设计详细的岗位说明书。

表 B8-1 关键职位一览表

职位	年龄	任务	要求	待遇
总经理（1名）	≤35岁	战略规划；店面经营及员工管理，新产品开发	具有相关经验及会计资格证书，对体验经济有一定程度的了解	底薪+奖金
会计（1名）	≤50岁	会计核算，财务分析，投资预测	身体健康，有良好的职业道德，有相关资格证书	底薪+奖金
设计助理（兼职）	≤30岁	店面设计装饰，主题活动策划	有相关资格证书且富有创新精神	底薪+奖金
营养师（1名）	≤50岁	对顾客进行烹饪指导，对烹饪失败的顾客提供补救措施	身体健康，有相关资格证书且富有创新精神	底薪+奖金
采购人员（1名）	≤30岁	食品原材料的采购，消毒卫生	身体健康，有良好的职业道德，了解市场	底薪+奖金
服务员（5名）	≤28岁	店面招待，体验环境营造；收银	身体健康，容貌姣好，性格开朗，有亲和力和责任心	底薪+奖金

B8.2 人力资源

B8.2.1 人员招募

公司初期主要从职业中介场所招收有相关工作经验的雇员，这样，我们可以在相对较短的时间内为公司配备齐专业的人员，确保公司初期的顺利运营。

我们为招聘制订了"4E 和 1P"计划，它们分别代表活力（Energy）、激励别人（Energize）的能力、决断（Edge）力、执行（Execute）力和激情（Passion）。招募工作能力和个人素质都较高的员工，为日后向顾客提供高质量的服务和完美的体验打下良好的基础。

在具体的招聘选拔过程中，我们将对应聘者进行麦尔斯－布里格斯（MBTI）人格测试，选择适合我们公司文化的员工。在面试过程中，我们将采取 BEI 面试方法（行为事件访谈法），全面了解应聘者的性格潜质，选择最合适的人才。

B8.2.2 人员培训

人员的培训是一项极其重要且需要长期进行的工作，除了对公司的理念、产品、营销知识等例行的培训以外，由于公司经营项目的特殊性，特别增加对服务员的专门培训，包括以下内容（详细标准参见附录）。

（1）语言能力。是服务员与客人建立良好关系、留下深刻印象的重要工具和途径。

（2）交际能力。妥善地处理与顾客、领导和同事的关系，特别是顾客。良好的交流和沟通会为经营的持续兴旺和企业品牌的宣传、传播起到不可估量的作用。

（3）观察能力。能够善于把客人的潜在需求一眼看透，是服务员最值得肯定的服务本领。

（4）记忆能力。成为客人的"活字典""指南针"，使客人能够及时了解所需的各种信息。

（5）应变能力。妥善处理各类突发事件。

B8.2.3 人员解聘

我们的公司会在以下三种情况下解聘员工。

（1）由于公司战略需要而解聘部分员工。
（2）由于员工违背正直品行，背离公司文化而将其解聘。
（3）由于员工的业绩不佳，或遭到顾客投诉不能及时改正而将其解聘。

B8.3 绩效管理

B8.3.1 目标管理（MBO）

在员工绩效考核方面，我们实施彼得·德鲁克的目标管理系统。其具体做法是：
（1）将企业目标分解为员工个人的目标，形成目标体系。
（2）建立分权组织体制，上级根据分解目标的内容在一定范围内给下级最大限度的权力，使下级充分运用权力谋求目标的完成。
（3）制订实现目标的具体计划、方法和评价标准。
（4）对目标实现的情况实行定期检查和考核，并据此实行奖惩。
（5）在目标完成后，再制定新的目标体系，形成新的目标管理过程，开始新的循环。
简而言之，就是"定目标—执行—成果评价—奖罚"的过程。

B8.3.2 SERQUAL 目标测量工具

在制定目标的过程中，我们将采用 SERQUAL 模型测量服务质量。该模型包括有形性（Tangibles）、可靠性（Reliability）、回应性（Responsiveness）、确实性（Assurance）、关怀性（Empathy）五个维度。

我们根据妙味轩的特殊要求，明确了以下几项的标准。
（1）有形产品令人放心。主要体现为在食品卫生方面，让顾客完全信任。
（2）服务承诺兑现。具备完成承诺的能力，对顾客的预约和先期要求给予足够的重视，体现公司的信誉度。
（3）服务速度快捷。乐于帮助顾客，提供快速服务，重视服务的反馈。
（4）服务细节人性化。要关怀顾客，了解顾客不同需求，提供个性化服务。
（5）员工表现专业。了解必需的烹饪、营养知识，建立服务利他意识；员工的知识、礼仪以及他们高超的能力，反射到顾客身上就是一种信心与信任。

B8.3.3 绩效评定

在这一环节，我们将对员工进行"全面的评价"，从四个纬度对其进行打分考评。
（1）自我评定。对个人目标的完成情况进行打分，权重15%。
（2）同事评定。由同事分别对其的工作态度、工作技能、工作成效进行评价，权重15%。
（3）顾客评定。顾客满意度的体现，如有顾客表扬或投诉，将相应加分或扣分，权重40%。
（4）直属上级评定。由直属上级对其工作成绩进行客观的考评，权重30%。

通过考核，每个季度将进行一次综合评价，将员工成绩进行排名，其中前20%的人有晋升或者加薪的机会，而最后10%的人则被淘汰，也即是"二七一"原则。

B8.4　外部支持

我们目前已与北京某大学的四位资深从业专家取得联系，由他们担任公司的法律顾问、营销顾问、财务顾问和管理顾问，为公司的经营管理提供长期的专业指导。

> **▶▶▶ 专家评析**
>
> 妙味轩公司以门店为目标，阐述了各种职位的需求、年龄、任务、要求和薪酬，并阐述了人员招聘、培训和解聘的具体原则和规章。此外，在考核中运用了目标管理、SERQUAL 目标测量工具等多种科学方法，基本达到了门店招聘的需要。但在某些方面还是存在着一些可以完善的地方。
>
> （1）妙味轩公司仅介绍了门店人力需求，并未详细说明其在图 B2-1 中所示的公司核心管理团队人员的需求。一般公司各核心岗位人员可以由创业人员担当，如果确实缺少如财务部经理等这类专业人士，可以向外界进行招聘。此外，这些公司核心人员也需要说明其岗位职责薪酬。
>
> （2）在外部支持中妙味轩公司聘请了几位各专业领域的顾问，在文中最好有这些人员的基本简历，这样可以减少风险投资者对公司成员知识和经验缺乏的质疑。

第 B9 章　风险控制

B9.1　初期风险

在进入市场初期，我们面临的最大任务是让消费者接受"体验消费"这种新的商业模式，同时认可妙味轩在此领域中独一无二的品牌地位。具体地说，我们此阶段的主要的风险就是如何打开市场，主要包括以下几个方面。

（1）消费者认可。目前体验经济在我国还没得到长足的发展，大部分人的消费观念还停留在传统层面，因此我们的服务只能面向较狭隘的特定群体，也就是说，要打开我们的消费市场，目前还存在一定的困难。

（2）市场营销。在市场开拓、建立品牌、建立口碑方面将会付出很大代价；公司内部管理制度和控制体系的形成和完善需要一个过程；建立顾客的忠诚度需要较长时间。诸如此类的情形使初创的公司都要面临极大挑战。

（3）原材料价格波动。由于经营所需的原材料主要是食品、农产品，而目前国内通货膨胀较为明显，食品价格持续走高，许多大的食品生产厂家已经获得了国家发改委的涨价申请。可以预期食品的涨价趋势会持续一段时间，这就抬高了我们的经营成本。⊖

应对策略主要包括以下几个方面。

（1）加大宣传力度，重视宣传的有效性。通过学生社团、人际网络等渠道，让更多人了解我们厨房，有的放矢地搞一些优惠活动，扩大宣传面。

⊖ 此处所描述的情况为此商业计划书制作当下的情况，并非目前情况。

（2）首先做好充分可靠的市场调查，由此决定厨房的规模及购买原料的量。与上游供货商建立良好关系，洞察食品原材料价格变化，尽量做到无库存、无浪费。

（3）以优质的服务稳定客户，同时与供货商保持长期的合作关系，以便保证原材料的质量的同时尽量降低成本。

B9.2 中期风险

当公司进入发展期，我们将进行第二期融资，开始大规模地加开连锁店，在扩大规模的同时，我们将面临模仿者出现、竞争压力增大的情况，具体风险如下。

（1）融资风险。在进行二期融资时，风险投资者将对我们的经营效果进行考评，在具体融资运作上会有一定的风险。

（2）模仿者加入。随着公司经营的成功，以及体验经济模式的推广，会有大量的模仿者加入这一行业，我们将面临来自同于行业的竞争，这将更为激烈。

应对策略主要包括以下几个方面。

（1）与投资商密切联系，增进了解，建立彼此间的信任。同时积极与相关行政部门沟通，理解领会管理部门的意图。与工商、税务等部门建立良好关系，尽可能早地得知政府政策变化，并做出相应的调整。

（2）为了在竞争中立于优势地位，我们还是需要从服务下手，以强大的客户数据库为基础，以更人性化的服务打动顾客，保持妙味轩独特的企业文化，同时不断创新。另外，我们将坚持诚信为本的服务宗旨，时刻将顾客的健康摆在第一位，全力打造DIY厨房的良好形象。

（3）熟悉业内的潜规则也是减少竞争风险的有效措施。

B9.3 远期风险

进入扩张期后，为了快速占领全国高校市场，我们将采取特许经营的加盟连锁方式，在加盟过程中，公司也将面临管理上的新的挑战。

（1）加盟管理的风险。如果对加盟商培训不当，或对加盟体系管理不善，导致妙味轩加盟店服务质量不稳定或与总店宣传不符，将严重危害我公司的品牌形象。

（2）除了以上提出的风险因素，还有一些其他方面需要注意，虽然它们对公司将来的经营产生的影响要小于以上因素，或是发生的可能性非常小，但是它们的发生也很有可能会造成公司经营的失败。这些因素包括：公司对一些关键雇员的依赖：一旦这些雇员离开公司，公司将会面临被竞争者抢夺市场份额或是核心技术外泄的巨大风险。

应对策略主要包括以下几个方面。

（1）对于加盟者实行管理权与经营权的分离。在管理和产品设计、供应链等方面，各分店必须与总店保持严格一致。

（2）对于新的加盟者，严格按标准进行培训；对于不达标的加盟者，坚决不予合作。在加盟之后，也要对加盟店进行定期考评，如有不良经营现象，及时纠正。

（3）不断进行内部管理者的培训，建立健全公司的制度章程，完善员工福利制度，使公司文化深入人心。重视管理咨询公司的作用，积极开发运用公司的信息管理系统。利用一切资源使公司的管理尽快走向成熟。

>>> **专家评析**

　　风险控制是风险投资者特别关心的问题，因为整本商业计划书是一个商业计划的推演过程，但是在市场上存在着众多不可控因素，如果创业团队对这些风险因素考虑得越完善，商业计划书可执行程度就越高。妙味轩公司在本部分把风险分为三个阶段，即初期、中期和远期，并给出了相应风险的应对策略，这是本文的亮点之一。相信把分阶段风险有条理地分析和寻找应对策略能增强风险投资者的投资信心。

第 B10 章　财务计划与资本退出

B10.1　融资说明

B10.1.1　股本结构和规模

北京妙味轩饮食有限责任公司开始注册资金 225 万元。后期随着公司规模的扩大，还会增大注册资本。公司初期股本结构如图 B10-1 所示。

B10.1.2　资金筹措

北京妙味轩饮食有限责任公司初始融资额为 203.8 万元，其中 40.76 万元为发起人自筹资金，163.04 万元为风险融资，用于开设三家直营店。后进行二期风险融资 814.62 万元，用于 28 家店面的扩张，两期下来总计需要风险资金 977.54 万元。而进行三期扩张时，公司的盈余资金可以完全解决，不再需要风险投资（见图 B10-2）。

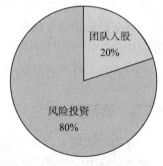

图 B10-1　公司初期股本结构图

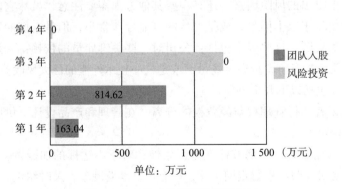

图 B10-2　公司各期融资情况图示

B10.2 财务预测

B10.2.1 基础数据收集与汇总

根据以上投资项目的背景资料和有关的数据预测、估算，分类列出基础数据及正常的部分数据的估算值。单店月饱和营业收入为 47.7 万元，公司原材料成本为销售收入的 35%，每个月具体的销售情况会在饱和营业收入基础上进行调整；单店初始固定资产投资额为 28.8 万元，其中预备费用为建设投资的 8%。无形资产及递延资产为 34.4 万元，共计 67 万元。单店基础数据详见表 B11-1。

B10.2.2 项目实施进度

该项目分为三期，第一期为创业期（1 年），拟在北京开 3 家直营店面；第二期为发展期（2 年），在成都、上海、广州等地新开 28 家连锁店，第三期为扩张期（1 年），采用加盟的形式扩大规模，共加盟 50 家店面。每家店面的建设期为 1 个月，平均投资回收期为 8.5 个月，其后便开始盈利。

表 B10-1 发展战略图

阶段	第一期（创业期）	第二期（发展期）	第三期（扩张期）
店面增加数	3 家直营店面	新开 28 家连锁店	50 家加盟店
分布	北京高校区	成都、上海、广州等地	全国各地

B10.2.3 投资计划与资金预算

以基期价格计算的项目投资总额为 2 236.2 万元，总建设投资为 2 173.3 万元。项目投产后形成的固定资产价值为 1 108 万元。

单店按分项估算的初始正常年份流动资金为 62.6 万元，以后随着企业影响面的扩大，流动资金随之增加。

B10.2.4 总成本费用估算及分析

外购原材料、外购燃料及动力的估算先按正常月份进行计算，然后按达产比例核算为投产期各年的外购原材料、外购燃料及动力的费用。项目前期员工月工资及福利总额为 2.85 万元，年总额为 34.2 万元，占总成本的 13.2%。

固定资产折旧年限为 24 个月，残值率为 5%。

以上各项数据记入总成本费用估算表中。

B10.2.5 产品销售收入与增值税，销售税金计算

2007 年的两会通过了有关所得税的税制改革，从原来的 33% 下降到 25%。

单店面年销售收入为 313.16 万元，净利润为 429 987.76 元。

按基期价格计算的生产期各月产品销售收入与增值税，销售税金及附加。

总资产收益率及销售毛利率如图 B10-3 所示。

B10.2.6 财务分析

基本财务报表利润表、现金流量表（全部投资、自有资金）、资金来源与运用、资产负债表的编制见附表（本书附表省略）。

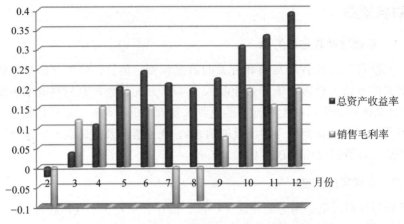

图 B10-3　公司第一年销售收入情况

B10.2.7　利润表分析

根据各个时期销售的特点，我们得出了第一年以及整个项目计算期的利润趋势图（见图 B10-4、B10-5），基本上均能盈利。需要说明的是，以上的"利润表"只是静态的利润表，完全没有考虑市场的变幻莫测。可以预计的是，一方面大家逐渐接受我们的产品与服务，使其建立了良好的口碑，促进了销售额的增长。另一方面，也可能会出现服务质量得不到提高、新产品的开发受阻等问题。因此企业要尽量提高服务质量、进行理念创新。

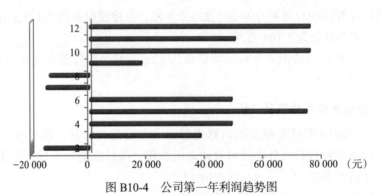

图 B10-4　公司第一年利润趋势图

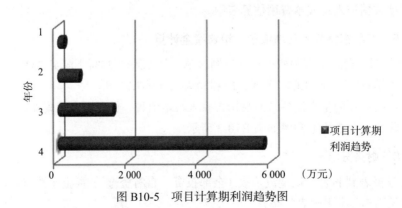

图 B10-5　项目计算期利润趋势图

表 B10-2　项目四年的盈利和利润状况　　　　　　　　　（单位：万元）

年份	第 1 年	第 2 年		第 3 年		第 4 年	
店面	一期 3 家店面	一期 3 家店面	二期 1 批 12 家店面	一、二期累计 15 家店面	二期 2 批 16 家店面	一、二期累计 19 家店面	50 家店面加盟
产品销售收入	939.47	955.35	3 757.87	4 776.74	5 010.49	9 871.94	10 000.00
税后利润	129.00	127.42	515.99	637.08	687.98	1 316.64	5 625.00
累计未分配利润	115.62	210.55	595.65	1 070.30	1 583.76	2 564.70	6 783.45

B10.2.8　现金流量表分析

图 B10-6 所示的是从风险投资者角度出发，以风险投资者出资额（自有资金）作为计算基础的现金流量图。由图 B10-6 可知在产量增长的情况下，企业的现金流入、现金流出及净现金流量都在增长。扩大企业生产规模，提高产量是企业保持现金流量稳步增长的基础。图 B10-6 是净现金流量对比图。

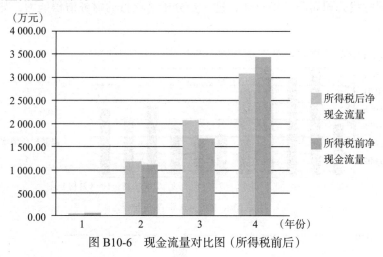

图 B10-6　现金流量对比图（所得税前后）

B10.2.9　资产负债表分析

由图 B10-7 可知，企业流动资产在总资产中占较大比例，并且流动资产和总资产都是在逐年上升，企业的规模在逐渐扩大。

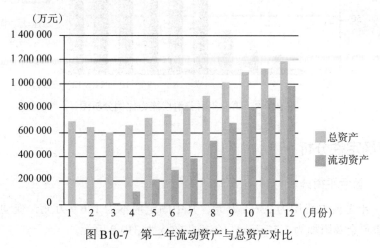

图 B10-7　第一年流动资产与总资产对比

B10.2.10 财务盈利能力分析

表 B10-3 第一年财务盈利能力分析表

序号	指标名称	所得税后	所得税前
1	按全部投资计算		
1.1	财务内部收益率（FIRR）	94.9%	124.9%
1.2	财务净现值（FNPV）	32.3 万元	46.02 万元
1.3	动态投资回收期（P_t）	9.1 月	8.5 月

该项目的财务内部收益率均大于基准投资收益率 12%，动态投资回收期小于基准回收期 1 年，并且财务净现值均为正值，表明该项目在财务上是可行的。

B10.2.11 财务清偿能力分析

根据资产负债表（此处附表省略），可以看出项目计算期内的资产、负债和所有者权益的情况。同时我公司属服务型行业，进一步分析该项目的财务清偿能力，如图 B10-8 和图 B10-9 所示。

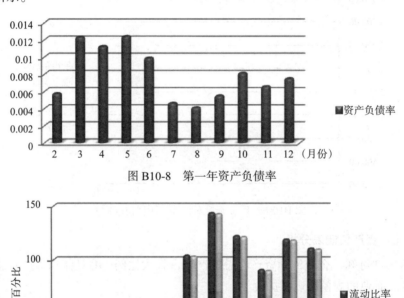

图 B10-8 第一年资产负债率

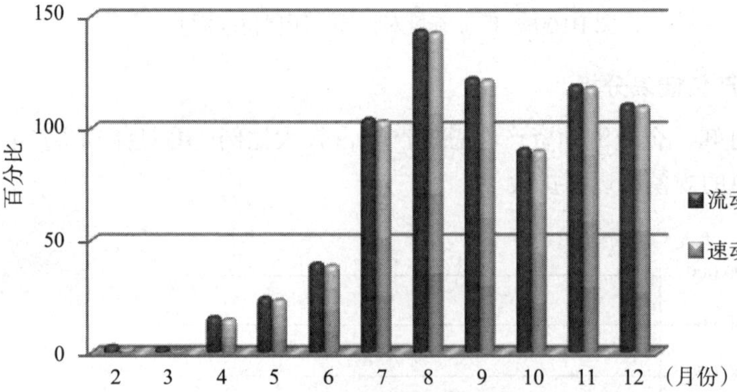

图 B10-9 第一年财务清偿能力比例分析图

B10.3 不确定性分析

B10.3.1 盈亏平衡分析

项目第一年总成本费用为 236.5 万元，其中固定成本为 126.9 万元，变动成本为 109.6 万元，年销售税金及附加为 1.57 万元，年销售收入为 313.2 万元。

以生产能力利用率表示的盈亏平衡点为：

$$BEP=126.9÷（313.2-109.6-1.57）×100\%=62.8\%$$

该项目生产力利用率低于70%，则表明项目比较安全，可以承受较大的风险。

B10.3.2 敏感性分析

就该项目的销售收入、经营成本、固定资产和原材料四个因素变化对所得税后的全部投资财务内部收益率进行敏感性分析，计算结果如表 B10-4 所示。

表 B10-4 内部收益率敏感性分析表

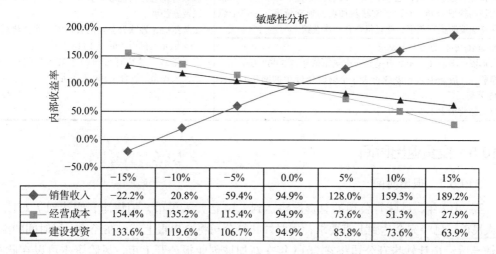

	−15%	−10%	−5%	0.0%	5%	10%	15%
◆ 销售收入	−22.2%	20.8%	59.4%	94.9%	128.0%	159.3%	189.2%
■ 经营成本	154.4%	135.2%	115.4%	94.9%	73.6%	51.3%	27.9%
▲ 建设投资	133.6%	119.6%	106.7%	94.9%	83.8%	73.6%	63.9%

由表 B10-4 可以看出，销售收入最为敏感，但是即使销售收入下降 10%，项目的内部收益率也为 20.8%；其次是经营成本，当经营成本上升 15% 时，项目的内部收益率仍达到 27.9%；建设投资的敏感性最弱，这说明投资并非越少越好，也并非越多越不好，而是存在一个最佳值。

B10.4 投资退出

综合考虑本公司产品的市场容量、增长能力及公司的价值的高增长性等各方面的因素，我公司不准备采用整体出售的方式使风险资本退出。对于在创业初期给予我们帮助的风险投资者，我们将以十分负责的态度为其安排以公开上市或偿付协议两种方式进行风险资本退出。

B10.4.1 公开上市

对于风险投资者来说，公开上市是取得最大利益的途径。我公司在未来的两年内在资本规模和主营业务收入净额等各方面都将达到在新加坡创业板上市的条件（见表 B10-5）。

B10.4.2 偿付协议

如果届时公司由于一些意外因素的影响而没有实现公开上市，我公司将以强大的市场网络和较高的品牌价值吸引有实力的公司进行并购。届时将公开招标，快速回笼资金，实现风险投资的退出。

表 B10-5　创业板上市要求与妙味轩公司实际情况对比表

创业板上市要求	妙味轩公司的实际情况
新加坡股票交易所自动报价市场 • 在新加坡设立一个创业公司 • 无须最低注册资本 / 设计年限和盈利考核要求 • 有 3 年或以上连续、活跃的经营记录，并不要求一定有盈利，但会计师报告不能有重大保留意见，有效期为 6 个月 • 公众持股至少为 50 万股或发行缴足股本的 15%（以高者为准），由至少 500 个公众股东组成 • 所持业务在新加坡的公司，须有两名独立董事；业务不在新加坡的控股公司，有两名常驻新加坡的独立董事，一位全职在新加坡的执行董事，并且每季开一次会议	• 妙味轩公司会在新加坡注册创业公司 • 在经营 4 年后妙味轩公司将会聘请保荐人及辅导人进行上市辅导 • 在递交上市申请时妙味轩公司已具备超过 4 年的经营日期 • 妙味轩将会在新加坡开分店，业务会遍布全国以及新加坡 • 在 4 年后，妙味轩公司的有形资产净值将超过 1.14 亿元人民币（折合 2 114.3 万美元[⊖]） • 在 4 年后，妙味轩公司的净收入将超过 1.05 亿元人民币（折合 1 500 万美元）
NASDAQ 小企业板上市要求 • 有形资产净值超过 400 万美元或市场市值超过 5 000 万美元 • 净收入（最新财政年度或过去 3 个财政年度中的两年）超过 75 万美元 • 公司经营历史不少于 1 年	

B10.5　投资退出时间

B10.5.1　退出时间

到 2012 年，妙味轩公司的总资产将达到 1.14 亿元人民币，销售净利润达到 7 721.7 万元人民币，已经完全达到上市要求，届时妙味轩公司将会申报上市。在经历一段时间的准备及辅导后，预计妙味轩公司将在 2013 年在新加坡创业板公开上市。风险资本可以在此时，2013 年（正式经营后 4 年）通过公开市场交易完成风险资本的退出。届时如果由于无法预料的因素使公司无法完成上市工作，妙味轩公司将会采用偿付协议的方式使风险资本退出。

B10.5.2　投资回报

在 2013 年风险资本退出时，妙味轩公司的所有者权益将超过 3 亿元人民币。如同前面分析的一样，风险投资者投入的资本将增值 16.56 倍，投资平均年利润率将超过 207.1%。

▶▶▶ **专家评析**

风险投资者既关心投入多少，也关心收益多少，财务计划和资本退出满足了他们在这方面的需求。妙味轩公司花费了大量的笔墨阐述了融资计划、财务分析和资本退出，这有助于风险投资者进一步了解企业的运行计划。

（1）在融资部分，妙味轩公司采取了分期融资计划，这是一个非常合理的设想。第一，根据企业规划分阶段获取融资，有利于企业健康发展。第二，风险投资者在创业初期一次不会投入过多资金，他们总是先试探着投入一小部分资金，以便考察创业者是否能按照商业计划书中所示逐步壮大。但是，在融资部分也有不合理的内容。第一，在创业初期很少有创业团队愿意出让控股权，也很少有风险投资者愿意投入大量资金获取控股权。因为，创业初期企业失败的可能性最大，没有风险投资

⊖ 此汇率为估算汇率。

者愿意冒如此大的失败风险。第二,一般股权分配并不是按照投入资本金的多少来划分比例,还要考虑创业团队管理、公司前景和其他投入等多种影响要素。

(2) 在财务部分,妙味轩公司给出了大量数据和分析图表,总的来看,利润表、资产负债表、现金流量表都较合理,各个财务指标都在合理范围之内。这给风险投资者增加了投资信心。

(3) 妙味轩公司给出了风险投资者的退出计划和时间表,就公开上市条件进行了简单对比,并给出了偿付协议的备选退出方式,可以看出创业团队在这一部分进行了系统思考。

第 B11 章 附录

B11.1 创业团队简介

创业团队成立于 2006 年 10 月,主要成员(5 人)均为大学在校研究生、本科生。成员均学习成绩优秀,具有一定的经济学与管理学基础,且各有特长,特别是在设计、财会、市场分析、风险投资等方面具备专业素质。团队分工明确、密切配合,在团队协作上十分默契(此处省略个人简历)。

B11.2 房屋租赁合同

房屋租赁合同

房屋坐落于北京市海淀区学院路。

房屋房间使用面积:100 平方米。

房屋状况及装修情况另附保管单。

月租金:15 000 元——起租日期:2009 年 1 月 1 日。

_____ 房管所(以下简称出租方)将其管理的上述房屋租给北京妙味轩饮食有限责任公司(以下简称承租方)使用,双方协商同意订立条款如下。

(1) 本租约为承租方取得承租房屋使用权的凭证。承租方与出租方均有遵守国家有关房屋法律、政策、法令的义务。

(2) 房屋租金数额,由出租方根据本市现行租金标准核定。因房屋条件或租金标准变动时,其租金数额得予调整。每月租金承租方应于当月 15 日前交清。

(3) 甲方根据本市公房修缮标准检查、维修房屋和设备,保障使用安全和正常使用。在正常情况下,如因检查不周、维修不及时以致房屋倒塌使承租方遭受经济损失,由出租方负责赔偿。

(4) 出租方鉴定房屋危险,不能继续使用,必须腾出时,承租方应按期迁出。

(5) 承租方对承租的房屋及室内装修设备,应负责保管,爱护使用,注意防火、防冻。如因照管不周或使用不当造成损坏时,承租方负责修复或赔偿。

(6) 承租方不得私自拆改、增添房屋或设备。如确属必需时,应事先取得出租方的同意或另行签订协议后方可动工,否则,承租方应负责恢复原状。

（7）承租方退租房屋时，应于七日前通知出租方并办清以下手续：

① 交清租金、暖气费和应交纳的赔偿费；

② 按租约交清负责保管的房屋及装修设备；

③ 撤销租约。

（8）承租方有下列情况之一时，出租方可以终止租约，收回房屋：

① 把承租的房屋转租、转借或私自交换使用的；

② 未经出租方同意私自改变承租用途的；

③ 无故拖延租金三个月以上的。

（9）租赁房屋危及承租人的安全或者健康的，即使承租人订立合同时明知该租赁物质量不合格，承租人仍然可以随时解除合同。

（10）本租约自立约日起生效，一式两份，双方各执一份，如有未尽事宜，双方协商解决。

出租方：（盖章）

承租方：（盖章）妙味轩饮食（中国）有限责任公司

立约日期：2007 年 9 月 1 日

B11.3　食品原材料订购合同

食品原材料订购合同

甲方（购方）：北京妙味轩饮食有限责任公司

地址：北京市海淀区学院路　邮码：100083　电话：188×××××××

法定代表人：某某　职务：总经理

乙方（供方）：

地　址：_____ 邮码：_____ 电话：_____

法定代表人：_____ 职务：_____

为了食材生产优质、高产，保证食材供应，经甲乙双方充分协商，特订立本合同，以供双方共同遵守。以下为具体内容：

第一条　食材交售品种、数量、质量及办法

（1）乙方向甲方交售各种食材，其中，正常月份 3、4、6、9、11 月每天交售食材的品种、数量为：蔬菜：100 斤，肉类：66 斤；旺季 5 月和 12 月每天交售食材的品种、数量为：蔬菜：150 斤，肉类：100 斤；淡季交售食材的品种、数量为：蔬菜：50 斤，肉类：33 斤。

（2）价格：日常收购按物价部门规定执行。

（3）食材交售时间由甲方联络员与乙方负责人协商，提前一天安排次日应交售的品种、数量，开出食材预约通知单，乙方凭条办理交售。其交售与预约量允许上下浮动 20%。

第二条　本合同内的品种、数量要求

在正常情况下，按每天所订品种、数量交售、收购，所订品种完成 90% 以上者，均按执行了合同对待。

第三条　甲方的权利义务

（1）甲方对乙方交售的食材必须及时验收，及时承付菜款，最迟不超过____小时/天

（根据不同品种规定验收期限）。

（2）甲方评定食材等级要按照国家规定的质量标准，不得任意压级压价。

（3）甲方对乙方交售的不合规格的食材，有权拒收，但必须对乙方说明理由。

第四条　乙方的权利义务

（1）乙方在完成交售任务前，不得私自出售食材。

（2）为确保人民身体健康，乙方必须按照食材用药规定施用农药，严禁在食材地使用剧毒农药。对药性、肥气未脱的食材严禁出土上市。

（3）乙方的食材生产如受气候条件的影响，允许在减产5%的幅度内不以违约论。

第五条　甲方违约责任

（1）在正常或预约的临时收购时间内，若甲方无故不收购，造成食材变质和运输延误等损失，或故意压级压价，除应赔偿乙方的损失外，应向乙方偿付该批食材总金额50%的违约金。

（2）甲方如拖延支付乙方菜款的时间，应按银行关于拖延付款的罚款规定，向乙方偿付违约金。

第六条　乙方违约责任

（1）乙方非因自然灾害，未完成当月合同总数量的90%者，应根据所欠食材价款，比照银行拖延付款的规定，向甲方偿付违约金。

（2）乙方如在未完成交售任务前擅自出售食材，应向甲方偿付违约金，数值为该食材市价总金额的两倍。

（3）乙方如交售使用剧毒农药喷洒以及药性、肥气未脱的食材，应按该食材市价总金额的两倍向甲方偿付违约金。如果因此造成人身伤亡，乙方应承担一切责任。

（本合同自甲乙双方签字之日起生效，甲乙双方任何一方不得擅自修改或解除合同，如双方代表人发生变更，不得变更合同。本合同内如有未尽事宜，必须由甲乙双方共同协商，做出补充规定，补充规定与本合同具有同等效力。）

第七条　本合同有效期

自2008年1月1日至2009年1月1日止。

甲方：妙味轩饮食（中国）有限责任公司

代表人签字（盖章）：某某　2007年9月1日

乙方：_____

代表人签字（盖章）：_____　　　　　　　___年___月___日

B11.4　服务员培训内容

通过培训，服务员至少要具备以下几方面的服务能力。

1. 语言能力

语言是服务员与客人建立良好关系、留下深刻印象的重要工具和途径。语言是思维的物质外壳，它体现服务员的精神涵养、气质底蕴、态度性格。客人能够感受到的最重要的两个方面就是服务员的言和行。

服务员在表达时，要注意语气的自然流畅、和蔼可亲，在语速上保持匀速，任何时候都要心平气和，礼貌有加。那些表示尊重、谦虚的语言词汇常常可以缓和语气，如"您、请、抱歉、假如、可以"等。另外，服务员还要注意表达时机和表达对象，即根据不同的场合和客人不同身份等具体情况进行适当得体的表达。

2. 交际能力

DIY厨房是一个人际交往大量集中发生的场所，每一个服务员每天都会与同事、上级、下属特别是大量的客人进行广泛的接触，并且会基于服务而与客人产生多样的互动关系，妥善地处理好这些关系，将会使客人感到被尊重、被看重、被优待。客人这一感受的获得将会为经营的持续兴旺和企业品牌的宣传、传播起到不可估量的作用。良好的交际能力则是服务员实现这些目标的重要基础。

3. 观察能力

服务人员为客人提供的服务有三种，第一种是客人讲得非常明确的服务需求，只要有娴熟的服务技能，做好这一点一般来说是比较容易的。第二种是例行性的服务，即应当为客人提供的、不需客人提醒的服务。例如，客人到餐厅坐下准备就餐时，服务员就应当迅速给客人倒上茶、放好纸巾或毛巾；在前厅时，带着很多行李的客人一进门，服务员就要上前帮忙。第三种则是客人没有想到、没法想到或正在考虑的潜在服务需求。

能够善于把客人的这种潜在需求一眼看透，是服务员最值得肯定的服务本领。这就需要服务员具有敏锐的观察能力，并把这种潜在的需求变为及时的实在服务。而这种服务的提供是所有服务中最有价值的部分。第一种服务是被动性的，后两种服务则是主动性的，而潜在服务的提供更强调服务员的主动性。观察能力的实质就在于善于想客人之所想，在客人开口言明之前将服务及时、妥帖地送到。

4. 记忆能力

在服务过程中，客人常常会向服务员提出一些如酒店服务项目、星级档次、服务设施、特色菜肴、烟酒茶、点心的价格或城市交通、旅游等方面的问题，服务员此时就要以自己平时从经验中得来的或有目的的积累成为客人的"活字典""指南针"，使客人能够及时了解自己所需要的各种信息，这既是一种服务指向、引导，也是一种能够征得客人欣赏的服务。

服务员还会经常性地碰到客人所需要的实体性的延时服务。即客人会有一些托付服务员办理的事宜，或在餐饮时需要一些酒水茶点，在这些服务项目的提出到提供之间有一个或长或短的时间差，这时就需要酒店服务员能牢牢地记住客人所需的服务，并在稍后的时间中准确地予以提供。如果发生客人所需的服务被迫延时或干脆因为被遗忘而得不到满足的情况，对酒店的形象会产生不好的影响。

5. 应变能力

服务中突发性事件是不可避免的。在处理此类事件时，服务员应当秉承"客人永远是对的"的宗旨，善于站在客人的立场上，设身处地为客人着想，可以做适当的让步。特别是当责任多在服务员一方时就更要敢于承认错误，给客人以及时的道歉和补偿。在一般情况下，客人的情绪就是服务员所提供的服务状况的一面镜子。当矛盾发生时，服务员应当首先考虑的是错误是不是在自己一方。

6. 营销能力

说到营销能力，由于我们生产的不是实实在在的产品，因此服务员没有必要对顾客推销什么东西,但是目前社会人们对 DIY 的了解与重视程度还不够,所以我店的服务员应该有向顾客介绍这项业务,阐述它的优点,并且做一些指导的能力。

B11.5 财务报表

表 B11-1 基础数据

基础数据				单位:元	
1		饱和正常经营月收入量总额			476 928
	套餐类型	套餐价格(元/两小时)		数量/两小时	
1.1	个人(经济型)	29		—	
1.2	个人(温馨型)	45		—	
1.3	个人(豪华型)	59		—	
1.4	情侣(经济型)	79		—	
1.5	情侣(温馨型)	99		—	
1.6	情侣(豪华型)	119		—	
1.7	宿舍聚会(经济型)	199		—	
1.8	宿舍聚会(温馨型)	219		—	
1.9	宿舍聚会(豪华型)	239		—	
投资及相关数据					
2		初始固定资产投资			287 992
	类型	单位		数量	
2.1	装修费用	—	180 000	—	180 000
2.2	设备费用	—	107 992	—	107 992
2.2.1	电脑及管理软件	个	10 000	1	10 000
2.2.2	音响设备	个	3 000	1	3 000
2.2.3	相机	个	1 500	2	3 000
2.2.4	电话	台	100	3	300
2.2.5	冰箱	台	1 800	2	3 600
2.2.6	冰柜	个	1 800	2	3 600
2.2.7	抽油烟机	个	900	12	10 800
2.2.8	橱柜	台	4 200	4	16 800
2.2.9	微波炉	台	1 680	5	8 400
2.2.10	电饭煲	个	218	5	1 090
2.2.11	电磁炉	个	250	12	3 000
2.2.12	锅具	个	300	12	3 600
2.2.13	厨具	套	200	12	2 400
2.2.14	餐具	套	58	12	696
2.2.15	消毒柜	个	218	1	218
2.2.16	烤箱	台	1 048	2	2 096
2.2.17	面包机	个	206	2	412
2.2.18	榨汁机	个	150	2	300
2.2.19	饮水机	台	180	2	360
2.2.20	空调	台	3 500	3	10 500
2.2.21	服装	套	30	50	1 500

(续)

基础数据					单位：元
投资及相关数据					
2	初始固定资产投资				287 992
	类型	单位		数量	
2.2.22	桌子	个	200	20	4 000
2.2.23	椅子	个	107	60	6 420
2.2.24	货架	个	2 218	2	4 436
2.2.25	收银台	个	3 569	1	3 569
2.2.26	灭火器	个	200	2	400
2.2.27	常用药箱	个	398	1	398
2.2.28	低值易耗品	个	3 097	1	3 097
成本费用及相关数据（按正常月份计）					
3	外购原材料				166 924.8
	类型	单位		数量	
3.1	个人（经济型）	—		—	
3.2	个人（温馨型）	—		—	
3.3	个人（豪华型）	—		—	
3.4	情侣（经济型）	—		—	
3.5	情侣（温馨型）	—		—	
3.6	情侣（豪华型）	—		—	
3.7	宿舍聚会（经济型）	—		—	
3.8	宿舍聚会（温馨型）	—		—	
3.9	宿舍聚会（豪华型）	—		—	
3.10	团体组合（经济型）	—		—	
3.11	团体组合（温馨型）	—		—	
3.12	团体组合（豪华型）	—		—	
4	工资及福利费				22 500
	类型	单位		数量	
4.1	营养师	人/月	10 000	1	10 000
4.2	经理	人/月	4 000	1	4 000
4.3	服务员	人/月	1 000	5	5 000
4.4	采购员	人/月	1 500	1	1 500
4.5	会计	人/月	2 000	1	2 000
5	销售费用				44 324
	类型	单位		数量	
5.1	广告费	月	40 824	1	40 824
5.2	信息费	月	3 500	1	3 500
6	管理费用				20 680
	类型	单位		数量	
6.1	水电费				5 000
6.2	房租	月	18 000	1	18 000
6.3	管理费用中其他费用	月	2 680	1	2 680

注：以上成本费用数据是服务旺季的消耗量。

由于篇幅原因,此处只列出财务基础数据表,其他财务表格和数据省略,如读者有兴趣,可以与作者联系获取。

> **▶▶▶ 专家评析**
>
> 妙味轩公司在附件中主要阐述了三方面内容,即创业团队简介、相关合同与培训内容、财务报表。从全文来看,这样的阐述还是远远不够的。从为商业计划书提供更充实的材料和为风险投资者做出投资决策提供事实基础的角度来看,附件中还应该包括市场调研报告、店面设计草图、店面选址指标和评价体系、相关数据的测算和解释等相关内容。

案例 C
Aeroband 空气拨片项目商业计划书与案例分析

▶ 案例概览

第 C1 章　摘要 ·············· 249	C5.2　社会营销 ·············· 266
C1.1　产品简介 ·············· 249	C5.3　价格方案 ·············· 267
C1.2　专利简介 ·············· 249	第 C6 章　团队管理 ·············· 268
C1.3　市场分析 ·············· 249	C6.1　股东 ·············· 268
C1.4　营销推广 ·············· 250	C6.2　组织结构 ·············· 268
C1.5　盈利模式 ·············· 250	C6.3　部门职责 ·············· 269
C1.6　资金需求 ·············· 251	第 C7 章　财务计划 ·············· 269
C1.7　团队介绍 ·············· 251	C7.1　主要财务假设 ·············· 269
第 C2 章　项目背景 ·············· 253	C7.2　资金来源与运用 ·············· 270
C2.1　项目背景 ·············· 253	C7.3　团队三年资金主要使用计划表 ··· 270
C2.2　发展愿景 ·············· 254	C7.4　销售预测 ·············· 270
第 C3 章　产品与服务 ·············· 255	C7.5　成本估值 ·············· 271
C3.1　产品简介 ·············· 255	C7.6　团队主要财务数据 ·············· 271
C3.2　Aeroband App ·············· 255	第 C8 章　风险控制 ·············· 273
C3.3　产品竞争力 ·············· 257	C8.1　政策风险 ·············· 273
第 C4 章　行业与市场 ·············· 258	C8.2　管理与决策风险 ·············· 273
C4.1　政策环境 ·············· 258	C8.3　资金风险 ·············· 273
C4.2　市场环境 ·············· 258	C8.4　市场风险 ·············· 274
C4.3　市场前景 ·············· 259	C8.5　技术风险 ·············· 274
C4.4　市场容量 ·············· 261	第 C9 章　资本退出 ·············· 274
C4.5　市场需求 ·············· 262	C9.1　公司上市 ·············· 274
C4.6　目标群体消费影响因素 ·············· 263	C9.2　股权转让 / 产权交易 ·············· 275
C4.7　市场战略 ·············· 263	C9.3　管理层回购 ·············· 275
第 C5 章　营销计划 ·············· 265	C9.4　风险投资清算 ·············· 275
C5.1　校园营销 ·············· 265	

第 C1 章　摘要

C1.1　产品简介

Aeroband 空气拨片是 Aeroband 创业团队研发的一款仿真乐器类智能硬件，研发组历时两年时间，打造了一款具备科技感的同时又非常炫酷的产品。在两年时间里，成功申请一项国家发明专利、两项实用新型专利。

它是一款可以简单上手的音乐类硬件，利用重力加速度计和陀螺仪传感器对手势进行采集，通过蓝牙传输到手机端从而发出乐器的声音。即使你没有音乐基础，或是热爱音乐但没有时间和精力感受乐器的魅力，均可通过 Aeroband 空气拨片轻松体验到木吉他、电吉他、架子鼓的效果，通过简单的学习就可以演奏出动听的旋律。用户只需要手持拨片、通过蓝牙与手机 App 相连后，就可以挑选包括吉他、贝斯、架子鼓在内的乐器，然后在乐库中选择歌曲进行弹唱。还可以邀请好友，选择不同乐器，组建线上乐队。拨片用于采集手势动作，App 可以用于切换和弦，达到演奏各种乐器的效果。

产品生产服务由深圳合作厂商提供，包括产品材料采购、加工、生产、包装等。我们的产品能满足从零基础到高级用户的所有用户需求，既可以零基础开始学习，又可以通过 App 寻找灵感谱曲。综合来看，我们产品的市场空间广阔，竞争压力小，具备良好的竞争优势和市场前景。

C1.2　专利简介

产品共有三个技术专利，其中一项国家发明专利、两项实用新型专利。2016 年该项目在河南省最大的中美创业大赛中夺得了特等奖和 30 万元奖金，同一年又拿到了额度最高的 50 万元引导资金，来到北京之后又获得了种子轮投资，近期创业团队正在更新产品、优化服务和产品体验，并准备在 2017 年 7 月进行产品发布和销售[⊖]。

C1.3　市场分析

近年来随着移动互联网的高速发展，音乐行业也随之产生了新的业务模式与运营机制，2017 年中国移动音乐市场规模将达 110.6 亿元，以酷狗音乐、QQ 音乐、网易云音乐为代表的音乐播放器平台，以唱吧、全民 K 歌为代表的移动 K 歌平台，以及以腾讯视频 LIVE MUSIC、唱吧直播间为代表的演艺直播平台，都是提供互联网音乐服务的主要平台方。业务形态的垂直细分，加码我国移动音乐行业的玩法升级。但它们主要集中在听歌、唱歌以及视听领域，而随着人们音乐素养的不断提升，越来越多的人想摆脱简单的听歌、唱歌、看 MV 等被动感受音乐的过程，而是渴望主动参与到音乐中，亲手操控音乐，感受亲身弹唱音乐带来的快感。然而，由于参与乐器演奏及制作的壁垒很高，大部分人只能把玩音乐的渴望埋藏在心底。而我们的团队旨在利用高新科技打造一个能让用户快速上手、随时随地玩音乐的体感音乐产品，并最终成长为一个与唱吧相媲美的玩吧。

⊖ 目前 Aeroband 空气拨片产品已经上市。

目前，智能体感音乐设备主要是可穿戴的手环类设备以及可手握的夹持类设备，而我们团队的体感音乐设备则属于可手持的拨片类设备。其中，体感音乐手环和手握的夹持类设备市场占有率较大，手持拨片类设备在体感音乐设备领域还是蓝海。此外，目前国内外线上玩音乐的市场主要集中在软件类的仿真乐器和音乐游戏，它们虽然也能产生不同乐器的声音，但是把用户的双手和视野局限在了屏幕，使他们的表演效果大打折扣。而我们的产品则通过体感技术解放了用户的双手和眼睛，让他们像手持真正的乐器那样，自由激情地表演。智能体感音乐领域目前尚处于一片蓝海，有着巨大的市场等待我们开发。综合考虑吉他培训市场线下的培训班数量，Aeroband 空气拨片的登陆市场有 8 亿元，总市场 118 亿元。

在市场前景方面，我们的初期产品定位于音乐类大众娱乐产品，立志打造一款新奇的社交工具让普通大众能够快速上手感受吉他、贝斯、电吉他、架子鼓的效果，激发他们对音乐的兴趣，随时随地组建乐队。

在横向上我们会不断向体感音乐的周边产品发展，例如体感音乐手环、舞动音乐、跑步音乐助手等；在纵向上我们会从非专业领域向周边辐射，向仿真乐器的偏专业领域进军，将产品音效、技能进一步专业化，打造一种新兴的体感类电声乐器；此外还会向音乐启蒙、音乐教育等领域深入。

C1.4 营销推广

1. 前期推广

第一，从校园开始找校园歌手做校园代理，在文艺会演、社团活动中植入节目，同时也打造自己的空气乐队在音乐节上进行表演和推广，并举办空气吉他大赛等相关活动。第二，找"网红"、微博大咖，让他们拍摄弹唱视频，在直播、录播平台、朋友圈推送他们自己的弹唱视频以及我们的弹唱视频。第三，渠道合作。我们有不少于 4 个合作方帮我们做海外众筹、众测、硬件渠道推广，如阿里优优，乐炮等；智能硬件媒体如《创业邦》杂志、极客公园、IT 耳朵、72 变、极果网等；其他合作方如展会、微商等。

2. 上线之后

我们会打造视频分享平台，建立我们的用户社区，主要就依靠产品的自传播特性和社交属性连接到互联网进行快速传播。同时，在京东和天猫上开店销售，售价为每个 198 元，2017 年 × 月我们正式上线京东众筹平台。

3. 其他合作

2017 年 × 月底我们与小米公司总经理开展业务洽谈，争取把空气拨片和手机 App 发展成手机自带的功能。一方面提高手机的娱乐性和互动性，另一方面也将手机 App 作为我们产品销售的重要渠道之一。

C1.5 盈利模式

前期靠销售硬件盈利，同时在 App 上会有新歌和新技能需要付费或积分充值来解锁；中期会有线上社区的打赏抽成，将用户导流到电商；后期当用户社群积累到一定程度时会专注于社区打造、线上社交的运作。

C1.6 资金需求

天使轮融资获得 100 万元，出让 10% 的股份，基础投入 10 万元、公司运营 30 万元、营销推广 40 万元、后续研发 15 万元、其他 5 万元[①]。

C1.7 团队介绍

团队成员共有 16 人，工作领域涵盖算法、硬件、音乐、市场等，职位包括硬件工程师、嵌入式工程师、安卓工程师、UI 工程师等。其中，某人，擅长手势识别算法研发，曾带领自主导航机器人项目，合伙创办"新思飞扬"单片机技术培训公司；某人，安卓工程师、安卓培训机构教师，有 6 年开发经验，精通 JAVA、C++；某人，硬件工程师，参与多款智能硬件研发，拥有 8 年硬件研发经验，在采购、SMT、测试、组装等环节拥有丰富经验，主管供应链和代工厂。除此之外我们还有来自各投资机构、ICAN 大赛的创业导师。

目前在某大学工作或学习的团队成员有 10 人，其中：

（1）某人，自动化学院硕士、嵌入式工程师，曾获多项国家级科技奖项以及多项创业大赛奖项，在项目开发方面有丰富的项目经验。

（2）某人，化学与生物学院大三学生，经管学院双学位，擅长新媒体宣传与运营。

（3）某人，经管学院大二学生，会计专业，多次参与营销大赛，主持大学生创业模式研究，擅长财务报表的编制。

（4）某人，经管学院大三学生，营销大赛优秀团队队员，擅长文案写作、活动策划以及商业计划书的撰写。

（5）某人，经管学院大三学生，某大学创业训练营营员，"从 0 到 1"创新创业工作室成员，擅长产品宣传与营销。

（6）某人，经管学院大二学生，独立音乐人，校园歌手大赛亚军，是校园乐队的主唱，在北京高校音乐圈有着丰富的资源。

（7）某人，化学与生物学院大二学生，擅长 PPT 制作、图片视频拍摄及处理。

（8）某人，计算机与通信工程学院大三学生，擅长 Android 开发、C++ 开发和 Node.js 开发。

（9）某人，计算机与通信工程学院学生，擅长 Android、web 后端开发。

（10）某人，计算机与通信工程学院学生，荣获机器人大赛三等奖，擅长单片机与嵌入式开发及 web 后端。

团队成员学科优势互补，各有所长，涵盖从产品研发到市场营销各环节人才，人员结构属于合理的跨学院、跨专业、多元化创业团队。

▶▶▶ **专家评析**

本案例是获得过中国"互联网+"大学生创新创业大赛国家级奖项和实际投资的作品。Aeroband 公司依托自主研发的仿真乐器类智能硬件产品空气拨片进

---

① 由于本项目的特殊性，因此本节中出现的公司名称、投资金额都进行了相应处理，但并不影响读者阅读。

行创业,借助手机这个移动终端满足音乐爱好者和职业音乐人随时弹奏和演出的需求。这份摘要大体上阐述了风险投资者关注的一些核心问题。例如,对产品、专利、市场、营销推广、融资与盈利、团队等进行了较为笼统的概述,能让风险投资者在较短时间内对项目有初步了解。

要想使本摘要更加系统和精准,还应该对以下多个部分内容进一步修改和完善。

(1)该商业计划书中的摘要缺少一些风险投资者关注的焦点问题,如公司介绍、公司战略、竞争分析等内容。没有公司介绍,很难让风险投资者对项目有一个初步的认知,例如成立了一个什么公司、有什么样的产品和理念等;没有公司战略,很难让风险投资者知道创业者到底想做一番什么样的事业,而没有竞争分析会让风险投资者失去看下去的信心。

(2)第一,在产品介绍中过于复杂和烦琐,其实在摘要中只需要告知创业者将要做或正在做什么产品与服务,它们都有哪些型号,性能怎样,能解决什么消费者或用户需求就好。不用像本摘要中介绍得那么详细,如怎样使用就不需要介绍了,如果风险投资者有兴趣会在后续章节中找到相关部分进一步了解。第二,在产品中说到"申请一项国家发明专利、两项实用新型专利",这与下一节重复。第三,在产品介绍的最后一段,创业者指出"产品能满足从零基础到高级用户的所有用户需求"。一般来说,不同目标市场的消费者需求有所不同,在创业初期由于研发经费和产品型号有限,大多数公司仅能满足某一类目标客户的需求。但是在市场中确实也出现过这类创业公司,如苹果手机、小米生态链企业产品,它们通过做好一款产品来满足全部市场需求,有些研究者甚至认为"一款好的产品就能够满足80%客户的需求",读者可以去认真思考一下上述这种产品发展方式。

(3)在专利介绍中可以看到,除了第一句话外,剩余内容都偏离主题。如果创业者认为专利体现出技术水平或竞争力,那就要把专利名称、具体内容和技术水平说清楚,让风险投资者有个很好的认知。

(4)第一,在市场分析部分,给出了大量中国移动音乐和智能体感音乐设备的市场分析,内容过多,需要继续精炼,许多内容给出结果就好。在市场容量估测方面,撰写者并不是直接以智能体感音乐设备市场容量为估测基础,而是以吉他线下培训班数量为参考,这个估测方式和由其所获的市场容量有值得商榷的地方。第二,在这一部分的最后一段叙述了一些未来可能发展的领域,暂且可以理解为未来的发展战略规划,而这部分是风险投资者非常关心的问题,最好重启一节分阶段分年来单独阐述。具体如何阐述公司战略可以见案例B的摘要部分。第三,在市场分析部分还需要明确阐述市场细分和目标市场定位等内容,虽然文中有说到产品定位于音乐类大众娱乐产品和普通大众,但是还不够清晰。第四,在市场竞争方面虽然提到了可穿戴手环类设备和夹持类设备,并认为智能体感音乐领域目前尚处于一片蓝海。但是,就算没有直接竞争对手,还是需要列出一些潜在的国内外竞争对手和公司名称,让风险投资者可以充分估计竞争形势。

(5)一般在市场推广中我们会说到产品、价格、渠道和促销等方面内容,虽然在营销推广已经提到相关内容,但是非常笼统和不具体,此处需要进一步完善。

（6）在团队介绍时过于笼统，一般在此处仅介绍一些公司的关键人物。例如公司的 CEO、CTO 和 CMO 等，在介绍时需要详细说明他们与职位相匹配的经历和工作经验。

（7）在融资部分虽然列出了现阶段的融资需求，但是并未列出主要目标和产出情况。也就是说在这期融资后，需要具体说明公司在团队建设、市场份额、技术水平、产出绩效方面都会实现什么目标，否则会让风险投资者很难估计本轮投资后的效果。

总之，本摘要除了对商业计划书的内容进行了笼统概述外，缺失了对部分核心问题的介绍。此外，在摘要中很难看出该项目的核心竞争力具体有哪几点。

第 C2 章　项目背景

C2.1　项目背景

在大学里，平均每 2～3 个宿舍就会有一把吉他，但是我们往往会看到这样一种现象：大家刚买回吉他的时候都会欣喜若狂，努力地练习，但是当几周过后，由于种种原因大多数人会放弃学习，而一把崭新的吉他也被遗落在角落，落满灰尘。

这种频频发生的现象引发了我们的好奇心，于是我们打算一探究竟。在经过一段时间的了解后，我们发现这种现象的发生主要有以下几种原因：

（1）一把正常能练手的吉他大概在 800～1 000 元左右，而大多数学生由于经济原因只能买 200～300 元的吉他，这样的吉他和弦难按，增加了学习的难度；

（2）在买了吉他之后，光靠自己摸索是不行的，一周之后弹不出好听的声音，大学生便会失去新鲜感，因此需要报吉他班，但这又增加了开销；

（3）当报了吉他班学习了一段时间之后，虽然可以上手，但大多数学生还是只能停留在老师教的几首歌上，因为新的歌曲想要弹好需要记住所有的和弦、节奏型、歌词，还需要长期的练习。

了解到这些问题之后，我们深入思考，大学生为什么要学吉他呢？于是我们又对这一问题进行了一轮调查，调查后我们发现，其实大多数大学生想学吉他是因为被吉他弹唱者所感染，进而想通过自己的努力学好吉他去体验弹唱的快感，去感染别人。基于此，我们产生了一个想法，为什么我们不能直接发明一款智能吉他，让大多数人上手即玩，不需要长期的努力就能轻易弹唱一首歌曲呢？于是我们组建团队研发出了空气吉他。后来，经过了解，我们发现在电吉他、贝斯、架子鼓方面都存在这样的问题，于是我们一鼓作气研发出了各种乐器，开始了创业之旅。

目前，空气吉他作为一种新型的表演形式在国外备受欢迎，它是在没有吉他的情况下，由表演者跟着背景音乐的节奏模仿弹奏真实乐器的神态和动作，场面酷炫。而我们的产品将成为表演者的最佳选择。此外，新兴的电声乐器作为一种新的乐器类型，在国外迅速发展起来，而我们也要为新兴电声乐器的发展画上精彩的一笔。

此外，随着需求结构的不断升级，娱乐文化在我们的精神需求中所占的比重越来越大。

而音乐作为娱乐文化的重要元素，也在不断地深入我们的生活，影响着我们的每一天。随着移动互联网的普及，移动互联网音乐不断喷涌而出，让我们在听、唱、看方面有了丰富的选择。然而，音乐并不止于此，亲身地感受音乐、操纵音乐、创造音乐、用音乐展现自我将是一个更大的发展趋势。然而普通大众又很难轻易地接触到不同的乐器，因此玩音乐变成了大多数人埋藏在心底的渴望。我们的初衷就是用科技探索音乐的新玩法，打造让普通大众能够快速上手，感受不同乐器的新产品，从而满足他们对不同乐器的好奇，激发他们对音乐的兴趣，拉近他们与音乐的距离，最终让大众参与到音乐中来，用音乐来丰富国民的精神世界。

C2.2 发展愿景

在初期打入市场之后，我们会逐渐打造一个体感音乐平台，向不同的领域发展，如音乐启蒙、音乐创作、音乐娱乐、舞动音乐等。

（1）舞台表演。我们会将体感音乐手环打造为一种新的表演形式。参考"新奇、怪诞、张扬"的世界空气吉他大赛，"空气乐队"的表演，将会成为新的爆点。

（2）舞动音乐。将体感技术与舞者的动作相结合，为各个动作搭配新奇的音乐，可以制造更加炫酷的表演效果。跑步的时候，如果能有一个设备能够主动根据你的步伐调整节奏，产生一个和谐的背景音，将会让你在运动的时候充满活力。

（3）VR/AR 演唱会。如果 Guitar hero 能进入虚拟现实，让你和朋友们组成乐队，看着手中的虚拟乐器、虚拟的队友形象，在万人瞩目的虚拟舞台上尽情表演，而那些虚拟的乐器也将清晰可见，这将会是一种怎样的体验？

（4）电玩城 /KTV。电玩城：未来我们将定制体感乐队套件，进入电玩市场，用低廉的价格营造更好的体验。KTV：观众拿着拨片为主唱伴奏和打节奏，是否可以大大增强交互体验呢？

（5）即兴创作。随时随地记录创作的灵感，再由智能算法组合相加，将大大提高音乐人和音乐爱好者的创作效率。

（6）音乐启蒙 / 乐器入门。据调查，13% 的家庭都会为子女报音乐、美术培训班，我们为儿童编制 App 教程，为儿童提供节奏、和弦、乐理、吉他谱、弹唱一站式的培训，可以让家长花更少的钱检验孩子的音乐天赋。针对成人，我们提供了更加深度的培训方案，并提供教学计划和监督机制。

▶▶▶ **专家评析**

空气拨片这类产品在市场上较为少见，对风险投资者来说也颇为陌生。在项目背景这一部分需要有一个好的过渡，让风险投资者了解项目产生的原因和背景环境。Aeroband 公司在这部分通过吉他购买和学习的场景分析，很好地引出了项目的来源和解决的"痛点"问题。

本部分有两个方面存在需要改进之处。首先，撰写者花费了大量笔墨讲解商业背景，而没有提到相关的技术背

> 景。从文中可以看出,空气拨片产品应该包括硬件产品和软件算法两部分。撰写者需要详细说明哪一部分才是核心技术,目前都发展到什么程度,未来的发展趋势是什么。其次,在第二小节提出的发展愿景应该是整个行业的发展趋势,而不是简单陈述创业公司的发展领域和方向。

第 C3 章 产品与服务

C3.1 产品简介

Aeroband 空气拨片是一款仿真乐器的产品,用户只需要手持拨片,通过蓝牙与手机 App 相连,就可以弹奏吉他、贝斯,演奏架子鼓,还可以组建乐队。拨片作为硬件用于采集手势动作,App 软件可以用于切换和弦等音色,硬件和软件的结合能够达到演奏各种乐器的效果(见图 C3-1,图 C3-2)。

核心技术是六轴惯导手势识别算法,在保证识别精度的前提下又把功耗降低到了 UA 级别,此外还有自动识谱编谱技术,共有三个技术专利。

C3.2 Aeroband App

Aeroband App 软件功能分为教学功能[⊖]、吉他功能、乐队功能、视频功能。

(1)吉他功能。吉他功能包含小白模式和自由弹唱模式(见图 C3-3)。小白模式针对零基础用户,可以帮助用户快速上手。自由弹唱模式适用于懂得基本扫弦与简单分解和弦技巧的吉他初学者,可以自由发挥进行弹唱。

Aeroband 空气拨片大大简化了传统吉他的结构。在吉他弹唱模式中,"一键和弦"按钮取代了和弦操作,流动的"TXT 谱"取代了六线谱。这使得用户在使用吉他时,不需要用左手不断变换手势以便按出正确的和弦,很大程度上减低了弹吉他的难度,使得弹唱吉他变得很容易。

在细节体验上,我们精雕细琢、精益求精,希望能够为用户带来优质的体验,于是产品真实模拟吉他的弹法,开发了扫弦、分解和弦、自定义和弦、鼓机等功能;另外,我们

图 C3-1 主界面及蓝牙连接界面

图 C3-2 拨片渲染图

⊖ 原计划书中后文没有这部分内容,但为达到前后一致,建议读者在介绍自己的产品功能时做到前后一致。

还开发了一键和弦切换、一键升降调、编辑和弦等功能,更加方便吉他的玩法。在乐库方面,我们不断更新,提供了丰富的线上曲库供玩家下载弹唱(见图 C3-4)。

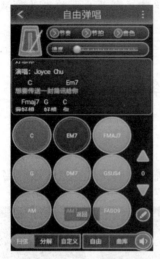

图 C3-3　吉他自由弹唱

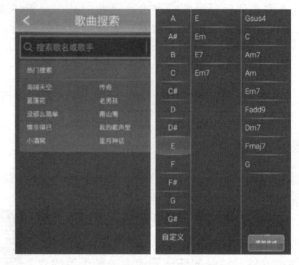

图 C3-4　曲库和编辑和弦界面

(2)乐队功能。乐队功能包含电吉他、木吉他、贝斯、架子鼓等不同乐器的切换,当你懂得这些乐器的基本技巧以后,就可以和朋友一起组建乐队,用空气乐器进行完整弹唱,在聚会、晚会中表演展示,嗨翻全场。具体运用方法是,由四个用户组成一个乐队,分别操控电吉他、木吉他、贝斯、架子鼓,然后指定其中一人为主唱,就可以进行更多歌曲的完整弹唱。乐队功能让零基础的用户也能和朋友们搭配娱乐,通过集体演奏,在共同玩音乐过程中,体验团队配合的乐趣,一方面加深朋友间的友谊,另一方面也能令使用者感受到音乐本身的快乐和魅力。可切换至乐队模式的架子鼓和电吉他如图 C3-5 所示。

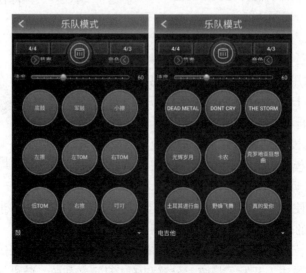

图 C3-5　乐队模式的架子鼓和电吉他

(3)视频功能。教学视频可以帮助零基础音乐玩家更快更好地掌握产品玩法。让零基础的玩家和初学者学习到基本上下扫弦、架子鼓手势等动作，帮助用户更快更好地掌握玩法。

视频功能可以让用户上传、观看和分享视频，为用户提供一个展示和交流的平台，在这里可以学习别人的空气吉他的玩法，也可以线上交流，形成一个用户社群。

C3.3　产品竞争力

Aeroband空气拨片拥有随身携带、快速上手、音色丰富、乐器多样、曲库庞大等特点。目前国内外线上玩音乐的市场主要集中在软件类的仿真乐器和音乐游戏上，它们虽然也能产生不同乐器的声音，但是把用户的双手和视野局限在了屏幕上，使他们的表演效果大打折扣。而我们的产品则通过体感技术解放了用户的双手和眼睛，让他们像演奏真正的乐器那样，自由激情地表演。智能体感音乐领域目前尚处于一片蓝海，有着巨大的市场等待我们开发。且目前在国内没有类似产品，竞争压力小，市场空间大。

（1）随身携带。不需要买昂贵的实物乐器，也不需要复杂的音响设备等，本产品只需要有Aeroband空气拨片并装上手机App就可以进行乐器弹唱。减少了学音乐的成本，产品简单，方便携带，可以随时随地进行弹唱。

（2）快速上手。使用实物吉他，玩家需要花很长时间学习基本技巧、左右手共用、不同歌曲的乐谱等，不仅学习效率低，而且就算学会也只能独自弹唱。而如果使用Aeroband空气拨片，玩家只需要懂得产品玩法就可以很好地使用空气吉他。和实物吉他相比，Aeroband空气拨片有简便易学、容易上手、随心所欲弹唱等特点，更重要的是，空气吉他还能与朋友分享一起组建乐队、共同弹唱的乐趣。

（3）音色丰富。线上如《节奏大师》等乐器弹奏手机App都有一个共同的特点，那就是乐器单一、体验差、不可分享弹唱。与线上乐器弹奏App相比，本产品将手机App与实物弹奏组合在一起，使得音乐体验大幅度提升，玩家可以尽情享受真实弹奏音乐带来的酣畅淋漓的快感。

（4）乐器多样。本产品不是单一乐器，而是包含乐队需要的电吉他、木吉他、贝斯、架子鼓等多种乐器，能够与好友组建乐队弹唱完整音乐，开演唱会、办聚会都不在话下。

（5）曲库庞大。值得一提的是，本产品还继承了线上App庞大的音乐库的优点，用户可以在曲库里搜索到几乎所有自己想弹唱或表演的流行歌曲。

> ▶▶▶ **专家评析**
>
> Aeroband公司用通俗易懂的语言从硬件产品、软件产品和竞争力三个方面介绍了空气拨片的功能和用途，让风险投资者有了一个深入的认知。但是，现有内容多是阐述空气拨片产品现状，并未提及研发团队、未来发展和竞争对手等需要关注的问题。本部分还有以下几个方面需要进一步完善。
>
> （1）需要对空气拨片处于研发或市场化的哪个阶段进行说明。文中已经给出了产品渲染图和软件App，但是并没有明确说明产品是属于研发的哪个阶段，

> 有多少人已经试用。如果已经有样品，则还需要告诉风险投资者什么时候能够大规模生产。
>
> （2）文中并未给出中长期产品研发战略。现有产品可能占据市场 1～2 年，如果出现竞争对手或技术发展，那未来需要通过什么技术或产品创新继续引领该市场，是风险投资者非常关心的可持续发展问题。
>
> （3）产品竞争对手是永远绕不过去的话题，如果目前没有现实竞争对手，也需要说明有哪些潜在的竞争对手。如果现有产品能够取代吉他线下培训班，也要给出与替代产品在性能、效果和价格方面的比较。
>
> （4）研发团队是创业公司发展的动力。如果在本部分对研发团队进行介绍，能起到锦上添花的作用。

第 C4 章 行业与市场

C4.1 政策环境

（1）2015 年 7 月 1 日开始实施《国务院关于积极推进"互联网+"行动的指导意见》，里面重点提到了国家对互联网产业的重视及支持。

（2）2015 年国务院首次吹响智能制造号角，提出智能制造是中国制造的主攻方向，其中智能设备作为重点内容得到助力。

（3）工信部、国家发改委正式印发《智能硬件产业创新发展专项行动（2016-2018 年）》，助推智能硬件产业的发展。

C4.2 市场环境

（1）行业基本状况。我们团队的产品属于一种智能体感音乐设备，目前，智能体感音乐设备主要是可穿戴的手环类设备以及可手握的夹持类设备，而我们团队的体感音乐设备则属于可手持的拨片类设备。其中，可穿戴的手环和手握的夹持类设备市场占有率较大，手持拨片类设备在体感音乐设备领域的前景还是未知的。

（2）竞争对手分析。目前国内市场上并没有空气拨片的相关产品，我们是国内首个研发空气拨片来玩转音乐的团队。在国家政策的支持和推动下，加之产品本身的实用性和创新性，空气拨片在国内市场的发展空间巨大。据了解，目前只有国外市场上有类似的产品研发，对它们的介绍如图 C4-1 所示。

AirJamz 的可穿戴设备类似于手环，主要集中于佩戴市场，使用方法为通过右手的晃动产生音效，玩法单一，不能满足用户对音乐需求的多样性；Kurv Guitar 主要针对高端消费人群，定价高，且只适用于专业的音乐玩家，零基础用户不能使用，市场狭窄。而我们的产品能满足从零基础到高级用户的所有用户需求，既可以从零基础开始学习，又可以通过 App 寻找灵感谱曲。综合来看，我们产品市场空间广阔，竞争压力小，具有良好的竞争优势和市场前景。我们产品与 Air Jamz 和 Air Guitar 的对比状况如表 C4-1 所示。

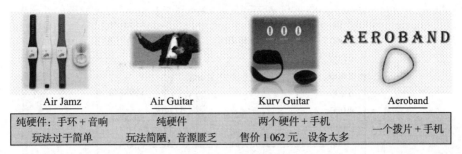

Air Jamz	Air Guitar	Kurv Guitar	Aeroband
纯硬件：手环+音响 玩法过于简单	纯硬件 玩法简陋，音源匮乏	两个硬件+手机 售价1 062元，设备太多	一个拨片+手机

图 C4-1　竞品介绍

表 C4-1　竞品对比

产品名称	适用人群范围广	产品玩法多样	成本低	售价低
Aeroband	√	√	√	√
AirJamz	×	×	√	√
Kurv Guitar	×	√	×	×

C4.3　市场前景

1. 智能硬件市场前景

根据 iiMedia Research 发布的《2014～2015 中国智能硬件市场研究报告》，2014 年全球智能硬件装机量达到 60 亿台，预计 2017 年将超过 140 亿元（见图 C4-2）。

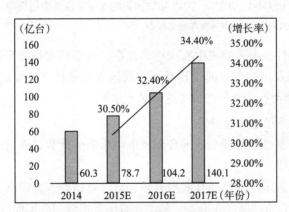

图 C4-2　2014～2017 年全球智能硬件装机量及预测

资料来源：2014～2015 中国智能硬件市场研究报告。

如图 C4-3、C4-4 所示，2017 年，中国智能可穿戴设备出货量将达到 9 800 万台，市场增长率达到 42%，市场规模将达到 298.1 亿元。

自 2013 年智能硬件元年开启，2014、2015 年智能硬件销量呈现爆发式增长，数据显示，2015 年全球智能硬件零售量为 1.3 亿部，季度零售量呈稳步增长态势。全球智能硬件市场中占比最大的品类是智能穿戴，零售量占比高达 59%。随着智能硬件井喷式爆发，《智能硬件行业发展前景预测与投资策略规划报告》指出，预计到 2018 年，中国智能硬件全球市场占有率超过 30%，产业规模有望达到 5 000 亿元，海外专利占比超过 10%，智能硬件市场将迎来大发展。

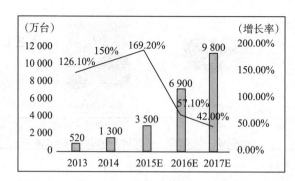

图 C4-3　2013～2017 年中国智能可穿戴设备出货量

资料来源：2014～2015 中国智能硬件市场研究报告。

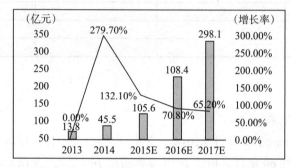

图 C4-4　2013～2017 年中国智能可穿戴设备市场规模

资料来源：2014～2015 中国智能硬件市场研究报告。

目前国内智能硬件企业主要集中在深圳和北京，在市场大趋势下智能硬件的发展势如破竹。在政策支持以及市场需求的大环境下，我国智能硬件市场发展前景广阔，据预计，到 2020 年，我国消费类智能硬件产值可达万亿元水平。

2. 移动音乐及电声乐器市场前景

我们团队的产品整合了移动互联网音乐及电声乐器的优势，而这两大新兴音乐领域都有非常广阔的市场前景。

（1）移动互联网音乐。在移动互联网音乐领域，总体而言，网络文化需求、技术应用发展推动移动互联网音乐创新产业形态，移动互联网音乐管理政策促进行业良性发展。

在政治环境方面，从 2006 年起，国家相关部门相继出台了《文化部关于网络音乐发展和管理若干意见》《文化部关于加强和改进网络音乐内容审查工作的通知》《关于责令网络音乐服务商停止未经授权传播音乐作品的通知》《关于大力推进我国音乐产业发展的若干意见》等文件，这些文件的出台，在移动互联网音乐领域营造了一个良好的市场环境，使业界对于移动互联网音乐的市场前景进一步看好。

在经济环境方面，我国宏观经济增长势头良好，随之而来的是网民的娱乐消费需求不断上升。再者，"互联网+"上升为国家战略，互联网行业资本活跃，资本市场普遍看好以网络为基础的应用及业务，移动互联网音乐备受资本市场热捧，阿里、腾讯等互联网巨头纷纷入局拓展移动互联网音乐业务。另外，农村宽带基础设施等设施的配套，也释放了大量的网络娱乐消费需求，而移动互联网音乐是其中重要的组成部分。

在社会方面，随着我国社会结构的调整，基于网络的娱乐消费需求增加，而由于我国网民渗透率高，PC端音乐用户趋于饱和，移动互联网音乐发展迅速，已经成为一种重要的娱乐平台。

技术环境方面，移动互联网重构音乐生态，以音乐众筹、智能硬件为代表的以音乐为中心的创新业务形态初见雏形，4G网络以及降费提速等措施加强了移动互联网音乐的传播效率，同时降低了用户获取高品质音乐服务的门槛。而随着智能手机等终端的普及，音频传输技术走向成熟，4K直播的出现也实现了音乐的在线视频直播。

以上的良好外部环境，促进了移动互联网音乐的流行和普及，据调查整理，2016年，我国网络音乐用户规模已经达到5.03亿，而相应的，手机网络音乐用户，亦即我们提到的移动互联网音乐用户，规模达到4.68亿⊖（见图C4-5）。

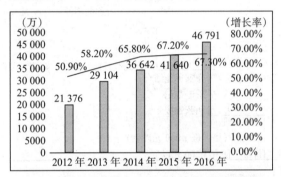

图C4-5　移动互联网音乐发展趋势（市场规模）

通过上述的分析和数据不难看出，移动互联网音乐的市场前景非常广阔，而作为移动互联网音乐领域的新贵，我们的产品市场也是一片大好。

（2）新兴电声乐器。据杭州先略投资咨询团队发布的《2016～2021年电声乐器行业深度调查及发展前景研究报告》预测，我们团队拟优先发展的华北地区，其电声音乐产品的区域规模约占全国的15%左右，是全国第三大的区域规模，华北地区借京津冀一体化的助力，有着天然的发展优势。纵观整个电声乐器市场，2015年电声乐器产品的产量已经达到了150万台，而这个数量还一直处于上升的趋势中，2017年预计将达到170万～180万台，并且这只是单一功能电声乐器的规模，借助音乐的良好的大环境的消费者需求的刺激，电声乐器市场必将获得进一步的发展。

我们的产品正是在移动互联网音乐和电声乐器都不断发展、市场非常广阔的情况下，整合了两方的优势研发出来的，因此我们对产品的市场前景充满信心。

C4.4　市场容量

我们以空气音乐拨片为主打产品，以年龄在18～24岁的2 682.3万大学生为主要市场，每所大学的转化率保守估计为5%，单个产品定价198元，我们计算登陆市场的市场容量为：2 682.3万 ×5%× 198元 =2.66亿元

综合考虑其他市场的特征，算得各个市场容量如表C4-2所示。

⊖　数据来源：《中国互联网络发展状况统计报告》。

表 C4-2　市场容量

定位	市场容量（亿元）	定位	市场容量（亿元）
音乐拨片	2.66	创作	1.00
教育	22.30	电玩城	9.40
VR/AR	194.00	总计	253.56
舞动音乐	24.20		

C4.5　市场需求

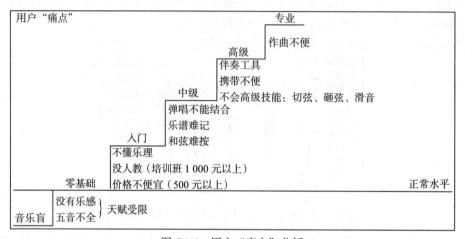

图 C4-6　用户"痛点"分析

我们的目标用户针对的是零基础到高级技术的音乐群体，音乐盲和专业的音乐者不是我们的目标群。如图 C4-6 所示，通过市场调研和市场分析我们发现，零基础的玩家不懂乐理，没有专门的教学基础且培训费用昂贵；入门级的用户弹唱不能结合，乐谱难记，和弦难按；中级用户的吉他、伴奏工具等设备不方便携带，且不会切弦、砸弦、滑音等高级技能；高级用户存在作曲不便的问题。为此，我们的产品包含了相应的解决方案。

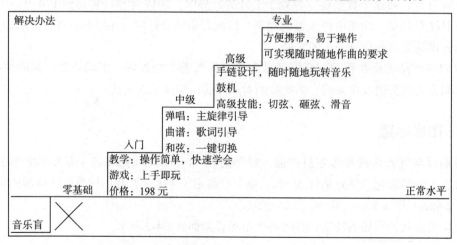

图 C4-7　解决方案

如图 C4-7 所示，音乐盲和专业用户不在考虑范围内。针对零基础用户，我们的产品操作简单，能快速学会，游戏上手即玩，且价格较低，定位中低端市场，在大多用户的可接受范围内；对入门级用户，弹唱方面有主旋律引导，曲谱制作有歌词引导，和弦一键切换，十分方便；对于中级用户，我们有专门的手链设计，能够实现随时随地玩音乐，且有鼓机设计，能轻松实现切弦、砸弦、滑音等高级技能；对于高级用户，我们的产品方便携带，易于操作，可实现随时随地作曲的要求。

C4.6 目标群体消费影响因素

（1）产品品牌。在 Aeroband 空气拨片历经两年的研发后，我们通过各大社交媒体——《创业邦》杂志、极客公园、72 变等进行宣传推广，已经取得了不错的效果。在各大高校内部，积极与校内公众号及校内各项活动合作推广，目前在高校的普及效果十分乐观。Aeroband 空气拨片已然成了移动音乐新型玩法的代名词。

（2）硬件环境。我们的主要销售渠道为网上销售，网店环境符合音乐活泼靓丽的特点，让顾客进店不仅是浏览产品，更是获得良好的用户体验。

（3）软件环境。售后服务是网店销售的关键环节，把产品交付到顾客手里并不是我们的最终目的，让顾客通过我们的产品得到更好的音乐体验才是我们的最终目标。我们会建立完善的售后服务链，提供相应的技术指导，在卖出产品的同时卖出服务。

（4）竞争程度。目前国内市场上并没有空气拨片的相关产品，我们是国内首个研发空气拨片来玩转音乐的团队。在国家政策的支持和推动下，加之产品本身的实用性和创新性，空气拨片在国内市场的发展空间巨大。据了解，目前只有国际市场上有类似的产品的研发，并大都只适用于 ios 系统，我们的产品目前主要开拓安卓市场，国内用户群体庞大。

C4.7 市场战略

（1）短期战略（第 1 年）。在短期我们先专注于音乐，通过提高音质、丰富乐器种类、改进游戏玩法来增强用户体验，达到用户零基础玩音乐和炫酷的效果，从而让我们的产品能吸引住更多追求个性的年轻人。

（2）中期战略（第 2～3 年）。在体感音乐手环的基础上，不断完善和增加我们产品的基础功能，例如计步、闹钟、来电提醒等功能，让用户不仅仅能玩音乐，还能满足他们的一些实用需求，从而逐渐拓宽我们产品的市场，让广大消费者了解、认识并且购买我们的产品。同时我们还要不断地完善互联网服务，通过 App 的不断完善，逐步加入会员等互联网增值服务，吸引并引导客户通过付费体验更高级的服务，实现智能硬件和互联网服务双盈利。

（3）长期战略（第 4～6 年）。在长期，我们要对产品进行不断的创新，例如：深入体感游戏领域，增加拨片支付、身份认证等功能，结合物联网的理念，还可以开发出体感控制设备，对智能家具进行控制等，让拨片融入未来的智能家居的生活中，让我们的产品能在未来的生活中成为不可缺少的一部分。最后，我们团队的产品不应当仅仅作为手机的附属品存在，而是应该让产品能够作为一个独立的个体存在，能够作为一种社会价值符号存在。

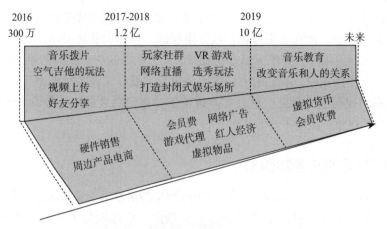

图 C4-8　发展规划 & 商业模式（详细版）

> ▶▶▶ **专家评析**
>
> 本部分内容需要促进风险投资者了解行业与市场状况，确定市场细分和目标定位，并为下一阶段制订营销计划奠定基础。Aeroband 公司在这部分对一些核心问题进行了阐述，例如，给出了市场背景、市场前景、市场容量、市场需要、消费影响要素和市场战略等。具体内容叙述比较详细，但是并未使用一些成熟的工具和方法，总体感觉系统性不强。该部分内容在以下几个方面还可以进一步改进。
>
> （1）本章分析从政治环境和市场环境入手，由表及里，逐步深入。这种分析思路非常正确，但是，最好能使用一些现有分析工具和方法，让分析过程体现出系统性。例如，当分析外部宏观环境时可以使用 PEST 分析方法，系统考虑政治、经济、社会和技术等多个角度；当研究行业和市场基本状况时，使用波特五力竞争模型；当要进行战略定位时，使用 SWOT 分析方法。在对行业与市场部分进行设计和撰写时，需要学会使用相关的分析工具和方法，这能让创业者高效、清晰和系统地表达自己的思路和观点。
>
> （2）在竞争对手分析中，研究过于简单。一般需要逐个分析竞争对手的公司、产品性能、价格、客户等内容，并且在一些关键指标上还要进行比较分析。
>
> （3）在市场容量部分，创业者提出"以空气音乐拨片为主打产品，以年龄在 18～24 岁的 2 682.3 万大学生为主要市场"，在这里可以看出大学生是该项目的目标客户。提出该目标客户的过程非常匆忙，在没有任何铺垫的情况下想让风险投资者认同这个选择是非常困难的。此外，在市场容量估算过程中，创业者认为"每所大学的转化率保守估计为 5%"，这个转化率并没有交代出处，让人费解。如果这个转化率是前人经验，或者是调研分析结果，就应该在文中阐述清楚。此外，本章所给出的市场容量和摘要中出现的不一致，不知道是笔误，还是有什么环节没有交代清楚。
>
> （4）在市场战略中最好有一些可量化和结果性的东西，特别是在战略规划的第 1 年。例如市场占有率、推出哪些新产品、占据哪些新市场等。

第 C5 章 营销计划

C5.1 校园营销

在校园营销方面，以某大学为中心和试点，形成一套高效的校园营销体系，进而由点及面，逐步辐射到其他大学校园。

1. 校园线上营销

以下列举我们在某大学的部分网络营销平台。

（1）校园网登录界面。某大学校园网登录界面，是一个浏览量大、投放简单、准入门槛低的网络平台，是某大学校内用户接入网络的"必经之路"，每天的浏览量在3万左右，基本覆盖了全校师生。

（2）微信公众平台。针对某大学校内的微信公众平台，我们主要联系了"××创新创业工作室"和"微校园"两个平台。

"××创新创业工作室"是聚焦创新创业方面的大型平台，吸引了全校有想法、有创新意识的同学以及社会上一些知名企业家和创新创业方面的有识之士的关注，选择该平台，一是可以吸收更多的创业者加入我们，壮大团队的规模，二是考虑到创新想法的人往往更加容易发展成我们的目标客户。

"微校园"是一个非官方的微信公众平台，凭借其不断改进的特色栏目和新开发的使用功能已经获得了巨大的关注量，逐渐成了某大学在校学生和毕业校友获取校园资讯的重要渠道，是一个很有价值的微信公众平台。

（3）资源共享社区。某大学的资源共享社区是"爱大学"，具有浏览量大、用户黏性高、用户群体稳定等特点，其广告资讯播放时间较长，贴合我们团队的需求。

（4）贴吧。贴吧至今还保留着大量用户，每天的活跃用户仍然是我们需要重点关注的群体之一，尤其是音乐相关帖子板块，通过贴吧提高我们的曝光度也是团队的必备之选。

2. 校园线下营销

校园线下营销，我们考虑到校园活动和各类比赛较多的特点，主要结合校园活动和相关比赛进行营销推广。

（1）百团大战。百团大战，是指各个学生组织和兴趣社团招新的盛况，每年3月初，各个社团会同时开展招新工作，招新现场的人流量在5 000人次左右，我们会抓住这个机会，在现场摆设自己的摊位，通过小型演唱会、邀请同学现场体验等方式展示自己，提高自身的知名度，同时在现场体验的观众中收集他们对于我们产品的反馈意见，以期不断地对产品进行改进。

（2）校园十佳歌手比赛。校园十佳歌手比赛，是学生年度的音乐盛会，每年吸引参赛选手和观众近万人。我们营销推广的方式是与知名校园歌唱达人进行合作，为他们提供乐器的支持，以歌者在舞台上演奏"空气吉他"的轰动效应引起现场观众的注意，达到推广的目的。

（3）社团联合。校内有多个音乐类兴趣社团，如爱音乐社等，这一类的社团往往会在特定节日举办面向全校学生的音乐活动，与这些兴趣社团联合，在活动中展示我们的产品，并加入现场体验的环节，进一步提升学生对产品的真切感受，逐步打开学校市场。

（4）"摇篮杯"创业大赛和 ICAN 科技市集。我们的产品在 2017 年的"摇篮杯"创业大赛中荣获金奖。"摇篮杯"创业大赛，是学校一个知名度强、规格高的创业比赛，参加创业比赛的学生，往往是有自己的想法，有表现欲的，这些人也是我们潜在的用户，参加"摇篮杯"，有助于这些潜在的客户进一步了解我们的产品，知晓我们的产品相对其他同类型产品所存在的优点，有利于迅速对产品进行精准推广，并打开在校青年老师的市场。

同样地，ICAN 科技市集也有同样的效果，通过在市集的展览，在创新创业领域打造自己的品牌价值，把影响力提升到全社会。

（5）校内大型广告位。校内大型的广告位，面向全校学生，对于产品在学校范围内的推广具有天然的优势。如各个宿舍楼楼下的宣传栏，学校主干道两边的宣传栏，校园餐厅的大屏幕等，这些广告位不仅宣传效果好，受众面广，而且宣传成本较低，是难得的宣传推广渠道。

（6）合作各大音乐节，举办空气音乐大赛。我们团队已经打造出了自己的空气乐队，与某大学"吾肆放歌"活动方进行合作，并将于 × 年 5 月 21 日在某大学白果音乐节上进行演出。之后我们会以主办方的形式举办空气吉他大赛，我们的空气乐队也会陆续亮相各大活动现场，打造影响力。

（7）其他线下宣传。其他线下宣传包括纸质传单、卡片、礼品等传统宣传手段。通过制作专属礼品袋，在活动现场发放。

C5.2 社会营销

同样，社会营销也会通过线上和线下两个途径来进行。

1. 社会线上营销

走出校园，我们将会迎来更多的线上营销渠道，分类叙述如下。

（1）新媒体渠道。新媒体渠道主要有《创业邦》杂志、极客公园、IT 耳朵、智能届、72 变、极果网等，上述都是在创新创业领域知名度高、口碑好的平台。我们会积极联系以求通过这些平台把产品推向更广阔的市场。

（2）自媒体渠道。自媒体的传播有其特定的传播范围和受众，如"网红"和微博大咖。

近年来，"网红"经济蓬勃发展，在音乐领域，通过快手和唱吧等平台成长起来的"网红"引起了人们的关注，他们代表了一部分人的兴趣和当下的潮流，是被众多粉丝争相模仿的对象。对此，我们的策略是培养自己的"网红"。即利用这两个平台，以我们的特色乐器为核心，引发人们的好奇心，从而获得关注量，引领网络群体对我们产品的关注，打开一个自媒体渠道，这对我们后续的营销有着十分重大的意义。

微博大咖的受众数量则更加庞大，特别是在音乐领域，各个明星、草根唱将背后，都有大量粉丝的支持。粉丝们通过微博，关注着自己的偶像的动态，并且在一定程度上向他们看齐。对此，我们需要用特色的产品获得微博大咖的认同，促成他们通过微博向自己的粉丝群体推荐我们的产品，并结合其他渠道，实现产品影响力的进一步提升。

（3）微商营销。微信正在越来越多地影响着人们的生活，比如微商，通过微商这一功能，很多人都在网上做起了买卖。作为创业团队，我们当然不会错过这样的营销渠道，随着微信的进一步发展，在微商中营销我们的产品必定会获得更广阔的市场，而且，在微商中进行营销，将会使我们的产品更加贴近消费者的生活，相应地，会更加容易获得消费者的认同，提升销量。

（4）渠道商线上平台。我们会积极和渠道商线上平台合作。考虑以成本价批发给渠道商，渠道商的出售价格不得低于我们官网售价。

（5）众筹平台。众筹平台是近几年备受热捧的网络平台。我们会积极利用众筹渠道，进行产品的预订及预售，通过抓住核心顾客群来逐步打开产品市场。

2. 社会线下营销

在这一部分，我们会通过北京高校联盟的平台对产品进行推广，北京高校联盟覆盖了北京的大多数高校，是北京市高校的联动平台。利用这个平台，结合我们在各个高校后续的营销手段，对北京高校市场多管齐下，实现多层次的、循序渐进的推进。

C5.3 价格方案

初期由于我们对市场的高占有率，我们会以每个 198 元的价格打入市场，进行初步销售；中期考虑到会有竞争对手或者其他仿制品的渗入，我们会进行适当降价继续保持所占市场份额；第三季度时我们会再次以价格优势打响价格战，巩固已有市场，并进一步开拓未知市场。具体方案如表 C5-1 所示。

表 C5-1 价格方案

时间	定价（元）	销量（件）
第一季度	198	20 000
第二季度	168	40 000
第三季度	128	2 000 000

▶▶▶ 专家评析

传统的营销计划一般都要阐述 4P 或者 4C 理论（具体含义可见本书第五章第二节），本章节内容虽然没有直接说明要介绍产品、价格、促销和渠道，但在校园营销和社会营销中都包括了这些内容。该项目产品属于智能硬件产品，其营销计划会与传统产品略有不同。本部分内容还有以下改进之处。

（1）在校园营销中虽然阐述了线上和线下两个部分，但营销方案过于简单和普通，很难达到营销效果。此外，虽然给出了很多渠道和宣传方法，但没有进一步总结，形成系统，不利于向其他学校推广。此外，由于大学生是该项目的目标客户，在营销方案设计时最好给出 1~2 个具体策划案内容。如在校园十佳歌手比赛中，如何植入本项目产品，如何通过活动发展新客户。风险投资者非常看重市场营销计划的特色，如果能给出 1~2 个精彩的策划案，会给商业计划书增光添彩。

（2）在社会营销中存在与校园营销中同样的问题，看不出太多特色。计划书给出的渠道和方案过于普通，像一个营销计划合集。此外，在这些方案中也没有阐述哪个是近期最需要做的事情，哪个是未来1～2年需要做的事情，看上去没有计划性。

（3）在价格方案中只给出了三个季度的价格方案，没有之后的价格计划，这会让风险投资者感觉计划不周全。此外，如果没有之后3～5年的价格计划，财务报表将很难完成。

第C6章 团队管理

C6.1 股东

设立股份成熟机制，创始人的股份分4年成熟，在成熟前，所有股份由CEO代持。种子轮风险投资者为：某投资公司。团队采取期权激励计划，设立10%的期权池，用以吸引高技术人才。

C6.2 组织结构

本团队人员构成、岗位以及职责如下：

表C6-1 团队人员构成、岗位及职责

姓名	岗位	职责	简介
某人	首席执行官	嵌入式开发	掌握嵌入式软件开发
某人	首席技术官	算法设计、管理	擅长MATLAB，多次获得省级奖项
某人	操作系统工程师	安卓开发	精通安卓编程
某人	硬件工程师	设计产品硬件	擅长硬件设计
某人	财务经理	负责财务核算	会计专业，擅长财务审计
某人	市场经理	负责市场和宣传	有长期运营新媒体的经验
某人	销售经理	推广产品	营销大赛优秀团队成员，文案策划、撰写能力强
某人	风控经理	控制运营风险	经济学出身，活动经历丰富
某人	音乐总监	音乐制作和编曲	校园十佳歌手大赛亚军、独立音乐人
某人	产品总监	产品设计	乐队主唱，后期制作，产品开发

图C6-1中显示的结构为目前组织结构，适用于团队创业初期的组织架构和管理体系。采用直线式的组织形式一方面能够避免组织复杂导致效率低下的现象发生，另一方面能够最大化利用各投资机构、导师团队的资源支持，帮助产品团队接触更多的资源，得到更多机会走进人群视野中。

未来的组织形式会针对未来发展状况，有选择地增加常务副总、事业部副总等岗位，也会结合现状，增加大数据分析部门，专门分析市场变化、团队产品、用户体验与

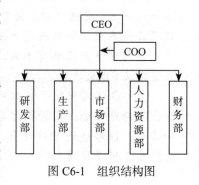

图C6-1 组织结构图

反馈等，辅助管理层做出正确的决策。

C6.3 部门职责

总经理：负责团队的日常经营事务，对董事会负责，决定部门经理的人选，协调各部门之间关系。

市场营销经理：负责团队市场的调查、市场分析，决定团队的营销战略和营销计划。把握市场动向，组织实施市场监控、市场评估等工作，团队发展成熟后在全国设立市场分析点，针对各地的市场进行调查分析。

财务经理：负责团队资金的筹集、使用和分配，如财务计划和分析、投资决策、资本结构的确定，股利分配等，负责日常会计工作与税收管理，每个财政年度末向总经理汇报本年财务情况并规划下年财务工作。

技术研发经理：负责产品的研究与开发工作，拓展产品线的广度和深度。负责新技术的研发和促进。负责部分产品售后技术支持。

>>> 专家评析

创业团队是商业计划的重要组成部分，Aeroband公司在这部分对股东、组织结构和部门职责进行了阐述，特别是列出了包括几家风险投资公司人员在内的创业导师⊖。本部分内容并不完善，还存在较多改进的地方。

（1）虽然本章在开始部分谈到了股东，但是并没有给出最重要的股权结构图。如果股权不清晰，风险投资者会很快做出不利的判断。

（2）在组织结构部分，仅仅给出了目前的组织结构和职责，并没有给出未来的具体发展规划和组织结构。

（3）在这一部分还缺少一些基本内容，如企业文化、绩效管理等。

第 C7 章 财务计划

C7.1 主要财务假设

（1）产品团队被有关部门认定为高新技术企业，所得税率为15%。

（2）根据本团队现实基础、能力、潜力和业务发展的各项计划以及投资项目可行性，经过分析研究采用正确计算方法，本着求实、稳健的原则，并遵循我国现行法律、法规和制度，在各主要方面与财政部颁布的企业会计制度和修订过的企业会计准则相一致。

（3）成本费用中的主营业务成本、营业费用均与销售收入密切相关，呈同向变化，我们假定其与销售收入成一定比例变化。

⊖ 具体的创业导师表格未在本书中列出。

（4）主营业务税金及附加、财务费用和管理费用等与产品销售收入关系不大。

C7.2 资金来源与运用

团队注册资本为 200 万元，天使轮估值 1 000 万元，取得国家大学生创业扶持基金 50 万元，创业大赛奖金 30 万元，种子轮投资 100 万元，资金结构和规模如表 C7-1 所示[⊖]。

表 C7-1 资金来源

来源	创业大赛奖金	大学生创业扶持基金	种子轮投资
金额（万元）	30	50	100

C7.3 团队三年资金主要使用计划表

团队三年资金主要使用计划表如表 C7-2 所示。

表 C7-2 团队三年资金使用计划表 （单位：万元）

项目	第一年	第二年	第三年	合计
工作室的注册租赁费	1.20	1.20	1.20	3.60
工位使用费	0.00	8.64	8.64	17.28
固定资产的购置	0.50	1.20	1.80	3.50
产品的加工制造费用	60.00	120.00	600.00	780.00
研发支出	38.00	38.40	48.00	124.40
团队的管理费用	0.80	19.20	24.80	44.80
市场相关销售费用	0.50	1.20	3.20	4.90
专利注册与保护费用	0.85	0.054	0.054	0.958
团队的财务费用	0	0	0	0
合计	101.85	189.89	687.69	979.43

注：产品加工制造费用计算：单位成本 × 产品产量 = 加工制造费用。假设产量与销量大致相同，销量预测见下表；研发支出包括研发技术人员的工资和开模费用；销售费用包括产品推广和营销；管理费用主要包括管理人员工资、津贴、差旅费等。

C7.4 销售预测

根据市场调查、企业发展战略、营销进度和企业生产能力做出的销售预测如表 C7-3 所示。

表 C7-3 销售预测表

项目 \ 季度	第一年	第二年	第三年
销售量（万台）	2	4	20
售价（元）	198	168	128
销售额（万元）	396	672	2 560

⊖ 出于对项目及投资者的保护，本表所列数据均为示意数据，非真实数据，特此说明。

C7.5 成本估值

表 C7-4 单位产品生产成本核算表

项目	数量	报价(元)⊖
bom 清单	—	—
贴片费	1	—
	1	—
PCB	1	—
电池	1	—
电池弹片	1	—
外壳	1	—
包装盒	1	—
运费	—	—
合计		30.0 112

C7.6 团队主要财务数据

1. 重要财务指标

销售毛利率、销售净利率如表 C7-5 所示。

表 C7-5 重要财务指标

项目(%)	第一年	第二年	第三年
销售毛利润率	336	552	1 960
销售净利率	266.31	432.31	1 612.94

注：静态投资回收期=1.2（年度），动态投资回收期=1.7（年度）。

2. 资产负债表

资产负债表如表 C7-6 所示。

表 C7-6 资产负债表 （单位：万元）

资产	第一年	第二年	第三年	负债和所有者权益	第一年	第二年	第三年
流动资产：				流动负债：			
货币资金	319.80	476.06	1 566.70	应付账款	0.19	1.28	1.33
应收账款	19.80	33.60	128.00	短期借款	0.00	0.00	0.00
减：坏账准备	3.96	6.72	25.60	长期借款	0.00	0.00	0.00
应收账款净额	15.84	26.88	102.40	负债合计	0.19	1.28	1.33
存货	3.77	5.65	18.75				
流动资产合计	339.41	508.59	1 687.86				
固定资产：							
固定资产原价	3.70	8.40	17.30				
减：累计折旧	0.62	1.40	2.88	所有者权益：			

⊖ 数据信息略。

（续）

资产	第一年	第二年	第三年	负债和所有者权益	第一年	第二年	第三年
固定资产净值	3.08	7.00	14.42	实收资本	100.00	100.00	100.00
无形资产	30.00	30.00	30.00	盈余公积	39.95	64.85	2 41.94
减：累计摊销	6.00	12.00	18.00	未分配利润	226.36	367.46	1 371.00
无形资产净值	24.00	18.00	12.00	所有者权益合计	366.31	532.31	1 712.94
资产合计	366.50	533.59	1 714.27	负债及权益合计	366.50	533.59	1 714.27

3. 现金流量表

现金流量表如表 C7-7 所示。

表 C7-7 现金流量表 （单位：万元）

项目	第一年	第二年	第三年
一、经营活动产生的现金流量			
销售商品、提供劳务收到的现金	396.00	672.00	2 560.00
现金流入小计	396.00	672.00	2 560.00
购买商品、接受劳务支付的现金	62.00	123.40	613.02
支付给职工的现金	36.00	57.60	72.00
支付所得税	47.00	76.29	284.64
支付其他经营类现金	10.58	20.12	46.48
现金流出小计	155.57	277.41	1 016.14
经营活动产生现金流净额	240.43	394.59	1 543.86
二、投资活动产生的现金流量			
构建固定资产支付现金	3.70	4.70	8.90
三、筹资活动产生的现金流量			
吸收权益性投资	65.00	500.00	2 000.00
借款收到现金	0.19	1.28	1.33
现金流入小计	65.19	501.28	2 001.33
偿还借款支付现金	0.19	1.28	1.33
分配股利支付现金	45.27	73.49	274.20
偿还利息支付现金	0.02	0.13	0.13
现金流出小计	45.48	74.90	275.66
筹资活动现金流量净额	19.71	426.38	1 725.67
四、现金及等价物净增加额	256.43	816.26	3 260.62

▶▶▶ **专家评析**

财务计划是风险投资者从价值角度考核创业公司未来发展的最好工具。Aeroband 公司在这部分给出了资金的来源和使用计划，也对未来三年的财务计划进行了预测，但是还存在以下诸多问题。

（1）虽然本部分给出了资金来源，但是并没有说明使用情况。在获得种子轮投资后，应该在文中汇报一下股权结构。

（2）在团队三年资金主要使用计划表中，市场相关销售费用非常不合理。在销售额成倍增长的过程中，特别是在

> 第三年达到 2 560 万元的情况下,销售费用仅为 3.2 万元,这个比例非常不正常。其实,风险投资者非常愿意看到创业者把大量经费投入到市场当中,不断塑造品牌和获取客户。
>
> (3)财务分析不具体,缺乏一些关键财务指标的汇报。虽然文中给出了三大报表和一些关键数据,但是并没有汇报一些关键数据,这会让风险投资者和财务专家很难在短时间内对创业公司未来财务健康状况做出判断。缺少的财务指标包括内部收益率、财务净现值、投资回收期、资产负债率等。此外,还缺少盈亏平衡分析和敏感性分析。

第 C8 章　风险控制

团队在创业的过程中将面临政策风险、管理与决策风险、资金风险、市场风险、技术风险等,为此,创业团队需要分别采取对策进行防范和解决。

C8.1　政策风险

团队创新创业是在国家大力鼓励和支持"双创"的社会大背景下成立的,受到国家政策法规的影响较大,一旦过了支持的蜜月期,就面临融资困难、市场冷却的风险。

防范方案:时刻关注国家宏观政策调整,把握政策方向标,趁时机还在,赶快发展壮大团队,在风险到来时实现团队的改造和转型。

C8.2　管理与决策风险

创业初期管理层市场经验不足,也缺乏管理实践经验,尽管可以满足在团队成立初期的需要,但在将来团队快速成长时期,由于团队各项指标均有增长,初期成立的管理层的组织与管理的能力就可能出现跟不上业务发展需要的情况。另外,在团队生存和发展过程中,将随时面临由于团队管理层的决策失误导致团队发展受阻的风险。

防范方案:建立健全人才引入机制、淘汰机制和激励机制。团队将会根据实际情况不断完善和制定新的规章制度,建立良好的约束体制。在中后期,对组织结构构架重新完善,引进职业经理人。重要的是,管理层成员要时刻学习,不断完善自身决策和管理技能。

C8.3　资金风险

伴随团队的迅速发展壮大,不论是对服务、产品体验还是技术开发,都提出了更高的要求,这样的要求促使团队加大在内部建设方面的资金投入,如果对资金分配不当,便可能出现信誉丢失、品牌效应难以形成、资金链断裂等情况,从而影响团队的正常生存发展和目标的实现。

防范方案:首先,要合理安排资金,提高资金的周转率。其次,在必要的时候,适当可向银行贷入部分资金。最后,在时机成熟的时候,如果新技术的攻关或规模的扩张需要大量的资金,那么可以考虑上市。

C8.4　市场风险

（1）较难确定市场对新产品的接受能力。
（2）较难确定市场对新产品接受时间，由于新产品往往在初期较难被市场认同，可能出现产品销售缓慢的问题。
（3）较难确定团队产品的竞争力。
（4）发展初期本团队在人才、资金、资源等方面都处于劣势，如何吸引人才，如何吸引投资，如何拓宽经营范围等一系列问题还需充分考虑。

防范方案：
（1）在创业初期进行全面的市场调查，了解客户需求和市场容量。
（2）依据客户群偏好，增加产品特点及优势，培养客户群对本产品的依赖性。
（3）用优质的产品、优质的一条龙服务来稳定产品与价格，减少市场波动的影响。
（4）建立健全完善的信息反馈机制，实时跟踪市场定位。
（5）加大国内宣传力度，吸引有丰富经验的销售人员。

C8.5　技术风险

用户市场购买决策过程复杂，开发难度较高，这对我们的产品细分和市场推广技巧提出了更高要求；用户对于新进入市场的产品的接受能力和反应不确定；同类产品的模仿和用户对技术更新速度的要求提高导致产品生命周期缩短。

防范方案：建立一支专业的营销队伍，逐步建立完善的线上线下营销战略，针对不同的形式不断调整；保证研发投入，了解行业需求，有针对性地开发新产品，加快我们产品的更新换代速度；加强同行业企业的优势互补和技术吸收；形成以音乐手环技术为主的同心多元化产品链，分散经营风险，加强市场渗透。

▶▶▶ **专家评析**

Aeroband 公司在本部分列出了未来可能面对的多重风险，考虑了存在的种种困难。在创业初期最大的困难和风险一般会来自管理、资金和市场，在这些方面的分析和应对策略应该更加详细和具体，不能泛泛而谈。

第 C9 章　资本退出

本团队为风险资本提供了四种退出机制：公司上市、股权转让/产权交易、管理层回购、风险投资清算。

C9.1　公司上市

可在公司创立的 5～6 年之后实施。

（1）境外设立离岸控股团队境外直接上市。由于受到中国目前政策和监管环境的限制，因此大多数境外风险投资团队普遍推崇的在中国做风险投资的退出方式是以离岸团队的方式在境外上市。

（2）境内股份制团队境外发行 H 股上市。由于政策上的限制，采用以境内股份制团队去境外发行 H 股的形式实现上市，也可以大大降低审批过程中的潜在风险。

（3）将被投资的企业培育到一定阶段在国内 A 股上市，也是一种可行的选择模式。上市后，也可以考虑以上市团队的股权进行抵押获得商业贷款等形式，来变相实现资金的流动。

（4）境内团队境内 A 股借壳间接上市。另外一种间接上市的方式就是境内团队 A 股借壳上市。与境外借壳上市相比，境内借壳上市的可操作性和可控制程度相对会高一些。但是，与在国内主板上市一样，由于国有股和法人股的不流通性，风险投资基金只能通过协议转让或质押上市团队股权的方式实现资金的回笼。

C9.2　股权转让/产权交易

可在 3 年以后实施。

由于中国特殊的法律政策环境限制，风险投资团队通过股权转让的方式实现退出应该具有实际意义。股权转让可以通过投资机构自有的渠道完成，如促成不同投资机构之间的股权转让，也可以借助专业机构如投资银行、证券团队的收购和兼并部门完成。

C9.3　管理层回购

在接受风险投资之后的企业成长到一定规模后，管理层回购将是早期风险投资退出的一种选择。同时，由于目前国内管理层通过信托等方式融资渠道的拓宽，在不涉及国有资产前提基础上的管理层回购将越来越盛行。

C9.4　风险投资清算

对于投资后的企业，如遇到经营不善、管理团队发生重大变化或受到市场和环境的重大不利影响，风险投资机构只能选择以清盘的方式及时减少并停止投资损失。

▶▶▶ **专家评析**

Aeroband 公司在资本退出时给出了四种最普遍的退出方式，但存在以下两方面问题。第一，在退出方式方面只给出了退出时间，并没有给出退出的条件和具体实施计划。例如，在公司上市退出方式中，只是给出了 5～6 年的时间节点，由于商业计划书只给出了 3 年财务计划报表，风险投资者很难预测 5 年之后企业的发展状况和退出计划的可行性。第二，虽然给出了多种退出计划，但是并没有分出主次。此外，也许这份商业计划书仅是该项目的第二次融资计划，创业者自己也不知道未来的退出方式，只有在多次融资和企业壮大到一定程度后，谈论资本退出方式才有实际意义。

案例 D
禾欣青少年公益服务项目商业计划书

▶ **案例概览**

第 D1 章　执行总结
D1.1　项目介绍
D1.2　组织介绍
D1.3　公益性分析
D1.4　实践性分析
D1.5　创业性分析

第 D2 章　项目介绍
D2.1　项目名称
D2.2　项目背景
D2.3　项目内容
D2.4　项目管理

第 D3 章　公益性分析
D3.1　社会意义

D3.2　组织理念
D3.3　公益运作

第 D4 章　实践性分析
D4.1　实践基础
D4.2　创业成就
D4.3　已获荣誉
D4.4　媒体报道

第 D5 章　创业性分析
D5.1　营销推广战略
D5.2　市场与竞争分析
D5.3　财务计划
D5.4　风险分析

第 D6 章　附录（具体内容略）

有关"禾欣青少年公益服务项目商业计划书"的详细内容，请扫描下方的二维码即可浏览和阅读。

附录 A

"创青春"全国大学生创业大赛参赛指南

A1 "创青春"全国大学生创业大赛的起源和发展

A1.1 "创青春"全国大学生创业大赛的起源

创业计划竞赛起源于美国,又名商业计划竞赛。自 1983 年美国得克萨斯大学奥斯汀分校举办首届大学生商业计划竞赛以来,美国已有包括麻省理工学院、斯坦福大学等世界一流大学在内的 30 多所大学每年举办这一竞赛。

中国的大学生创业计划竞赛起源于清华大学。1998 年 3 月清华大学加入了由来自美国、欧洲和亚洲的数十个国家的高校组建的全球商业计划竞赛联盟,并于当年 5 月成功举办了第一届创业计划竞赛。清华大学首届创业计划竞赛的成功举办为"挑战杯"中国大学生创业计划竞赛奠定了良好的基础。1999 年共青团中央、中国科协、全国学联在清华大学联合主办了第一届"挑战杯"中国大学生创业计划竞赛,自此,创新创业的火炬逐渐燃遍全国的高校校园,成为当代大学生创新创业实践的"奥林匹克"盛会。

2014 年,在原有"挑战杯"中国大学生创业计划竞赛的基础上,共青团中央、教育部、人力资源和社会保障部、中国科协、全国学联决定,自 2014 年起共同组织开展"创青春"全国大学生创业大赛,每两年举办一次。"创青春"全国大学生创业大赛下设 3 项主体赛事:"挑战杯"大学生创业计划竞赛、创业实践挑战赛、公益创业赛。其中,大学生创业计划竞赛面向高等学校在校学生,以商业计划书评审、现场答辩等作为参赛项目的主要评价内容。创业实践挑战赛面向高等学校在校学生或毕业未满 5 年的高校毕业生,且已投入实际创业 3 个月以上,以经营状况、发展前景等作为参赛项目的主要评价内容。公益创业赛面向高等学校在校学生,以创办非营利性质社会组织的计划和实践等作为参赛项目的主要评价内容。

A1.2 "创青春"全国大学生创业大赛的发展

截至 2018 年,"挑战杯"中国大学生创业计划竞赛已经成功举办了十届,"创青春"全国大学生创业大赛连续举办了两届。创业大赛在过去 20 年的发展中,组织形式更加成熟,参赛作品涉及领域更加广泛,科技含量更高,向现实转化的能力也更强。创业大赛不仅孕育了一批具有市场潜力的公司，更重要的是挖掘和培养了一大批具有强烈创业热情的大学生创业者。

第一届"挑战杯"和讯网中国大学生创业计划竞赛于 1999 年在清华大学举行。此次竞赛由"和讯网"赞助，汇集了全国 21 个省市 120 余所高校的近 400 件作品，共产生了 10 件金奖作品，20 件银奖作品。来自清华大学的视美乐科技发展有限公司成功获得上海第一百货股份有限公司 5 250 万元的风险投资。竞赛配合高校教育教学改革，培养复合型创造性人才的要求，不仅对推动科教兴国战略的实施有着积极意义，而且在建立国内风险投资体系的进程中发挥了积极的作用，产生了良好的社会影响，在全国高校掀起了一轮创新创业的热潮。

第二届"挑战杯"万维投资中国大学生创业计划竞赛于 2000 年在上海交通大学举行。竞赛由万维投资网赞助，共收到来自全国 24 个省 137 所高校的 455 件作品，产生了 15 件金奖作品，35 件银奖作品和 150 件铜奖作品。本次竞赛获得了社会各界的广泛关注，一批具有良好市场前景的优秀科技创新作品进入实际运行操作阶段，提高了大学生把科技转化为生产力的能力。

第三届"挑战杯"天堂硅谷创业计划竞赛于 2002 年在浙江大学成功举办。此次竞赛获得了作为承办单位之一的杭州市人民政府提供的全部经费支持，共收到来自全国 29 个省、自治区、直辖市的 244 所高校的 542 件参赛作品，产生了 20 件金奖作品、40 件银奖作品以及 162 件铜奖作品。竞赛受到社会各界尤其是企业界和风险投资界的关注，最终签订合同的项目 6 个，签约金额 4 640 万元，并且许多方案都获得了专利技术，使创业计划大赛真正成为联系市场与实验室的良好桥梁。

第四届"挑战杯"中国银行中国大学生创业计划竞赛于 2004 年在厦门大学成功举办。竞赛由中国银行和亚礼得集团赞助，汇集了来自全国 29 个省、市、自治区的 276 所高校选送的 603 件参赛作品，共产生 29 件金奖作品，71 件银奖作品。此次竞赛，不仅许多专科院校队伍参与其中，而且台湾地区也首次派队参加，港、澳地区大学生应邀观摩。层次更高、规模更大、受关注更多的第四届"挑战杯"中国大学生创业计划竞赛真正激发了大学生创新创业的激情，把大学生创业浪潮推向新的高峰。

第五届"挑战杯"飞利浦中国大学生创业计划竞赛于 2006 年在山东大学成功举办。共有 110 件作品入围终审决赛，产生了 38 件金奖作品。据统计，赛前共有 13 个参赛项目与 25 家企业达成投资意向，获得了 5 921.35 万元的风险投资。在终审决赛期间，共有 3 个项目与 4 家企业正式签约，风险投资达 2 225 万元。此次竞赛成了"挑战杯"中国大学生创业计划竞赛以来参赛高校数量、作品数量最多，港、澳、台地区全部参赛，自主创新比例明显提高，与现实生活密切相关的服务类项目明显增加的一次比赛。

第六届"挑战杯"瓮福中国大学生创业计划竞赛于 2008 年在四川大学举行。本次竞赛汇集了全国 356 所高校的 600 多件作品，共产生 31 件金奖作品，124 件银奖作品。本届"挑战杯"的参赛作品同时受到了社会各界尤其是企业界和风险投资界的高度关注，企业意向投资金额达 1.85 亿元，实现了创业计划从理论到实践的转变，极大地提升了大学生的创业热情。

第七届"挑战杯"一汽大众中国大学生创业计划竞赛于 2010 年在吉林大学举办。竞赛共收到内地及港、澳、台地区 374 所高校的 640 件参赛作品，最终产生了 55 件金奖作品，共有 46 件参赛作品与有关投资方签订了投资意向协议，签约金额达 1.37 亿元。此次竞赛首次增加网络虚拟运营环节，更全面地提高学生的整体素质和团队意识。复赛评审实现无纸化办公是本届竞赛的又一大特色，充分保证了竞赛评审的公平公正和迅速便捷。

第八届"挑战杯"复星中国大学生创业计划竞赛决赛于 2012 年在同济大学成功举办。来自全国 31 个省、市、自治区 390 个高校的 650 件作品汇聚申城，最终产生金奖作品 69 件、银奖作品 142 件。本届竞赛期间，主办单位还设立了"网络虚拟运营"专项竞赛，共有 187 支参赛团队入围专项竞赛决赛，最终评出一等奖 20 个、二等奖 40 个、三等奖 98 个。其中，16 件金奖作品已经投入实际运营，占参赛已创业作品的 29.1%。另外有 94 件参赛作品与有关投资方已签订投资协议或达成投资意向，签约及意向投资金额共计 2.81 亿元，标志着技术、资本与市场的结合向着更深的层次推进。

2014 年"创青春"全国大学生创业大赛决赛于 11 月在华中科技大学成功举办。该赛事从本届开始升级为"创青春"全国大学生创业大赛，2014 年大赛下设 3 项主体赛事，即第九届"挑战杯"大学生创业计划竞赛、创业实践挑战赛和公益创业赛。来自内地 200 所高校及港、澳 9 所高校的 385 个项目参加了终审决赛。通过公开答辩和专家评议，三项赛事最终产生金奖作品 120 件。北京市委等 21 个省级团委和北京师范大学等 141 所高校获得优秀组织奖。上海交通大学、华中科技大学以团体总分并列第一的成绩共同捧得冠军杯，20 所高校荣获优胜杯。

2016 年"创青春"中航工业全国大学生创业大赛决赛于 11 月在电子科技大学成功举办。共有来自全国 32 个省、市、自治区（包括新疆生产建设兵团）、香港特别行政区、澳门特别行政区 220 所高校的作品入围此次终审决赛。经过初审、复赛的层层选拔，最终 399 个创业项目从全国 11 万个项目中脱颖而出，进入决赛。大赛评委会最终评定出金奖项目 134 个、银奖项目 262 个、铜奖项目 726 个。

A2 "创青春"全国大学生创业大赛参赛概况

A2.1 大赛简介与参赛要求

（1）大赛的宗旨：培养创新意识、启迪创意思维、提升创造能力、造就创业人才。

（2）大赛的目的：引导和激励高校学生弘扬时代精神，把握时代脉搏，将所学知识与经济社会发展紧密结合，培养和提高创新、创意、创造、创业的意识和能力，促进高校学生就业创业教育、创业实践活动的蓬勃开展，发现和培养一批具有创新思维和创业潜力的优秀人才，帮助更多高校学生通过创业创新的实际行动为实现"中国梦"贡献力量。

（3）大赛的内容：下设大学生创业计划竞赛（即"挑战杯"中国大学生创业计划竞赛）、创业实践挑战赛、公益创业赛等 3 项主体赛事。

（4）大赛的基本方式：大学生创业计划竞赛面向高等学校在校学生，以商业计划书评审、现场答辩等作为参赛项目的主要评价内容；创业实践挑战赛面向高等学校在校学生或毕业未满 3 年的高校毕业生，且应已投入实际创业 3 个月以上，以盈利状况、发展前景等作为参赛项目的主要评价内容；公益创业赛面向高等学校在校学生，以创办非营利性质社会组织的计划和实践等作为参赛项目的主要评价内容。全国组织委员会聘请专家评定出具备一定操作性、应用性以及良好市场潜力、社会价值和发展前景的优秀项目，给予奖励；组织参赛项目和成果的交流、展览、转让活动。

（5）参赛大学生资格：凡在举办大赛终审决赛的当年7月1日以前正式注册的全日制非成人教育的各类高等院校在校专科生、本科生、硕士研究生和博士研究生（均不含在职研究生）可参加全部3项主体赛事；毕业3年以内（时间截至举办大赛终审决赛的当年7月1日）的专科生、本科生、硕士研究生和博士研究生可代表原所在高校参加创业实践挑战赛（需提供毕业证证明，仅可代表最终学历颁发高校参赛）。参赛者均以团队的形式报名，设团队队长一名，团队的核心人员原则上不超过10人。

（6）参赛项目的申报条件：第一，大学生创业计划竞赛。要求参赛团队在广泛进行市场调研、认真进行企业分析的基础上，完成一份旨在将产品与服务推向市场的商业计划书。商业计划书应构成完整、设计规范、内容科学、论据充分、有说服力。参加竞赛项目分为已创业与未创业两类；涉及农林、畜牧、食品及相关产业，具体分为生物医药、化工技术和环境科学、信息技术和电子商务、材料、机械能源、文化创意、服务咨询等7个组别，实行分类、分组申报。拥有或授权拥有产品与服务，并已在工商、民政等政府部门注册登记为企业、个体工商户、民办非企业单位等组织形式，运营时间在3个月以上（以预赛网络报备时间为截止日期）的项目，可申报已创业类；拥有或授权拥有产品与服务，具有核心团队，具备实施创业的基本条件，但尚未在工商、民政等政府部门注册登记或注册登记时间在3个月以下的项目，可申报未创业类。第二，创业实践挑战赛。拥有或授权拥有产品与服务，并已在工商、民政等政府部门注册登记为企业、个体工商户、民办非企业单位等组织形式，运营时间在3个月以上（以预赛网络报备时间为截止日期）的项目，可申报该赛事。申报不区分具体类别、组别。第三，公益创业赛。拥有较强的公益特征（有效解决社会问题，项目收益主要用于进一步扩大项目的范围、规模或水平）、创业特征（通过商业运作的方式，运用前期的少量资源撬动外界更广大的资源来解决社会问题，并形成可自身维持的商业模式）、实践特征（团队须实践其公益创业计划，形成可衡量的项目成果，部分或完全实现其计划的目标成果）的项目，可申报该赛事。申报不区分具体类别、组别。

A2.2　大赛流程及规则

"创青春"全国大学生创业大赛作为风靡全国高校的一项重要赛事，有着严格的比赛流程与规则。一般来说，竞赛可以分为校内选拔赛、省市选拔赛和全国赛三个阶段，每个阶段又将经历初赛、复赛等过程。因此，整个"创青春"全国大学生创业大赛的流程如图A-1所示。

A2.3　竞赛的书面评审标准

"创青春"全国大学生创业大赛全国总决赛通过书面评审和秘密答辩两个环节得分评出各种奖项，在近年来的不断改进和完善过程中，竞赛组委会给出了多个评审标准。表A-1为2008年"挑战杯"中国大学生创业计划竞赛的书面评审标准。

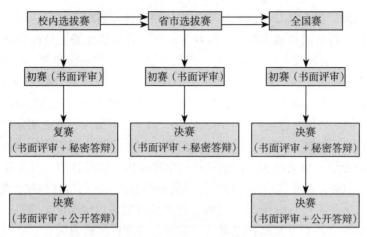

图 A-1 "创青春"全国大学生创业大赛流程图

表 A-1 2008 年"挑战杯"中国大学生创业计划竞赛书面评审标准

序号	项目	比重（%）	标准
1	执行总结	5	论述简明、扼要，具有鲜明特色。包括对公司及产品与服务的介绍、市场概貌、营销策略、生产销售管理计划、财务预测、创业团队的特殊性和优势等
2	产品与服务介绍	15	明确表述产品与服务如何满足关键客户需要；市场进入和开发策略；说明其专利权、著作权、政府批文、鉴定材料等；指出产品与服务目前的技术水平和领先程度，是否适应市场需求，能否实现产业化
3	公司战略	5	包括公司的商业目的、市场定位、全盘战略及各阶段的目标等，同时要有对现有和潜在的竞争者的分析，替代品竞争、行业内原有竞争的分析
4	市场分析	10	明确表述该产品与服务的市场容量与趋势、市场竞争状况、市场变化趋势及潜力，细分目标市场及客户描述，估计市场份额和销售额。市场调查和分析应当严密科学
5	营销策略	10	详细阐述如何保持并提高市场占有率，把握企业的总进度，对收入、盈亏平衡点、现金流量、市场份额、产品开发、主要合作伙伴和融资等重要事项有所安排。构建合理的营销渠道、与之相适应的形象、富有吸引力的促销方式
6	经营管理	5	说明原材料的供应情况，工艺设备的运行安排，人力资源的安排等。这部分要求以产品与服务为依据，以生产工艺为主线，力求描述准确、合理、可操作性强
7	创业团队	15	详细介绍团队各成员有关的教育和工作背景、经验、能力、专长。明确各成员的管理分工和互补情况，公司组织结构情况，领导层成员，创业顾问及主要投资人的持股情况
8	财务分析	10	要求公司不同经营时期的经济/财务状况均清晰明了，经济/财务报表具有严密性。数据应基于对经营状况和未来发展的正确评估，并能有效反映出公司的财务绩效
9	投融资分析	10	详细阐述资金来源和比例，融资的方案是否可行，投资收益如何，资本的成本如何并进行企业的资本回报率的测算。资本退出方式的可行性如何
10	风险和问题	10	各类风险的论述是否全面客观，风险防范措施是否有针对性。对企业在经营中可能遇到的关键风险和问题进行过先期考虑和分析，并附有实质性的对策
11	整体表述	5	整体表述是否条理清晰，重点突出；专业语言的运用是否准确和适度；相关数据是否科学、诚信、翔实

2012年第八届"挑战杯"中国大学生创业计划竞赛赛制略有改变,评分规则也进一步完善,给评委的评判空间也越来越大。竞赛要求参赛者组成优势互补的竞赛团队,提出一个具有市场前景的产品与服务,并围绕这一产品与服务,完成一份完整、具体、深入、可行性、操作性俱佳的创业计划。创业计划书面文本应基于该项具体的产品与服务,着眼于特定的市场营销、团队组织、财务经营、关键风险和问题等策略方案,描述公司的创业机会、描述把握这一机会创立公司的过程并说明所需资源。以下是书面评审要求和分数分配比例。

(1)总体概述(10%)。要求:文字表达简明、扼要、具有鲜明特色。重点包括对公司及产品与服务的介绍、市场概貌、营销策略、生产销售、管理计划、财务预测;正确表达新思想形成过程和对企业发展目标的展望;明确介绍创业团队的特殊性和优势等。

(2)产品与服务(15%)。要求:明确表述产品与服务如何满足关键用户需要,以及相关市场进入策略和市场开发策略;说明其专利权、著作权、政府批文、鉴定材料等;指出产品与服务目前的技术水平及领先程度,是否适应市场需求,能否实现产业化;产品的市场接受程度等。

(3)市场营销(30%)。要求:明确表述该产品与服务的市场容量与趋势、市场竞争状况、市场变化趋势及潜力,细分目标市场及客户描述,估计市场份额和销售额;表述包括公司的商业目的、市场定位、全盘战略及各阶段的目标等,同时要有对现有和潜在的竞争者的分析,替代品竞争、行业内原有竞争的分析。阐述如何保持并提高市场占有率,把握企业的总进度,对收入、盈亏平衡点、现金流量、市场份额、产品开发、主要合作伙伴和融资等重要事件有所安排,构建一条通常合理的营销渠道和与之相适应的新颖而富有吸引力的促销方式。

(4)团队组织(15%)。要求:介绍团队中各成员有关的教育和工作背景、经验、能力、专长;组建营销、财务、行政、生产、技术团队;明确各成员的管理分工和互补情况,公司组织结构情况,领导层成员,创业顾问及主要投资人的持股情况,指出公司股份比例的划分。

(5)财务经营(20%)。要求:介绍营业收入和费用、现金流量、盈利能力和持久性、固定和变动成本;前两年财务月报,后三年财务年报;说明原材料的供应情况,工艺设备的运行安排,人力资源安排等。要求以产品与服务为依据,以生产工艺为主线,力求描述准确、合理、可操作性强。

(6)关键风险和问题(10%)。要求:客观阐述本项目面临的技术、市场、财务等关键风险和问题,提出合理可行的规避计划。

2014年"挑战杯"中国大学生创业计划竞赛升级为"创青春"全国大学生创业大赛后,包含了大学生创业计划竞赛(即"挑战杯"中国大学生创业计划竞赛)、创业实践挑战赛、公益创业赛在内的3项主体赛事,创业大赛书面评审规则也出现了较大差异。以下为各赛事的评审细则。

1. 大学生创业计划竞赛评分表与评审细则

评委会将从以下五个方面对商业计划书进行评审,总分为100分。

(1)创业机会(占总分10%)。该部分需包括项目的产业背景和市场竞争环境,项目的市场机会和有效的市场需求,项目所面对的目标顾客,项目的独创性、领先性以及实现产业化的途径等。要求：文字表达简明、扼要、具有鲜明的特色。重点包括对公司及其产品与服务的介绍、市场概貌、营销策略、生产销售、管理计划、财务预测，参赛者需正确表达创新思想的形成过程和对企业发展目标的展望，明确介绍创业团队的特殊性和优势等。

（2）发展战略（占总分15%）。该部分需包括项目的商业模式、研发方向、扩张策略、主要合作伙伴与竞争对手等，以及其面临的技术、市场、财务等关键问题，并提出合理可行的规避计划。要求：明确表述产品与服务如何满足关键用户需要，以及相关的市场进入策略和市场开发策略，说明其专利权、著作权、政府批文、鉴定材料等，指出产品与服务目前的技术水平及领先程度是否适应市场的需求，能否实现产业化以及产品的市场接收程度等。

（3）营销策略（占总分50%）。参赛者需结合项目特点制定合适的市场营销策略，包括对自身产品、技术或服务的价格定位、渠道建设、推广策略等。其中，市场占总分10%。要求：明确表述该产品与服务的市场容量与趋势、市场竞争状况、市场变化趋势及潜力，细分目标市场及客户描述，估计市场份额和销售额，保证相关市场调查和分析的科学严密性。竞争占总分10%。要求：表述包括公司的商业目的、市场定位、全盘战略及各阶段的目标等在内的相关内容，同时要有对现有和潜在的竞争者的分析，替代品竞争、行业内原有竞争的分析。总结本公司的竞争优势并研究战胜对手的方案，并对主要的竞争对手和市场驱动力进行适当分析。营销占总分15%。要求：详细阐述如何保持并提高市场占有率，把握企业的总体进度，对收入、盈亏平衡点、现金流量、市场份额、产品开发、主要合作伙伴和融资等重要事件有所安排，构建一条通畅合理的营销渠道和与之相适应的新颖而富于吸引力的促销方式。经营及落地实现占总分15%。要求：对原材料的供应情况、工艺设备的运行安排、人力资源安排等描述准确、合理、可操作性强。创业计划符合实际，有较大的落地实现可能性。

（4）财务管理（占总分15%）。该部分需包括股本结构与规模、资金来源与运用，需要对公司的盈利能力进行分析，以及制定风险资金退出策略等。要求：该部分内容应包含营业收入和费用、现金流量、盈利能力和持久性、固定和变动成本，前两年财务月报，后三年财务年报。所有数据应基于对经营状况和未来发展的正确估计，并能有效地反映出公司的财务绩效。

（5）管理团队（占总分10%）。该部分需包括管理团队各成员有关的教育和工作背景、成员的分工和互补情况，公司的组织构架以及领导层成员、创业顾问、主要投资人和其持股情况。要求：介绍管理团队中各成员有关的教育和工作背景、经验、能力、专长。组建营销、财务、行政、生产、技术团队。明确各成员的管理分工和互补情况，公司组织结构情况，领导层成员、创业顾问及主要投资人的持股情况。指出企业股份比例的划分。

2. 创业实践挑战赛评分表与评审细则

评委会将从以下四个方面对商业计划书进行评审，总分为100分。

（1）经营状况（占总分25%）。该部分需包括项目的产业背景和市场竞争环境；项目的市场机会和有效的市场需求、所面对的目标顾客；项目的独创性、领先性以及实现产业化的途径等。要求：包含项目的营业收入、税收上缴、现金流量、持续盈利能力、市场份额、风险性分析和退出机制等情况；主营业务利润、总资产收益、净资产收益、销售收入增长等情况；企业固定资产、流动资金、销售收入预测、成本预测、现金流计划等内容。对原材料的供应情况、工艺设备的运行安排、人力资源安排等描述准确、合理、操作性强。

（2）发展前景（占总分25%）。该部分需包括项目的商业模式、研发方向、扩张策略，主要合作伙伴与竞争对手等；项目面临的技术、市场、财务等关键问题，提出合理可行的规避计划。要求：详细介绍项目的产业背景和市场竞争环境；项目的市场机会和有效的市场需求、所面对的目标顾客；市场容量或企业预计市场占有率、市场的变化趋势及前景、SWOT分析（优势、劣势、机会、威胁）；项目的独创性、领先性以及实现产业化的途径等。

（3）营销策略（占总分30%）。参赛者需要有成熟的、结合项目特点制定的市场营销策略，包括对自身产品、技术或服务的价格定位、渠道建设、推广策略等。其中，市场占总分10%。要求：明确表述该产品与服务的市场容量与趋势、市场竞争状况、市场变化趋势及潜力，细分目标市场及客户描述，估计市场份额和销售额，保证相关市场调查和分析的科学严密性，盯紧目标市场的实际需求、价格变动与需求变化；竞争占总分10%。要求：表述包括公司的商业目的、市场定位、全盘战略及各阶段的目标等在内的相关内容，同时要有对现有和潜在的竞争者的分析，包括对竞争对手的能力和市场竞争态势、产品更新换代或替代品出现，行业内原有竞争的分析。总结本公司的竞争优势并研究战胜对手的方案，并对主要的竞争对手和市场驱动力进行适当分析。营销占总分10%。结合项目特点制定合适的市场营销策略，包括对自身产品、技术或服务的价格定位、渠道建设、推广策略等。要求：详细阐述如何保持并提高市场占有率，把握企业的总体进度，对收入、盈亏平衡点、现金流量、市场份额、产品开发、主要合作伙伴和融资等重要事件有所安排，构建一条通畅合理的营销渠道和与之相适应的新颖而富于吸引力的促销方式。

（4）财务管理（占总分20%）。该部分需包括股本结构与规模、资金来源与运用，需要对公司的盈利能力进行分析，以及制定风险资金退出策略等。要求：对融资方式、利益分配、风险资金退出策略等进行明确表述，包含营业收入和费用、现金流量、盈利能力和持久性、固定和变动成本、近五年财务报表；所有数据应基于对目前经营状况和未来发展的正确估计，并能有效地反映出公司的财务绩效。

3. 公益创业赛评分表与评审细则

评委会将从以下三个方面对商业计划书进行评审，总分为100分。

（1）公益性（占总分30%）。参赛项目需以公益为目的，基于对社会的充分了解和关注，针对某一具体社会问题进行立项，用少量资源撬动大量社会资源，并以自营利的商业模式来解决社会问题，为促进创新、促进经济发展、创造就业和促进社会进步做出贡献。鼓励参赛者瞄准当前尚未得到足够关注或支持的社会问题或公益方向进行立项。

第一档：对社会问题关注深入，立项所针对问题具体且受到关注较多、亟待解决；
第二档：对社会问题有较多关注，立项所针对问题受到关注较多、有解决的必要；
第三档：对社会问题了解不多，立项所针对的问题不很清晰或已经得到较好解决；
第四档：对社会问题了解和关注不足，立项所针对的问题不清晰或不属于公益范畴。

（2）创业性（占总分30%）。参赛项目应采用商业运作的方式来解决瞄准的社会问题，应运用组委会配给的相对少量的启动资源,来撬动社会各界的相对大量的发展资源,以完成一项公益项目;项目成型后,其运行状态应是在消耗资源的过程中通过某一商业模式不断引入新的资源,使项目可自身维持、可持续发展,单纯或主要使用资源支撑项目运行的"花钱买公益"的方式将不被接受;赛事将考虑投入资源、吸收资源以及所产生的社会效益的比例;鼓励采用创新性的商业模式;鼓励具有普适性、可推广性的运作模式。

第一档:能够通过具有创新性、普适性、可推广性的商业模式,在消耗资源的同时不断引入大量新资源使项目可自身维持、可持续发展,由此很好地解决瞄准的社会问题;

第二档:能够通过创新性的商业模式,在消耗资源的同时不断引入大量新资源使项目可自身维持、可持续发展,由此较好地解决瞄准的社会问题;

第三档:能够应用相对少量的启动资源,来撬动社会各界相对大量的资源,并通过商业运作的方式不断引入新资源来解决瞄准的社会问题;

第四档:主要依靠本身的资金推进项目,能在一定程度上解决瞄准的社会问题。

(3)实践性(占总分40%)。项目执行计划的设计应充分考虑可行性,即需要考虑在预定的时间、人力、资源范围内,综合当地实际情况,设定切实可行的项目进度及目标;赛事对项目的落实成果有较高的要求,凡进入决赛的项目,落实成果应与项目申报时的计划基本吻合;鼓励公益创业实践项目在完成赛事后继续运行,并将配给相应资源。对于其公益模式要有良好的可推广性,能够在更大的社会范围内进行复制和推广。

第一档:很好地结合了人力、资源等实际情况,设定了切实可行的项目进度及目标,有丰富的实践成果;

第二档:能够结合人力、资源等实际情况,设定可行的项目进度及目标,有一定的实践成果;

第三档:未能充分考虑人力、资源等实际情况,设定的进度及目标较难完成,实践成果较少。

A2.4　竞赛团队的组建

创业团队是指在创业初期(包括企业成立前和成立早期),由一群才能互补、责任共担、愿为共同的创业目标而奋斗的人所组成的特殊群体。"创青春"全国大学生创业大赛要求参赛队伍为一个具有市场前景的技术、产品与服务打造一份完整、具体、深入的创业计划书。参加"创青春"全国大学生创业大赛的创业团队是为了开创新的局面、满足共同的价值追求,甘愿共同承担创业风险和共享未来收益并紧密结合的正式的或非正式的组织。

风险投资之父乔治·多里特曾说过"我更喜欢拥有二流创意的一流创业团队"。好的创业团队的组建对既定目标的达成起着至关重要的作用,所以要想形成一支具有强大执行力与凝聚力的创业团队,团队的初创者在参赛伊始就应当对团队的组合进行严谨的构想,这其中不仅包括团队人员的素质与目标、年龄的组成、专业的划分以及团队文化,而且要结合产品、营销、财务、运营等岗位的需要寻找队员,做到人员合理配置。在比赛过程中,会存在团队成员的不停变换,在不同的阶段,担任团队主力成员的人也不同。

一般而言,创业团队由四大要素组成。

（1）目标。团队既定的发展目标是团队为之努力的方向，也是将团队成员的努力凝聚起来的重要因素。从本质上来说创业团队的根本目标都在于创造新价值，实现团队成员的个人发展。

（2）成员。成员是构成团队最核心的力量，任何计划的实施最终都要落实到个人来具体实现。人作为知识的载体，所拥有的知识对创业团队的贡献程度将决定企业在市场中的命运。

（3）角色。创业团队成员要明确自身及他人在新创企业中担任的职务和承担的责任，配合整体进度，以自身所具备的能力高效率、高水平完成所负责部分，为整个创业团队贡献力量。

（4）制度。团队制度包括决策制度、利益分配制度、退出机制等，所设各项制度应该能够保证创业团队在不同情况下的正常可持续运行。

在组建创业团队时，应着重考虑参赛目标的一致性，知识技能的互补性和精简高效性三个要素。在将近一年的比赛周期里，需要拥有不同知识技能的队员同甘共苦，付出大量的时间与精力保证团队在精简的前提下高效运转。在这一过程中，只有共同的目标与热情才能使团队在遇到困难时齐心协力，共渡难关。

综合来说，团队初创者应当从创业目的、知识结构、个人性格及价值理念四个方面入手去测量个人素质与团队的整体配合程度。

A2.5 竞赛项目的选择

项目选择被公认为是创业大赛中最为重要的部分，它是创业行为的核心，决定了整个创业团队的前进方向与专注领域，更是产品与服务立足市场的关键所在（见图A-2）。一个优秀的项目可以使整个商业计划书的撰写思路清晰、内容翔实，从而吸引投资者的眼球，得到投资者的肯定和支持，获得签订投资意向书和合作意向书的机会。本节将从项目选择的途径、项目选择的原则和项目选择的误区三个方面讨论如何选择好的参赛项目。

图 A-2 项目选择流程图

（1）项目选择的途径。参赛团队在比赛初期常常使用的项目选择的方法主要包括以下几种。

- 通过询问同学、相关专业老师或学校创业中心寻找好的创业创意。
- 通过专利搜索，借鉴以往获奖项目，将其列入项目选择的范围。
- 寻找生活中的创意，将其转化为有实操性的创业项目。
- 寻找已持有项目的同学组建团队，直接获得项目。

这些都是以往参赛团队简单的经验总结，并未经过系统化、理论化的改造。通过对历届"创青春"全国大学生创业大赛参赛项目的分析，可以发现权威性及专利技术宣传平台、高等院校以及相关科研机构信息渠道，公司、非营利研究机构以及其他组织是参赛团队选择项目的三个主要渠道。

（2）项目选择的原则。竞赛项目的选择应遵循与创业团队的匹配度高、项目的可行性强以及项目盈利大三个原则。

选择竞赛项目时应考虑与创业团队和个人资源的匹配度。团队和个人资源包括无形资源和有形资源，无形资源主要指创业团队和个人的专业能力和人脉资源；有形资源主要指存款、可以借到的贷款等物质资源。

对于如何评价项目的可行性，大家可以参考使用波特五力竞争模型。此模型确定了竞争的五种主要来源：供应商和购买者的讨价还价能力、潜在进入者的威胁、替代品的威胁以及来自同一行业的公司间的竞争。一种可行性战略的提出应首先包括确认并评价这五种力量，不同力量的特征和重要性因行业和公司的不同而变化。波特五力竞争模型旨在帮助各个创业者将大量复杂的因素汇集在一个简便的模型中，以此分析创业项目所处的行业的基本竞争态势。

项目的盈利性可以从项目资金需求量，毛利、纯利以及达到应回归平衡和正现金流的时间，投资收益潜力与回报潜力等方面分析。大学生创业之初，应尽量选择资金周转期短、需要库存商品少、具有普遍性的行业。稳扎稳打，创业公司持续盈利的空间大才能赢得有吸引力的商业机会。

（3）项目选择的误区。对缺乏市场经验的大学生而言，在项目选择的过程中容易产生三大误区：过度重视项目创意、过度追求项目规模、过度偏爱最新技术。创意只是初步的设想，并不等于商业机会，过度重视项目创意容易忽略实际项目的可行性和操作性，忽略市场的需求和实地调研。规模巨大的项目，尤其是国家重点科研项目或者是"863"重点项目凭借其先进的技术、国家的支持、教授的声望等优势在竞赛中确实有很强的竞争力，但是这样的项目隐藏着各种风险，面临激烈的市场竞争，而且需要巨大的启动资金，这些往往成为新生的创业团队难以克服的障碍。而受许多创业团队青睐的最新技术类项目不仅在技术保护等法律问题上存在较大风险，而且由于最新的技术往往不具有较强的稳定性且技术更新速度快使得创业公司在发展后期"坐吃山空"。

通过总结以往成功参赛团队选取参赛项目的经验，我们总结出一种操作性较强的项目选择方法。具体步骤如图 A-3 所示：

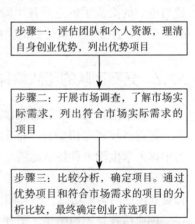

图 A-3　项目选择步骤流程图

A2.6　竞赛团队的专家指导

在实操性极强的"创青春"全国大学生创业大赛过程中，参赛团队在每一步都可能遇到很多的问题，这个时候不仅要求参赛者通过查阅资料、翻阅书籍来加以解决，还需要参赛者了解各方面资讯，向不同的对象咨询，通过沟通获取信息。参赛团队一般可以咨询的对象如下。

（1）高校团委老师。高校团委老师是竞赛的组织者和协调者，与团省委等创业计划竞赛的举办方有密切的接触和联系，是最了解比赛动向和大体进程的人。同时，他们掌管着项目、人才等资源，是参赛团队挖掘可利用资源的至关重要的渠道。

（2）经管专业老师。经管类的老师不仅具有相当扎实的理论基础，而且在与外界企业的交流中了解目前有关创业项目的发展方向，了解相关专业评审的喜好，他们知道一个创业计划书需要如何撰写才会达到风险投资者们的期望。所以参赛团队应尽量与这些专业老师多沟通，从而不断地改进优化自己的创业方案。

在这里提供几种与老师建立联系的方式：联系老师的研究生，并争取让研究生同学加入团队；课后直接拜访老师；由团队负责人直接联系老师。

（3）专业技术老师。这部分老师具有较高的专业水平，了解目前市场上技术与产品的相关情况，能够对创业技术的先进程度、可行性、可推广性有非常准确的把握，而且他们拥有一部分相关技术的企业资源，与他们有良好的沟通和互动，不但能够改进企业产品的不足，还能获得了解相关行业的机会。

（4）业内人士。直接投身于该行业使得业内人士的观点最切合实际，也最具有参考价值。他们了解行业运行的规则和内幕，能够对参赛团队的创业计划提出许多好的建议，而且其掌控的行业内部资源能够帮助创业团队获得一定的行业支持。充分挖掘利用好这些资源，可以帮助参赛团队在前进中少走弯路，使整个计划更贴近实际，具有更强的实操性和实现的可能性。

（5）过来人。就是参加过创业计划竞赛的前辈。无论他们成功与否，参赛团队都能通过与他们的交流了解竞赛各个阶段所需的资源，明白比赛中需要注意的问题，借鉴成功团队的经验，甚至可以从他们的失败中吸取教训，这都是非常宝贵的资源。

A2.7　竞赛团队的团队精神及收获

作为学生科技活动的新载体，"创青春"全国大学生创业大赛在培养复合型、创新型人才，促进高校产学研结合，推动国内风险投资体系建立方面发挥着越来越重要的作用。作为中国大学生学术科技活动的"奥林匹克盛会"，它不是单纯的、个人的、集中在某一个专业的学生竞赛，而是以实际技术为背景，跨学科的优势互补的团队之间的较量。经过校赛、省赛和国赛的多轮历练，参赛团队的挑战精神、合作意识和创新能力都得到了极大的提升。

创业精神是不怕困难、勇往直前的精神，是敢于吃苦、乐于奉献的精神，是细致入微、孜孜不倦的精神，是团结协作、互帮互助的精神，是善于创新、精益求精的精神，是坚持不懈、敢于拼搏的精神。漫长的参赛道路，可能意味着实习机会的错失，也可能意味着连续的挑灯夜战，但是当汗水和艰辛成为一种习惯，当默契升华为一种共同的信念，成功也变得水到渠成。

成功的团队才能造就成功的个人，在"创青春"的舞台上，一个人的力量是有限的，只有通过团队使不同性格、不同特长的精英汇聚在一起，资源共享、能力互补，汇聚团队的力量、团队的智慧才能达到宏大的目标。在和团队成员交流的过程中，对他人意见的充分尊重使得每一个人都能毫无顾忌地发挥出个人的全部才能，使之在激烈的思想碰撞中锤炼出真正的精华，所以参赛团队才能在合作与理解中越走越远，收获"创青春"的成功。

在科学发展观的指导下，走出一条与众不同的创新之路，是一个团队在竞争中获得先机的关键。创新能力是一个参赛团队的生命力，面临激烈的竞争和挑战，如果没有创新，在海选几轮中就会被淘汰，所以只有不断地推陈出新，才能继续保持作品的生命力。

因为年轻，所以更加渴望成功；因为年轻，所以更加不怕挑战。"创青春"的征程是辛苦的，也是快乐和有收获的。通过比赛，参赛团队收获了无价的友谊，收获了不断进取的精神、收获了团队协作的力量，也收获了成功的喜悦——"创青春"不仅是一场比赛，更是一个平台，在这个平台上，每一个心存理想的人都可以找到自己奋斗的方向，即使他们毕业后不去立即创业，他们身上也都会具有一种叫作"创业精神"的东西，指引着他们在理想的道路上披荆斩棘，大步向前！

A3 "创青春"全国大学生创业大赛答辩事项

A3.1 答辩评委的构成和评审标准

"创青春"全国大学生创业大赛的答辩评委由全国各高校、科研机构、企业中在学术上有较深造诣和在社会上有广泛影响的教师、企业家、风险投资者担任（见图A-4）。

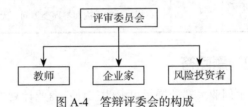

图 A-4 答辩评委会的构成

在答辩环节，除了台风仪态、团队整体表现等会引起评委共同关注外，由于专业背景的不同，各位评委的关注点也会有所侧重。来自高校的评委主要有从事该类别项目领域技术研究的专家和从事经济管理领域研究的专家两类。一般而言，技术类专家常常会从技术的原理层面去关注项目的创新性以及在技术层面的可操作性等。他们的提问也时常会触及技术原理、创新价值、操作方法等专业领域的问题。相比较而言，经济管理类的专家则侧重考察项目所具有的商业机会、市场价值、公司所采取的商业模式、营销手段等更为宏观的方面。他们的提问也常常具有学术色彩，所提问题具有模型感和理论特征。来自企业界的评委拥有丰富的实战经验，他们的关注点主要在于项目的可行性。如创业公司的发展战略是否合理，营销策略是否恰当，如何应对竞争对手的动态回击等。他们的问题常常会出其不意，令答辩选手措手不及。风险投资者会站在投资者的角度对感兴趣的项目进行价值评估。他们最关注的方面主要有两个：创业团队的人员组成；创业公司的财务计划。创业团队在进行财务部分答辩时，要格外重视对股本结构的把握。

答辩评审标准设置。在答辩环节，评委主要从以下3个方面对创业团队进行评定：团队正式陈述、团队回答提问以及团队整体表现。表A-2将结合评分标准对这三个部分进行详细说明。

表 A-2 "创青春"全国大学生创业大赛答辩环节详细评审标准

环节	项目	比重（%）	标准
正式陈述（50）	产品、服务介绍和市场分析	10	全面且客观地介绍和评价产品与服务的特点、性质和市场前景，对市场进行细致的调查，并对调查结果进行严密科学的分析
	公司战略及营销战略	10	公司拥有短期和长期发展战略及应对不同时期的营销战略
	团队能力和经营管理	10	对本公司的团队能力有清晰的认识，掌握并熟知本团队经营管理的特点，明确公司的经营和组织结构情况
	企业经济/财务状况	5	公司不同经营时期的经济/财务状况清晰明了，经济/财务报表要具有严密性
	融资方案和回报	10	有完善且符合实际的融资方案，并进行企业资本回报率测算
	关键风险及问题的分析	5	对企业在经营中可能遇到的关键风险和问题进行考虑和分析，并附有实质性对策
回答提问（40）	正确理解评委的提问	10	对评委问题的要点有准确的理解，回答具有针对性而不是泛泛而谈
	及时流畅地做出回答	10	能在评委提出问题后迅速做出回答，回答内容连贯、条理清楚
	回答内容准确可信	10	回答的内容建立在准确的事实和可信的逻辑推理上
	特定方面的充分阐述	10	对评委特别指出的方面能做出充分的说明和解释
整体表现（10）	整体答辩的逻辑性及清晰程度	10	陈述和回答提问的内容具有整体一致性，语言清晰明了
	团队成员协作配合		团队成员在陈述时有较好的配合，能协调合作、彼此互补，对相关领域的内容能阐述清楚
	在规定的时间内有效回答		在规定的时间内回答评委提问，无拖延时间行为

A3.2 答辩的展示和问题回答

"创青春"全国大学生创业大赛的展示可分为三种：商业计划书面展示、现场展示和答辩质询。

1. 答辩技巧要点

（1）熟悉商业计划书，写好提纲。前期认真撰写出高质量的商业计划书，这是答辩好的前提。答辩者在答辩前要熟读商业计划书，理清计划书的逻辑结构，并注意把握计划书的精髓。此外，答辩者还应准备一些与项目有关的、十分具体的佐证材料，通过佐证材料有效证明论点，尽可能用量化的实际数字说服评委。只有对答辩思路有一个非常清醒的认识，并按照这个思路准备好答辩提纲，才能做到有备无患、万无一失。

（2）弄清题意，如实回答，扬长避短，化解难题。在答辩中，评委一方面考察答辩者回答问题的正确程度，另一方面还通过答辩考察答辩者的综合分析能力和语言表达能力，以及个人的德、才、学识。答辩者在事先充分准备的前提下，应认真领会评委意图、把握问题关键，发挥自身特长，做出完美应答。对于答辩过程中评委提问的难以回答或较为尖锐的问题，化解现场尴尬气氛十分重要。此时答辩者应稳定情绪，考虑发挥团队力量给出较为完备的答案，切忌不懂装懂、胡乱应付。

（3）掌握方法，突出语感，强化效果。针对答辩过程中的论证技巧和口语性特点，应注意一些技巧的运用，主要方法有以下几种：第一，理论分析法。这种方法常常在技术类问题的答辩中被加以运用，即运用理论分析和逻辑推理的方法进行答辩，从原理上向评委说明技术的可行性，也能充分向评委展示参赛团队的逻辑性和专业性。第二，实证论述法。即用具体事例来证实某些理论、原理、论断的科学有效性。这时，如果本支队伍进行了相关实验和调研，在答辩中将实例数据加以陈述就会使回答很具说服力。除了这些直接事实，也可以是从其他人、其他单位获得的间接事实。第三，分析综合法。分析即将整体分解为若干部分，将一个问题展开为具体细节；综合即把若干部分整合为一个整体，或把一些具体问题归纳为一个基本原理。没有分析，答辩就不会深入、具体；没有综合，答辩中就不能找出联系，掌握本质，上升为理论。因此在答辩中应注重对这种方法的充分使用。第四，对策论证法。即结合实践经验拿出解决新问题的宏观策略或微观战术。需要注意的是，参赛团队在提出方案后不仅要说明这样做的理由，更要充分论证其合理性与可行性，注重所提方案的实际效果；第五，以纲带目法。在对一个问题展开论述前，先把这个问题的主要纲目分条列项地述说一遍，然后再逐一展开。这样可增强答辩的条理性，引导答辩定向展开，使观点与材料有机统一；第六，适当重复法。适当重复关键要点可以强化听觉效果，突出主题。

2. 常见答辩问题

以2008年"挑战杯"全国赛某金奖团队的答辩经验为例，常见的答辩问题大致可分为漏洞问题、压力问题、现场推销问题、模棱两可问题和胸有成竹的问题。

（1）漏洞问题。商业计划书的面面俱到直接导致评委提问的问题涉及面广，被抓住漏洞的概率也大大增加。最典型的漏洞问题就是："财务部门没有出纳，只有会计一个人。"因此，除了做好陈述准备外，还必须具体确定计划书的哪几个部分的细节问题由谁回答。

（2）压力问题。有些评委直接用诸如资金缺乏、品牌知名度低、如何同重要客户谈判等初创小企业普遍存在的问题刁难参赛选手，这些问题没有固定答案，只要真诚、自信地回答出符合实际的个人理解即可。

（3）现场推销型问题。这种问题属于评委为活跃气氛而提出的，不能占用太多时间。回答此类问题的关键是态度诚恳，拿出诚意，使评委认为我们的东西值得买。

（4）模棱两可型问题。遇到此类问题，如果有必要可以进一步请评委解释其问题具体所指，但是千万不要答非所问，事倍功半。例如对于"怎么处理隐形费用"这个问题，"隐形费用"可以是融通费用和公关费用，也可以是其他费用，因此此时就需要进一步了解评委具体所指。

（5）胸有成竹的问题。对于充分准备了答辩问题的团队来说，遇到熟悉的问题的可能性非常大。面对"即将到口的食物"，答辩队员也最好还是略微思索一下，不要开口就讲一大串，让评委觉得自己中了"圈套"。

3. 回答提问技巧

（1）巧妙预测，给出模块，有备无患。尽管每届竞赛评委提问的问题都千差万别，但是经过研究，评委的问题大多集中在以下几个主要方面：商业模式、市场价值、股本结构、融资方式等。作为答辩者，可以事先围绕这些方面，把可能出现的问题具体化，并提前概括出答题要点，把每个要点变为知识模块。这样，当在答辩中出现相同或类似的问题时才不会显得被动、窘迫。

（2）结构清晰，反应敏捷。和书面策划书不同，答辩首先考察的是一个人的反应是否敏捷、应变是否机智以及思维是否有条理。其次才考察知识面的广度、思维层次的深度和理论水平的高度。因此，答辩时应特别注意接话迅速、条理清晰。一般来说，用"第一，第二，第三"或"首先，其次，再次"等结构形式来回答比较好。

（3）有意设套，吸引评委。答辩过程中可以有意提出一些不做深入解释的概念和思路，并运用放缓语速、加强语气等方法使其突出，从而引起评委兴趣，诱惑评委就此发问。

（4）废话不费，赢得时间。当遇到一时难以回答的问题时，不妨采用重复评委的问题的方法或以"您的这个问题很好"等对回答提问意义不大的"废话"接过话头，避免冷场，这样也可以争取时间整理思路，搜索头脑中的资料，然后再有条理地进行陈述。

（5）好话不假，控制情绪。评委有时会在答辩过程中就参赛团队的项目提出自己的建议，而这些往往与参赛者本身的观点有较大出入，因此这时的气氛也会比较紧张。最佳的选择就是以真诚的态度说好话，承认自身不足，并承诺会尽快地加以改进，使提问者和观众觉得舒服。

（6）笑话不俗，活跃气氛。有些评委的提问锋芒毕露，逼你当场表态，会让人觉得进退两难。此时答辩选手若能说一两句轻松又不失气质的话缓解短兵相接的紧张气氛，赢得评委的理解也不失为一种好方法。

（7）文话不酸，倍添风采。运用抒情、比喻、联想、引用等表达手法能使答辩文采飞扬，但是答辩选手是作为一个创业者而非单纯答辩者而来的，必须注重表达的通俗性和明晰性，因此使用这些书卷气较重的话必须慎重，避免给人文绉绉、酸溜溜的感觉。

A3.3 答辩的其他注意事项

1. 整体配合

在强手林立的决赛答辩环境中，要想脱颖而出，整个团队就必须协调配合，发挥整体效用。

（1）答辩人员合理分工、协调配合。一般而言，答辩队伍会根据个人知识背景、性格特点、个人能力的不同确定各答辩选手所负责的答辩范围。对于全国决赛中的4人答辩模式，常见的分工方法是，产品与技术、市场、财务、战略及整体规划各一人，各团队也可以根据自身情况进行适当调整。答辩团队在划分角色之后的准备阶段，不仅要共同讨论答辩可能涉及的各领域问题，使每个答辩选手都能对自己专注领域的内容内化于心，还要求每个人都能够对整体的答辩思路有基本的把握，明确团队整体的答辩思路和答辩基调，清晰定位自己并扮演好自己的答辩角色。这样，一旦在答辩过程中出现单个队员回答不完整或有遗漏的情况，其他队员也可以根据自己的理解及时做出补充，实现良好的团队配合，从而为团队加分。

（2）在答辩过程中，CEO需要进行整体协调，把握答辩氛围。在答辩过程中，难免会出现各种状况影响答辩效果，这时候就需要有一个人（往往是团队的CEO）整体把握答辩的形式。要想在这一方面做好，一方面，CEO自己的反应要足够快，并且有足够的应对突发状况的临场经验；另一方面，CEO 务必要对整个答辩的思路和基调有一个整体的认识和把握，以便及时调整气氛，应对突发状况。在比赛过程中，这种整体的协调主要体现在两个方面：一是协调各队员答辩机会均等；二是协调答辩时的气氛。

2. 答辩台风

答辩成绩除受到答辩者个人专长、心理素质、项目好坏等内在因素的影响，还受到礼仪等外在因素的影响。因此，答辩者的台风也是答辩过程中一个不容忽视的因素。

（1）服装。目前，队员在展示时大多统一着正装，这是认真对待比赛及尊重评委的表现，但是在服装的风格和色彩等细节上加以创新，凸显团队和项目特色，也会让人眼前一亮，取得良好的效果。例如，在 2008 年的"挑战杯"中国大学生创业计划竞赛中，北京航空航天大学参赛团队中的女生佩戴丝巾，并加以腰带进行简单修饰，给人稳重大方之感；2010 年广东省"挑战杯"创业计划竞赛中，中山大学启航创业团队，四名答辩女生统一身穿红色职业套装，整齐干练，凸显女性特质。

（2）举止。答辩选手的举止很大程度上折射出人内在的气质和涵养，占很大的印象分，因此有必要在答辩前的充分准备时间里对答辩选手的整个仪态，包括站姿、步速、眼光、手势动作、语气等进行精心的设计和训练。不是每个人都具有天生的优良气质，但是任何一支参赛团队都可以通过自己的训练来使自己在台上表现得从容不迫、落落大方。

附录 B
中国"互联网+"大学生创新创业大赛参赛指南

B1　中国"互联网+"大学生创新创业大赛的起源和发展

B1.1　中国"互联网+"大学生创新创业大赛的起源

2015年3月,中国《政府工作报告》中多次发出"大众创业、万众创新"的号召。政府工作报告中如此表述:推动"大众创业、万众创新","既可以扩大就业、增加居民收入,又有利于促进社会纵向流动和公平正义"。在论及创业创新文化时,强调"让人们在创造财富的过程中,更好地实现精神追求和自身价值"。随后,2015年5月国务院办公厅印发了《关于深化高等学校创新创业教育改革的实施意见》等一系列文件,指出大学生是实施创新驱动发展战略和推进大众创业、万众创新的生力军,既要认真扎实学习、掌握更多知识,也要投身创新创业、提高实践能力。

在以上背景下,教育部组织并实施了首届中国"互联网+"大学生创新创业大赛(每年举办一次)。中国"互联网+"大学生创新创业大赛紧扣国家发展战略,是促进大学生全面发展的重要平台,也是推动产学研用结合的关键枢纽。该大赛的宗旨是深化高等教育综合改革,激发大学生的创造力,培养造就"大众创业、万众创新"的生力军;推动赛事成果转化,促进"互联网+"新业态形成,服务经济提质增效升级;以创新引领创业、创业带动就业,推动高校毕业生更高质量创业就业。大赛的目标是把竞赛作为深化创新创业教育改革的重要抓手,引导各地各高校主动服务创新驱动发展战略,创新人才培养机制,切实提高高校学生的创新精神、创业意识和创新创业能力。

B1.2　中国"互联网+"大学生创新创业大赛的发展

截至2018年1月,中国"互联网+"大学生创新创业大赛已经成功举办了三届,带动了上百万大学生投入创新创业活动。大赛将移动互联网、云计算、大数据、物联网等新一代信息技术与行业产业紧密结合,覆盖"互联网+"传统产业、新业态、公共服务、技术支撑平台等领域,展现了当代大学生创新创业的生机与活力。

第一届中国"互联网+"大学生创新创业大赛总决赛于2015年10月19日~21日在吉林大学举行。本届大赛主题为"'互联网+'成就梦想,创新创业开辟未来",在整个赛事期间，吸引了全国 31 个省（市、自治区）1 878 所高校的 57 253 支团队报名参加，提交项目作品 36 508 个，参与学生超过 20 万人。总决赛产生金奖 34 个、银奖 82 个、铜奖 184 个。本次竞赛获得了社会各界的广泛关注，高校产学研用及科技成果转化成为大赛主旋律。

第二届中国"互联网+"大学生创新创业大赛总决赛于 2016 年 10 月 13 日～21 日在华中科技大学举行。本届大赛主题为"拥抱'互联网+'时代，共筑创新创业梦想"，大赛自 2016 年 3 月启动以来，吸引了全国 2 110 所高校参与，占全国普通高校总数的 81%，报名项目数近 12 万个，参与学生超过 55 万人，分别是首届大赛的 3.3 倍、2.5 倍。总决赛共产生金奖 36 个、银奖 115 个。近 400 家投资机构和企业参与评审并为大赛提供支持，是去年参与企业数量的 3 倍。大赛此时已经成为覆盖全国所有高校、面向全体大学生、影响最大的赛事活动，呼应了国家大众创业、万众创新和创新驱动发展战略的要求，促进产学研用紧密结合，带动高校创新创业教育改革不断深化。

第三届中国"互联网+"大学生创新创业大赛总决赛于 2017 年 9 月 16 日～18 日在西安电子科技大学举行。本届大赛主题为"搏击'互联网+'时代，壮大创新创业主力军"，2017 年 3 月启动以来，吸引了全国 2 000 所以上高校参与，参与学生超过 150 万人。大赛期间，分别进行了内地 119 支团队金奖争夺赛，8 支港、澳、台团队金奖争夺赛，17 支国际赛道团队金奖争夺赛，以及 109 支团队"铜奖晋银奖"复活赛。经过一天的激烈比赛，119 支内地团队中产生了 30 项金奖，8 支港、澳、台团队产生了 3 项金奖，共 33 个团队脱颖而出，获得了本届大赛的金奖。另外，还有其他项目组的 10 项金奖，分别来自国际赛道的 4 个团队和"银奖晋金奖"复活赛的 6 个团队。本届大赛共产生金奖 43 项、银奖 123 项、铜奖 481 项。本届大赛激励青年学生把青春梦、创新创业梦融入伟大的中国梦，推动高校创新创业教育迈上新台阶。后续相关部门也会继续推动大赛成果转化，扶持项目孵化落地，不断提高创新创业人才培养水平，培育创新创业生力军，支撑国家创新发展战略。

B2　2017 中国"互联网+"大学生创新创业大赛参赛概况

B2.1　大赛主题与任务

（1）大赛的主题：搏击"互联网+"新时代，壮大创新创业生力军。

（2）大赛的目标：旨在深化高等教育综合改革，激发大学生的创造力，培养造就"大众创业、万众创新"的生力军；推动赛事成果转化和产学研用紧密结合，促进"互联网+"新业态形成，服务经济提质增效升级；以创新引领创业、创业带动就业，推动高校毕业生更高质量创业就业。

（3）大赛的任务：重在把大赛作为深化创新创业教育改革的重要抓手，引导各地各高校主动服务创新驱动发展战略，积极开展教学改革探索，把创新创业教育融入人才培养，切实提高高校学生的创新精神、创业意识和创新创业能力。

B2.2　参赛项目要求

参赛项目要求参赛者能够将移动互联网、云计算、大数据、人工智能、物联网等新一代信息技术与经济社会各领域紧密结合，培育基于互联网新时代的新产品、新服务、新业态、新模式；发挥互联网在促进产业升级以及信息化和工业化深度融合中的作用，促进制造业、农业、能源、环保等产业转型升级；发挥互联网在社会服务中的作用，创新网络化服务模式，促进互联网与教育、医疗、交通、金融、消费生活等深度融合。参赛项目主要包括的类型如下。

（1）"互联网+"现代农业，包括农林牧渔等；

（2）"互联网+"制造业，包括智能硬件、先进制造、工业自动化、生物医药、节能环保、新材料、军工等；

（3）"互联网+"信息技术服务，包括工具软件、社交网络、媒体门户、企业服务等；

（4）"互联网+"文化创意服务，包括广播影视、设计服务、文化艺术、旅游休闲、艺术品交易、广告会展、动漫娱乐、体育竞技等；

（5）"互联网+"商务服务，包括电子商务、消费生活、金融、财经法务、房产家居、高效物流等；

（6）"互联网+"公共服务，包括教育培训、医疗健康、交通、人力资源服务等；

（7）"互联网+"公益创业，以社会价值为导向的非营利性创业。

参赛项目须真实、健康、合法、无任何不良信息，项目立意应弘扬正能量，践行社会主义核心价值观。参赛项目不得侵犯他人知识产权；所涉及的发明创造、专利技术、资源等必须拥有清晰合法的知识产权或物权；抄袭、盗用、提供虚假材料或违反相关法律法规一经发现立刻丧失参赛相关权利并自负一切法律责任。

参赛项目涉及他人知识产权的，报名时需提交完整的具有法律效力的所有人书面授权许可书、专利证书等；已完成工商登记注册的创业项目，报名时需提交单位概况、法定代表人情况、股权结构、组织机构代码复印件等相关证明材料。

B2.3　参赛对象要求

根据参赛项目所处的创业阶段、已获投资情况和项目特点，大赛分为创意组、初创组、成长组和就业型创业组。具体参赛条件如下。

（1）创意组。参赛项目具有较好的创意和较为成型的产品原型或服务模式，在2017年5月31日前尚未完成工商登记注册。参赛申报人须为团队负责人，须为普通高等学校在校生（可为本专科生、研究生，不含在职生）。

（2）初创组。参赛项目工商登记注册未满3年（2014年3月1日后注册），且获机构或个人股权投资不超过1轮次。参赛申报人初创企业法人代表，普通高等学校在校生（可为本专科生、研究生，不含在职生）或毕业5年以内的毕业生（毕业的本专科生、研究生，不含在职生）。企业法人在大赛通知发布之日后进行变更的不予认可。

（3）成长组。参赛项目工商登记注册3年以上（2014年3月1日前注册）或工商登记注册未满3年（2014年3月1日后注册），且获机构或个人股权投资2轮次以上（含2轮次）。参赛申报人须为企业法人代表，普通高等学校在校生（可为本专科生、研究生，不含在职生）或毕业5年以内的毕业生（毕业的本专科生、研究生，不含在职生）。企业法人在大赛通知发布之日后进行变更的不予认可。

（4）就业型创业组。参赛项目有效提升大学生就业数量与就业质量，主要面向高职高专院校的创新创业项目（高职高专院校也可申报其他符合条件的组别），其他高校也可申报本组。若参赛项目在2017年5月31日前尚未完成工商登记注册，参赛申报人须为团队负责人，普通高等学校在校生（可为本专科生、研究生，不含在职生）。若参赛项目在2017年5月31日前已完成工商登记注册，参赛申报人须为企业法人代表，普通高等学校在校生（可为本专科生、研究生，不含在职生）或毕业5年以内的毕业生（毕业的本专科生、研究生，不含在职生）。企业法人在大赛通知发布之日后进行变更的不予认可。

初创组、成长组和就业型创业组中已完成工商登记注册参赛项目的股权结构中，参赛成员合计不得少于1/3。对于高校科技成果转化的项目，允许将拥有科研成果的老师的股权合并计算，合并计算的股权不得少于50%（其中参赛成员合计不得少于15%）。

以团队为单位报名参赛。允许跨校组建团队。每个团队的参赛成员不少于3人，须为项目的实际成员。参赛团队所报参赛创业项目，须为本团队策划或经营的项目，不可借用他人项目参赛。已获往届中国"互联网＋"大学生创新创业大赛全国总决赛金奖和银奖的项目，不再报名参赛。

各省、自治区、直辖市教育厅（教委），新疆生产建设兵团教育局，各高等学校负责审核参赛对象资格。

B2.4 比赛赛制

大赛采用校级初赛、省级复赛、全国总决赛三级赛制。校级初赛由各高校负责组织，省级复赛由各省（区、市）负责组织，全国总决赛由各省（区、市）按照大赛组委会确定的配额择优遴选推荐项目。大赛组委会将综合考虑各省（区、市）报名团队数、参赛高校数和创新创业教育工作情况等因素分配名额。每所高校入选全国总决赛团队总数不超过4个。

全国共产生600个项目入围全国总决赛。通过网上评审，产生120个项目进入全国总决赛现场比赛。

B2.5 赛程安排

（1）参赛报名（3～5月）。参赛团队可通过登录"全国大学生创业服务网"（cy.ncss.org.cn）或大赛微信公众号（名称为"大学生创业服务网"）任一方式进行报名。报名系统开放时间为2017年3月23日，截止时间由各省（区、市）根据复赛安排自行决定，但不得晚于8月31日。

（2）初赛复赛（6～9月）。各省（区、市）各高校登录"全国大学生创业服务网"（cy.ncss.org.cn）进行报名信息的查看和管理。省级账号由大赛组委会统一创建及分配；校级账号由各省（区、市）进行创建、分配及管理。初赛复赛的比赛环节、评审方式等由各高校、各省（区、市）自行决定。各省（区、市）在9月15日前完成省级复赛，遴选参加全国总决赛的候选项目（推荐项目应有名次排序，供全国总决赛参考）。

（3）全国总决赛（10月中下旬）。大赛评审委员会对入围全国总决赛项目进行网上评审，择优选拔120个项目进行现场比赛，决出金、银奖。

B2.6 评审材料内容

每一支参赛团队的参评材料包括如下内容。

（1）商业计划书：初创组和成长组参赛团队还需将组织结构代码证、营业执照复印件及其他佐证材料（专利、著作、政府批文、鉴定材料等）附在计划书后一并上传。

（2）项目展示PPT。

（3）项目一分钟展示视频：上传文件要求为MP4格式，视频时长为1分钟，大小不超过100M。生成视频时，建议视频编码为H.264，音频编码为AAC，分辨率为800×600。

B2.7 全国总决赛评审规则和标准

1. 创意组项目评审要点与分值（见表B-1）。

表B-1 创意组项目评审要点与分值

评审要点	评审内容	分值
创新性	突出原始创意的价值，不鼓励模仿。强调利用互联网技术、方法和思维在销售、研发、生产、物流、信息、人力、管理等方面寻求突破和创新。鼓励项目与高校科技成果转移转化相结合。	40
团队情况	考察管理团队各成员的教育和工作背景、价值观念、擅长领域、成员的分工和业务互补情况；公司的组织构架、人员配置安排是否科学；创业顾问、主要投资人和其持股情况；战略合作企业及其与本项目的关系，团队是否具有实现这种突破的具体方案和可能的资源基础。	30
商业性	在商业模式方面，强调设计的完整性与可行性，完整地描述商业模式，评测其盈利能力推导过程的合理性。在机会识别与利用、竞争与合作、技术基础、产品与服务设计、资金及人员需求、现行法律法规限制等方面具有可行性。在调查研究方面，考察行业调查研究程度，项目市场、技术等调查工作是否形成一手资料，不鼓励文献调查，强调田野调查和实际操作检验。	25
带动就业前景	综合考察项目发展战略和规模扩张策略的合理性和可行性，预判项目可能带动社会就业的能力。	5

2. 初创组、成长组项目评审要点与分值（见表B-2）

表B-2 初创组、成长组项目评审要点与分值

评审要点	评审内容	分值
商业性	在经营绩效方面，重点考察项目存续时间、项目的营业收入、税收上缴、持续盈利能力、市场份额等情况；结合项目特点制定合适的市场营销策略，带来良性的业务利润、总资产收益、净资产收益、销售收入增长、投资与产出比等情况。 在成长性方面，重点考察项目目标市场容量大小及可扩展性以及该项目是否有合适的计划和可能性（包括人力资源、资金、技术等方面）支持其未来5年的高速成长。 在商业模式方面，强调项目设计的完整性与可行性，并给出完整的商业模式描述；在机会识别与利用、竞争与合作、技术基础、产品与服务设计、资金及人员需求、现行法律法规限制等方面需具有可行性。 在融资方面，强调融资需求及资金使用规划。	40
团队情况	主要考察管理团队各成员有关的教育和工作背景、价值观念、擅长领域、成员的分工和业务互补情况；公司的组织构架、人员配置以及领导层成员；创业顾问、主要投资人和持股情况；战略合作企业及其与本项目的关系。	30

(续)

评审要点	评审内容	分值
创新性	突出原始创意的价值，不鼓励模仿。强调利用互联网技术、方法、思维在销售、研发、生产、物流、信息、人力、管理等方面寻求突破和创新。鼓励项目与高校科技成果转移转化相结合。	20
带动就业情况	考察项目增加社会就业份额，发展战略和扩张的策略合理性，上下产业链的密切程度和带动效率以及项目可以带来的其他社会效益。	10

3. 就业组项目评审要点

表 B-3　就业组项目评审要点与分值

评审要点	得分形式	评审内容	分值
项目团队	加总得分	团队成员互补与协调性	20
		组织结构设置合理性	
		股权结构设置合理性	
商业性	加总得分	生存性和盈利能力	20
		可行性和完整性	
		可复制性	
创新性	单项得分 （满足任一单项得满分）	岗位创新	20
		技能创新	
		技术创新	
		产业协同创新	
		模式创新	
带动就业	加总得分	与当地经济发展紧密结合，促进区域社会经济转型升级	40
		带动就业人数	

4. 评分标准

评分标准如下。

优秀：85～100分，良好：70～85分，一般：55～70分，差：0～55分。

参考文献

[1] 国家科技风险开发事业中心. 商业计划书编写指南 [M]. 北京：电子工业出版社，2012.
[2] 王舒. 新编商业计划书写作一本通 [M]. 北京：中国致公出版社，2007.
[3] 卢强. 中国市场营销方法：产品与品牌 [M]. 北京：经济管理出版社，2004.
[4] 弗兰德，泽尔. 商业计划指南 [M]. 朱必祥，译. 大连：东北财经大学出版社，2010.
[5] 莱曼，温纳. 产品管理 [M]. 魏立源，黄向阳，译. 2版. 北京：北京大学出版社，1998.
[6] 王凯，赵毅. 创业计划书编写理论 [M]. 北京：北京理工大学出版社，2012.
[7] 汤普森，斯特里克兰. 战略管理 [M]. 段盛华，译. 北京：中国财政经济出版社，2005.
[8] 何维达，冯梅，邓立治，曹辉. 经济学教程 [M]. 北京：科学出版社，2013.
[9] 波特. 竞争战略 [M]. 陈小悦，译. 北京：华夏出版社，2013.
[10] 杨慧. 市场营销学 [M]. 北京：中国社会科学出版社，2011.
[11] 沃森，霍尔曼. 价格理论及其应用 [M]. 范家骧，译. 北京：中国财政经济出版社，1983.
[12] 杨耀丽，杨秀丽，赵天娥，郭晓勋. 市场营销学 [M]. 上海：上海财经大学出版社，2013.
[13] 吴健安. 市场营销学 [M]. 北京：高等教育出版社，2011.
[14] 袁月秋. 市场调研技能实训 [M]. 北京：中国人民大学出版社，2009.
[15] 周志文. 生产与运作管理 [M]. 北京：石油工业出版社，2001.
[16] 柯清芳，陈晓波. 生产运作管理 [M]. 北京：北京理工大学出版社，2009.
[17] 马风才. 运营管理 [M]. 3版. 北京：机械工业出版社，2014.
[18] 徐二明. 企业战略管理 [M]. 北京：中国经济出版社，2002.
[19] 哈佛商学院出版公司. 制订商业计划 [M]. 王春颖，译. 北京：商务印书馆，2011.
[20] 叶传财，潘连乡. 财务报表分析 [M]. 西安：西北工业大学出版社，2012.
[21] 刘国新，王光杰. 创业风险管理 [M]. 武汉：武汉理工大学出版社，2004.
[22] 团中央学习部，同济大学. 共挑战·创未来："挑战杯"中国大学生创业计划竞赛（1999-2012）[M]. 上海：同济大学出版社，2012.
[23] 张振刚. "挑战杯"中国大学生创业计划竞赛指南 [M]. 广州：华南理工大学出版社，2012.
[24] 张玉利. 创业管理 [M]. 3版. 北京：机械工业出版社，2013.
[25] 科特勒，阿姆斯特朗. 市场营销：原理与实践 [M]. 楼尊，译. 16版. 北京：中国人民大学出版社，2015.